中國史學基本典籍叢刊

國語彙校集注

三

俞志慧 撰

中華書局

國語卷第六

齊語

《舊音》：黄帝之胤也。伯巳爲堯四岳〔一〕，佐禹治水，委以心膂，因而受姓。或云封申，或云封吕，吕望則其後也，佐周滅紂，封之於齊，蓋少昊之虚、蒲姑之野，都於營丘，《禮記》所謂「大公封於營丘」是也。

【彙校】

〔一〕巳，微波榭本作「𡰥」，即「夷」字。《説文》以「𡰥」爲「仁」之古文，但戰國楚系文字「𡰥」均讀爲「尸」或「夷」，《玉篇·尸部》：「𡰥，古文夷字。」

《釋地》：齊國，姜姓，太公望之後。其先四岳，佐禹有功，或封於吕，或封於申，故太公曰吕望也。太公股肱周室，成王封之於營邱，國號齊，城南有天齊淵，故名。僖公九年，魯隱公之元年。簡公四年，獲麟之歲也。簡公弟平公十三年,《春秋》之傳終矣。平公二十五年卒。後二世七十年而田氏奪齊,太公之後滅矣。

《詳注》:自太公歷三十一傳,至康公,爲田氏所篡。今山東膠東道益都縣以西至濟南道歷城縣、東臨道聊城縣之間,又北至直隸津海道河間縣、景縣、滄縣,東南則際於海,皆齊分也。

1 管仲教桓公以霸術

桓公自莒反于齊,桓公,齊大公之後〔一〕、僖公之子、襄公之弟桓公小白也。初,襄公立,其政無常,鮑叔牙曰:「亂將作矣。」奉公子小白出奔莒。公孫無知殺襄公而立,管夷吾、召忽奉公子糾奔魯〔二〕。齊人殺無知,逆子糾于魯,魯嚴公不即遣〔三〕,而盟以要之。齊大夫歸,逆小白于莒。嚴公伐齊,納子糾,桓公自莒先入。　○《呂氏春秋·不廣篇》:鮑叔、管仲、召忽三人相善,欲相與定齊國,以公子糾爲必立,召忽曰:「吾三人者於齊國也,譬之若鼎之有足,去一焉則不成,且小白則必不立矣,不若三人佐公子糾也。」管仲曰:「不可,夫國人惡公子糾之母,以及公子糾。公子小白無母,而國人憐之,事未可知。不若令一人事公子小白。夫有齊國,必此二公子也。」故令鮑叔傅公子小白,管子、召忽居公子糾所。　◎志慧按:鮑叔、管仲、召忽佐齊公子事,戰國及西漢子書多有記載,其事頗類小說,録此以廣異聞，不宜徑視爲史實。**使鮑叔爲宰，**鮑叔，齊大夫，姒姓之後、鮑敬叔之子叔牙也。宰，大宰也。○程公説《春秋分記》：《僖十二年傳》：管仲辭上卿之禮曰：「臣賤有司也，有天子之二守國、高在。」管仲受下卿之禮而還。杜預注：「國子、高子，天子所命爲齊守臣，皆上卿也。」管仲不敢以職自高，卒受本位之禮。是國、高爲上卿，管仲爲下卿。蓋齊三卿官也，三卿之數，雖合侯國之制，然不曰司徒、司馬、司空，又以司徒掌兵，而別置司寇，非周制矣。○《正義》：《周官・大宰》疏引崔靈恩曰：「諸侯三卿、五大夫。司徒之下立二人：小宰、小司徒；司馬之下立一人，小司馬兼宗伯；司空之下立二人：小司寇、小司空。」齊以高、國爲命卿，故曰「二守」，則鮑叔所爲者，司徒下之小宰。今宏嗣云「大宰」，未知何據。吴、楚僭王，宋爲殷後，並有大宰，未可例齊也。◎志慧按：以管仲後來之職位例之，韋注不誤。**辭曰：「臣，君之庸臣也。**庸，凡庸也。**君加惠於臣，使不凍餒**〔四〕**，則是君之賜也。若必治國家者，則非臣之所能也。若必治國家者，則管夷吾乎**〔五〕。管夷吾，齊卿，姬姓之後、管嚴仲之子敬仲也〔六〕。○《正義》：《僖十二年傳》齊侯使管夷吾平戎於王，王曰：「舅氏，余嘉乃勳。」《曲禮》：「天子異姓則曰伯舅。」《詩・伐木》「以速諸舅」，皆非同姓，經有明徵。《謚法》：「夙夜勤事曰敬。」《説苑》謂管仲爲故城陰之狗盜，亦未足信。◎志慧按：以管仲爲姬姓，是高其身價。相反，以管仲爲狗盜，則是戰國時下層人士之個人奮鬥者欲引之爲同調也，同期文獻斥吕尚爲贅婿乃至賴高利貸爲生者與此例同。**臣之所不若夷吾者五：寬惠柔民，弗若**

也；寬則得衆，惠則足以使民。柔，安也。**治國家不失其柄，弗若也；**柄，本也〔七〕。○賈逵：柄，權也（釋慧琳《一切經音義》卷十四引）。○《補正》：柄，權也。《内傳》「既有利權，又執民柄」，權、柄互文義同，訓「本」不合。**忠信可結於百姓，弗若也；制禮義可法於四方，弗若也；**○《斠證》：疑「義」當讀爲「儀」，禮儀乃可制可法，《書鈔》四九句引「義」正作「儀」。◎志慧按：張説於義是也，唯陳禹謨校注本和南海孔氏萬卷堂本《書鈔》亦作「義」，不知張氏何所據。**執枹鼓立於軍門，使百姓加勇焉**〔八〕，**弗若也。」**軍門，立旌爲門〔九〕，若今牙門矣。加，益也。○穆文熙：鮑叔薦管仲，自以爲弗及，至欲解其位以讓之，何其懇也。然管仲用而鮑叔之賢益章，古人之以善相成如此（《國語評苑》）。○《正義》：赤旃爲旜，置旜於門，謂之牙門，即下文「渠門」也。○《集解》：枹爲擊鼓槌，「枹」下不當有「鼓」字，《管子·小匡篇》正作「執枹立於軍門」。◎志慧按：「鼓」字或因「枹」字連類而及，《韓詩外傳》卷十、《史記·管晏列傳》正義引皆有「鼓」字，不宜僅以《小匡》之有無爲標準。**桓公曰：「夫管夷吾射寡人中鉤，是以濱於死。」**三君皆云：「濱，近也。」管仲臣於子糾，乾時之戰，親射桓公，中鉤。○賈逵：鉤，帶鉤也（《文選》枚乘《七發》李善注引，汪遠孫輯）。○《正義》：《吕氏春秋·貴卒篇》：「公子糾與公子小白皆歸，俱至，爭先入公家。管仲扜弓射公子小白，中鉤。鮑叔御，公子小白僵。管子以爲小白死，告公子糾曰：『安之，公子小白死矣。』鮑叔因疾驅先入，故公子小白得以爲君。」此濱於死之事也。○秦鼎：鉤，帶鉤也。革帶者，有鉤以拘之，後世謂之鉤鞢。 ○《補正》：濱，即「瀕」字。 鮑叔對曰：「夫爲其君動也〔一○〕。君，子糾也。 ○《增注》：孔子曰：「夫子糾未爲君，管仲未爲臣。」此曰「其君」，且以其所奉稱之耳。 君若宥而反之，夫猶是也。」宥，赦也。猶是，言爲君猶爲子糾也。 ○《略説》：夫，指管仲。「夫知吾將用之」指施伯。 桓公曰：「若何？」若何得還也。 鮑子對曰：「請諸魯。」是時桓公使鮑叔脅魯殺子糾，召忽死之，管仲不死。 桓公曰：「施伯，魯君之謀臣也，施伯，魯大夫，惠公之孫、施父之子。 ○《詳注》：公子尾字施父，其子因以爲氏。 夫知吾將用之，必不予我矣。 若之何？」鮑子對曰：「使人請諸魯，曰：『寡君有不令之臣在君之國，欲以戮於羣臣〔一一〕，故請之。』則予我矣。」 ○陶望齡：詹伯勸禮重耳，否則殺之；聲子勸復湫舉，否則賂盜使殺，皆是此意（盧之頤校訂《國語》）。 桓公使請諸魯，如鮑叔之言。 ◎志慧按：《左傳·莊公九年》載鮑叔自往魯，疑傳聞異辭。

【彙校】

〔一〕大公，明道本、正統本作「太公」，下同，「大宰」亦同。

〔二〕召，正統本同，明道本作「邵」，下同。

〔三〕明道本、正統本不重「魯」字，不避東漢明帝諱，徑作「莊」，疑係後世流傳過程中擅改，非韋昭之舊，下同。

〔四〕餧，明道本、正統本作「餒」，《增注》、秦鼎從張一鯤本出，但徑改從作「餒」，户埼允明亦謂「恐『餒』誤」，《説文·食部》：「餧，飢也。从食，委聲。一曰魚敗曰餧。」但段注本改作「餒」。《五經文字·食部》：「餧，奴罪反，飢也。經典相承别作『餒』，爲『飢餒』字，以此字爲『餧餉』之『餧』，字書無文。」則是作「餧」者或係《齊語》舊貌，下「戎士凍餧」同。

〔五〕「管夷吾」前，明道本、正統本有「其」字，「其」爲强調性助詞，似有者更優。

〔六〕明道本無「管嚴仲之子」五字，《札記》謂韋據《世本》（後者見《史記·管晏列傳》索隱引），《考異》則斷明道本脱，《史記·管晏列傳》正義引作「管嚴之子」，據《世本》引脱「仲」字，知明道本脱。

〔七〕「本也」前，明道本、正統本有「謂」字，《考異》斷其衍，是。

〔八〕「加勇」前，明道本、正統本、《史記·管晏列傳》正義、《御覽》人事部六十四引俱有「皆」字，則是此本脱。

〔九〕立旌爲門，王應麟《漢制考·國語》引、正統本同，明道本作「立旍爲軍門」，「旌」、「旍」古同。

〔一〇〕《讀書雜志·史記》及《淮南子·内篇》、洪頤煊《管子義證》並謂「動」當爲「勤」字之誤，《集解》從之，但南宋范浚《范香溪先生文集》卷一三「用人」亦引作「夫爲其君動也」，《齊語》下文有「天下諸侯知桓公之爲己動也」、「桓公知天下諸侯多與己也，故又大施忠焉。可爲動者爲之動，可爲謀者爲之謀」，可知本來正作「動」，「爲……動」係當時固定表達式，「時動」又爲當時常用詞，如《周語上》首條「兵戢而時動，動則威」、《周語中・劉康公論魯卿佐儉與侈》「時動而濟，則無敗功」。「動」詞的意涵在先秦文獻中遠較後世豐富，後人不明其義，遂依形近之字誤作「勤」，進而疑《小匡》之「動」亦誤，徐元誥更疑《齊語》下文「可爲動者爲之動」二「動」字皆當爲「勤」，實疑所不當疑。

〔一二〕明道本、正統本「於」前有「之」字，李慈銘以爲「謂示戮於群臣也，『之』字衍」，不可必。

嚴公以問施伯，施伯對曰：「此非欲戮之也，欲用其政也。夫管子，天下之才也，才冠天下。所在之國，則必得志於天下〔一〕。令彼在齊，則必長爲魯國憂矣。」嚴公曰：「若何？」施伯對曰：「殺而以其屍授之。」授予齊使。嚴公將殺管仲，齊使者請曰：「寡君欲親以爲戮〔二〕，欲得生自戮之〔三〕，以逞射己之忿也。若不生得以戮於羣臣，猶未得請也。猶未得所請。請生之。」於是嚴公使束縛以予齊使，齊使受而以退〔四〕。○《集解》：退，謂返齊也。

【彙校】

〔一〕《皇王大紀》卷三七、《資治通鑑前編》卷十引並無「則」字。

〔二〕親以，明道本、正統本作「以親」，疑後者倒，李慈銘、徐元誥均謂明道本非，《補正》承明道本，云：「猶云親以爲戮，蓋倒文也。」

〔三〕得生，皆川淇園作「生得」，並謂「一作『得生』，非」，秦鼎據正文改作「生得」，但《元龜》卷九五三引亦作「得生」。

〔四〕受而以退，明道本、正統本、《元龜》卷九五三引作「受之而退」。

比至，三釁〔一〕、三浴之。以香塗身曰釁，釁或爲「熏」〔二〕。○舊注：亹，香薰也（《御覽》人事部三十六引，汪遠孫輯）。○《禮説》卷六：古「熏」字多作「釁」，鬯人釁鬯、大祝隋釁、女巫釁浴，皆當讀爲「熏」。案：《齊語》「三釁三浴」韋注云「釁」或爲「熏」，《吕氏春秋》「湯始得伊尹，袚之於廟，釁以犧猳」，《風俗通》引之作「熏以萑葦」。○《補注》：三以秬鬯使之三浴耳，略如《楚辭》所云「浴蘭湯沐芳華」之意。以香塗身，見之佛戒，似始於西域，未必中國有之也。○《正義》：《雜記》釁器以豭血，《春官》女巫釁人以香，當從《國語》文爲正。◎志慧按：三釁三浴，極言鄭重其事，於管仲自己，爲流亡幽囚之後袚除身上的邪穢，《周禮·春官·女巫》：「掌歲時袚除釁浴。」將袚除與釁浴連言，正其義也。於桓公，則取沐浴而朝之意，《論語・憲問》「孔子沐浴而朝」馬融注：「將告君，必先齋，齋必沐浴也。」唯從時序上論，釁在浴前，當係祓除而非香薰，則是《吕覽》所載原始巫術或更近真。桓公親逆之于郊，逆，迎也。郊，近郊也。而與之坐，問焉〔三〕，還國與坐。○《增注》：坐，席也。曰：「昔吾先君襄公，築臺以爲高位，居高臺以自尊。田、狩、畢、弋〔四〕，田，獵也。狩，圍守而取禽也。畢，掩雉兔之網也。弋，繳射也。○《正義》：《詩》疏引《釋天》云：「噣謂之畢。」孫炎注：「掩兔之畢，或謂之噣，因名星云。」郭璞注：「掩兔之畢，或呼爲噣，因星形以名之。」《月令》注：「網小而柄長謂之畢。」然則此器形似畢星，郭説是也。不聽國政，卑聖侮士，而唯女是崇。崇，高也。○《集解》：崇，疑當訓重也，尚也。◎志慧按：韋注「高」用如動詞，亦不誤。九妃、六嬪，唐尚書云〔五〕：「九妃，三國之女，以姪娣從也。」昭謂：正適稱妃，言「九」者，尊之如一，明其淫侈，非禮制也。禮〔六〕：姪娣之屬皆稱妾。嬪，婦官也。○《正義》：《曲禮》「天子之妃曰后，公侯曰夫人。」下至庶人曰妻，亦妃也。《桓二年傳》「嘉耦曰妃」，則妃通徹上下之稱，三代以前並無諸侯適妻專稱妃之文。九妃者，言宫中有權寵者九人，猶《僖公十七年傳》「内寵（嬖）如夫人者六人也」。◎志慧按：此極言襄公之奢且僭，故有下句「陳妾數百」之辭，九、六及下文數百之説皆不可視爲實指。陳妾數百，陳，列也。食必粱肉〔七〕，衣必文繡。戎士凍餒，戎車待游車之裂〔八〕，戎士待陳妾之餘。戎車，兵車。游車，游戲之車〔九〕。裂，殘也。○《説文・衣部》：

裂，繒餘也。　○《管子·小匡》尹注：游車弊，然後以爲戎車。優笑在前，賢材在後。優笑，倡俳也〔一〇〕。　○《集解》：優笑，謂倡優笑謔也。是以國家不日引，引，申也。　○賈逵：引，伸也（釋慧琳《一切經音義》卷三引）。不月長，長，益也。　◎志慧按：《小匡》此段文字略同，《公羊傳·隱公四年》則基於肯定齊襄公復九世之仇而爲賢者諱，《漢書·匈奴傳》漢武帝亦云：「齊襄公復九世之讎，《春秋》大之。」蓋因問題意識有別耳。恐宗廟之不埽除，社稷之不血食，敢問爲此若何？」爲，治也。　○《增注》：血食，謂割牲以祀也。

【彙校】

〔一〕釁，許宗魯本同，明道本、正統本作「舋」，《考異》、李慈銘皆以爲「舋」俗字。「釁」、「舋」古常通作。

〔二〕釁或爲熏，明道本、正統本作「亦或爲薰」。

〔三〕「問焉」前，明道本、正統本有「而」字，《御覽》治道部六、《元龜》帝王部四十一引同公序本。

〔四〕畢，正統本同，明道本作「罼」，《説文》無「罼」字，「罼」爲「畢」之形符加旁字，下同。弋，各本唯弘治本作「戈」，形訛，韋注同。

〔五〕云，明道本、正統本作「曰」。

〔六〕明道本無「禮」字，疑脱。

〔七〕粱，《元龜》帝王部四十一引同，明道本、正統本、秦鼎本及《御覽》治道部六引作「梁」，「粱」本字，「梁」通假字。

〔八〕⿱刃衣，遞修本同，正統本作「裂」，《御覽》治道部六引同，明道本作「⿱前衣」。《舊音》：「諸本爲『⿱前衣』者誤。」《補音》亦據《説文》等謂作「⿱前衣」者傳寫之謬。《札記》則云：「《舊音》（作「⿱刃衣」）非也。⿱前衣，當讀翦滅之『翦』，⿱前衣、殘以聲音爲訓詁也。」《考異》據《左傳·昭公元年》「裂裳帛而與之」謂作「⿱前衣」者形訛，上海師大本亦作「裂」。《小匡》作「弊」，義可與韋注互證。就其詞義言，似作「⿱前衣」者較勝。

〔九〕戲，張一鯤本該字模糊不可識，李克家本作「獵」，疑臆補，《正義》承之。

〔一〇〕倡俳，静嘉堂本、南監本漫漶不可識，弘治本作「從」一字，後者誤。

管子對曰：「昔吾先王昭王、穆王，世法文、武遠績以成名，周，管子之先也。績，功也。言昭王、穆王雖有所闕，猶能世法文王[一]、武王之典，以成其功名也。《周語》曰：「厲始革典。」言至厲王乃變更文、武之常典也。　○《存校》：下有脱簡，至「合羣叟」以下又别是答語，與上桓公所問全不相值也。　○《正義》：管仲非姬姓，而稱昭王、穆王爲先王者，蓋仲爲天子之陪臣，故稱天子之祖爲先王。《昭十三年傳》右尹子革曰：「昔我先王熊繹，辟在荆山。」子革，鄭穆公之孫，豈得謂熊繹是其先祖乎？則韋解謂管子之先非也。○《補正》：周爲天子，凡列國之臣，皆得稱之爲先王，韋以爲管子之先，非是。◎志慧按：董、吴説是。《左傳·昭公元年》：「子盍亦遠績禹功而大庇民乎？」孔穎達正義：「績，亦功也。」復次，「合羣叟」以下正是爲了宗廟之掃除、社稷之血食，《存校》所疑不當。**合羣叟，比校民之有道者**，合，會也。叟，老也。比，比方也。校，考合也。謂考其德行道藝而興賢者〔二〕。○《爾雅·釋詁》：會，合也。○賈逵：校，考也（《文選》楊子雲《長楊賦》李善注引，王、汪、黄、蔣輯）。○《校補》：比，與「校」同義連文。**設象以爲民紀**，設象，設教象之法於象魏也〔三〕。《周禮》：「正月之吉，縣治象於象魏〔四〕，使萬民觀焉，挾日而斂之。」所以爲民綱紀也〔五〕。○《舊音》：挾，子協反，又音帀。自甲至癸凡十日爲浹〔六〕。○《正義》：《管子·小匡篇》尹注：「校試其人有道者，與之設法象而爲人紀。」案《成十五年傳》「善人，國之紀也」，言取有道之人，使民法而象之，故下言「班敘顛毛，爲民統紀」，則設象指人，非指書，知章此注似合傳義。○《補正》：挾，浹也。◎志慧按：《呂氏春秋·審爲》「身在江海之上，心居乎魏闕之下」高注：「魏闕，象魏也。縣教象之法，浹日而收之。魏魏高大，故曰魏闕。」可參證。在當時的信息傳播條件下，大多數受衆又不識字，用圖像的形式在人流密集之處作政策宣示，似乎是不二選擇。復次，《周禮·天官·太宰》「挾日而斂之」鄭注：「從甲至甲謂之挾日。」《舊音》較鄭衆説少一天，賈疏：「若從甲至癸，仍有癸日，不得通挾，故以從甲至甲言之。」《左傳·成公九年》「浹辰之間」孔疏：「浹，爲周匝也。從甲至癸爲十日，從子至亥爲十二辰。《周禮》『縣治象，浹日而斂之』，謂周甲癸十日。此言浹辰，謂周子亥十二辰，故爲十二日也。」是孔穎達説皆較漢人少一天。**式權以相應**，式，用也。權，平也。治政用民，使均平相應也〔七〕。○《爾雅·釋言》：式，用也。○賈逵：權，平也（釋慧琳《一切經音義》卷十七引）。○《略説》：「式權」不可通，當「式」屬上句，以對「紀統」，言爲民之紀法。○《標注》：權，仍是權衡之「權」，謂量輕重而用之。◎志慧按：關氏「式」字屬上説録以備考，唯《小匡》不作「紀統」，只作「以爲民紀」。**比綴以度**，比，比其衆寡。綴，連也，連其夫家也。度，法也。○賈逵：綴，連也（《文選》張平子《西京賦》李善注等引，王、汪、黄、蔣輯）。○《增注》：比，次也。○《正義》：《周官·小司徒》「稽國中及四郊都鄙之夫家，九比之數」鄭注：「夫家，猶言男女。」賈疏《春秋傳》「男有室，女有家」，則比綴即九比之法也。○《標注》：度，與「權」對，並器爲言也。**竱本肇末**〔八〕，竱，等也。肇，正也。謂先等其本以正其末也。○《舊音》：竱，《字統》爲「硉」，音端，《字苑》音剸。○《補音》：《字統》、《字苑》二書皆亡，莫可檢證。據《説文》，竱，旨究反，等也，引《國語》「竱本肇末」，與《禮》「樿杓」同音。李舟《切韻》音端，亦引《國語》「竱本」之詞，云壯蠕反，據此音與《説文》合。唯「硉」字非《説文》所有，諸韻則有之，自音勒没反，殊無端音。「硉」字雖僻，恐《舊音》别有據，今本多以「竱」爲「端」字者，誤矣。○《補注》：本，農事也。末，商賈也。肇，謀也。治國固以農爲要，然必謀及工商之事以濟之，此是管子富國之要。○《發正》：《説文》：「竱，等也。」引《春秋傳》曰：「竱本肇末。」許多用賈説，則竱訓「等」者，《國語》賈注也。《孟子·告子下篇》「不揣其本而齊其末」，揣與「竱」古同聲通用。○《補正》：竱，即「專」字，《管子》作「原」。◎志慧按：吴説於義隔，汪説係賈、韋等共識，可從，段玉裁《説文解字注·立部》「竱」下云：「孟子曰『不揣其本而齊其末』，『揣』蓋『竱』之假借字。」復次，《爾雅·釋詁》：「肇，謀也。」似姚鼐之説更有據。又，姚氏以「本」爲農是，以「末」爲商賈則無據，亦與管子經濟思想睽隔。且此間亦似未及於農商之議，只是一般性地討論治國的方法。**勸之以賞賜，糾之以刑罰，**糾，收也〔九〕。○《增注》：糾，督也。○《標注》：糾，正也，討也。○《辨正》：《玉篇·丩部》云：「糾，止也，舉也，督也，絞也，戾也，急也，三合繩也，收也，繚也，絲也。」與「刑罰」合成一句，似當以「正」、「責」、「督」等義更爲貼切，亦與「勸」之勉勵義正相對應。**班序顛毛〔一〇〕，以爲民紀統。」**班，次也。序，列也。顛，頂也。毛，髮也。統，猶經也。言次列頂髮之白黑，使長幼有等，以爲治民之經紀也。○《爾雅·釋言》：顛，頂也。

【彙校】

〔一〕法，静嘉堂本、南監本漫漶不可識，弘治本作「成」，後者誤。

〔二〕革，弘治本作「華」，後者形訛。

〔三〕明道本、正統本句前有「謂」字，《考正》從增，可從。

〔四〕縣，明道本、正統本作「懸」，「縣」、「懸」古今字。治象，明道本、正統本作「法」一字，《周禮・天官・大宰》本句原文作「縣治象之灋於象魏」，則是韋昭節引，二本各有所據。

〔五〕綱紀，明道本、正統本作「紀綱」，「綱紀」、「紀綱」文獻中兩作。

〔六〕浹，静嘉堂本、南監本、微波榭本同，弘治本、正德本、正學書院本、文淵閣《四庫》本作「挾」，疑擅改。

〔七〕均平，明道本作「平均」，「均平」、「平均」文獻中兩作。

〔八〕肇，《小匡》作「窮」。

〔九〕收，明道本作「牧」，後者形訛。

〔一〇〕毛，《小匡》作「旄」，古通。

桓公曰：「爲之若何？」管子對曰：「昔者，聖王之治天下也，參其國而伍其鄙，

參，三也。國，郊以內也。伍，五也。鄙，郊以外也。謂三分國都以爲三軍，五分其鄙以爲五屬也。聖王，謂若湯、武也。　○《正義》：參其國者，參分其國，以定都之制。伍其鄙者，伍保其民，以爲鄙之

制。《隱元年傳》祭仲曰：「大都不過參國之一。」杜注：「三分國城之一。」疏謂「侯、伯城方五里，長三百雉；其大都方一里又二百步，長百雉也」，參其國以爲都，則無尾大不掉之憂。《襄三十年傳》「子産使廬井有伍」，杜注：「九夫爲井，使五家相保。」蓋司徒之法，五家爲比，使之相保；五比爲閭，使之相受；四閭爲族，使之相葬；五族爲黨，使之相救；五黨爲州，使之相賙；五州爲鄉，使之相賓。自五家之比，至萬二千五百家之鄉，皆以五起數。伍其民以立鄙，則無輕去其鄉之慮。宏嗣謂三分其國以爲三軍，五分其鄙以爲五屬，此管子得齊後新創之制，三代之聖王無是也。況下文方言「定民之居」，不應舍畫井設廬之事，而專言徵徒發兵之事也。◎志慧按：春秋都城之制，今江蘇武進有淹城遺址，形制尚完整，其國名則可與《左傳》定公四年、昭公九年「商奄」、昭公元年「周有徐、奄」互相印證。奄國雖係蕞爾小國，其城池的形制與規模自然不能與中原上國相比，但彼時各種城池的形制與規模或可由此類推而得之。管子所謂「昔者聖王」，如莊子寓言，托古爲説耳，韋注謂「若湯、武也」，《正義》謂「三代之聖王無是也」，不免拘泥，下同。**定民之居，成民之事，**謂使四民各居其職所也，若工就官府，農就田野，所以成其事也。**陵爲之終**〔一〕，以爲葬也〔二〕。○《正義》：自秦之興，而陵始專爲天子、諸侯之名，在春秋時，則士庶人之家亦通稱陵也。**而慎用其六柄焉。」**柄，本也。六柄，生、殺、貧、富、貴、賤也〔三〕。○《補正》：「柄」字，宜從上文作權解。

【彙校】

〔一〕《辨正》：「《小匡》相應文字作『以爲民紀』，結合前文『定民之居，成民之事』，下接『以爲民紀』，似乎文氣更加密合一些，故頗疑《齊語》這一處有誤。」

〔二〕也，《考異》據《御覽》治道部六引謂當作「地」，上海師大本從之，據義是。

〔三〕《後漢書·崔駰傳》李賢注引「賤」字在「富貴」之前。

2 管仲教桓公以成民之事〔一〕

桓公曰：「成民之事若何？」管子對曰：「四民者，勿使雜處，四民，謂士、農、工、商也。雜處則其言哤，其事易。」哤，亂皃。易，變易也〔二〕。○《文選》馬季長《長笛賦》李善注：哤，聒雜聲也。○《舊音》：哤，末江反。◎志慧按：汪道昆：「使士之子爲士，農之子爲農，工之子爲工，商之子爲商，則天下之民無不各安其分而無有僭越踰侈者。一匡之功未必不成于此。」葉明遠《抄評》：「管仲辨方處民，勿令相雜，則却又繩束人矣。」用今天的話説，前者贊其整齊劃一，社會控制和動員力强；後者斥其違反人性，禁錮自由，會導致社會自組織的破壞，缺乏活力。二者各舉其一端，合之方可望得其整全之義。

【彙校】

〔一〕此下四篇分章及施題異於所見衆本。經與本人研究生竇守鑫反覆討論兩段「正月之朝」開頭的文字，認爲這兩段高度重合的論功考績文字，分別對應於國與鄙，本人於是發現上篇末尾管仲謂「參其國而伍其鄙，定民之居，成民之事」正是下面四篇的大綱，只是次序由A（參其國）——B（伍其鄙）——C（定民之居）——D（成民之事）變成了D——C——A——B，而這種轆轤相轉的言説順序恰恰是當時的常態。

〔二〕明道本無次「易」字。

公曰：「處士、農、工、商若何？」〔一〕管子對曰：「昔聖王之處士也，使就閒燕；士，講學道藝者也〔二〕。閒燕，猶清淨也。○《管子·小匡》尹注：閒燕，謂學校之處。尹注：處士燕閒，則謀議審也。處工，就官府；處商，就市井；處農，就田野。令夫士，羣萃而州處，萃，集也。州〔三〕，聚也。○賈逵：萃，亦處也（《文選》陸士衡《謝平原内史表》李善注引，王、汪、黄、蔣輯）。閒燕則父與父言義，子與子言孝，其事君者言敬，其幼者言悌〔四〕。少而習焉，其心安焉，不見異物而遷焉。物，事也。遷，移也。是故其父兄之教不肅而成，肅，疾也。○《爾雅·釋詁》：肅，疾也。○《補正》：肅，嚴也。○《辨正》：《孝經》有云：「則天之明，因地之利，以順天下，是以其教不肅而成，其政不嚴而治。」其中「肅」與「嚴」互文見義，可證吴説不謬。其子弟之學不勞而能。夫是，故士之子恒爲士。

【彙校】

〔一〕《考正》：「《内傳·宣十二年》正義所引作『處士、工、商、農若何』，以下文例之，應如《正義》。」可從。

〔二〕蓺，遞修本左下部作「辛」，俗字，明道本作「藝」。

〔三〕州，明道本作「處」，《四庫薈要》從後者，唯「州猶聚也」説見《禮記·王制》鄭注，則是明道本誤。

〔四〕悌，各本同，上海師大本作「弟」，疑後者擅改。

「令夫工，羣萃而州處，審其四時，言四時各有宜〔一〕，謂死士、凝釋之時也〔二〕。○皆川淇園：《考工記》：「天有時以生，有時以殺；草木有時以生，有時以死；石有時以泐；水有時以凝，有時以澤。此天時也。」有時以澤，音釋。所謂「死生、凝釋」，蓋謂此也。○秦鼎：死生謂草木，凝釋謂水也。**辨其功苦**，辨，别也。功，牢也。苦，脆也。○賈逵：苦，木脆也〔三〕（日藏寫本《文選集注》卷六一江文通《雜擬》王粲《伊昔值世亂》「嚴風吹苦莖」李善注）。○《正義》：《荀子·勸學篇》楊注：「楛，與『苦』同，惡也。」《史記·匈奴列傳》集解引韋昭曰：「苦，麤也。音若『靡盬』之『盬』。」麤、惡皆脆義。○《校補》：功，讀爲鞏，《爾雅》：「鞏，固也。」**權節其用**，權，平也〔四〕，視其平沈之均也。節，節其大小輕重也。○鄭衆：平沈，謂浮之水上無輕重（《考工記·輪人》鄭注引）。○賈逵：變通以應時曰權（釋慧琳《一切經音義》卷二十九引）。節，制也（《文選》張平子《東京賦》李善注引，王、黄輯）。○《補韋》：補正：「權衡節制所用之器物也，故工與農同文。」**論比協材**，論，擇也。比，比其善惡也。協，和也，和其剛柔也。○賈逵：論，釋也（《初學記》卷二十一文部引，又見引於《元龜》總録部七十九，王、黄、蔣輯）。○《增注》：協材，協合其器材也。**旦莫從事**〔五〕，**施於四方**，施其物用於四方也。**以飭其子弟**，飭，教也。**相語以事，相示以巧，相陳以功**。陳，亦示也。功，成功也。功善則有賞。**少而習焉，其心安焉，不見異物而遷焉。是故其父兄之教不肅而成，其子弟之學不勞而能。夫是，故工之子恒爲工。**

【彙校】

〔一〕「宜」前，明道本、正統本有「其」字。

〔二〕死士，孔氏詩禮堂本作「水土」；士，葉邦榮本同，明道本、遞修本、正統本、静嘉堂本、南監本、弘治本、許宗魯本、李克家本作「生」，皆川淇園云：「士，當作『生』，字之誤也。」是，知皆川氏所本者乃金李本或葉邦榮本。凝，明道本、静嘉堂本、南監本、弘治本作「疑」，《札記》、《考異》謂當作「凝」，是。

〔三〕向宗魯《校讎學》「擇本中」：「江文通《雜擬》（王侍中粲）『嚴風吹若莖』（五臣『若』作『枯』）李注引賈逵《國語注》曰：『若，木晚矣。』諸本並同，《集注》本正文作『苦莖』，注作『苦，木脆也』，此《齊語》『辨其功苦』之注，今韋解即用賈義。五臣作『枯』，枯、苦音近。吕向曰：『枯木之莖，喻危脆也。』義亦不異。」向説是，敢從之。

〔四〕「權平也」三字韋注，各本同，唯已見上文「式權以相應」下，疑重。

〔五〕弘治本「旦」前有「以」字，許宗魯本「旦」前有「㠯」字，「㠯」爲「以」的篆體。遞修本、金李本「旦」前空半格至一格的位置。莫，明道本、正統本作「暮」，「莫」、「暮」古今字，下同。

「令夫商，羣萃而州處，察其四時，四時所用者，豫資之也〔一〕。○秦鼎：資，取也。《越語》："夏則資皮，冬則資絺；旱則資舟，水則資車，以待乏也。」而監其鄉之資，監，視也。資，財也。視其貴賤、有無。○《補正》：資，宜從《説文》訓貨也。以知其市之賈，負、任、儋、何〔二〕，背曰負，肩曰儋。任，抱也。何，揭也。服牛軺馬，服，牛車也〔三〕。軺，馬車也。《詩》云："睆彼牽牛，不以服箱。」○《説文·車部》：軺，小車也。○《廣韻》平聲宵韻：軺，《説文》曰："小車也。」又音韶，使車。又音遥。◎志慧按：服牛軺馬，句法與意義皆同於《易·繫辭下》之"服牛乘馬」，孔穎達正義："服用其牛，乘駕其馬。」可參證。以周四方，周，徧也。以其所有，易其所無，市賤鬻貴，市，取也。鬻，賣也。旦莫從事於此，以飭其子弟，相語以利，相示以賴，賴，贏也。相陳以知賈。少而習焉，其心安焉，不見異物而遷焉。是故其父兄之教不肅而成，其子弟之學不勞而能。夫是，故商之子恒爲商。

【彙校】

〔一〕豫，明道本、正統本作「預」，古通。

〔二〕儋，明道本、正統本、弘治本、許宗魯本作「擔」，注同，秦鼎據《群經音辨·木部》謂「擔」當從木，並謂正文「擔」亦譌。何，正統本同，《補音》謂「本亦作『荷』」，明道本作「荷」，注同。《小匡》作「擔荷」，《御覽》資産部九引則作「檐何」，《説文·人部》「何」字段注謂「荷」係「何」

之俗字，凡經典作「荷」者皆後人所竄改，又云「擔」係「儋」之俗字。段注是，周代早期何尊之「何」即作人肩上扛物之形；書「儋」作「擔」者形符更旁字耳，非譌，安徽壽縣出土戰國時期鄂君啟車節「擔」從木作「檐」同此。

〔三〕牛車，明道本、正統本作「謂牛服車」，秦鼎從明道本，依下句注例似當從公序本。

「令夫農，羣萃而州處，察其四時，四時樹蓺各有宜也〔一〕。權節其用，耒、耜、枷〔二〕、芟，權，平也。平節其器用小大倨句之宜也〔三〕。枷，拂也〔四〕，所以繫草也〔五〕。芟，大鎌〔六〕，所以芟草也。○賈逵：枷，拂，所以擊也〔七〕（《舊音》引，汪遠孫輯）。○《正義》：《荀子·性惡篇》楊注：「拂，從木旁弗，擊也。《方言》云：『自關而西謂之栿，今之農器連枷也。』」《漢書·王莽傳》「予之北巡，必躬載栿」顏注：「栿所以擊治禾者也，今謂之連枷。」則栿以擊禾，韋解「繫草」，疑即「擊」字之誤。《周官·稻人》：「凡稼澤，夏以水殄草而芟夷之。」鄭康成謂六月大雨時行，以水病絶草之後生者。秋至，水涸而芟之，明年乃稼。則鎌爲芟草器，即名之爲芟也。○秦鼎：倨者，矩之直者。句者，折而衡者。枷，連枷也。◎志慧按：本人在今山東、浙江農村尚見舊時所用連枷，由一個長柄和一組平排竹木條編成，用於穀物、小麥、豆子、芝麻等脱粒。也書作「槤枷」。漢畫像磚中，如《弋射收獲畫像磚》、《靈星舞》等所見之鐮遠較今天農家所用者爲長，此韋昭所謂大鐮乎。及寒，擊菒除田〔八〕，寒，謂季冬大寒之時也。菒，枯草也。　○《舊音》：菒，音杲。　○《補音》：菒，古老反，通作「稾」。○《正義》：謂收乾草有陳根也，秋敗其實，冬剗其根。《管子·小匡篇》尹氏注：「冬寒之月，即擊去草之稾者，修除其田，以待春耕時也。」　○《補正》：菒，即「稿」字。**以待時耕**；時耕，謂立春之後。　○《正義》：五時見生而樹生，見死而樹死，則時耕兼五時言之，以立春後農功之始，故舉初以包其餘也。**及耕，深耕而疾耰之，以待時雨**；疾，速也。耰，摩平也。時雨至，當種之也[九]。○《舊音》：耰，音優，《説文》：「摩田器也。」　○《補音》：耰，於求反，《説文》作「櫌」。　○《正義》：「耰」與「耕」對舉，蓋椎塊，即摩平也。農人播種之後，以土覆實，摩而平之，使種入土，鳥不能啄。　◎志慧按：「耰」、「櫌」古通作，形符更旁字耳，此名詞用作動詞。**時雨既至，挾其槍、刈、耨、鎛**，在掖曰挾。槍，椿也。刈，鎌也。耨，兹其也[一〇]。鎛，鉏也。　○賈逵：挾，持也（《舊音》引，汪遠孫輯）。　○《補音》：耨，乃豆反。鎛，伯各反。　○《正義》：椿，《説文》：「橛杙也。」刈爲鎛，即上文芟也。耨者，《吕氏春秋·任地篇》：「耨柄尺，此其度也。其耨六寸，所以間稼也。」《釋名》：「耨，以（似）鉏，嫗薅禾也。」趙岐《孟子注》：「鎡基，田器，耒耜之屬。」則兹其非專指耨，然《易》言「耒耨之利」，故得通言之。鎛，《説文》：「一曰田器。」《周頌》「庤乃錢鎛」毛傳：「鎛，鎒也。」《釋名》：「鎛，鉏類。」　○《標注》：槍，剡木加鋒刃，所以刺地也。耨、鎛皆與鉏一類，耨狹鎛廣。**以旦莫從事於田野**[一一]，**脱衣就功，首戴茅蒲**[一二]，**身衣襏襫**[一三]，脱，解也。茅蒲，簦笠也〔一四〕。襏襫，蓑薜衣也〔一五〕。茅，或作「萌」。萌，竹萌之皮，所以爲笠也。○《舊音》：襏襫，上音鉢，下音釋。○《補音》：襏襫，上本末反，下始亦反，注及《集韻》它書等所解，大率云草衣雨具，則今謂之蓑衣是也。○《正義》：襏襫，《管子·小匡篇》尹注謂麤堅之衣可以任苦著者也。齡謂《小雅·無羊》毛傳：「蓑所以備雨。」上文言時雨既至，則襏襫當爲蓑衣，不當爲布衣，尹知章之説非也。竹萌之皮爲笠者，《史記·高祖本紀》：「高祖爲亭長，乃以竹皮爲冠。」《集解》引應劭曰：「以竹始生皮作冠，今鵲尾冠是也。」○《補正》：茅，《管子》作「苧」，義較「萌」爲近。◎志慧按：既然劉邦曾以竹皮爲冠，則其時氣候濕熱，與蘇北鄰近的山東地區以竹萌之皮爲笠應無問題。唯此正文作「茅蒲」，則其材料當係高粱秸杆、蘆葦和蒲草之類，如今天北方農民所戴者。《小匡》作「苧」，段玉裁、黄丕烈等從之，但苧麻材質柔軟，不便定型，亦未見今北方農村使用，故不敢采信。襏襫之材料，其形制蓋與南方農村用棕絲所織之蓑衣相類，其材料則爲黄草，此草秋後變黄變軟，是編織蓑衣的專用材料，今魯南農村仍在使用。霑體塗足，霑，濡也。暴其髪膚，盡其四支之敏，敏，猶材也。○户埼允明：敏，黽勉也。○秦鼎：敏者，敏德之「敏」，故訓材。○《集解》：支，與「肢」同。以從事於田野。少而習焉，其心安焉，不見異物而遷焉。是故其父兄之教不肅而成，其子弟之學不勞而能。夫是〔一六〕，故農之子恒爲農，野處而不暱〔一七〕。暱，近也。○《補音》：暱，女乙反。○《略説》：《管子》作「樸野而不慝」，注云：「樸質而野，不爲奸慝。」愚謂作「慝」

似長，此恐誤也。　○《備考》：暱，蓋「慝」字之譌，《管子》云：「樸野而不慝」，言無邪慝之心也。○《述聞》：暱，當爲「匿」，匿，古「慝」字，不慝，不姦慝也。《小匡》作「樸野而不慝」，是其明證矣。○秦鼎：不暱者，不近城市。　◎志慧按：「野處」句當依恩田仲任與王引之之説，《增注》亦同其説，《補音》、秦鼎依韋解讀，誤。周康王時大盂鼎「辟厥匿」之「匿」即作「慝」解，王説是，非譌字。

其秀民之能爲士者，必足賴也。秀民，民之秀出者也〔一八〕。賴，恃也。**有司見而不以告，其罪五。**有司，掌民之官也。五〔一九〕，罪在五刑也。**有司已於事而竣〔二〇〕。**已，畢也。竣，伏退也〔二一〕。

【彙校】

〔一〕蓺，明道本、正統本作「藝」。

〔二〕枷，《補音》謂「本或作『耞』，音義同」，明道本、《御覽》卷八二四引作「耞」，注同，「耞」爲「枷」之形符更旁字。

〔三〕句，明道本作「勾」，古文從口與從厶之字常通作。

〔四〕柫，《舊音》出「枷柫」，云：「分勿反，從木。」《補音》：「拂字，《説文》、《玉篇》皆從木，云『擊禾連枷也。』從手者自有它訓，當從木，但今官私本多從手，疑傳寫之誤。又，古字或通用。」明道本、正統本作「拂」，「柫」本字，「拂」通假字。

〔五〕繫，遞修本、静嘉堂本、南監本、弘治本、葉邦榮本、穆文熙編纂本同，明道本、許宗魯本、李克家本作「擊」，當從明道本，疑作「繫」者形訛。

〔六〕鎌，《舊音》：「大鐮，音廉，俗作『鎌』。」《補音》：「力兼反。《説文》从金从兼，無作『廉』者，則『鎌』字非俗也，作『鐮』者乃俗耳。」

〔七〕《舊音》所引《廣雅》和賈逵注之「拂」，南監本明補版作「怫」，後出各本遂沿其所改。微波榭本又將《舊音》所引《方言》的「拂」擅改作「怫」。

〔八〕菓，《小匡》作「稾」，古同。

〔九〕明道本、正統本無「之」字。

〔一〇〕兹其，《御覽》資産部二引同，明道本、正統本作「鎡錤」，疑因下句「鉏」字類化。

〔一一〕野，静嘉堂本、南監本脱爛，弘治本、許宗魯本作「而」，疑弘治本徑據義填入，許宗魯本因之。

〔一二〕茅，《小匡》作「苧」，《札記》引段玉裁説云：「『苧』字是。今俗云馬苧，可以爲蓑笠。」

〔一三〕襏襫，遞修本、静嘉堂本、南監本、弘治本、葉邦榮本、張一鯤本二字皆從礻，許宗魯本、李克家本從改，後者出於張一鯤本，疑據許宗魯本校正。檢國圖藏金李本佚名校本與清沈嚴校宋本「襏襫」正文從衤，注文從礻，古代刻本中「衤」、「礻」亦偶有混淆者，此當以從衤爲正。

〔一四〕也，静嘉堂本、南監本脱爛，弘治本作「衣」，許宗魯本因之，與衆本異，弘治本以意添。

〔一五〕薜，《舊音》：「諸本或作『襞』，誤。」《補音》亦云然，明道本作「襞」。《刪補》云：「薜，宜作『薜』，莎也，《六韜》『蓑薜簦笠』，謂以莎草爲雨衣也。」《札記》：「依《說文》，正字作『萆』。韋用『襞』，乃借字，非誤。」後二者似皆有理，姑並存之。

〔一六〕明道本無「夫」字，上文並列的三個段落皆有之，《御覽》卷八二三其一引亦有，當從補。

〔一七〕暱，《小匡》作「慝」，當依改。

〔一八〕秀，許宗魯本作「特」，雖於義亦通，唯無依據。

〔一九〕明道本無此「五」字，疑脫。

〔二〇〕《補注》謂該七字並注衍，故後「竣」字復有注文，《增注》並謂由下章錯誤耳，有理。

〔二一〕伏退，明道本、正統本、李克家本作「退伏」，秦鼎從明道本而無說明，下文「有司已於事而竣」下韋注「竣，退伏也」，各本同，則此亦當作「退伏」。《補正》：「《爾雅》作『逡，退也』，訓退伏非。」韋昭《國語解敘》自稱「以《爾雅》齊其訓」，則《補正》之說可從。

3 管仲教桓公以定民之居

桓公曰：「定民之居若何〔一〕？」管子對曰：「制國以爲二十一鄉。」唐尚書云：「四民之所居也。」昭謂：國，國都城郭之域也，唯士、工、商而已，農不在焉〔二〕。**桓公曰：「善。」管子於是制國以爲二十一鄉：**二千家爲一鄉。二十一鄉，凡四萬二千家〔三〕。此管子所制〔四〕，非周法也。◎志慧按：《周禮・地官・大司徒》：「令五家爲比，使之相保。五比爲閭，使之相受。四閭爲族，使之相葬。五族爲黨，使之相救。五黨爲州，使之相賙。五州爲鄉，使之相賓。」則周法爲一萬二千五百家爲一鄉。**工商之鄉六；**工、商各三也，二者不從戎役也〔五〕。**士鄉十五**〔六〕，唐尚書云：「士與農共十五鄉。」昭謂：此士，軍士也。十五鄉合三萬人，是爲三軍。農，野處而不暱，不在都邑之數，則下所云「伍鄙」〔七〕是也。○江永《群經補義》卷二：士鄉十五，公帥五鄉，國子、高子各帥五鄉，是齊之三軍悉出近國都之十五鄉，而野鄙之農不與也。○《正義》：當時兵農既分，故宏嗣以軍士訓士鄉。或謂興賢能亦出于士鄉，不知秀民取之農，非取之軍士也。○朱鳳瀚《商周家族形態研究》：《齊語》中的「士」即軍士，包括低級貴族士階層的下層與庶民（農）中的上層，他們皆屬於國人，對公室承擔的主要義務是擔任軍賦，服兵役，不交農業税。**公帥五鄉焉，**五鄉萬人，是謂中軍，公所帥也。**國子帥五鄉焉，高子帥五鄉焉。**國子、高子，皆齊上卿，各帥五鄉，爲左右軍也。**參國起，案以爲三官，**參，三也。案，界也。分國事以爲三也。○《正義》：《吕氏春秋・上農篇》：「民自七尺以上屬諸三官。」高注：「三官，農、工、賈也。」《六韜》曰：「大農、大工、大商謂之三寶。農一其鄉則穀足，工一其鄉則器足，商一其鄉則貨足。無亂其鄉，無亂其俗。」則三寶即三官。《六韜》

雖非太公書，然管子此制，實與之同。下即言工、商、山澤，可知三官爲工、商、農，韋解謂分國事爲三，則季、孟、叔之專魯，韓、趙、魏之專晉，非君爲臣綱之道矣。○《辨正》：「參國起」與「以爲三官」是先後承接關係，「案」在這裏正起到表示順承關係的虚詞功能，可作爲語氣助詞解，亦可作爲「於是」、「則」之類的義項使用。◎志慧按：君爲臣綱之説不應律諸管仲，然董增齡據《吕氏春秋》高注謂三官即農、工、賈，則信而有徵，可從。**臣立三宰**，三宰，三卿也，使掌羣臣也。○《略説》：臣謂士也。**工立三族**，族，屬也。晉趙盾爲旄車之族〔八〕。上言工商之鄉六，則各三也〔九〕。○《標注》：三宰、三族皆管子所立之標目矣，注「三卿」、「旄車」皆非。宰、族皆職名，勿同典故可也。**市立三鄉**，市，商也。商處市井，故曰市。○《述聞》：鄉亦官名，與宰、族、虞、衡同例。**澤立三虞**，《周禮》有澤虞之官。虞，度也，掌度知川澤之大小及所生育者〔一〇〕。**山立三衡**。《周禮》有山虞、林衡之官。衡，平也，掌平其政。○《正義》：三虞者，大山、大林麓，中山、中林麓，小山、小林麓。三衡者，大川、大澤藪，中川、中澤藪，小川、小澤藪。《昭二十年傳》：「山林之木，衡鹿守之；澤之萑苻，舟鮫守之；藪之薪蒸，虞侯守之。」此即承管子舊制也。○秦鼎：三虞、三衡當是他文竄入。

【彙校】

〔一一〕民，正統本同，明道本作「人」，但其他各處「定民之居」各本同，則此「人」字亦當作「民」。

〔二〕焉，明道本、正統本作「也」，於義作「焉」爲密。

〔三〕四，明道本作「肆」。

〔四〕明道本無「所」字，疑脱。

〔五〕役，静嘉堂本、南監本漫漶不可識，弘治本此字空缺，當脱。

〔六〕《考正》：「《管子》作『士農之鄉十五』，案唐尚書注傳文當有『農』字，蓋韋昭本删去。」可謂能洞燭其幽，韋昭删之亦是也。

〔七〕伍，明道本、正統本作「五」，然上下文都作「伍」，依例當從。

〔八〕旄車，許宗魯本同，弘治本作「族宰」，疑因南監本脱爛而臆補。

〔九〕則，静嘉堂本、南監本漫漶不可識，弘治本、許宗魯本作「族」，後二者誤。

〔一〇〕掌，静嘉堂本、南監本漫漶不可識，弘治本、許宗魯本作「量」，與衆本異。育，明道本作「有」，後者字之訛也。

桓公曰：「吾欲從事於諸侯，其可乎？」欲行伯道，討不義也。管子對曰：「未可，國未安。」桓公曰：「安國若何？」管子對曰：「脩舊法，伯王之法〔一〕。○《古文析義》：舊法，太公治齊遺制。○《删補》：春臺先生云：「舊法，謂本國舊法也，何必伯王之法？」○《校補》：修，當作「循」，古書每多相混。循舊法，即《詩》「率由舊章」之誼。《荀子・王霸》：「循其舊法，擇其善者而明用之。」尤爲確證。◎志慧按：關於「脩」字之義，據下句「擇其善者」，當從《校補》說，次同。關於句義，春臺、《校補》說皆是也，包含載在典册舊籍及行政實踐中的良法善治，不必非霸王之法與太公治齊遺制也。**擇其善者而業用之**〔二〕，業，猶創也。○賈逵：業，敘也，大也〔三〕（釋慧琳《一切經音義》卷一引）。○《備考》：《爾雅》：「業，敘也。」疏曰：「業者，事有次敘也。」○《述聞》：業，敘也。言擇舊法之善者而次敘用之也，韋注失之。○《平議》：既云舊法，不得謂之創用，韋注非也。○《辨正》：釋「業」爲創，於訓詁似無大謬。檢《小匡》相應文字作「修舊法，擇其善者，舉而嚴用之」，「業」、「嚴」古音同在疑母，或爲同聲通假，《廣韻》入聲業韻甚至有「業，嚴也」之釋，則「業」古有嚴義。嚴用舊有之善法，猶今「有法必依、執法必嚴」之意，亦當時法家的通識。**遂滋民，與無財**，遂，育也。滋，長也。貧無財者，振業之也〔四〕。○《述聞》：遂，語詞，猶言因也。滋，當讀爲「慈」，慈者，愛也，卹也，「與無財」則所以卹之也。作「滋」者假借字耳，《小匡》作「慈於民，予無財」，是其證。○吴闓生：無，讀爲蕃廡之「廡」，韋注誤。◎志慧按：於「遂」字，王說亦通，唯下文復有「遂」字，故於文法，似韋解更勝。於「滋」字，韋解亦可通，故不必如《述聞》輾轉通假。關於「無」字，孤立地看，吴闓生的説法亦通，唯其中的「與」當作連詞讀，若依準《小匡》相應文字，則以《述聞》之解最爲妥帖。**而敬百姓，**○《補注》：百姓，百官也。**則國安矣。」桓公**

曰：「諾。」遂脩舊法，擇其善者而業用之；遂滋民，與無財，而敬百姓。國既安矣，桓公曰：「國安矣，其可乎？」管子對曰：「未可。君若正卒伍，脩甲兵，《周禮》：「五人爲伍，百人爲卒。」今管子亦以五人爲伍，而以二百人爲卒。則大國亦將正卒伍，脩甲兵，則難以速得志矣。君有攻伐之器，小國諸侯有守禦之備，則難以速得志矣。君若欲速得志於天下諸侯，則事可以隱，令可以寄政〔五〕。」事，戎事也。隱，匿也。寄，託也。匿軍令，託於國政，若有征伐，鄰國不知也。○《管子·小匡》尹注：不顯習其兵事，故曰事有所隱；軍政寓之田獵，故曰政有所寓。桓公曰：「爲之若何？」管子對曰：「作内政而寄軍令焉。」内政，國政也。因治政以寄軍令也〔六〕。桓公曰：「善。」

【彙校】

〔一〕伯，正統本同，明道本作「百」，《札記》斷作「伯」者誤，可從。

〔二〕業，《小匡》作「嚴」。

〔三〕茲從郭萬青《小學要籍引〈國語〉研究》之《〈一切經音義〉三種引〈國語〉》之説。

〔四〕振，静嘉堂本、南監本脱爛，弘治本作「以」，與衆本異。《略説》謂「業」字恐衍，然未出所據。

〔五〕《校證》據《御覽》治道部六作「則事可以隱，令可寄政」，斷韋解「令」字爲句誤；《補正》斷作：「事可以隱，令可以寄政。」今從之。唯如此則韋注「匿軍令」亦有不當。

〔六〕治政，《御覽》治道部六引同，明道本、正統本及《後漢書·荀悦傳》李賢注引作「國政」，《考異》謂「國」字涉上文而誤，秦鼎、《四庫薈要》則從明道本，依文義和注例俱通。

4 管仲教桓公以三其國

管子於是制國：「五家爲軌，軌爲之長；軌中一人爲之長也。十軌爲里，里有司〔一〕；爲立有司。○秦鼎：爲立有司，謂里中有一人爲之有司也。四里爲連，連爲之長；十連爲鄉，鄉有良人。賈侍中云：「良人，鄉士也〔二〕。」昭謂：良人，鄉大夫也。○《札記》：《周禮》：鄉老，公也。鄉大夫，卿也。韋申賈，非別説也。下文鄉長即此。○《標注》：良人是名矣，何必據卿士與大夫？然唯士爲近之。焉以爲軍令；爲軍掌令。○《正義》：《呂氏春秋·序意篇》：「良人請問十二紀。」高注：「良人，君子也。」齊之官名取是義與？◎志慧按：所見各本「焉」字俱屬上讀，《經傳釋詞》卷二引王念孫語曰：「『焉』字屬下讀，不屬上讀。上文『里有司』下無『焉』字，是其證。」此「焉」與前文「案以爲三官」之「案」上古同屬影母元部，故從王説斷句。五家爲軌，故五人爲伍，軌長帥之；居則爲軌〔三〕，出則爲伍，所謂寄政也。○《存校》：此是家出一人爲兵也，其非農之外別有兵明矣。又下「鄉長復事，令官長期而書伐」，則士固在其中也，唐尚書謂士與農合十五鄉，其言似未可非。◎志慧按：此農非野鄙之農，而是都邑之農，王懋竑之説是。十軌爲里，故五十人爲小戎，里有司帥之；小戎，兵車也。此有司之所乘，故曰小戎。《詩》云：「小戎俴收。」古者，戎車一乘，步卒七十二人，今齊五十人。○《詩·秦風·小戎》正義：《六月》云：「元戎十乘，以先啓行。」元，大也。先啓行之車謂之大戎，從後行者謂之小戎，故箋申之云：「此羣臣之兵車，故曰小戎，言羣臣在元戎之後故也。」○惠棟《九經古義》：韋氏所據乃《司馬法》，云《六月》詩所謂「元戎」也，七十二人爲大戎，五十人爲小戎，其周之制與？四里爲連，故二百人爲卒，連長帥之；十連爲鄉，故二千人爲旅，鄉良人帥之；五鄉一帥，故萬人爲一軍，五鄉之帥帥之。五鄉，每一軍爲五鄉也〔四〕。鄉帥，卿也。萬人爲軍，齊制也，周則萬二千五百人爲軍。帥，長也。◎志慧按：《周禮·夏官·敘官》：「凡制軍，萬有二千五百人爲軍。」雖爲戰國時人述古之作，庶幾近之。三軍，故有中軍之鼓，有國子之鼓，有高子之鼓。春以蒐振旅〔五〕，春田曰蒐〔六〕。振，整也。旅，衆也。《周禮》：「仲春教振旅，遂以蒐田也。」秋以獮治兵。秋田曰獮。《周禮》：「仲秋教治兵，遂以獮田也。」○《舊音》：獮，似演反。是故卒伍整於里，軍旅整於郊。内教既成，令勿使遷徙。遷徙，猶改更也〔七〕。○《辨正》：遷徙指户籍言，因爲民衆遷徙不利於在上者之管制，訓遷徙爲更改，還不如取其本義爲直捷。伍之人祭祀同福〔八〕，死喪同恤，恤，憂也。○《集解》：同福，謂同祈福也。禍灾共之。人與人相疇，家與家相疇，疇，匹也。○《爾雅·釋詁》：仇、讎，匹也。○《補韋》：張晏曰：疇，等也。○《補正》：疇，與「儔」通，故訓匹。○《校補》：疇當訓保。《荀子·正論》：「故至賢疇四海。」俞樾《平議》曰：「疇者保也。」字或作壽，《楚語下》：「臣能自壽也。」韋昭注：「壽，保也。」本字爲「壔」，《說文》：「壔，保也。」」◎志慧按：韋昭讀「疇」爲仇、讎，蕭旭則讀如本字，於句義論，則各有所當，不敢必其一爲是，姑兩存之。世同居，少同游。故夜戰聲相聞，足以不乖；晝戰目相視[九]，足以相識。其歡欣足以相死[一〇]。致死以相救也。○《增注》：歡欣，謂其交情相愛也。居同樂，行同和，死同哀。是故守則同固，戰則同彊。君有此士也三萬人，以方行於天下，方，猶橫也[一一]。○《正義》：「方」與「旁」古字通，方行，猶《易》言「旁行」也。以誅無道，以屏周室，屏，猶蕃也[一二]。天下大國之君莫之能禦也[一三]。」禦，當也。

【彙校】

[一]《集解》疑當作「里有有司」，或因漏抄一重文號所致。

[二]鄉士，明道本作「卿士」，《札記》據段玉裁說、秦鼎亦據《周禮·秋官》「鄉士」和下文「鄉長復事」從明道本；《考正》則斷「卿」字誤，李慈銘更辨稱：「不特成周盛時之制不足以證齊，且

卿士者，王之冢卿也，非列國之卿所得稱，下文『五鄉之帥』，注方曰『卿也』，此一鄉之帥，安得即爲卿士乎？」古文「鄉」、「卿」一字，但於文義則李説可從。

〔三〕居，許宗魯本作「伍」，因南監本不可識，涉上句而誤。

〔四〕爲，明道本、正統本、《御覽》治道部六作「有」，《考正》、《考異》俱謂作「爲」勝，據義可從。

〔五〕獀，明道本、正統本作「蒐」，二字古同，注同。

〔六〕曰，秦鼎本作「日」，字訛，次「曰」字不誤。

〔七〕改更，明道本同，《正義》作「更改」，疑因後世詞序擅改。

〔八〕《略説》：「《管子》『伍』上有『卒』字，蓋此脱落。」據上文「卒伍整於里」，其説有理。

〔九〕視，明道本、正統本、《御覽》卷三三一兵部六引作「見」。

〔一〇〕秦鼎云：「此段有脱誤，當作『其歡欣足以相樂，其禍難足以相死』。」説雖有理，惜未見所據。

〔一一〕猶横也，明道本、正統本作「當作『横』」，疑據《小匡》，《考正》、《考異》謂公序本是，秦鼎從明道本，《國語》自有承傳，不必全依《小匡》。

〔一二〕蕃，《御覽》卷六二五治道部六及李克家本同，明道本、正統本、《增注》作「藩」，據義「藩」本字，「蕃」通假字。

〔一三〕明道本、正統本無「也」字。

正月之朝，鄉長復事。鄉長，鄉大夫也。復，白也。《周禮》：正月之吉，鄉大夫受法于司徒，退班于鄉吏，以考其行。○《述聞》：正月之朝，指上旬而言，非專指朔日也。◎志慧按：《周禮·地官·鄉大夫》云：「正月之吉，受教法于司徒，退而頒之于其鄉吏，使各以教其所治，以考其德行，察其道藝。」韋注蓋約引。**君親問焉，曰：「於子之鄉，有居處好學**〔一〕**、慈孝於父母、聰慧質仁**〔二〕、慧，解瞭也。質，性也。○賈逵：慧，明察也（釋慧琳《一切經音義》卷三引）。慧，察也（同前，卷四引）。○《存校》：質，樸質之「質」，注「性也」未然。後「訾相其質」，則又質本之「質」，猶材質，與此各異。○《增注》：質，信誠也。○《發正》：慈，亦孝也。◎志慧按：「質」與「聰」、「慧」、「仁」並列，則自當爲表正面意義的名詞，《存校》、《增注》說可從。**發聞於鄉里者，有則以告。有而不以告，謂之蔽明**〔三〕**，其罪五。」**○《增注》：言其罪在五刑中。**有司已於事而竣。**竣，退伏也。

【彙校】

〔一〕《述聞》：「『居處』下脱『爲義』二字。下文『於子之屬有居處爲義好學』云云，並與此同，則此文亦當有『爲義』二字。《管子·小匡篇》正作『於子之鄉有居處爲義好學。』」可從。

〔二〕慧，明道本作「惠」，「慧」本字，「惠」通假字，但下文「聰慧」各本同作。

〔三〕明，《小匡》作「賢」。

桓公又問焉，○《補正》：於其將退而復問也，下同。曰：「於子之鄉，有拳勇股肱之力秀出於衆者〔一〕，脛本曰股。肱，臂也。大勇爲拳，《詩》云：「無拳無勇。」○秦鼎：大勇爲拳，恐「小」之誤，《詩正義》「既無拳力，又無勁勇」可證。◎志慧按：《詩·小雅·巧言》「無拳無勇」毛傳：「拳，力也。」鄭玄箋、朱熹《集傳》無異説，《詩正義》「拳力」與「勁勇」確實相對爲言，唯前者指向體力，後者指向精神，而非如秦鼎所認爲的小大相對，故韋注未見其誤。有則以告。有而不以告，謂之蔽賢〔二〕，其罪五。」有司已於事而竣。

【彙校】

〔一〕拳，《説文·手部》「捲」下引作「捲」，段注以爲古通，其實同也。

〔二〕賢，《小匡》作「才」。

桓公又問焉，曰：「於子之鄉，有不慈孝於父母、不長弟於鄉里〔一〕、驕躁淫暴、不用上令者，上，君長也。○賈逵：躁，擾也（釋玄應《一切經音義》卷十四引，汪、蔣輯）。有則以告。

有而不以告，謂之下比，比，阿黨也。其罪五。」有司已於事而竣。

【彙校】

〔一〕弟，明道本、正統本作「悌」，出本字也。

是故鄉長退而脩德進賢，桓公親見之，遂使役官。役，爲也。○《標注》：役，謂給事于官府也。

桓公令官長期而書伐，官長，長官也。期，期年也。伐，功也。書其所掌在官有功者也。○《補音》：期，居其反，本或作「朞」。以告且選〔一〕，選其官之賢者而復用之〔二〕，復，白也。曰：「有人居我官，有功休德，休，美也。惟慎端愨以待時〔三〕，使民以勸，綏謗言，待時，動不違時也。綏，止也〔四〕。○賈逵：綏，止也（《原本玉篇殘卷·糸部》引）。○秦鼎：勸，猶「使民敬忠以勸」之「勸」。○《發正》：《爾雅·釋詁》：「妥，止也。」「妥」與「綏」古字通。○《補正》：綏，安也。造謗之人心易思亂，故有以安之也。◎志慧按：十二律之「綏賓」，在曾侯乙墓編鍾銘文中書作「妥賓」，知《發正》所揭爲當，其所釋者亦有理。足以補官之不善政。」謂前有闕者。桓公召而與之語，訾相其質，訾，量也。相，視也。○《爾雅·釋詁》：相，視也。○賈逵：訾，量也（《文選》王仲宣《詠史詩》李善注引，王、汪、黄、蔣輯）。○《補音》：訾，子斯反。相，息亮反。○《補注》：質，身也。足以比成事，比，輔也。足以輔其官，成其事也。誠可立而授之。言可以立爲大官而授之事也〔五〕。○《刪補》：立，一説（志慧按：據查，源自太宰純）爲坐立之「立」，爲是。設之以國家之患而不疚，患，難也。疚，病也。豫設以其國家之患難以問之〔六〕，不病不罷也〔七〕。退問其鄉〔八〕，以觀其所能，而無大厲，問其鄉，本其行能也〔九〕。厲，惡也。○《補正》：其人可以爲上卿之贊，何止無大惡？注語未合。厲，當訓「戾」。戾，背也。謂與平日所聞不相背也。◎志慧按：據文義，吴説更勝。升以爲上卿之贊，贊，佐也。謂之三選。三選，謂鄉長所進〔一〇〕、官長所選、公所訾相也。國子、高子退而脩鄉，鄉退而脩連，連退而脩里，里退而脩軌，軌退而脩伍，伍退而脩家〔一一〕。是故匹夫有善，可得而舉也；匹夫有不善，可得而誅也。政既成，鄉不越長，鄉里以齒，長幼不相踰也。朝不越爵，賢不肖之爵不相越也。○《辨正》：「鄉不越長」是親親與敬長，「朝不越爵」是貴貴，與「賢不肖」無涉，韋注非。罷士無伍〔一二〕，罷，病也。無行曰罷〔一三〕。無伍，無與爲伍也。《周禮·大司寇》：「以圜土聚教罷民。」○賈逵：疲，病也（釋慧琳《一切經音義》卷十一引）。○《管子·小匡》尹注：罷，謂乏於德義者。罷女無家。夫稱家也。夫是，故民皆勉爲善。與其爲善於鄉也，不如爲善於里；與其爲善於里也，不如爲善於家。本其事行也〔一四〕。○《管子·小匡》尹注：家善則鄉善矣，所謂居家治理可移於官。是故士莫敢言一朝之便，皆有終歲之計；莫敢以終歲之議，皆有終身之功。

【彙校】

〔一〕選，弘治本作「令」，與衆本異，於義誤。

〔二〕《述聞》：「『用』字蓋涉上文『擇其善者而業用之』而衍，《管子·小匡篇》正作『選官之賢者而復之』，無『用』字。」王説是，《集解》徑删。荆州棗紙簡《齊桓公自莒返于齊》也作「復之」。

〔三〕秦鼎引一説云：「居官有功，休德惟慎，端愨以待時。」「我」字衍，其説有理，然無據。

〔四〕止，明道本、正統本、許宗魯本、李克家本同，遞修本、弘治本、葉邦榮本、張一鯤本作「上」，字殘，檢國圖藏金李本同作「上」，此改作「止」者當係《四部叢刊》編者描潤，初印本看似手工填塗，重印本則已稍顯工整。

〔五〕可以立爲，明道本、正統本作「可立以爲」。

〔六〕明道本、正統本與《正義》無「其」字，《正義》或徑據義删。明道本、正統本無「以」字，疑脱。

〔七〕罷，遞修本、葉邦榮本、張一鯤本、李克家本同，明道本、正統本、弘治本、許宗魯本作「能」，《札記》、秦鼎從明道本，未必是，《舊音》出「罷」，疑作「罷」者近古。

〔八〕「其鄉」前，明道本有「之」字。

〔九〕《删補》：「行，恐『所』字之誤。」《訂字》：「行，宜作『所』。」皆未出所據，《增注》徑改從之，秦鼎謂「或作『所能』」，疑從前數者出。

〔一〇〕明道本、正統本無「謂」字，當據補。

〔一一〕《補注》：「『伍伍退而脩』五字衍。」據前文「五家爲軌」之説，可從。

〔一二〕本句釋慧琳《一切經音義》卷十一引作「疲士無位」。

〔一三〕行，明道本、正統本、弘治本作「作」。罷，明道本作「病」。《荀子·王霸篇》楊倞注引此注作「無行曰罷」，而在《荀子·成相篇》注中則引作「無行曰病」。作「作」者疑形訛，雖然罷、病意義無大别，然該成語由「罷士、罷女」引出，疑作「罷」者更近古。

〔一四〕本，明道本作「求」，《考異》謂當作「本」。事行，各本唯《正義》作「行事」，疑據後世詞序改。

5 管仲教桓公以伍其鄙

桓公曰：「伍鄙若何？」管子上言「參其國而伍其鄙」，内政既備，故復問伍鄙之事。管子對曰〔一〕：「相地而衰征，則民不移；相，視也。衰，差也。視土地之美惡及所生出，以差征賦之輕重也。移，徙也。○《舊音》：衰，初追反。○《正義》：《周官·載師》：「凡任地，國宅無征，園廛二十而一，近郊十一，遠郊二十而三，甸、稍、縣、都皆無過十二，唯其漆林之征二十而五。」管子此意，蓋仿此意而潤澤之。**政不旅舊，則民不偷；**舊，君之故舊也。偷，苟且也。不以故人爲師旅[二]，則民相與不苟且也[三]。孔子曰：「故舊不遺，則民不偷。」○《删補》：《漢書·武帝紀》元朔元年詔曰「旅耆老，復孝敬」云云，師古注：「加惠於耆老之人，若賓客也。」據《漢書》，則經文以《管子》（正旅舊）爲正，註解師古爲是，旅，賓旅之義。○《略説》：數段皆治民之事，不可遽説軍旅也。○《補注》：旅者，進也，所進必賢，不得黨于故舊，故人不敢偷怠，此與《論語》「故舊不遺，則民不偷」義别。○户埼允明：太宰純曰：「八字，《管子》作『正旅舊，則民不惰』七字，劉績注引《齊語》而解曰：『旅舊，棄故舊不用如旅也。』」此解比韋氏爲通。予按：舊，久也，故也，又謂老宿也。旅，衆也。言優耆老不與衆人同役，則民俗不偷薄也。○《正義》：旅，當訓衆，不以故舊與衆人齊等，則民皆歸於厚矣。○《平議》：旅之言「拒」也，政不旅舊者，言爲政不拒絶故舊之人也。○《補正》：謂不以官爵私舊故，則民皆力於爲善，故不偷。引孔子語不合。◎志慧按：董氏之説於義似通，唯於語法相乖，太宰純以下日本學者及曲園諸説較勝。**山澤各致其時，則民不苟；**時，謂衡虞之官禁令各順其時[四]，則民之心不苟得也。○《小匡》尹注：苟，謂非時入山澤也。**陸、阜、陵、墐[五]、井、田、疇均，則民不憾[六]；**高平曰陸，大陸曰阜，大阜曰陵。墐，溝上之道也。九夫爲井〔七〕，井閒有溝。穀地曰田，麻地曰疇。均，平也。憾，恨也。○《爾雅·釋地》：高平曰陸，大陸曰阜，大阜曰陵。○《補注》：疇者，君上分田之謂。陸、阜、陵，薄地也。井田，則沃壤矣。墐，蓋處其中。分田視其肥墝而多寡之，則均矣。○《標注》：墐，黏土也，此謂土地汙下者。疇均，謂疇畔均平也，注麻地謬。**無奪民時，則百姓富**〔八〕；**犧牲不略，則牛羊遂。**」略，奪也。遂，長也。○賈逵：略，簡也（《文選》江文通《恨賦》李善注，蔣曰豫輯）。○王念孫《讀書雜志·管子》：「略」與「勞」一聲之轉，皆謂奪取也。無奪民時，不輕用民也；犧牲不勞，不妄取於民也。

【彙校】

〔一〕本段以下内容《小匡》置於「商之子常爲商」之後，於義不相連屬，置於此處在内容上關聯度大一點，畢竟「相地而衰征」以下多係鄉鄙之事，但文氣同樣不接，疑爲錯簡，若移置於「澤立三虞，山立三衡」之後較爲密合。「伍鄙若何」下當緊接「管子對曰制鄙……」，「桓公曰定民之居若何」九字則必爲衍文。

〔二〕秦鼎云：「『師旅』之『師』可疑，或『羈』字之譌。」無據。

〔三〕「相與」前，明道本、正統本有「之」字。

〔四〕衡虞，明道本、遞修本同，《正義》、《格物通》卷七十六、《古文淵鑒》卷五引作「虞衡」，義雖無殊，但似當從古。

〔五〕陸、阜、陵、墐，《通鑒前編》卷十同，明道本作「陵、阜、陸、墐」，《通志》卷九十五列傳第五同，於義皆無殊，但韋注各本皆同作，則自當以公序本之語序爲準。

〔六〕慽，《小匡》作「惑」，《述聞》：「慽，當爲『惑』，古『慽』字作『感』，與『惑』相似，『惑』誤爲『感』，後人又加心旁耳。」《考正》據韋注仍從衆本，《集解》亦謂作「慽」義亦通，可從。

〔七〕九夫，静嘉堂本「九」字漫漶不可識，南監本僅作一「大」字，弘治本、許宗魯本作「八夫」，失據。

〔八〕富，静嘉堂本、南監本作「寓」，形訛，弘治本襲其訛。

桓公曰：「定民之居若何？」管子對曰：「制鄙，三十家爲邑，邑有司〔一〕；制野鄙之政也。此以下與郊内之政異也〔二〕。十邑爲卒，卒有卒帥；十卒爲鄉，鄉有鄉帥；三鄉爲縣〔三〕，縣有縣帥；十縣爲屬，屬有大夫。五屬，故立五大夫，各使治一屬焉；五屬，四十五萬家。立五正，正，長也。各使聽一屬焉。是故正之政聽屬，正，五正也。聽大夫之治也。牧政聽縣〔四〕，牧，五屬大夫也。聽縣帥之治。下政聽鄉。」下政，縣帥也。聽鄉帥之治。◎志慧按：韋注以牧爲五屬大夫，則牧與五屬大夫需兼治屬與縣二級，諒不至於有這樣錯亂的制度設計。鄔國義等《譯注》將「聽」譯作「監察」，並將「立五正」二句譯作「另外再設五位政長，讓他們各自監察一屬的政事」，陳桐生也譯作「督察」。引進監察制度或許是理解本段文字的鑰匙，但鄔氏等將「牧政聽縣」譯作「五位大夫的職責就是監察縣帥的治理情況」，陳桐生譯作「五屬督察縣帥」，則是承韋注之誤。在管仲的制度設計中，五正與五屬大夫、牧政與縣帥、下政與鄉帥是平行的兩套體系，前者是行政體系，後者是監察體系。○《補注》：五屬大夫，治民者也。五正，則專獄訟者也，故曰「正之政聽屬」，若縣以下則不另設聽獄之人，牧即縣帥，故曰「牧政聽縣」，然屬與縣所聽獄訟本皆邑、卒、鄉之事耳，以其事重，或不能決，故上于縣，又上于屬。苟其小而易了，則至鄉帥而止，故曰「下政聽鄉」。◎志慧按：正文自明，姚氏之説不知何所據，有節外生枝之嫌。**桓公曰：「各保治爾所，無或淫怠而不聽治者！」**

【彙校】

〔一〕有司，疑「有」前尚有一「有」字，或因漏抄一重文號。

〔二〕政，明道本、正統本作「制」。

〔三〕縣，《小匡》作「屬」，許宗魯本作「寰」，未見所據，疑擅改，次同。

〔四〕《增注》云：「『牧』當作『屬』。」秦鼎云：「牧政、下政解亦有誤。『下』爲『縣』誤，如此則與下文『屬退而修縣，縣退而修鄉合。』」於文義是。

正月之朝，五屬大夫復事。桓公擇是寡功者而讁之[一]，讁，譴責也。曰：「制地、分民如一，何故獨寡功？教不善則政不治，治，理也。一再則宥，宥，寬也。三則不赦。」桓公又親問焉，曰：「於子之屬，有居處爲義好學、慈孝於父母、聰慧質仁、發聞於鄉里者，有則以告。有而不以告，謂之蔽明，其罪五。」有司已於事而竣。桓公又問焉，曰：「於子之屬，有拳勇股肱之力秀出於衆者，有則以告。有而不以告，謂之蔽賢，其罪五。」有司已於事而竣。桓公又問焉，曰：「於子之屬，有不慈孝於父母、不長弟於鄉里[二]、驕躁淫暴、不用上令者，有則以告。有而不以告，謂之下比，其罪五。」有司已於事而竣。五屬大夫於是退而脩屬，屬退而脩縣，縣退而脩鄉，鄉退而脩卒，卒退而脩邑，邑退而脩家。是故匹夫有善，可得而舉也；匹夫有不善[三]，可得而誅也。政既成[四]，以守則固，以征則彊。

【彙校】

〔一〕是，《小匡》作「其」，《述聞》謂「其」譌爲「甚」，又譌爲「是」耳。於上下文例可從，《集解》據此徑改，然無直接證據，聊備一說可也。

〔二〕弟，明道本、正統本作「悌」。
〔三〕不，静嘉堂本、南監本、弘治本、許宗魯本作「未」，疑因版片脱爛臆補。
〔四〕明道本、正統本句下有「矣」字，《考正》從補。

6 管仲教桓公親鄰國

桓公曰：「吾欲從事於諸侯，其可乎？」管子對曰：「未可。鄰國未吾親也。君若欲從事於天下諸侯〔一〕，則親鄰國。」鄰國親，足以爲援；不然，將爲己害，難以遠征也。桓公曰：「若何？」管子對曰：「審吾疆場，而反其侵地；審，正也。反，還也。侵地，齊所侵取鄰國之地〔二〕。正其封疆，無受其資；積土爲封。資，資財也〔三〕。而重爲之皮幣，以驟聘覜於諸侯〔四〕，覜，視也。○《爾雅·釋詁》：覜，視也。○《補音》：覜，通弔反。○《正義》：《周官·大行人》：「時聘以結諸侯之好，殷覜以除邦國之慝。」此諸侯事王之禮，其於鄰國亦同。○《補正》：《周禮·春官》「頫聘」注：大夫衆來曰頫，寡來曰聘。是作「眺」及訓視俱不合。◎志慧按：驟，數也。從目之「眺」與從見之「覜」爲義符更旁字。復次，《管子·大匡》云：「諸侯之禮，令齊以豹皮往，小侯以鹿皮報；齊以馬往，小侯以犬報。」可爲「重爲之皮幣」句作解。以安四鄰，則四鄰之國親我矣。爲游士八十人，州十人〔五〕，齊居一州。《爾雅》曰：「齊曰營州。」奉之以車馬、衣裘，多其資幣，使周游於四方，以號召天下之賢士。○《黄氏日抄》：管仲爲游士八十人，奉以車馬，使説諸侯。異日卒以捭闔亂天下者，此殆其作俑歟。皮幣玩好，使人鬻之四方〔六〕，玩好，人所玩弄而好也。鬻，賣也。以監其上下之所好，監，觀也〔七〕。觀其所好，則知其奢儉。上下，君臣也。玩好物貴，則其國奢；賤，則其國儉。擇其淫亂者而先征之。」

【彙校】

〔一〕明道本、正統本、《通鑒前編》卷十與《小匡》俱無「若」字，似有者義更完密。弘治本、盧之頤本無「天下」二字，許宗魯本因襲弘治本，弘治本、許宗魯本之祖本南監本有之，知其脱。

〔二〕明道本無「所」字，疑脱。

〔三〕韋注四字静嘉堂本、南監本、弘治本、許宗魯本俱作「資於財也」，不合釋例。

〔四〕覞，《小匡》同，明道本作「眺」，正統本作「頫」，最後者蓋形訛，注同。

〔五〕「州」下，明道本原空一格，《札記》疑缺「遊」字，《考異》則疑缺「八」字而注有脱誤。若從州八十人之説，則遊士之數當爲六百四十人了，《考異》説誤。正統本作「一」，「州一十人」，齊不在其中，正好八十人，可息諸家之訟。

〔六〕人，明道本作「民」，唯韋注作「人」，則似作「人」者稍勝。

〔七〕觀，明道本作「視」，但下句曰「觀其所好」，各本同，則作「觀」是也。

7 管仲教桓公足甲兵

桓公問曰〔一〕：「夫軍令則寄諸内政矣，齊國寡甲兵，爲之若何？」甲，鎧也。兵，弓矢之屬。**管子對曰：「輕過而移諸甲兵。」**諸，之也。移之甲兵，謂輕其過，使以甲兵贖罪〔二〕。○賈逵：輕過，輕罪也。移諸甲兵，以甲兵贖罪也（《御覽》兵部八十八引，汪遠孫輯）。◎志慧按：韋昭不從賈注，今人如董立章、陳桐生注本皆從韋昭視「輕」字作動詞，觀下句「重罪贖以犀甲、一戟」，賈注難稱周延，韋注可從。**桓公曰：「爲之若何？」管子對曰：「制：重罪贖以犀甲、一戟，**重罪，死刑也。犀，犀皮也，可用爲甲。戟，車戟也，柲長丈六尺。○《補音》：柲，兵媚反。◎志慧按：「制」下，所見今人標點本俱未點斷，秦鼎「制」下句。「制」猶「制書」，蔡邕《獨斷》：「天子之命曰制。」故施以冒號。**輕罪贖以鞼盾、一戟，**輕罪，劓、刖之屬也〔三〕。鞼盾，綴革有文如績也。○《說文·革部》：鞼，韋繡也。○《舊音》：鞼，丘位反，繡韋也。盾，神允反。**小罪讁以金分，**小罪，不入於五刑者。以金贖，有分兩之差，今之罰金是也。《書》曰：「金作贖刑。」

○《正義》：《舜典》「金作贖刑」僞孔傳云：「金，黄金。」《吕刑》「其罰百鍰」僞孔傳云：「黄鐵。」孔疏謂黄金、黄鐵皆今之銅，古鑄兵以銅，故楚子賜鄭伯金，盟曰「無以銅鑄兵」也。**宥閒罪。**宥，赦也。閒罪，刑罰之疑者也。《書》曰〔四〕：「五刑之疑有赦。」○《補音》：閒罪，古莧反，非正罪，謂罪之疑者。◎志慧按：此與韋注所引《尚書・吕刑》及《左傳・襄公二十六年》所引《夏書》「與其殺不辜，寧失不經」，皆爲中國古代疑罪從無從去、寧縱毋枉思想的早期表達。**索訟者三禁而不可上下，坐成以束矢**〔五〕。索，求也，求訟者之情也。三禁，禁之三日，使審實其辭也。而不可上下者，辭定不可移也〔六〕。坐成，獄訟之坐已成也。十二矢爲束。則訟者坐成〔七〕，以束矢入於朝，乃聽其訟。兩人訟，一人入矢，一人不入則曲，曲則伏〔八〕，入兩矢乃治之。矢，取往而不反也。《周禮》：「以兩造禁民訟〔九〕，入束矢於朝，然後聽之。」○賈逵：索，求也（《文選》揚子雲《羽獵賦》李善注引，王、黄輯，汪、蔣將此條置於《晉語一》「得其所索」下，蔣同時將此條置於《越語下》「彊索者不祥」下）。○《删補》：鄭玄云：「束矢百个。」又《詩毛傳》：「五十矢曰束。」説各不同。○《略説》：《管子》曰「不直，則入一束矢以罰之」，是與《周禮》入束矢而聽訟大異，管仲制以物贖罪之法，故罰其不直者，令入束矢也，此謂坐成亦罰之也。○《正義》：十二矢爲束者，《漢書》「弓一張，矢四發」，服虔曰：「發十二矢。」韋昭曰：「射禮三而止，每射四矢，故以十二矢爲一發。」鄭康成注以束矢爲百个，此本《僖二十八年傳》「彤弓一，彤矢百」之文。○《發正》：禁，如《大司寇》「禁民訟」、「禁民獄」之禁。三者，著重審慎之意。上下，謂上服、下服之刑。不可上下，言罪已定也。韋引《周禮》以解之，尚未洽《傳》意。　○《辨正》：韋注引《周禮·秋官·大司寇》爲説，似傾向於説立案時兩造各獻束矢，但《大司寇》之制自非創自管子，故其文適足以明韋注之非。《淮南子·氾論》記載此事云：「訟而不勝者出一束箭。」則明顯是指定讞之後，所謂「坐成」是也，定案之後不直者獻束矢於公，以補兵器之不足，如此制度安排爲此前所未聞，或爲管子首創。**美金以鑄劍戟，**鑄，冶也〔一〇〕。**試諸狗馬；**狗、馬難爲利者〔一一〕。　○《標注》：試劍必於生物，狗馬賤故也。**惡金以鑄鉏、夷、斤、欘**〔一二〕，惡，麤也。夷，平也，所以削草平地〔一三〕。斤，形似鉏而小。欘，斫也。　○賈逵：斤，钁也（釋玄應《一切經音義》卷十四引，汪遠孫輯）。　○《補音》：欘，丁録反。《爾雅》作「斸」，從斤。《説文》作「欘」，從木，云：「斫也。」與注合。　○秦鼎：《管子》注：「夷，鉏類也。」《略説》：「即耨也。」欘，《説文》：「鎡錤也。」　◎志慧按：今人有注本如薛安勤、王連生《國語譯注》、陳桐生譯注《國語》都指惡金爲鐵，其實，齊桓公時的鐵比青銅更稀有，也更珍貴，陝西韓城梁帶村兩周遺址博物館與河南三門峽虢國博物館均藏有冶鐵制造的劍，説明其時已擁有了冶鐵技術，但在齊桓公時期，未聞有規模化的鐵制生産工具，民用工具的制作總是遠遠晚於兵器與禮器。這裏的美金與惡金都指不同品質的青銅。**試諸壤土。」甲兵大足。**

【彙校】

〔一〕公序本本章屬上，上言親鄰國，下言繕甲兵，兹依明道本、秦鼎本單列。

〔二〕「罪」前，明道本、正統本有「其」字。

〔三〕刖，《御覽》刑法部十七及《元龜》卷七三六陪臣部引同，明道本作「跀」，《玉篇·刀部》：「跀，刖也。」是義同。

〔四〕曰：遞修本作「口」，字之訛也。

〔五〕《補注》：「『束矢』下但脱『鈞金』二字亦可，觀下文接美金、惡金云云，即知上文必有『鈞金』字矣。」

〔六〕定，静嘉堂本、南監本作「走」，弘治本作「是」，後三者俱形訛。

〔七〕則，明道本、正統本無「則」字，秦鼎謂係衍文，静嘉堂本、南監本作「訟」，《考正》據弘治本、許宗魯本改作「謂」，《四庫全書考證》卷三十七同其説，是。

〔八〕伏，明道本、正統本作「服」，「伏」通假字，「服」本字。

〔九〕民，明道本作「人」，似避唐諱而改。

〔一〇〕治，遞修本、静嘉堂本、南監本、弘治本、道春點本作「治」，作「治」者字訛，審遞修本該葉底部有修補，疑修版過程之誤，南監本等同誤，道春點本之祖本穆文熙編纂本不誤。

〔一一〕者，《御覽》珍寶部十二、《元龜》卷七三六引同，明道本、正統本作「也」，據義有者似衍。

〔一二〕斤，秦鼎謂當作「斪」，並引《爾雅·釋器》文云：「斪、斸謂之定。」《廣雅·釋器》：「定謂之槈。」其説有據。欘，明道本、正統本作「斸」，注同，形符更旁字耳。二字《小匡》作「鋸欘」。

〔一三〕明道本句前有「夷」字，《御覽》珍寶部十二及《元龜》卷七三六引皆無之，《考異》疑明道本衍，是。

8 桓公帥諸侯朝天子

桓公曰〔一〕：「吾欲南伐，何主？」主，主人，供軍用也〔二〕。○《辨正》：釋「主」爲供軍用之主人，於義無大礙，但不夠確切，此「主」當作「舍」解，《史記·黥布列傳》「乃與二十人俱，使淮南，至，因太宰主之」，裴駰《集解》引韋昭《漢書音義》文云：「主，舍也。」與此義同。管子對曰：「以魯爲主。反其侵地棠〔三〕、潛，棠、潛，魯二邑也〔四〕。○《補韋》：有主以給軍餉，則省餽餉。○《補正》：棠，在今濟寧州魚臺縣。潛，在今兖州府西南境。使海於有蔽，渠弭於有渚〔五〕，賈侍中云：「海，海濱也。有蔽，言可依蔽也。渠弭，裨海也。水中可居者曰渚。」昭謂：言有此乃可以爲主人〔六〕，軍必依險阻也〔七〕。○《初學記》卷六地部中：凡四海，通謂之裨海，裨海外，復有大瀛海環之。　○惠士奇《禮説》卷十三：即《周禮·雍氏》所謂「澤之沈、山之苑，牢立柵以遮獸，渚立隔以捕魚」，雍氏所禁，而管子行之。《周官》之法，至齊桓而一變矣。　○《補正》：爲渠以止水，故曰「渠弭」，弭，止也。　○《辨正》：此海不特指大海，而泛指大澤，同理，釋「渠弭」爲裨海也不確，王煦《國語釋文》詳考其異名，謂文獻中的貝水、具水、具昧、巨蔑、朐瀰皆一水也，可從。**環山於有牢**[八]。」環，繞也。牢，牛、羊、豕也。言雖山險，皆有牢牧。一曰：「牢，固也。」　○賈逵：繯，還也（《後漢書·馬融傳》李賢注引，王、汪、黄輯）。　○《舊音》：繯，音患，賈、韋、唐、孔作「環」。○《補音》：官私衆本皆作「環」，《舊音》出此「繯」字，李舟《切韵》音同，云「周環也」。又按《説文》音胡畎反。若從患音，則胡慣反；若從環音，則户關反。今韋本與諸儒同，即從「環」爲允。　○秦鼎：出軍之法，大海必依於有蔽，不則有陽侯戕風之患。裨海必依於有渚，不則乏水草柴薪。山原必依於有牢，不則糧食不繼也。「牢，固也」亦通。蓋是兵家舊語，不必三國也。　○《讀書雜志·管子》：環山，《後漢書·馬融傳》注引《齊語》「繯山於有牢」賈注曰：「繯，還也。」是賈本作「繯山」，與韋異也。今《管子》作「綱山」者，蓋俗書「綱」字作「綎」，與「繯」字相似，「繯」譌爲「綎」，又譌爲「綱」耳，尹注皆非。　○《辨正》：「海於有蔽，渠弭於有渚，環山於有牢」三句係倒文，與《左傳》「國於何有」、「君於何有」、「士於何有」、「亡於不暇」、「室於怒，市於色」等相類，助詞「於」起幫助倒裝的作用。而「渚」與「牢」之義復與「蔽」互文見義，故「牢」字不當訓爲作爲名詞的養牲之所，而當訓爲動詞「防閑」之義。三句意謂使三國有大澤可爲天塹，有川流可作依傍，有四周的群山可藉以屏障。◎志慧按：經對齊國青石關、鐵山、徐山段等長城遺址實地考察，疑「海於有蔽，環山於有牢」二句指齊國的山海湖沼有屏障。雖不可必指管仲時期已修筑長城，但可視爲《齊語》作者或者《國語》編者對管仲功業的評價。「渠弭於有渚」則指向「堰浯入荆」之類水利工程，如《管子·度地》：「令甲士作隄大水之旁，大其下，小其上，隨水而行。」此「渚」本字爲「陼」，陼（堵）隄（堤）也，句謂齊國的河湖有堤防。**桓公曰：「吾欲西伐，何主？」管子對曰：「以衛爲主。反其侵地臺原**〔九〕、**姑與漆里，**衛之四邑。○《釋地》：漆里，在今大名府長垣縣西二十里，《水經·濟水注》「濮渠之側有漆城」是也。**使海於有蔽，渠弭於有渚，環山於有牢。」桓公曰：「吾欲北伐，何主？」管子對曰：「以燕爲主。**燕，今漁陽薊縣〔一〇〕。○《正義》：薊縣，遼改薊北縣，又改析津縣，金改大興縣，今京城東偏即其地。○《詳注》：燕，姬姓，召公奭之後，國於薊，今京兆大興縣有薊城。**反其侵地柴夫、吠狗，**燕之二邑。○《御覽》地部八引《地理志》：吠狗山，宋武北伐南燕之時，至此山，夜聞犬吠，明日視之，唯見石狗。○《集解》：尹桐陽曰：「柴夫，即柴浮，在今直隸滄縣境，古齊、燕界地也。」◎志慧按：以上幾組歷史地名大都無考，即吠狗山，如《御覽》所引爲真，則其得名亦晚於桓公時期。所可注意者，本段敘述的方位順序兩次都自南始，與《鄭語》中史伯論天下大勢自南楚始、先天八卦圖自乾南始、《詩經》以《二南》開篇相同，尤其是下文南——西——

北——東的順序，與《山海經》中《山經》各篇的順序密合，與後世的方位順序則有別。使海於有蔽，渠弭於有渚，環山於有牢。」四鄰大親。既反侵地，正封疆〔一一〕，地南至于䬢陰〔一二〕，䬢陰，地名，齊南界也。　○《舊音》：䬢，音陶，賈（逵）作「陶」。　○《正義》：陶從阜，本作𨸏，與「食」形似，則「䬢陰」實「陶陰」也。《管子·小匡篇》作岱陰，尹注：「岱山之北。」亦得爲一解也。　○《釋地》：陶山，在泰安府肥城縣西三十里，接平陰縣境，是爲齊南魯北之界。　○《補正》：齊地南以泰山爲界。西至于濟，北至于河，東至于紀酅〔一三〕。紀，故紀侯之國。酅，紀季之邑，以入於齊者〔一四〕。　○《補音》：酅，户圭反。　○《釋地》：《郡國志》：北海國劇縣有紀亭，古紀國劇縣故城在今山東青州府壽光縣西南。《地理志》：「菑川國東安平。」孟康曰「紀季以酅入於齊」，今酅亭是也。東安平故城在今青州府臨淄縣東南十里。　○《補正》：《春秋·莊三年》「紀季以酅入於齊」，在今山東青州府臨淄縣東。　◎志慧按：安平故城遺址位於山東臨淄區皇城鎮皇城營村、淄東張村、油坊村、石槽村，當地叫石槽城。春秋早期，安平城爲紀國屬邑，稱酅邑。《春秋·莊公三年》：「秋，紀季以酅入于齊。」《史記·田單列傳》集解：「齊改爲安平，秦滅齊，改爲東安平縣，屬齊郡，以定州有安平，故加『東』字。」有革車八百乘。賈侍中云：「謂一國之賦八百乘也〔一五〕，乘七十五人〔一六〕，凡甲士六萬人。」昭謂：此周制耳，齊法五十人爲小戎〔一七〕，車八百乘，有四萬人〔一八〕。又上管仲制齊爲三軍，軍萬人，下又曰「君有是士三萬人，以方行於天下」〔一九〕，而車數多者，其副貳陪從之車乎〔二〇〕？

或者「八」當爲「六」〔三〕。○《讀書雜志・管子》：八，當爲「六」，上文云五十人爲小戎，積而至於三萬人，則六百乘矣。◎志慧按：從《左傳》所載同期各國軍事規模看，以齊國之盛强，擁有革車八百乘没有問題，但與上下文合參，當從韋所存疑的「或者」一説，「八百」係「六百」隸定之誤。若依准賈注與韋昭前説，則大大突破了當時齊國十五士鄉的户數。

擇天下之甚淫亂者而先征之。

【彙校】

〔一〕公序本本章屬上，上言繕甲兵，下言征四方，兹依明道本、秦鼎本單列。

〔二〕供軍用，明道本作「共用軍」，「共」、「供」古通，「用軍」疑係「軍用」之倒。

〔三〕堂，明道本、正統本作「棠」，注同，《小匡》作「常」，三字古通。魚臺，春秋稱棠，唐寶應元年（七六二）改今名。

〔四〕「二邑」前，明道本、正統本有「之」字。

〔五〕渚，《小匡》作「陼」，形符更旁字。

〔六〕言，正統本同，明道本無之，《考正》從删。

〔七〕「險阻」下，明道本、正統本有「者」字。

〔八〕《舊音》出「繯」，並云賈、韋、唐、孔作「環」，但從下引《後漢書・馬融傳》李賢注所引則知賈亦作「繯」,《原本玉篇殘卷》引賈注:「繯,還也。」同於李賢所見,《札記》謂今《管子》作「繯」,即「繯」字之壞,或且誤改爲「綱」。

〔九〕《釋地》:「臺原,疑二字共爲一地之名,若晉之韓原、清原也。《爾雅》曰『廣平曰原』。」然則韋注曰四邑誤矣,斷句從《釋地》。

〔一〇〕漁陽薊縣,明道本作「廣陽薊也」,《札記》、秦鼎從明道本,據史實是。

〔一一〕明道本「正」下有「其」字,《考正》據此並《小匡》增補,然正統本無之。

〔一二〕餉陰,《舊音》指賈本「餉」作「陶」,《述聞》:「『當作『岱陰』,謂泰山之北也。《小匡》正作『地南至於岱陰』。」其説是,《集解》據改。

〔一三〕鄗,《小匡》作「隨」。

〔一四〕以,明道本、正統本作「已」,古通作。明道本無「者」字,疑脱。

〔一五〕明道本無「謂」字,正統本有之。

〔一六〕七十五,明道本作「七十二」,《四庫薈要》從後者,唯後者未包含車乘人員,實誤。

〔一七〕「五十人」前,明道本、正統本有「以」字,《考正》據補,可從。

〔一八〕「有」前,明道本、正統本有「當」字,《考正》據補,可從。

〔一九〕明道本、正統本無「下」字,疑脱。

〔二〇〕乎，明道本作「也」。

〔二一〕者，正統本同，明道本作「云」，秦鼎從明道本。

即位數年，東南多有淫亂者，萊、莒、徐夷、吴、越〔一〕，萊，今東萊。莒，琅邪縣。徐夷，徐州之夷也。○《釋地》：今山東登州府黄縣東南有萊子城。今安徽泗州北八十里有徐城，故徐子國。○《詳注》：《内傳·魯襄六年》齊滅萊，遷之於郳。郳，今掖縣也。◎志慧按：《吴語》「齊、宋、徐、夷」韋注：「徐，今大徐。夷，淮夷。」將徐與夷分釋；此云「徐州之夷」，各依韋注標點。徐在東夷中最爲强大，各依所指，或合稱，或分屬，皆有所當。**一戰帥服三十一國。遂南征，伐楚，濟汝，踰方城，望汶山**〔二〕，濟，度也〔三〕。汝，水名〔四〕。方城，楚北之阨塞也。謂師至于陘時也，在魯僖四年。汶山，楚山也。○《爾雅·釋言》：濟，渡也。○《正義》：望者，望而祭之，不親至也。○《補正》：汶，一作「湣」，在蜀郡湔氐道西徼，江水所出，即岷山也。◎志慧按：方城，方城塞，《吕氏春秋·有始覽》稱之爲九塞之一，關塞建在楚長城之上，故文獻中也泛指楚長城爲方城，與今作爲河南縣名的方城交集。《補正》説疑本自《管子·霸形》房注，後者云：「汶音岷，岷山，江水所從出。」觀桓公南征路徑，臨淄——汝水——方城塞，由東北而西南，其結果是「荆州諸侯莫不來服」，則此汶山似應在荆州界，而不及西蜀，雖然其時岷江流域確有産絲的實例，但司馬相如通西南夷之前並未見該地有貢絲于中原王朝的記載，故于汶山地望，韋注是，房、吴説非。《史記・齊太公世家》則作「熊山」，張守節《正義》引《括地志》云：「熊耳山，在商州上洛縣西十里，齊桓公登之以望江漢也。」望江漢與望汶山義同，即董氏所揭之望祭是也，齊桓代周天子望祭山川。**使貢絲于周而反。荆州諸侯莫不來服**〔五〕。**遂北伐山戎，**山戎，今之鮮卑，以其病燕，故伐之。○《詳注》：山戎，即鮮卑，今直隸盧龍附近。○《集解》：注謂「山戎，今之鮮卑」，則在今西伯利亞境。◎志慧按：《左傳》及《史記・燕世家》載伐山戎在齊桓公二十二年。《鹽鐵論・伐功》亦謂「齊桓公越燕伐山戎」，齊桓北伐之山戎在今河北東北部盧龍一帶，「越燕」而已，未見遠達西伯利亞。**刜令支**〔六〕、**斬孤竹而南歸，**二國，山戎之與也〔七〕。刜，擊也。斬，伐也。令支，今爲縣〔八〕，屬遼西〔九〕，孤竹之城存焉。○《舊音》：支，音岐。○《補音》：刜，孚勿反。○《釋地》：令支，在今直隸永平府遷安縣。孤竹，在永平府盧龍縣西十五里。○《補正》：令支，一作「離枝」，有孤竹城。故伯夷國，在平州盧龍縣南十二里。◎志慧按：令支，在今河北遷安、遷西及灤縣北部一帶。孤竹，在今河北盧龍、撫寧、遷安、遷西、灤縣、豐潤、樂亭一帶，勢力達遼西地區，父丁孤竹罍即該地出土的商代青銅器。位於灤縣的後遷義遺址，一九九九年考古發掘發現，其上層屬商文化，與傳説中的孤竹國時間相合。河北遷安夏官營鎮馬哨村小山子商代遺址被認爲與孤竹國文化密切相關。**海濱諸侯莫不來服。**海濱，海北涯也〔一〇〕。**與諸侯飾牲爲載，以約誓于上下庶神，**飾牲，陳其牲，爲載書加于牲上而已〔一一〕，不歃血也。○賈逵：飾牲，陳其牲，爲載書，加于牲上而已，不歃血也。上下庶神，天地之羣神也（《書鈔》禮儀部二引，王、汪、黄輯）。上下，主天神也，言群臣也（《書鈔》禮儀部二）。**與諸侯勠力同心。**勠，并也。○賈逵：勠力，并力也（《文選》陸士衡《文賦》李善注引，王、黄輯）。**西征，攘白翟之地**〔一二〕，攘，卻也。白翟，赤翟之别種〔一三〕。○《釋地》：狄有二種，服色尚赤者爲赤狄，服色尚白者爲白狄，則汾州太原一帶，西至陝西延綏，東至直隸正定以東皆是也。◎志慧按：韋注謂「白翟，赤翟之别種」，語有歧義，似宜作「白翟，翟之一種」。與東夷、南蠻、西戎等相對，故載籍於翟復有北翟之稱。其中見諸《國語》者，有赤翟潞氏（春秋時期活動於今山西潞城至河南范縣一帶），路、洛、泉、徐蒲（《鄭語》韋注：「皆赤翟，隗姓也。」活動於今伊洛一帶），皋落氏（活動於晉東南晉城到垣曲一帶）等，周襄王曾以隗姓赤翟女爲后。白翟與晉通婚，在秦境河西（《左傳·成公十三年》晉大夫吕相語：「白狄及君同州，君之仇讎，而我婚姻也。」）及今雁北一帶。見於《春秋》者，有宣公十五年：「六月癸卯，晉師滅赤狄潞氏。」《左傳·宣公十六年》亦載：「晉人滅赤狄甲氏，及留吁、鐸辰。」吕思勉《中國民族史》所附《赤狄白狄考》云：「蓋狄在春秋時，就大體言之，可區分爲二：一在東方，一在西方。在東方者，侵軼於周、鄭、宋、衛、齊、魯之間。其地蓋跨今河北之保定、大名兩道，山西冀寧之東境，河南之河北道。其中以居河内之赤狄爲最大。居西方者，其地蓋跨今山西冀寧道之西境，及河東道、陝西之榆林道及關中道。其中以居圁洛之間之白狄爲最大。」吕氏據《史記・匈奴列傳》謂「居圁洛之間之白狄」似與吕相所言不符，外此則較此前杜預、孔穎達、譚澐、吴曾祺等説爲勝。**至于西河，**西河，白翟之西〔一四〕。**方舟設泭，乘桴濟河，**方，併也。編木曰泭，小泭曰桴。濟，度也〔一五〕。○《補音》：泭，芳于反，郭璞謂「小筏曰泭」。**至于石抗**〔一六〕。石抗，晉地名。**縣**〔一七〕**車束馬，踰大行與辟耳之谿拘夏**〔一八〕，大行、辟耳，山名。拘夏，辟耳之谿也。三者皆山險谿谷，故縣鉤其車〔一九〕、偪束其馬而以度也〔二〇〕。○賈逵：辟耳，山險也（《史記・封禪書》索隱引，汪遠孫輯）。○洪亮吉《曉讀書齋雜録・三録》卷下：拘夏，水名，近太行山。今考《水經注》濁漳水下：「白渠水，東南流逕邯鄲縣南，又東與拘澗水合，水導源武始東山白渠，北俗猶謂是水爲拘河也。」拘河或即春秋時拘夏，何以言之？《水經注》下云：「渚水東南流，注拘澗水，又東入白渠，又東，故瀆出焉。一水東爲澤渚，曲梁縣之雞澤也，《國語》所謂雞丘矣。」雞澤既爲《國語》之雞丘，則拘河亦即《國語》時之拘夏也。○《正義》：辟耳之谿，《史記・封禪書》作「卑耳之山」，集解引韋昭曰「卑耳」，即《齊語》所謂辟耳，索隱：「卑耳，山名，在河東太陽。」辟，音僻。○《釋地》：辟耳，山名，在解州平陸縣東北七十里，即虞坂也。拘夏，辟耳之谿也，即今平陸縣東北之沙澗水。○《補正》：太行在河内野王縣。辟耳，一作「卑耳」，在河東太陽。○《集解》：大行，亦曰羊腸坂，在今河南泌陽縣北。辟耳，今山西平陸縣地也。◎志慧按：辟耳，各家所釋各有所當，即虞坂，在今山西省運城市鹽湖區東郭鎮與平陸縣張店鎮卸牛坪村之間，全長七千餘米，是舊時運城鹽池與黃河茅津渡間的鹽運要道，全路段都在中條山的溝坡與懸崖間，十分險要。**西服汓沙**〔二一〕、**西吴**。流沙、西吴，雝州之地〔二二〕。　○《釋地》：此或遠言之，如《楚語》所云「撫征南海」耳。　○《補正》：流沙，即張掖郡居延縣。西吴，《管子·小匡篇》尹注作國名，不知何據。　○《集解》：西吴，《管子》作「西虞」，吴、虞聲轉字也。虞仲所封。今山西平陸縣東北四十里有古吴城。　◎志慧按：此間述管仲所輔佐之桓公霸業，語似後世戰國策士，不必盡信，更不必拘泥於相關地名與史實之應合。**南城周**〔二三〕，城，王城也。周襄王庶弟子帶作亂〔二四〕，與戎伐襄王，焚其東門，不克。桓公使仲孫湫徵諸侯戍周而城之〔二五〕。事在魯僖十三年。　○《集解》：僖十三年《左傳》：「秋，爲戎難故，諸侯戍周。」杜注曰：「戍，守也。致諸侯戍卒於周。」是本作「戍周」，不作「城周」矣。《管子·小匡篇》「戍周」又誤作「成周」。　◎志慧按：《集解》説是也，據韋注，知韋昭所見本已作「城周」，韋昭據誤文曲爲之釋耳。**反胙于絳**，説云：「胙，賜也。謂天子致祭胙，賞以大路〔二六〕、龍旂。桓公於絳辭之〔二七〕，天子復使宰孔致之。」賈侍中云：「反，復也。胙，位也。絳，晉國都也〔二八〕。晉獻公卒，奚齊、卓子死〔二九〕，國絶無嗣，晉侯失其胙位〔三〇〕。桓公以諸侯討晉，至高粱，使隰朋帥師立公子夷吾〔三一〕，復之於絳，是爲惠公。事在魯僖九年。」昭謂：人君即位〔三二〕，謂之踐胙。此言桓公城周，尊事天子，又討晉亂，復其胙位，善之也。按《内傳》宰孔於葵丘致胙肉，賜命〔三三〕，無辭讓反覆之文。賈君得之，唐從賈也〔三四〕。　○《平議》：反者，歸也。《孟子·盡心篇》「君子反經而已矣」，趙岐注曰：「反，歸也。」《廣雅·釋詁》亦曰：「反，歸也。」反胙，猶言歸胙，歸胙於絳，承上句「南城周」而言。《周書·作雒篇》載周公既城成周，乃設丘兆于南郊，以祀上帝，配以后稷、日月、星辰，先王皆與食。然則齊桓城周之後因祭而歸胙諸侯，亦事所宜有也。◯《補正》：敘宰孔致胙在下文，不應此處先見，韋説爲長。◎志慧按：一九九二年到一九九五年間，在山西省曲沃、翼城交界處的天馬——曲村遺址的北趙村發掘了十七座晉國大墓，其中有自武侯到文侯世次相接的八代晉侯及其夫人墓葬，學界多據此認爲齊桓公時的絳即在這一帶。**嶽濱諸侯莫不來服**，嶽，北嶽常山也。◯呂邦耀：嶽是泛言，注云「北嶽常山也」，似未然（公鼐、呂邦耀《國語髓析》）。◯《平議》：《傳》言嶽，不言北嶽，注義非也。《爾雅·釋山》曰：「河西嶽。」郭璞注曰：「嶽，吴嶽也。」《周官·職方氏》、《周書·職方篇》「正西曰雍州，其山鎮曰嶽山」，鄭注及孔晁注並同。此傳所謂嶽濱諸侯即吴嶽也。上文「西服流沙、西吴」注曰：「雍州之地。」故此即舉雍州之鎮言之，韋氏以爲北嶽常山，失之遠矣。**而大朝諸侯於陽穀**。陽穀之會，在魯僖三年。◯《補正》：在今山東兗州府陽穀縣東北三十里。**兵車之屬六，乘車之會三**，屬，亦會也。兵車之會，謂魯莊十三年會于北杏，十四年會于鄄，十五年復會于鄄，魯僖元年會于檉〔三五〕，十三年會于鹹，十六年會于淮也。乘車之會，在僖三年〔三六〕，會于陽穀，五年會于首止，九年會于葵丘：凡九也〔三七〕。◯賈逵：魯莊十三年會於北杏，十四年會於鄄，十五年復會於鄄，魯僖元年會於檉，十三年會於鹹，十六年會於淮也〔三八〕（《書鈔》禮儀部二引，汪遠孫輯）。◯《管子·小匡》尹注：兵車之會，謂興兵有所伐。乘車之會，謂結好息人（民）之會也。○《存校》：六、三之數，以《春秋》考之，多不合，注以意言之，未可據也。○《集解》：乘車之會，即所謂衣裳之會也。此文合而言之，乃主九合之説。昔人謂九者，陽數之極，故書傳凡言九者，皆指其極。◎志慧按：《史記·齊世家》謂「九合諸侯，一匡天下」，《史記會注考證·齊世家》引中井積德説云：「兵車之會，乘車之會，是後人揣摩九合之辭，非實然，注一一分疏，非也。九，語數之多也，非實數。一匡，謂卒弭天下之亂也，非定襄王之謂。」此所以《存校》所謂「多不合也」，《集解》與中井氏之説稍長。**諸侯甲不解纍**，纍，所以盛甲也。○賈逵：纍，甲藏也（《原本玉篇殘卷·糸部》引）。○《補正》：《説文》：「纍，大索也。」所以束甲。**兵不解翳**〔三九〕，翳，所以蔽兵也。○賈逵：翳，所以蔽兵也（《原本玉篇殘卷·糸部》引）。○《正義》：不解甲於纍，不解兵於翳，言不用也。○《補正》：《説文》：「医，藏弓弩矢器也。」即「翳」字。**弢無弓，服無矢。**弢，弓衣。服，矢服也〔四〇〕。無者，無其用也〔四一〕。**隱武事，行文道，帥諸侯而朝天子。**謂首止之會，會王太子〔四二〕，而謀寧周也〔四三〕。◎志慧按：穆文熙在其《國語鈔評》中云：「此篇序諸侯盟會，甲兵偃藏，景象熙然，頗似王道。然帥諸侯以朝天子，儼天威于咫尺，大義森然，尤未可以伯而少之也。」管仲治下，給中原帶來幾十年的和平安定是實，然如此刻意淡化武備而誇大文治之功，與後世馬放南山、刀槍入庫之類敘述同其溢美，未可盡信。

【彙校】

〔一〕《集解》：「萊、莒、徐夷、吴、越六字，疑是原本注文誤入正文者，韋注無異注中注矣，《管子·小匡篇》無此六字。」其説有理。

〔二〕汶山，《管子·霸形》同，《小匡》作「文山」，《札記》謂《戰國策》言「三苗之居……文山在其南」者即此，《戰國策·魏策一》原文作「昔者三苗之居，左有彭蠡之波，右有洞庭之水，文山在其南，而衡山在其北」。

〔三〕度，明道本、正統本作「渡」。

〔四〕名，正統本同，明道本作「也」字，疑脱「名」字。

〔五〕莫不，明道本、正統本作「莫敢不」，《考正》據補，可從，下二「莫不」同。

〔六〕令支，《鹽鐵論·伐功》同，《史記·齊太公世家》作「離枝」，蓋記音有異。

〔七〕之與，静嘉堂本、南監本脱爛不可識，弘治本作「所居」，與衆本異。

〔八〕爲，弘治本、許宗魯本作「圍」，後二者誤。

〔九〕屬，弘治本作「及」，後者誤，蓋因南監本脱爛不可識也。

〔一〇〕北，明道本、遞修本、葉邦榮本、張一鯤本、李克家本同，弘治本、許宗魯本作「水」，上海師大本從作「水」。此接「北伐」之後，疑原本作「北」，因南監本不可識，弘治本以意補，許宗魯本、上海師大本承之，其實不然。

〔一一〕明道本、正統本無「上」字，《書鈔》禮部二引有，據此及賈注，疑無者脱。

〔一二〕本句各本同，唯「西征白翟」、「西征，攘白翟」皆通，「西征攘白翟之地」似有脱誤，文獻不足徵，姑存疑。

〔一三〕明道本、正統本無「種」字。

〔一四〕白翟之西，疑爲「白翟之地」之誤，白翟處北地，逼近河西，後者載籍又稱西河。

〔一五〕度，明道本、正統本作「渡」，下文「度」同。

〔一六〕抗，正統本同，明道本作「枕」，《小匡》作「沈」，注同，《補音》謂作「枕」者非，然皆無考。

〔一七〕縣，明道本、正統本作「懸」，出今字也，注同。

〔一八〕大行，明道本、正統本作「太行」。辟耳之谿，《小匡》作「卑耳之貉」，《補音》：「《史記》、《漢書》皆作『卑耳』。」古地名無考，故無由斷其是非，據《管子·小問》「桓公北伐孤竹，未至卑耳之谿十里」，則地在今山東淄博與河北盧龍之間。

〔一九〕縣鈞，明道本、正統本作「懸鉤」，《札記》、秦鼎皆從明道本作「鉤」，未必是，古鈔本即作「懸鈞」。

〔二〇〕而以度，明道本、正統本作「以渡」，據義，「而」字衍，「渡」字誤。

〔二一〕沶，明道本作「流」，沶，「流」的古文。

〔二二〕雝，明道本、正統本作「雍」，古同。

〔二三〕「周」前，明道本、正統本有「於」字。

〔二四〕弟，弘治本作「射」，誤。

〔二五〕戍周而城之，弘治本作「城周而滅之」，與衆本異，實誤。

〔二六〕路，許宗魯本同，明道本、正統本作「輅」，「路」、「輅」古同，下「大路」同。

〔二七〕辭之，弘治本作「三月」，疑後者因南監本脱爛，以意補，實無據，本段南監本多脱爛，弘治本臆補者多有之，許宗魯本似另據他本録入，故與公序本系列其他本多同。

〔二八〕國，静嘉堂本、南監本漫漶不可識，弘治本作「所」。

〔二九〕卓子，静嘉堂本、南監本漫漶不可識，所見唯弘治本作「世子」。

〔三〇〕失，弘治本作「奪」，與各本異。

〔三一〕隰朋帥師，弘治本作「隰明帥晉」，與各本異。

〔三二〕人君，弘治本作「天子」，與各本異。

〔三三〕賜，静嘉堂本、南監本漫漶不可識，弘治本作「復」。

〔三四〕唐，弘治本、葉邦榮本作「宜」，唐説無考，所見各本除弘治、葉邦榮本外俱作「唐」，疑弘治本因南監本脱爛而臆補，葉邦榮本又襲弘治本，實誤。

〔三五〕元年，明道本、李克家本作「九年」，後者誤，《集解》、上海師大本等作「元年」。

〔三六〕明道本重「三年」二字，李慈銘斷其衍，是，上海師大本徑删。

〔三七〕凡九也，明道本、正統本作「九會也」。

〔三八〕《輯存》：「《書鈔》引《國語》皆據賈本，此條亦是景伯注。」今從其説。

〔三九〕翳，《説文·匸部》「医」下引作「医」，段注以爲作「翳」者通假字也，是。

〔四〇〕矢服，明道本、正統本作「矢衣」。

〔四一〕其，明道本、正統本作「所」。

〔四二〕太子，静嘉堂本作「大子」，南監本「子」字脱爛不可識，弘治本作「大夫」。

〔四三〕明道本、正統本無「而」字。

9 葵丘之會天子致胙於桓公

葵丘之會〔一〕，天子使宰孔致胙于桓公，天子，周襄王也。宰孔，宰周公也〔二〕。胙，祭肉也。

○《釋地》：葵丘，在今衛輝府考城縣東三十里。　◎志慧按：《左傳·僖公九年》：「公會宰周公、齊侯、宋子、衛侯、鄭伯、許男、曹伯于葵丘。」杜注：「陳留外黄縣東有葵丘。」今河南省民權縣林七鄉會盟臺遺址相傳即葵丘會盟遺址，現場未見可稱爲丘的山體。有臺，高出周圍地表約二米，東西長約三三五米，南北平均寬約六〇米，四面環水，爲商丘市文保單位。《左傳·莊公八年》「齊侯使連稱、管至父戍葵丘」杜注：「葵丘，齊地，臨淄縣西有地名葵丘。」是齊之葵丘。曰：「余一人之命有事于文、武〔三〕，事，祭事也。使孔致胙。」且有後命且，猶復也。○《左傳·僖公九年》林注：「賜胙之後，且有別命。」曰：「以爾自卑勞，實謂爾伯舅，無下拜。」天子稱王官之伯，異姓曰伯舅。無下拜，無下堂拜賜也。○《正義》：古者唯外朝無階，其在寢、在朝、在客館及壇墠，君若有賜，皆下拜，登，受。此正也。燕禮，公酬賓，公卒觶，而賓下未拜，小臣辭，賓即升，拜。又燕禮無算爵時，受公賜爵者，皆下席拜，而不下堂拜。蓋酬禮及無算爵殺於正禮，王蓋援此禮以安桓公也。○帆足萬里：卑勞，謂自執卑事勞苦也。桓公召管子而謀，管子對曰：「爲君不君，爲臣不臣，亂之本也。」桓公懼，出見客客，宰孔也。曰：「天威不違顏咫尺，違，遠也。顏，眉目之閒。八寸曰咫。○《爾雅·釋詁》：違，遠也。○賈逵：八寸曰咫（《文選》楊子雲《長楊賦》李善注引，王、黄輯）。顏，額也（圓珍《佛説觀普賢菩薩行法經記》引，又信瑞《淨土三部經音義集》引）。○《增注》：違，去也。言天之威嚴常不離人之顏前也。◎志慧按：《史記·高祖本紀》「（高祖）隆準而龍顏」，裴駰《集解》引應劭曰：「顏，頟顙也。」《方言》卷十云：「湘江之間謂之𩕳，中夏謂之頟（額），東齊謂之顙，汝、潁、淮、泗之間謂之顔。」則顔即𩕳也、頟也、顙也，韋注與賈注無殊，只是照録《説文》而已，後者《頁部》云：「顔，眉之間也。」段注：「各本作『眉目之間』，淺人妄增字耳。眉與目之間不名顔，顔爲眉間，醫經之所謂闕，道書所謂上丹田，相書所謂中正、印堂也。中謂之顔，旁謂之角，由兩眉間以直上皆得謂之顔。」疑《國語》及韋注傳抄過程中，後人據《説文》妄增「目」字，遂使韋、賈義訓兩歧。**小白余敢承天子之命曰『爾無下拜』**？承，受也。**恐隕越于下，以爲天子羞。**」隕，墜也。越，失也。○《爾雅・釋詁》：隕，墜也。○《增注》：對天子在上曰「下也」。言若亂君臣之禮，則罹天之威罰，將自顛墜，是天子命之，乃令之顛墜，則以爲天子羞辱也。○帆足萬里：越，如顛越之「越」。**遂下拜，升，受命。**○《左傳・僖公九年》「以遺天子羞，敢不下拜？下拜，登，受。」杜注：「拜堂下，受胙於堂上。」孔疏：「覲禮：『天子賜侯氏以車、服，諸公奉篋、服，加命書於其上，升自西階，東面。太史氏右，侯氏升，西面立。太史述命，侯氏降兩階之間，北面，再拜，稽首，升，成拜。』彼侯氏降階、再拜是此下拜也。升、成拜是此登、受。」**賞服大路**〔四〕，**龍旂九旒**〔五〕，**渠門赤旂**，唐尚書云：「大路，玉路〔六〕。」非也。賈侍中云：「大路，諸侯朝服之車，謂金路，鉤樊纓九就。龍旂，九旒也。渠門，亦旗名。赤旂，大旂也〔七〕。」昭謂：龍旂，畫交龍於縿也。正幅爲縿，旁屬爲旒。鉤，婁頷之鉤。樊，馬大帶。纓當胷，削革爲之，皆以五采罽飾之。九就，就，成也。渠門，兩旗所建，以爲軍門，若今牙門也。○《舊音》：䍐，九例反。○陳奐《詩毛氏傳疏·采芑》：樊者，纓之飾。《説文》：「緐，馬髦飾也。」「毛」、「髦」同，緐，今俗作「繁」，「樊」爲假借字。《新書·審微篇》云：「緐纓者，君之駕飾也。」是緐纓爲尊者之馬飾。唯鄭康成讀「樊」如鞶帶之「鞶」，謂今馬大帶也，與古説絶異。◎志慧按：賈逵以「九旒」釋「龍旂」，易與正文混，故韋昭先解釋「龍旂」，再依次解釋賈注之「鉤樊纓九就」與正文「渠門」，後出轉精。**諸侯稱順焉**〔八〕。言下拜順於禮也。○龜井昱：桓德弘大，宜服是備物也。◎志慧按：同是這個宰孔，在《晉語二·宰周公論齊侯好示》中，謂「齊侯好示，務施與力不務德……惠難徧也，施難報也。不徧不報，卒於怨讎」，斷定没有價值認同爲基礎的撒錢外交，終將給自己招來怨仇，古來評點家因桓公帥諸侯以朝天子而對其外交政策頗多溢美之辭，蓋因不明《國語》的互見法，只見《齊語》而不顧《晉語》。

【彙校】

〔一〕公序本、明道本本章屬上，上言征四方，下言謁天子，兹依《叢書集成初編》本、上海師大本單列，施題從上海師大本。

〔二〕宰周公，明道本作「周之公」，後者誤，宰孔之稱謂猶師曠、庖丁、卜徒父之類。

〔三〕《述聞》：「『之命』二字因下文『天子之命』而衍。《小匡篇》有『之命』二字，則後人據誤本

《國語》加之也。」其説是，《集解》據删。

〔四〕路，明道本、正統本作「輅」，注同。

〔五〕旃，明道本、正統本作「旗」，下同。旒，《小匡》作「游」，《説文·㫃部》：「游，旌旗之流也。」《札記》謂「流」、「旒」古今字。

〔六〕明道本無「玉路」二字，明道本並「大路」之「路」作「輅」，二字古通，《札記》、李慈銘謂當從有「玉路」二字，是。下釋爲車之「路」字明道本皆作「輅」。

〔七〕大旃，《玉海》車服引同，明道本作「火旗」，作「火」者疑形訛，正統本「旃」亦作「旗」，「旗」、「旃」古常通用。

〔八〕焉，明道本作「矣」。「天下諸侯稱仁焉」，各本同。下文「諸侯稱寬焉」，明道本無「焉」字，據文例當一致，故句末俱當有「焉」字。

10 桓公霸諸侯

桓公憂天下諸侯〔一〕。魯有夫人、慶父之亂，夫人，魯莊夫人哀姜也。慶父，莊公之弟共仲也，通于哀姜，哀姜欲立之。莊公薨，慶父殺大子般，在莊三十二年；又弑閔公〔二〕，在閔二年。《補音》：父，音甫。◎志慧按：《左傳·莊公八年》有「仲慶父」一詞，疑韋注本此，《春秋·莊公二年》：「夏，公子慶父帥師伐於余丘。」杜預《集解》：「莊公時年十五，則慶父莊公庶兄。」《史記會注考證·魯世家》謂杜注較長。**二君殺死**〔三〕，**國絶無嗣。桓公聞之，使高子存之。**高子，齊卿，高傒敬仲也〔四〕。存之，謂立僖公而成魯也。○《備考》：存，恤問也。

【彙校】

〔一〕公序本本章屬上，上言桓公守禮，下言存亡繼絶，時間上亦非後先相繼，故依明道本、秦鼎本單列。

〔二〕弑，明道本、遞修本、南監本俱同，《補音》出「殺」，音「申志反」，則原作「殺」，《正義》作「殺」，疑據《補音》改。

〔三〕殺，明道本、正統本作「弑」。

〔四〕傒，《左傳》同，明道本作「奚」。

翟人攻邢〔一〕，**桓公築夷儀以封之，**邢，姬姓，周公之後也。夷儀，邢邑也。翟人攻邢，在莊三十二年〔二〕；封而遷之，在魯僖元年。○《釋地》：邢國，初封在直隸順德府邢臺縣西南，後徙山東東昌府。時邢國已徙於東昌之北境，不在直隸之順德矣。○《補正》：今直隸順德府邢臺縣西有夷儀城。◎志慧按：夷儀城遺址在今河北邢臺漿水鎮，春秋時期曾爲邢國的陪都。一説在山東聊城境内。**男女不淫，牛馬選具。**淫，見淫略也。選，數也。○方以智《通雅》：「選」、「算」通音，《左傳》「鍼懼選于寡君」並與「算」同，《公孫賀傳贊》引「斗筲之人，何足選」，即《論語》「何足算也」。○《述聞》：選，亦具也，古人自有複語耳。牛馬選具者，謂牲畜皆全，不見掠奪也。韋注訓選爲數，數、具連文，則不詞矣。◎志慧按：《論語·子路》「斗筲之人，何足算哉」，定州漢簡《論語》「算」作「數」，可爲韋注與方以智説之補證，今吴語區仍保存心母讀作審母的大量讀音，吾鄉方言至今「選」依然讀如「算」。**翟人攻衛，衛人出廬于曹，**廬，寄也。翟人攻衛，殺懿公，遂入衛。衛人出走宋，桓公逆之河〔三〕，以衛之餘民立公孫申以寄于曹〔四〕，是爲戴公〔五〕。在魯閔二年。○皆川淇園：廬，作廬舍以避之也。○《釋地》：曹，《詩·鄘風》作「漕」，在衛輝府滑縣南二十里，白馬故城是也。**桓公城楚丘以封之。**楚丘，衛地。桓公遷其國而封之，事在魯僖二年。○《釋地》：春秋楚丘有二，一爲曹地，隱公六年，戎伐凡伯於楚丘，其地在今曹州府成武縣也。一爲衛地，僖公二年，齊桓公所城以封衛者也。◎志慧按：楚丘，地在今河南滑縣東八里營鎮殿上村。**其畜散而無育，**畜，六畜也。散，謂失亡也。育，養也。**桓公與之繫馬三百。**繫馬，良馬在閑，非放牧者也。○《詩·衛風·木瓜》正義：繫馬，繫於廄之馬，言遺其善者也。**天下諸侯稱仁焉。於是天下諸**

侯知桓公之爲己動也〔六〕，動，謂救患分灾也〔七〕。是故諸侯歸之，譬若市人〔八〕。

【彙校】

〔一〕公序本下章屬上，秦鼎本、上海師大本同，明道本下章單列，但桓公存魯、邢、衛皆其爲「諸侯稱仁」之善舉，故不必細分。

〔二〕莊，静嘉堂本、南監本該字正好脱爛，弘治本作「閔」，翟伐邢，見載《左傳·莊公三十二年》，魯閔公何嘗有三十二年？

〔三〕「河」前，明道本、正統本有「於」字。

〔四〕餘民，明道本、正統本作「遺民」。申，弘治本作「中」，後者誤。

〔五〕戴，静嘉堂本作「載」，南監本脱爛不可識，弘治本作「載」，後者誤。

〔六〕「爲己動」前，明道本、正統本、監本有「非」字，《後漢書·馮衍傳》李賢注引作「不爲己動」，與明道本義同，秦鼎謂「是以『己』屬桓公」，則於義兩可。

〔七〕謂，明道本、正統本作「爲」，疑當作「謂」。

〔八〕明道本無「譬若市人」四字，正統本及《小匡》有，疑明道本脱。

桓公知諸侯之歸己也，故使輕其幣而重其禮。幣，贄幣也〔一〕。禮，酬賓之禮也。故天下諸侯罷馬以爲幣，罷，不任用也。幣、珪以馬也〔二〕。◎志慧按：罷，「疲」之通假字，疲馬，駑馬也，韋注不穩。縷纂以爲奉〔三〕，奉，藉也，所以藉玉之藻也。縷纂，以縷織纂，不用絲，取易共也。纂，織文也〔四〕。○賈逵：奉，藉也，所以藉玉之縷也。以縷織綦，取其易也（《原本玉篇殘卷·糸部》引）。○《國語箋》：「罷馬」以下三句，皆承「輕其幣」言，知奉者謂諸侯奉齊之幣，非圭璧之藻藉。纂是帛中一物，縷是絲麻之未織者，諸侯之幣各用其土地所有，言縷纂者，約舉已織未織兩等言之。○郭萬青《〈原本玉篇殘卷〉引〈國語〉斠證》：《禮記·雜記下》「藻三采六等」鄭玄注：「藻，薦玉者也。」孔穎達疏云：「謂以韋衣板以藉玉者。」查「縷」無此義，是《玉篇》引賈「藉玉之縷」之「縷」當作「藻」。○《辨正》：此「奉」與「幣」（贄幣）並列，自然是諸侯們進獻的禮物，作爲一種質量稍次的棉、麻織品，未必衹限於藉玉之用而已。鹿皮四个〔五〕。个，枚也。諸侯之使垂橐而入，垂，言空而來也。橐，弢也〔六〕。○《左傳·昭公元年》「請垂橐而入」杜注：垂橐，示無弓。○《舊音》：橐，音高。○《補音》：橐，古刀反，《説文》：「車上大橐。」稛載而歸〔七〕。言重而歸也。稛，絭也。○《舊音》：稛，苦本反。故拘之以利，結之以信，示之以武，故天下小國諸侯既許桓公，許，謂聽其盟約〔八〕。莫之敢背，就其利而信其仁，畏其武。桓公知天下諸侯多與己也，與，從也〔九〕。故又大施忠焉，施其忠信。可爲動者爲之動，可爲謀者爲之謀，軍譚、遂而不有也，諸侯稱寬焉〔一〇〕。軍，謂以軍滅之也。不有，以分諸侯也。桓公奔莒，過譚，譚子不禮，入又不賀。北杏之會，遂人不至〔一一〕。故皆滅之。在魯莊十年及十三年。○《補正》：今山東濟南府歷城縣東南七十里有譚城，兗州府寧陽縣西北三十里有遂鄉。通齊國之魚鹽于東萊，言通者，則先時禁之矣。東萊，齊東萊夷也〔一二〕。○《集解》：東萊，今爲山東掖縣治。使關市幾而不征，幾，幾異服、識異言也。征，税也。取魚鹽者不征税，所以利諸侯、致遠物也。○《補音》：幾，居希反，通作「譏」。○《訂字》：幾，通作「譏」，《孟子注》：「譏，察也。」以爲諸侯利，諸侯稱廣焉。施惠廣也〔一三〕。築葵、兹晏、負夏、領釜丘〔一四〕，四者皆阨塞〔一五〕，與山戎、梟翟接者〔一六〕。以禦戎、翟之地，所以禁暴於諸侯也；禁暴，禁其暴掠於諸侯。築五鹿、中牟〔一七〕、蓋與、牡丘〔一八〕，四塞，諸夏之關也。○《正義》：蓋有「遏」音。《水經注》：「清漳水逕文當城北，又東北逕梁榆城南，即閼與故城。」閼，《唐韻》烏割切，則「蓋與」即「閼與」也。○《補正》：五鹿，在今直隸大明〈名〉府。中牟，在今河南彰德府湯陰縣西四十里。蓋與，即古之閼與。牡丘，在今山東東昌府聊城縣東北七十里。◎志慧按：今中牟，在今河南省鄭州、開封之間，春秋稱圃田，漢初始置中牟縣，屬河南郡。古中牟在黄河以北，《論語》「佛肸爲中牟宰」與趙獻侯所都中牟皆在黄河以北，《左傳·定公九年》「晉車千乘在中牟」，顧祖禹《讀史方輿紀要》、江永《春秋地理考實》等皆謂在今河南湯陰縣西，《史記·趙世家》正義云：「相州蕩陰縣西五十八里有牟山，蓋中牟邑在此山側也。」

相州蕩陰，即今河南湯陰，縣西五十八里，已入今鶴壁市境内，當地文史學者亦認爲鶴壁市石林鎮耿寺村即古中牟，該村在牟山南側，地望與《史記正義》之説正合。另外尚有河南林州、内黄以及邢臺與邯鄲之間等説。**以衛諸夏之地，**衛，蔽扞也。**所以示權於中國也**〔一九〕。**教大成，定三革，隱五刃**〔二〇〕，定，奠也。隱，藏也。三革，甲、胄、盾也。五刃，刀、劍、矛、戟、矢也。説云：「三革，甲、盾〔二一〕、鼓。」非也。兵事息，則禮樂興，焉得廢鼓也？　○賈逵：三革，甲、胄、盾三也（釋玄應《一切經音義》一引，汪遠孫輯）。偃，息也（《文選》顏延年《皇太子釋奠會作》李善注引，汪、蔣將此條置於《吴語》「兩君偃兵接好」下）。五刃，刀、劍、矛、戟、矢，是五也（釋慧琳《一切經音義》卷八引）。　○《荀子·儒效》「定三革，偃五兵」楊倞注：定，息；偃，仆也，皆不用之義。三革，犀也，兕也，牛也。○《補韋》：《管子》尹注：車、馬、人皆有革甲，曰三革。　○秦鼎：《荀子》武王定三革，説者云：上世銅鐵造，及武王改用革，故曰「定三革」，《國語》爲桓公事，傳聞異也。此説與韋異。　○《平議》：隱，當讀爲「偃」，《荀子·儒效篇》：「偃五兵。」楊倞注曰：「偃，仆也。」此作「隱」者，假字耳，韋即以隱藏釋之，非是。　○《標注》：三革，一曰甲，二曰車，三曰盾。舉甲而胄隨焉，不當別數胄也。○《辨正》：五刃，即五兵，當以《司馬法》所載者爲優，即：弓矢、殳、矛、戈、戟。戈適用於先秦車戰時代，劍更適用於南方的水兵作戰和後來的步兵作戰，用於劈砍的刀則尤其適合於兩漢以還的騎兵作戰。　◎志慧按：《考工記》有「鄭之刀、宋之斤、魯之削、吴粤之劍」之説，前三者皆生産工具，作爲兵器的刀（環手刀）至漢代纔出現；後者方爲兵器。一九五三年，河南省汲縣山彪鎮戰國墓出土水陸攻戰紋青銅鑒，其中紋有武器戈、戟、劍和弓箭，可參。「定」、「息」互文，楊倞釋「定」爲息可從。朝服以濟河，而無怵惕焉，西行度河以平晉也〔二二〕。文事勝矣。勝，舉也。是故大國慙愧，小國附協〔二三〕。唯能用管夷吾、甯戚、隰朋、賓胥無、鮑叔牙之屬而伯功立。五子皆齊卿大夫也〔二四〕。隰朋，齊莊公之曾孫、戴仲之子成子也。○《補正》：此莊公名購，在春秋之前，與崔子所弒謚同。◎志慧按：「唯能」句與《吴語》末句「夫唯能下其群臣以集其謀故也」逼似，且《齊語》並無一字及於甯戚、隰朋、賓胥無，頗疑與《吴語》末段、《鄭語》末段同屬《國語》編者所加。

【彙校】

〔一〕贄，明道本作「摯」，義符更旁字也。

〔二〕珪，明道本、正統本作「圭」，古同。

〔三〕纂，《補音》：「纂，或作『綦』。」明道本、正統本作「綦」，《札記》謂「綦者，言縷織爲綦文」，唯《原本玉篇殘卷》引亦作「纂」，《經典釋文·爾雅·釋天》：「綦，本亦作『纂』。」則是異構耳。注同。

〔四〕織，明道本、正統本作「綺」，於義兩可。

〔五〕个，正統本同，明道本、監本、《元龜》卷二三九、《正義》俱作「分」，《小匡》亦作「分」，《非國語》

作「箇」。韋注「个，枚也」，明道本作「分，散也」。《札記》謂作「个」者宋公序改，並引段玉裁説云：「四分者，謂於卿大夫皆用皮。」但這樣的説詞無法解釋《非國語》作「箇」的原因，《考正》、王氏《讀書雜志·管子》和《經義述聞》卷十三「矢八分」俱認爲「个」、「介」古同，「分」係「介」之訛，清趙懷玉《亦有生齋集·校正國語序》亦謂「其説雖皆可通，不如『个』之爲愈也」，可從。復次，作「箇」者又係「个」字的繁化。王引之《讀書雜志·管子》謂鹿皮四个，即《聘禮》所謂乘皮，其説亦可從。

〔六〕弢，葉邦榮本、張一鯤本同，明道本、遞修本、正統本、静嘉堂本、南監本、弘治本、許宗魯本作「櫜」，於義兩可。

〔七〕稛，正統本、《諸子瓊林》前集卷二十四交接門同，明道本不從禾而從耒，《小匡》作「攟」，注同，三字皆從困得聲，音同，前二者更是形符更旁字。

〔八〕明道本無「約」字，而句末有「也」字，《補音》出「盟約」，疑無「約」者脱。

〔九〕明道本此前尚有「無不從也」四字韋注，據義疑衍。

〔一〇〕稱，遞修本、静嘉堂本、南監本、弘治本、許宗魯本作「稍」，字之訛也，前文「稱順」、「稱仁」及下文「稱廣」皆不誤。

〔一一〕遂人，正統本同，明道本作「遠又」，據《左傳·莊公十三年》「遂人不至」，後者形訛。

〔一二〕明道本無「萊」字，疑脱。

〔一三〕惠，静嘉堂本、南監本脱爛，弘治本、許宗魯本作「利」，疑弘治本臆補，後者承其誤。

〔一四〕葵、兹晏、負夏、領釜丘，《小匡》作「蔡、鄢陵、培夏、靈父丘」，葵，明馮琦《經濟類編》卷十四引作「渠」，疑記音之異，《補正》謂靈父丘即「靈丘」。《釋地》以爲有六邑，並云：「今懷慶府河内縣東北有葵城。兹，今青州府諸城縣東有兹亭，爲莒之兹邑。晏，即濟南府齊河縣東北晏城。負夏，今河南府登封縣有負黍聚。領，《春秋傳》昭二十二年杜注周地。歸德府夏邑縣有黍丘亭，即當釜丘也。」古史茫昧，姑存之以廣異聞，俟高明，即斷句亦不敢自是。

〔一五〕阸，明道本作「厄」，毛公鼎、番生簋、录伯敦俱見「厄」字，俱爲「軛」的初文，象形，阸、軛皆後起字。

〔一六〕者，明道本、正統本作「也」。

〔一七〕「中牟」下，《小匡》有「鄴」字。

〔一八〕牡丘，《小匡》作「社丘」，二者必有一譌。

〔一九〕權，《小匡》作「勸」，據義「權」爲「勸」之通假字。

〔二〇〕隱五刃，《小匡》作「偃五兵」，釋慧琳《一切經音義》卷八作「偃五刃」。

〔二一〕盾，正統本同，明道本作「楯」，「楯」爲「盾」的或體字，唯前一「盾」字明道本同公序本。

〔二二〕西，弘治本、許宗魯本作「吉」，葉邦榮本作「又」，皆未見其是。度，明道本、正統本作「渡」，出本字也。

〔二三〕附協，静嘉堂本、南監本、弘治本、許宗魯本、葉邦榮本、穆文熙《鈔評》、《經濟類編》卷十四引作「協附」，文獻中兩詞並作，又可知葉邦榮本確曾據南監本修訂。

〔二四〕明道本、正統本無「卿」字，上海師大本徑補而無説明。

《齊語》卷第六

國語卷第七

晉語一〔一〕

《舊音》：晉，姬姓之國，周成王母弟叔虞所封之地，本大岳之野，夏禹所都之墟，南臨晉水。後叔虞子燮父封爲晉侯，至十代孫昭侯始弱〔二〕，分國，封其叔父成師於曲沃，是爲桓叔。桓叔浸强，晉潘父弒昭侯而納桓叔，不克。晉人乃立昭侯之子孝侯於翼，更爲侯〔三〕。其後桓叔之子莊伯伐翼，殺孝侯，翼人又立其弟鄂侯。鄂侯之子哀侯爲莊伯子武公所滅，盡有晉地，以其寶器賂周王，王命武公爲晉君，而始列於諸侯。

【彙校】

〔一〕明道本其下有「武公」二字，本卷唯首章敘武公時事，其餘皆語涉獻公及驪姬，「武公」疑係後人標識，非古本如此，《晉語》其他各語同，不復出注。

〔二〕十代，《國語集解》作「十八代」，大誤，因該書流傳較廣，特予揭出。

〔三〕侯，微波榭本作「翼」，據明道本正文首句韋注疑各脱一字，當作「翼侯」。

《釋地》：晉國，姬姓，武王子唐叔虞之後。成王滅唐而封之。其地在汾水東，今山西平陽府翼城縣東二十五里，故唐城是也。子燮父改國號曰晉（以汾水亦名晉水故）。昭侯元年，封叔父成師於曲沃。鄂侯二年，魯隱公元年也。周僖王時，曲沃武公滅晉侯緡，王命武公爲晉侯。子獻公自曲沃徙都絳，今平陽府太平縣南二十五里故絳城是也。景公又徙居新田，在今曲沃縣西南二里。定公三十一年爲獲麟之歲。出公八年而《春秋》之傳終矣。出公十七年卒。出公以下五世八十二年，而韓、趙、魏滅晉。

1 武公伐翼欒共子死哀侯〔一〕

武公伐翼，殺哀侯〔二〕，武公，曲沃桓叔之孫、嚴伯之子武公稱也。翼，晉國都也。哀侯，晉昭侯之孫、鄂侯之子哀侯光也。初，昭侯分國以封叔父桓叔，爲曲沃伯。曲沃盛彊〔三〕，昭侯微弱。六年〔四〕，晉潘父殺昭侯而納桓叔〔五〕，不克。晉人立昭侯之子孝侯〔六〕，嚴伯殺孝侯〔七〕。翼人立其弟鄂侯，鄂侯生哀侯。魯桓三年，曲沃武公伐翼，殺哀侯，後竟滅翼侯之後而兼之〔八〕。魯嚴十六年〔九〕，王使虢公命武公以一軍，爲晉侯，遂爲晉祖〔一〇〕。○《補正》：今山西平陽府翼城縣東南有古翼城。嚴，本「莊」字，因漢諱改。**止欒共子曰：「苟無死，**欒共子，晉哀侯大夫共叔成也。初〔一一〕，桓叔爲曲沃伯，共子之父欒賓傅之，故止共子使無死也。**吾以子見天子，令子爲上卿，制晉國之政。」**上卿，執政，命於天子者也。○《集解》：《吕氏春秋・禁塞篇》：「以告制兵者。」高注云：「制，主也。」此文「制」當同義。**辭曰：「成聞之：『民生於三，事之如一。』**三，君、父、師也。如一，服勤至死也。○《標注》：如一，謂無所輕重也，服勤失解。**父生之，師教之，君食之。**食，謂禄也。◎志慧按：下句語序爲（父）生——（君）食——（師）教，且句式從短到長，由整飭到錯落，疑此間亦當先「君」後「師」。**非父不生，非食不長，非教不知生之族也，故壹事之**〔一二〕。族，類也。壹事之，事之如一也。○《補韋》：補正：「師教、生、食，皆生我之類也，故事之如一。」◎志慧按：民生於三不可謂誤，非食不長誠是，唯「非食不長」之「食」與「君食之」之「食」外延交集甚微，前者指向普泛意義，後者只限於食君之禄者，如孟子所謂有官守者、有言責者，因此，「民生於三」之「民」亦只能限於有官守者與有言責者。**唯其所在，則致死焉**〔一三〕。在君父爲君父，在師爲師。**報生以死，報賜以力，人之道也。**賜，惠也。以力，謂家臣也。○《删補》：春臺先生曰：「以力，謂以身之力，何惟家臣乎？」○户埼允明：猶報恩以德。○《增注》：賜，謂教與食也。以力，竭股肱之力也。○秦鼎：報生，以君、父、師言也，上文「民生於三」是也。報賜，大夫之臣對國君言也。下文辛命所謂「事君以死，事主以勤」是也。然此句似帶説。○《標注》：力猶勤勞也。○《補正》：「力」從本義，不訓家臣。○《辨正》：韋注君、父、師三者兼及，但接下來衹有「報生」與「報賜」，獨缺「報教」，疑傳本脱。「以力」二字接「報賜」之後，而「賜」所針對的是君之禄，則其所指者就不僅是「家臣」，而主要是孟子所謂有「官守」與「言責」者，疑韋注有誤。**臣敢以私利廢人之道，**私利，謂不死爲上卿〔一四〕。**君何以訓矣？**無以教爲忠也。**且君知成之從也，未知其待於曲沃也。**君，武公也。言君知成將死其君，爲從臣道也，故使止臣，未知成不死而待君於曲沃之爲貳也〔一五〕。○《校文》：君，哀侯也。言哀侯知欒共之子（志慧按：當作「子之」。）從己而拒武公，不知其事武公於曲沃。時哀侯已死故也。《内傳》子家子對叔孫婼曰：「羈也，君知其出也，而未知其入也。」語正同，注非。○秦鼎：待，猶奉仕不死舊君而奉仕新君，是貳也。**從君而貳，君焉用之？」**貳，二心也。○《存校》：「君知成之從」之「君」謂哀侯，「君焉用之」之「君」指武公。○《述聞》：上二「君」字，皆指哀侯，下一「君」字，乃指武公。待，止也。言哀侯未死時，但知其從哀侯，而未知其止於曲沃爲武公臣也。既從哀侯，又貳於武公，故曰「從君而貳」也。○《增注》：言從武公則是貳心之臣也，貳心之臣則又不可爲用也。○秦鼎：從君，從武侯止死也。◎志慧按：「君知成之從」之「君」，上承「君何以訓」一語，故此「君」確係武公，韋注無誤。欒共子之父是武公祖父老師的兒子，故武公止共子使無死。但欒共子同時又是翼城哀侯的大夫，此所謂「待於曲沃」者也。武公只念其爲舊勛之子勸欒共子勿從哀侯死，而欒共子則以爲作爲哀侯的大夫，理當與哀侯共存亡，否則就是「貳」。至於「從君而貳」的「君」則是泛指，「君焉用之」之「君」仍是武公，意思是一個事主不忠者，你武公要他做甚。遂鬭而死。

【彙校】

〔一〕穆文熙《鈔評》題作「欒共子死哀侯」，葉明元《抄評》同，上海師大本題作「武公伐翼止欒共子無死」。

〔二〕殺，《國語》各本同，連筠簃叢書本《群書治要》卷八引作「弑」，《補音》出「殺」，並注「申志反」，則是該本《群書治要》出本字。

〔三〕次「曲沃」，《元龜》卷七四六引同，明道本無「曲」字，脱。

〔四〕明道本、正統本句前有「後」字，疑遞修本、弘治本、許宗魯本、金李本、葉邦榮本等公序本系列脱。

〔五〕殺，明道本、正統本作「弑」。

〔六〕「孝侯」下，明道本、正統本有「於翼，更爲翼侯，後十五年，桓叔之子」十四字，疑公序本脱，《考正》、《四庫薈要》從補。

〔七〕「殺孝侯」前，明道本、正統本有「伐翼」二字，疑公序本脱，《考正》從補。此二句《元龜》卷七四六引作：「晉人立昭侯之子孝侯於翼，更爲翼侯。後桓叔之子嚴伯伐翼，殺孝侯。」

〔八〕竟，遞修本、静嘉堂本、南監本作「音」，字殘，今所見遞修本是南宋中期蔡郃補版，作「音」者係補版之誤。弘治本作「因」，亦誤。

〔九〕嚴，明道本、正統本作「莊公」，不諱，與上文異。

〔一〇〕晉，金李本原作「背」，張一鯤本、《國語評苑》沿金李本之誤，葉邦榮本、李克家本、道春點本已改正，兹徑從改。「祖」下，明道本有「考」字，疑衍。

〔一一〕初，明道本、遞修本字從「衤」，字殘。

〔一二〕壹，南監本、張一鯤本同，許宗魯本、《正義》作「一」，後二者皆擅改。

〔一三〕焉，《文選》王仲寶《褚淵碑文》李善注引作「矣」。

〔一四〕上，遞修本、南監本作「十」，後者字訛。

〔一五〕貳，明道本、《諸子瓊林》前集卷一人倫門作「二」，明道本用字多從簡。

2　史蘇卜獻公伐驪戎勝而不吉

獻公卜伐驪戎，獻公，晉武公之子獻公詭諸也。驪戎，西戎之别，在驪山者也。其君男爵，姬姓也。秦曰驪邑，漢高帝徙豐民於驪邑〔一〕，更曰新豐，在京兆。○《補正》：今陝西西安府臨潼縣東二十四里有驪戎城。　○顧頡剛《史林雜識初編》：驪戎之國當在今山西南部，《晉語四》：周襄王避叔帶之亂，使來告難，子犯勸晉文納王以求諸侯，「公説，乃行賂于草中之戎與麗土之狄以啟東道」，此「草中之戎」與「麗土之狄」所在之地雖不可詳，而云「以啟東道」，則在晉都之東析城、王屋一帶可知也。　○《辨正》：韋昭謂驪戎「其君男爵」，或本自《左傳·莊公二十八年》「晉伐驪戎，驪戎男女以驪姬」，但彼「男」是否爵稱還在不可必之例。　其對西戎的姓氏與爵位爲後來杜預《左傳集解·莊公二十八年》所繼承，但既云「西戎」，又云「男爵」、「姬姓」，委實可疑，觀下條原文又稱「驪子」即是明證，韋昭於彼注曰：「驪子，驪戎之君也。　本爵男，此云子者，猶言男子也。」訓驪子之「子」爲男子有些荒唐，從未見有稱侯爲侯子、稱子爲子子者，甚至驪戎是否如中原漢人之有姓尚是一個需要存疑的問題。　韋昭以驪戎爲姬姓，也許是先有一中華文化一元論在，或是因爲先有一個驪姬之名，再以其時褒姒、齊姜、文嬴、莊姜等例視之。　但此「姬」並非姓氏，而是對夫人、妃妾的一種稱呼。　◎志慧按：陝西臨潼有驪山。　驪戎城，《左傳屬事》春秋卷十一、《明一統志》卷三十二、《讀史方輿紀要》卷五十三等皆指在驪山附近，今未聞，疑因驪山而臆度之，游牧部落逐水草而居，其活動區域因之游移而稍顯廣大亦在情理之中，顧氏説更勝。　**史蘇占之**，史蘇，晉大夫，占卜之史也。　◎志慧按：謂史蘇晉大夫是也，謂其占卜之史則似嫌不夠周延，考殷墟甲骨文，其所記者多爲占卜之事，然在其後，此類人物除了需要溝通神人以外，尚需履行存史、備問之職，故每兼巫、史、師等身份。　**曰：「勝而不**

吉。」公曰：「何謂也？」對曰：「遇兆：挾以銜骨，齒牙爲猾，遇，見也。挾，猶會也。骨，所以鯁刺人也。猾，弄也。齒牙，謂兆端左右釁折〔二〕，有似齒牙。中有從畫〔三〕，故銜〔四〕。骨在口中，齒牙弄之，以象讒口之爲害也〔五〕。禮，卜，卜師作龜〔六〕，大夫占色〔七〕，史占墨也。○《爾雅·釋詁》：遇，見也。○《周禮·春官·大卜》：大卜掌三兆之灋，一曰玉兆，二曰瓦兆，三曰原兆。其經兆之體皆百有二十，其頌皆千有二百。又《菙氏》：掌共燋契，以待卜事。凡卜，以明火爇燋，遂吹其焌契，以授卜師，遂役之。○《存校》：「挾以銜骨」以下三句並兆辭，猶《易》之繫辭也，「交捽」以下乃史蘇之辭。○《正義》：以牙爲兵象。○秦鼎：《周禮》無「大卜師」，《占人》曰：「君占體，大夫占色，史占墨。」而不出「作龜」。《大卜》：《卜師》出「作龜」，而不出「色、墨」，韋解恐有誤。◎志慧按：《存校》説是也，故標點從之，唯「繫辭」疑當作彖辭或爻辭。又，猾，不如訓作其常用義「亂」爲當，「齒牙爲猾（亂）」即韋注下文所説的讒口爲害。《史記·晉世家》作「齒牙爲禍」，「禍」之爲義與「亂」正同。**戎、夏交捽。**兆有二畫〔八〕，外象戎，内象諸夏。夏，謂晉也。兆端會，齒牙交，有似捽。捽，交對也。○賈逵：捽，擊也（釋慧琳《一切經音義》卷九十五引）。○《舊音》：捽，才忽反。○秦鼎：挾、銜三句，本是繇辭，辭出於象，故韋君説畫兆而不言辭也。焦弱侯曰：猾無骨，入虎口，虎不能噬。處虎腹中，自内嚙之。猾夏義出於此，韋君訓弄，有理。交對，猶言兩兩相當。○帆足萬里：捉髮曰捽。○《標注》：骨、猾、捽韻協。○《辨正》：兆有二畫如《易》之卦畫，外、内之説又如《易》之貞、悔，故韋注所用的術語全屬《周易》的話語系統，未必占卜亦如是，《尚書·洪範》孔穎達正義云：「卜兆有五，曰雨兆，如雨下也；曰霽兆，如雨止也；曰蒙兆，氣蒙闇也；曰圛兆，氣落驛不連屬也；曰克兆，相交也。」據此，雨、霽、蒙、繹、克之類卜兆並無内外之象，韋昭用《周易》比附難免牽强之嫌。◎志慧按：《易》有彖辭、爻辭，今天民間信仰場所有簽書，其中亦多有簽詩、斷語、解語，疑此間占卜者亦當有所本。《説文·手部》：「捽，持頭髮也。」《荀子·正論》「詈侮捽搏」楊注：「持頭也。」古有捽搏、揪捽、撞捽等詞，賈逵「擊也」之解不知所本，故韋昭未取。今山西方言、黄河三角洲方言和客家方言表揪、抓之義時仍使用該詞，其中晉中方言中有「捽住」、「捽穩」、「捽好」（義與「捽穩」同）等詞，有「抓」、「握」義，捽讀如「捉」，入聲。下文《晉語九·趙簡子欲有鬬臣》叔向對趙簡子語「肸也待交捽可也」之「交捽」義與此同。交捽，是交勝也，臣故云。言晉勝戎，戎復勝晉。○《增注》：故云，勝而不吉也。且懼有口，齒牙、銜骨，皆在口也。攜民〔九〕，國移心焉。」攜，離也。○《增注》：言將有讒口以攜貳民，國中皆移易其心也。攜，貳心也。移，易也。○《標注》：「有口攜民」爲句，不可斷絶。◎志慧按：標點從《標注》説。公曰：「何口之有？口在寡人，寡人弗受，誰敢興之？」對曰：「苟可以攜，其入也必甘，受，逞而不知，胡可壅也？」胡，何也。逞，快也〔一〇〕。壅，防也。甘言入耳，心以爲快，而不知其惡，何可防止也。公不聽〔一一〕。遂伐驪戎，克之，克，勝也。獲驪姬以歸，有寵，立以爲夫人〔一二〕。驪姬，驪戎君之女也。○《正義》：《莊二十八年傳》「晉伐驪戎，驪戎男女以驪姬」，左氏具有明文，乃僖十年。《穀梁傳》「晉獻公伐虢得驪姬，獻公私之，有二子，長曰奚齊，稚曰卓子」，《莊子·齊物論》「麗之姬，艾封〈封〉人之子也，晉國之始得之也，涕泣沾襟」，雖各記所聞，不若左氏之親受業於聖門者爲可信也。

【彙校】

〔一〕明道本、正統本無「於驪邑」三字，《考異》、李慈銘斷無者脱，是。

〔二〕兆，所見唯《四部叢刊》一九二六年重印本作「非」，形訛，此從他本改。折，《御覽》方術部七引同，正統本作「圻」，當訛，《補音》出「坼」，宋本《元龜》卷七三二、明道本、《史記·晉世家》集解引韋注作「坼」，《增注》、秦鼎本作「拆」，《考正》、《略説》、《斠證》謂作「坼」是矣，於義可從。

〔三〕晝，金李本原作「畫」，疑係刻工偶誤，兹從各本改。

〔四〕故銜，明道本、正統本、《御覽》卷七二六、宋本《元龜》作「故曰銜骨」，《考正》從補，秦鼎、《考異》謂公序本脱，俱可從。

〔五〕讒口，《史記·晉世家》集解引作「讒言」。

〔六〕明道本、正統本、《增注》、宋本《元龜》不重「卜」字，秦鼎、《考異》謂明道本是，或是也，疑《增注》從明道本徑改。

〔七〕大夫占色，見於《周禮・春官・占人》，明道本作「大夫占兆」，《四庫薈要》從之，失據。

〔八〕二，遞修本同，張一鯤本、李克家本作「一」，字殘；弘治本作「捽」，疑涉正文而誤。

〔九〕㩗，《舊音》：「或作『攜』。」明道本、正統本作「攜」，下同，二字爲義符更旁字。

〔一〇〕《考正》、《考異》謂「逞快也」三字當在「胡何也」之上，據注例是。《考正》並云：「《周語》已有『胡可雍也』之文，韋氏舍彼而注此，殊屬失次。」

〔一一〕不，明道本、正統本作「弗」。

〔一二〕夫，弘治本作「天」，字殘。

3 史蘇謂驪姬必亡晉郭偃曰不其集亡〔一〕

公飲大夫酒，令司正實爵與史蘇，司正，正賓主之禮者也。實，滿也。○《標注》：納物爲實，不必滿。曰：「飲而無肴。肴，俎實也。○賈逵：肴，葅也，凡非穀而食之曰肴（釋玄應《一切經音義》卷六引，《令集解》卷五引同，汪遠孫輯）。肴，俎實也，凡非穀而食之曰肴（杲寶《大日經疏演奧鈔》引）。○《標注》：肴所以下酒，不論俎與豆。◎志慧按：與韋注相較，知杲寶所引較《一切經音義》爲確。就「肴」之字形看，其初義當爲肉食，如《楚辭·招魂》「肴羞未通」王逸《章句》：「魚、肉爲肴。」今鎮江肴面之「肴」爲其縮小義。後泛指菜肴，賈、韋所指者是。夫驪戎之役，女曰『勝而不吉』，故賞女以爵，罰女以無肴。克國得妃，其有吉孰大焉！」史蘇卒爵，卒，盡也。○《標注》：卒，終也。再拜稽首曰：「兆有之，臣不敢蔽。蔽兆之紀，失臣之官，紀，經也。失官，失守官之節。○《辨正》：兆之紀，兆之文理，即上述雨、霽、蒙、驛、克諸象，分而言之，則如《周禮·春官·占人》所説之體、色、墨、坼：「凡卜筮，君占體，大夫占色，史占墨，卜人占坼。」鄭玄注云：「體，兆象也。色，兆氣也。墨，兆廣也。坼，兆釁也。體有吉凶，色有善惡，墨有大小，坼有微明。」韋注釋紀爲「經」，不確。有二辠焉〔二〕，何以事君？二辠，蔽兆、失官也。大罰將及，不唯無肴。及，至也。蔽兆、失官，則有大罰〔三〕，非但無肴也〔四〕。抑君亦樂其吉而備其凶，凶之無有，備之何害？若其有之〔五〕，備之爲瘳。瘳，差也。○《補音》：瘳，敕留反。臣之不信，國之福也，不信，卜不中也。何敢憚罰？」憚，難也。

【彙校】

〔一〕上文史蘇謂勝而不吉，第三段「公不聽……立以爲夫人」已完具。此下「公飲大夫酒」事當在「立以爲夫人」之前，係另起，史蘇再斷驪姬必亡晉，郭偃駁之，後者纔是嘉言善語的主體，「既，驪姬不克，晉正於秦，五立而後平」是對郭偃預言的驗證，爲另一個第三段。自是一篇，故單列，並據内容與情節施題，同時將前一篇上海師大本標題中的「論」據實改易爲「卜」。

〔二〕二皋，《元龜》卷七百三十二陪臣部作「二罪」，明道本、正統本作「罪二」，但韋注各本皆作「二皋(罪)」，則是明道本、正統本誤倒。

〔三〕罰，明道本作「罪」，疑涉上文而誤。

〔四〕但，遞修本字從「且」不從「旦」，誤。

〔五〕之，正統本同，明道本作「凶」，《考異》疑「凶」字是，於義是，疑作「之」者涉下句而誤。

飲酒出，史蘇告大夫曰：「夫有男戎必有女戎〔一〕。戎，兵也。女兵，言其禍猶兵〔二〕也。○《標注》：戎，猶寇也。**若晉以男戎勝戎，而戎亦必以女戎勝晉，其若之何？」里克曰：「何如？」**里克，晉大夫里季也〔三〕。○秦鼎：而，訓則。**史蘇曰：「昔夏桀伐有施，有施人以妹喜女焉**〔四〕，桀，禹十七世后皋之孫、惠王之子夏癸也〔五〕。有施，喜姓之國，妹喜其女也。以女進人曰女。○賈逵：有施，喜姓國也(《荀子·解蔽》楊注引，汪遠孫輯)。○《正義》：妹喜，《左傳音義》本或作「嬉」，韋昭注《漢書》云：「嬉，姓也。」羅泌曰：「施，今施州。」○《釋地》：此即《汲冢紀年》所謂「帝癸十四年，扁帥師伐岷山」者也。今河南府偃師縣東北有施谷。《春秋》昭二十六年王城人、劉人戰在此地，北有邙山，《紀年》所謂岷山也，後人以山在洛陽北，謂之北邙矣。有施氏國於邙山之野，故《竹書》謂之岷山。《楚辭》注夏桀伐蒙山之國而得妹嬉，岷、蒙皆「邙」之轉也。**妹喜有寵，於是乎與伊尹比而亡夏。**伊尹，湯相伊摯也，自夏適殷。比，比功也。伊尹欲亡夏，妹喜爲之作禍，其功同也。○孫鑛：比訓作比功似拙，蓋尹方欲伐夏，而妹喜爲之作福，若相朋比然（盧之頤校訂《國語》）。○户埼允明：比，比肩之「比」，並也。○《標注》：妹喜，猶言季姬也。「妹」字從未，非本末之「末」，「妹」音姊妹之「妹」，不當别音。比，謂朋黨比周也。○《補正》：比，合也。◎志慧按：比，除了貶義的朋比義，還有褒義的親近順從義，如《周易》之比卦，中山王鼎銘云：「克順克比，亡不率仁，敬順天德。」伊尹、膠鬲是傳説中的正面人物，妹喜、妲己則是反面人物，在這個系統里，無論釋作褒義還是貶義皆扞格難通，疑韋昭因此轉求比功義。《古本竹書紀年》載：「末喜氏以與伊尹交，遂以間夏。」可與本則互證。歷史在主流史學之外似還有更豐滿的一面，韋昭僅據所接受的一面爲説。可是，即從訓詁論，釋「比」爲比功亦嫌牽强，下文妲己「與膠鬲比」亦可作此看。在《孟子·告子下》中，膠鬲是一個正面人物，在這裏，與「妲己比」，則爲反面角色無疑。至於《吕氏春秋·本味篇》、《慎大篇》等所載末喜、伊尹事蹟，清華簡《赤鵠之集湯之屋》載伊尹與湯之后妻以及伊尹與夏王之交往，或有史影在焉，但説部意味太濃，需要甄别。户埼允明釋「比」爲比肩，《標注》徑解作朋黨比周，俱較「比功」爲勝。**殷辛伐有**

蘇〔六〕**，有蘇氏以妲己女焉，**殷辛，湯三十一世〔七〕，帝乙之子殷紂也。有蘇，己姓之國，妲己其女也。○賈逵：有蘇，己姓國也（《荀子·解蔽》楊注引，汪遠孫輯）。○《詳注》：今河南濟源縣西北二里有古蘇城。**妲己有寵，於是乎與膠鬲比而亡殷**〔八〕。膠鬲，殷賢臣也，自殷適周，佐武王以亡殷也。○《補音》：鬲，古覈反〔九〕。○《正義》：《荀子·解蔽篇》「紂蔽于妲己，縣于赤斾」，《吕氏春秋·先識篇》「商王大亂，沈于酒德，妲己爲政」，《誠廉篇》「武王使叔旦就膠鬲於四内，而與之盟，曰：加富三等，就官一列。爲三書同辭，血之以牲，埋一於四内，皆以一歸」，此比而亡殷之事也。**周幽王伐有褒，有褒人以褒姒女焉**〔一〇〕**，**幽王，宣王之子幽王宫涅也。褒〔一一〕，姒姓之國，幽王伐之，褒人以美女入，謂之褒姒，是爲幽后也。○《釋地》：有褒，今漢中府褒城縣，古褒國也。◎志慧按：陝西省漢中市勉縣褒城鎮，原爲褒城縣治，一九五八年，褒城縣歸漢中市；一九九六年，褒城鎮改隸漢臺區，下轄褒姒鋪，當地傳説與方志皆以該地爲褒姒傳説之所出。**褒姒有寵，生伯服**〔一二〕**，**伯服，攜王也。○《補韋》：徐文靖案：《晉語》「褒姒有寵生伯服」，韋注：「伯服，攜王也。」又案：昭二十六年《左傳》「幽王用愆厥位，攜王奸命，諸侯替之而建王嗣」，杜預曰：「攜王，幽王少子伯服也。」今據《竹書》，幽王十一年，犬戎殺王子伯服，虢公翰立王子余臣於攜，是爲攜王，時伯服早已見殺，而攜王乃余臣也，韋、杜注以攜王爲伯服，皆誤。**於是乎與虢石甫比，**石甫，虢公名〔一三〕。《鄭語》曰：「石甫，讒諂巧佞之人也〔一四〕，而立以爲卿士。」○《補韋》：《竹書》虢公名翰，石甫其字也，韋注以石甫爲虢公名，亦誤。《吕覽》云「幽王染於虢公鼓」，未知鼓即翰否。　◎志慧按：石甫，今傳各本《鄭語》作「石父」，三門峽虢國墓地出土有虢碩父簠，《説文·頁部》「碩」下段注云：「『碩』與『石』二字互相借。」戴家祥《金文大字典》「石」下云：「凡四方之形，大多已類化爲口形，因而口不單單指嘴巴也。或用作形容詞，爲碩大之碩。鐘伯侵鼎『自作石沱』，爲自作碩大的匜器。」疑虢碩父即《國語》虢石甫、虢石父，若果真如此，則西虢遷到今三門峽的時間點亦及乎虢石甫之身。復次，《吕氏春秋·仲春紀·當染》謂「幽王染於虢公鼓」，從虢石甫的行狀與時間上看，虢石甫與虢公鼓當爲一人，楊寬《西周史研究》進一步認爲：「鼓是名，石父是字。」從名與字相關性上看，可從。《今本竹書紀年》云：「幽王既死，而虢公翰又立王子余臣於攜」，其中的虢公翰疑爲虢石甫之子。　**逐大子宜咎**〔一五〕宜咎，申后之子平王名也。**而立伯服。大子出奔申**，申〔一六〕，姜姓之國，平王母家。　○《詳注》：今河南南陽縣北二十里有申城，古申伯國也。**申人、繒人召西戎以伐周**〔一七〕，**周於是乎亡**。繒，姒姓，禹後也。繒及西戎素與申國婚姻同好。幽王欲殺宜咎以成伯服，求之於申，申人弗予，遂伐之。故申、繒召西戎以伐周，殺幽王於戲。　○《補正》：《漢書·地理志》：「南陽郡宛縣，故申伯國。」今山東兗州府嶧縣東有鄫城。鄫，姒姓，《鄭語》作「繒」。　◎志慧按：《補正》所指在山東兗州者爲姒姓鄫國，另有一姬姓繒國，與申國相鄰，地在今湖北隨州、荊門、襄陽一帶，近幾十年考古發掘中，在隨州葉家山發現西周墓地，考古界認爲該墓與曾國或曾侯有關，荊門京山蘇家壠發現兩周之際曾國墓地，襄陽郭家廟擂鼓墩發現春秋早期曾侯墓，隨州文峰塔發現春秋時期曾國墓，正韋注所謂「與中國婚姻同好」者也。**今晉寡德而安俘女，**軍獲曰俘。○《爾雅・釋詁》：俘，取。○賈逵：伐國取人曰俘。俘，亦取也（釋玄應《一切經音義》卷十三引，王、汪、黄、蔣輯）。◎志慧按：《説文・人部》：「俘，軍所獲也。」韋斟酌《説文》與賈注，而非盡取《爾雅》。**又增其寵**〔一八〕，**雖當三季之王，不亦可乎**〔一九〕？季，末也。三季王，桀、紂、幽王也。**且其兆云：『挾以銜骨，齒牙爲猾。』我卜伐驪，龜往離散以應我。**應，荅也。往，令告龜辭往伐驪也〔二〇〕，其兆離散不吉〔二一〕。○《存校》：「往」字疑衍，或在「伐」字上，注未明。○《辨正》：我卜伐驪，告龜之辭已在其中；「往」字在「龜」之後，非告龜之辭，而是龜背被燒灼後的反應，「往離散」、「以應我」，皆是所卜之龜的反應，往離散，猶如呈現上述雨、霽、蒙、繹、克諸象中的一種或數種兆象。**夫若是，賊之兆也，非吾宅也，**賊，賊敗國家之兆也〔二二〕。宅，居也，非吾所安居也。○《爾雅・釋言》：宅，居也。**離則有之。**國分離也。**不跨其國，可謂挾乎？**跨，猶據也。言驪姬不據有晉國，可謂内外挾乎〔二三〕？**不得其君，能銜骨乎？**言驪姬不得志於其君，不能銜骨以害人也。○秦鼎：銜骨，諂（餡）以美言也。姬得志於君，則縱使國人逢齒牙猾之而中其害乎，誰其得違之乎？此解頗難讀。**若跨其國而得其君，雖逢齒牙以猾其中，其誰云弗從**〔二四〕？言驪姬若能跨據晉國而得志於君，齒牙之猾，雖爲中害，國人逢之，誰有不從？言必從也。○《略説》：言讒言亂之於中，若出自君，故人必從之。○秦鼎：本文「其中」如字，口中也。注文「中害」去聲。諸夏從戎，非敗而何？從政者不可以不戒，亡無日矣！」

【彙校】

〔一〕《文章正宗》卷六、《天中記》卷二十一引同，明道本、《元龜》卷七三二、《諸子瓊林》前集卷二一人倫門引無「夫」字。

〔二〕猶兵，明道本、正統本作「由姬」，據文氣作「猶兵」稍勝。

〔三〕「里季」下，明道本尚有「子」字，疑衍，正統本無之。

〔四〕妹喜，《史記·外戚世家》索隱、《荀子·解蔽》楊注作「末喜」，《非國語》作「妹嬉」，《舊音》：「妹，音末。」《補音》：「妹，音莫撥反。子史或作『嬉』，云桀妻也。」《説文》無「嬉」字，疑作「妹」、「嬉」者爲「末」、「喜」之義符加旁字。

〔五〕后皋之孫、惠王之子，明道本、正統本作「王皋之孫、王發之子」，《備考》謂當作「發惠」，《考正》、秦鼎亦謂公序本誤，《考異》據《汲冢紀年》原注謂：「惠王，當作『后惠』或『后發惠』。」《集解》徑從作「后發之子」。

〔六〕殷辛，《荀子·解蔽》楊注引《國語》作「殷紂」。

〔七〕三十一世，明道本、正統本作「三十世」，《考異》據《晉語四》「商之饗國三十一王」韋注「自湯至紂」，斷韋注原有「一」字，又據《史記·殷本紀》載三十世，謂據史實可從，秦鼎本改作「三十世」，疑據《史記》，夏商周三代斷代工程則以爲三十一世。

〔八〕亡殷，弘治本作「殷亡」，據各本及上文「亡夏」，後者誤倒。

〔九〕遞修本原作「占」，弘治本、正學書院本作「沾」，非，兹據微波榭本、文淵閣《四庫》本改。

〔一〇〕明道本、《諸子瓊林》無後「有」字，《史記·外戚世家》索隱引《國語》則有之，《校證》據上文「有施」、「有蘇」謂當有「有」字，是，正統本有之。

〔一一〕「褒」前，明道本、正統本有「有」字，於義俱通。

〔一二〕伯服，《鄭語》、《史記·周本紀》同，《清華大學藏戰國竹簡·繫年》作「伯盤」，《古本竹書紀年》據《左傳·昭公二十六年》正義引束皙校正亦作「伯盤」，方詩銘、王修齡《古本竹書紀年輯證》據此斷「服」爲「盤」之誤，唯服在奉母職部，盤在並母元部，古無輕唇，又經陰陽對轉，音近可通，如《楚辭·九懷》「蹇驢服駕兮」，舊校：「服，一作般，釋文作『舨』。」洪興祖《補注》：「般、舨並與服同。」《荀子·賦篇》「忠臣危殆，讒人服矣」，楊注：「本或作『讒人般矣』，般，樂也，音盤。」般與盤或同或通，故「服」得與「盤」通。

〔一三〕明道本、正統本「名」前有「之」字。

〔一四〕明道本、正統本「石甫」前有「虢」字，今傳《國語・鄭語》有之，可據補。佞，《鄭語》作「從」，《札記》謂當依《鄭語》，《斠證》疑後人不識「巧從」之義而誤改，可備一説。

〔一五〕大子，明道本、正統本及《正義》作「太子」，次同。咎，《補音》：「本或作『臼』，古字通。」明道本、正統本作「臼」，《左傳・昭公二十六年》正義引作「宜臼」，《昭公二十八年》正義則引作「宜咎」，可見古時並作，注同。

〔一六〕申，弘治本作「甲」，後者字殘。

〔一七〕繒，明道本、《諸子瓊林》作「鄫」，《補音》：「本或作『鄫』。」注同，《公羊傳》盡作「鄫」，《穀梁傳》多作「繒」，「繒」爲其地之特産，「鄫」爲所在之城邑，皆爲「曾」之加旁字。

〔一八〕明道本、正統本此下有韋注：「立以爲夫人也」六字，《考正》、秦鼎、《四庫薈要》據補，可從。

〔一九〕不亦，《通鑒外紀》卷四、《元龜》卷七三二引同，明道本、《諸子瓊林》作「亦不」，後者誤倒。

〔二〇〕「令」下，明道本、正統本有「人」字，秦鼎據補，但《考異》以爲「人」字衍，此「人」特指卜師，未必衍。秦鼎又云：「『辭』字疑衍。」其辭即占卜時之命辭，「往伐驪」是也，亦不可必其衍。

〔二一〕吉，弘治本作「告」，後者涉上句「告」字誤。

〔二二〕明道本、正統本不重「賊」字，《考異》謂無者脱，秦鼎則據明道本删，據韋注整句之例，可從。

〔二三〕内外，正統本同，明道本作「外内」，據當時詞序，似明道本存真。

〔二四〕明道本、正統本無「其」字，「弗」作「不」，於義俱通。

郭偃曰：「夫三季王之亡也宜。郭偃，晉大夫卜偃也。宜，言其惑亂取亡皆其宜也〔一〕。○《集解》：僖二十五年《左傳》：「晉侯使卜偃卜之，曰：『吉。』」是郭偃爲掌卜大夫，文公時尚存，故《晉語》第十云：「文公問於郭偃。」**民之主也，縱惑不疚，**疚，病也。縱其淫惑，不以爲病也。**肆侈不違**〔二〕，肆，極也。極其汰侈〔三〕，無所違避也。○賈逵：肆，恣也，謂思恣凶逆也〔四〕（《文選》潘安仁《關中詩》李善注引，王、汪、黄、蔣輯，蔣同時將此條置於《越語下》「肆與大夫觴飲」下）。◎志慧按：《爾雅·釋言》：「肆，力也。」郭注：「極力也。」韋注《國語》「以《爾雅》齊其訓」，故捨賈注，於義兩通。**流志而行，**流，放也。**無所不疚，**無一處不以爲病也〔五〕。**是以及亡而不獲追鑑**〔六〕。鑑，鏡也。言不得復追鏡前世善敗以爲戒也。**今晉國之方**〔七〕，**偏侯也，**方，大也。偏，偏方也，乃甸内偏方小侯也。《傳》曰「今晉甸侯」是〔八〕。○賈逵：方，大也。偏（偏），方也。言晉國之大，一方甸侯也（《原本玉篇殘卷·方部》引）。○《删補》：方，猶《詩》所謂「萬邦之方」，鄭箋云：「方，猶嚮也。」蓋四方之方，猶言方土也。○《正義》：《僖二十八年》「襄王賜晉文公陽樊、温、原、攢茅之田，晉於是始啟南陽」，是晉與王畿必犬牙相入，而後南陽可啟，決不能越國以鄙遠也。《晉世家》「王命武公以一軍，爲晉侯」，而上下軍未作，故曰小侯也。　○秦鼎：方，方面，即封境也。言國狹僅爲偏方之侯也。又按：方，方面也。大，大小也。方面大小元是一事，故訓方爲大也。　○《平議》：四竟謂之四方，竟内謂之方内。晉國之方，蓋舉晉之四竟言之。**其土又小，**小，小於三季王〔九〕。　○龜井昱：是時晉未多兼國，比齊秦實爲小國，不必説小於三季王。**大國在側，**大國，謂秦、齊也〔一〇〕。**雖欲縱惑，未獲專也。**專，擅也。**大家、鄰國將師保之，**大家，上卿也。師保之，爲作師保也。　○《標注》：大家，猶巨室也，不以位爲主。　◎志慧按：《孟子·梁惠王下》「所謂故國者，非謂有喬木之謂也，有世臣之謂也」，此「大家」即《孟子》世臣之家，《標注》説得之。**多而驟立，不其集亡。**驟，數也。集，至也。　○秦鼎：國多喪亂，數有爭立者耳，未必至於滅亡也。　○《補正》：多，即指上「大家、鄰國」，言師保既多，雖有驟立，不至亡也。　◎志慧按：不其集亡，類似句法又見《荀子·宥坐》：「伊稽首，不其有來乎？」義爲蓋不至於亡。此句對應「亡無日矣」。**雖驟立，不過五矣。且夫口，三五之門也。**口所以紀三辰、宣五行也，故謂之門。　○《删補》：「夫口」之「口」，疑非謂人之口也，即上文公曰「何口之有」之「口」字同，蓋謂遇其兆，齒骨在口中，三五交錯爲猾，然則三五之象自是出矣，故曰「三五之門也」，韋注恐不穩。　○《增注》：三五，天運變易之數，《史記》曰：「爲國者必貴三五。」又曰：「爲天數者必通三五。」蓋事之變亂多出於口，故曰「口，三五之門」與？　○秦鼎：三辰五行，學者疑之，余亦疑之，但占卜人輩慣言日辰五運，《左》、《國》所記皆此物也，故韋君以此解之耳。　○《標注》：三，謂腸、胃、膀胱三臟也。　五，謂心、肝、膽、脾、腎五臟也。　若夫肺臟主受鼻息，而出入不專於口，故此不數焉。　其他八臟皆受口食水穀而宣養導達焉。　◎志慧按：獻公之後，奚齊、卓子、惠公、懷公、文公相繼而立，而奚齊與卓子又不旋踵而亡，故此「三五」既可指三，復可指五，韋昭指「三五」爲三辰五行，不知何所據，《删補》、《增注》、秦鼎於口與三五之門間的關聯皆未加重視，亦似不便采信；《標注》說指向有理，唯腸、胃、膀胱不在臟器之列而屬於腑，六腑：大腸、小腸、胃、膽、膀胱、三焦。　將肺部排除在外，又將膽放入「五臟」中，不合常識，亦不敢取。　頗疑此「三五」指三焦（上焦、中焦、下焦）五臟（肝、心、脾、肺、腎），而口又是三焦五臟之門，三焦是臟腑間、臟腑內的間隙互相溝通所形成的通道，其功能主要有二：通行元氣；疏通水道，運行水液。　上焦在膈以上，包括心肺，而心又開竅於舌；中焦在膈臍之間，對應脾胃，而脾開竅於口；下焦在肚臍以下，主要對應五臟中的腎以及六腑里的大小腸和膀胱，《素問》云：「腎爲唾。」意思是腎在液爲唾，唾液由腎精所化，由舌下金津、玉液二穴分泌而出，能滋潤口腔，幫助消化，因此腎與口的關係也十分密切。　不敢自是，謹揭出以俟高明。　**是以讒口之亂不過三五。**　少則三君，多則五君。　**且夫挾，小鯁也。　可以小戕，而不能喪國**〔一二〕。　害在内爲戕。　戕，猶傷也。　喪，亡也。　言可以小戕害人，不足以亡國也。　○秦鼎：骨之大者，口不能挾而銜之，故小鯁也。　○《標注》：戕，傷也，無内外之別。　**當之者戕**

焉，當，值也，值骨鯁者傷也。**於晉何害？**無大害也。**雖謂之挾，而猾以齒牙，口弗堪也，**堪，猶勝也。言骨在口，而猾以齒牙，口不能勝也。諭不能終害〔一二〕。○《爾雅·釋詁》：堪，勝也。○秦鼎：譬如人銜魚骨，雖齒牙弄之，而爲其所鯁刺，不能自堪，終必吐碎之耳。以言國有讒人，不堪久受其害，終當得除之也。○帆足萬里：口不勝，以譬爲讒者亦受禍也。○《標注》：言口之力小，不足任大也。◎志慧按：《周語上》「而何德以堪之」，《周語下》「若不堪重」，韋昭皆云：「堪，任也。」任、勝義近。口弗堪，主語爲口，則是帆足氏説有後出轉精之妙，預言施讒者必自斃也。**其與幾何？**言不久也〔一三〕。**晉國懼則甚矣，亡猶未也。商之衰也，**衰，謂帝甲之世。**其銘有之**刻器曰銘，謂鍾、鼎之戒也。**曰：『嗛嗛之德，不足就也，**嗛嗛，猶小小也。不就〔一四〕，不足歸就也。○賈逵：謙謙，猶小小也（《原本玉篇殘卷·言部》引）。○《舊音》：嗛，賈作「謙」，言小務大。○《翼解》：嗛，與「謙」同。《易》謙卦，《子夏傳》作「嗛」。《漢書·尹翁歸傳》云：「温良嗛退」，師古曰：「嗛，古『謙』字。」「謙退」與「矜夸」反對成文。◎志慧按：從口之字亦或從言，如「咏」與「詠」、「喻」與「諭」，故「嗛」、「謙」爲異體字，《周易》謙卦，帛書《周易》正書作「嗛」。又，從兼之字多含少、小、退之義之狀，如蒹、縑、廉、歉、嫌，故「嗛（謙）」亦有小義。**不可以矜，而祗取憂也。**矜，大也。祗，適也。○《標注》：矜，伐也。**嗛嗛之食，不足狃也，**食，禄也。狃，貪也。○《補音》：狃，女久反。**不能爲膏，而祗離咎也〔一五〕。』**膏，肥也。　○《正義》：凝者爲脂，釋者爲膏，通言之，則脂亦爲膏。　○秦鼎：「離」與「罹」通，謂不足以膏潤其身也。　○《標注》：膏，謂潤澤也。　◎志慧按：兩首句「德」「食」同屬職部，下章「狃」「膏」「咎」（宵幽合部）三句全押，這種押韻方式頗爲少見。　**雖驪之亂，其離咎而已，其何能服？**驪，驪姬也。　離咎而已，其後二子殺死，身爲里克所殺是也〔一六〕。　何能服，何能服人也。　**吾聞以亂得聚者，**聚財、衆也。　**非謀不卒時，**卒，盡也。　三月一時〔一七〕。　非有善謀，不能盡一時，齊無知是也。　○《標注》：卒，終也。　**非人不免難，**非得人衆，不能自免於難，衛州吁是也。　○《刪補》：非人，謂不肖之人也。　○帆足萬里：人，謂智勇之人。　○《標注》：人，謂才能之士也。　◎志慧按：韋注以人衆訓「人」固非，渡邊氏謂不肖之人亦難謂允當，蓋與下「非禮」「非義」等相對而言，自是否定句式，此「非人」猶云不得其人，帆足氏説近之。　**非禮不終年，**非有禮法，不能終十年〔一八〕，齊懿公商人是也。　賈、虞云「十年而數終」，唐云「不能終其年〔一九〕，與下『不盡齒』同」，非也。　○《平議》：不終年者，謂不終一年也。　上文「非謀不卒時」注曰：「三月一時。非有善謀，不能盡一時。」然則不終年爲不終一年明矣。　昭元年《左傳》「趙孟不復年矣」杜注曰：「言將死，不復見明年。」此即不終年之義也。　唐云不能終其年固非，韋謂不能終十年，則亦與正文不合，胥失之矣。　◎志慧按：若依准唐説，則與下句義重；韋承賈、虞二説，皆就驪姬敗亡之時間上推論，若准此，則前文「非謀不卒時」難以安頓；就訓詁而論，曲園之説更縝密，《標注》亦持此説，謂「豈容妄添『十』字」。**非義不盡齒**，齒，年壽也。非有義刑，不能盡其年壽，楚靈王滅陳、蔡，用隱太子於岡山是也〔二〇〕。　○龜井昱：注曰義刑，以與下德惠對説，然「義」字何曾有刑意？**非德不及世**，世，嗣也。非有德惠，不能及世嗣，晉惠公夷吾是也。**非天不離數**。離，歷也。非有天命佑助〔二一〕，不能歷數長久〔二二〕。若齊桓、晉文，天假之年，而除其害，子孫繼業，神所命也。　○秦鼎：數，所主切，不能歷數世而長久也。**今不據其安，不可謂能謀**；據，居也。言驪姬之謀，不居安存而處危亡，不可謂能謀也。　○《增注》：據，處其地而不遷之詞也。**行之以齒牙，不可謂得人**；行齒牙之猾以害人，不可謂得人心也。　○帆足萬里：言不得智士與謀，徒行齒牙之謂也。◎志慧按：從「非人不免難」到「不可謂得人」，帆足氏之解更能前後一貫。**廢國而向己，不可謂禮**；廢國，謂盡害羣公子也。以國向己，不可謂知禮也。　○《標注》：廢國，謂壞國之紀律也。向己，謂自便利於己也。害群公子遠在數年之後，此不得據作解。**不度而迂求，不可謂義**；迂，邪也。不度利害之本，而以邪奪正，不可謂得其義。義，宜也。　○《發正》：《禮記·文王世子》注：「迂，猶廣也，大也。」《論語》包咸注：「迂，猶遠也。」是迂有遠大義。不度而迂求，言不自量而求立己子爲大子，是徒遠大其所求，不可謂之義也，韋注非。**以寵賈怨，不可謂德**；賈，市也。言恃寵愛以市怨於國，不可謂有德也。　○《標注》：寵，謂權勢也，非寵愛。**少族而多敵，不可謂天**。少族，族類少也。多敵，多怨也。不可謂有天助也。　○《標注》：敵，謂抗拒，不肯從者。

德義不行，禮義不則，賈怨無德，迂求非義，故德義不行。則，法也。○《辨正》：「德義」之「義」讀如本字，而「禮義」之「義」與「禮」字組合，當讀如「儀」。**棄人失謀，天亦不贊。**「行之以齒牙」爲棄人，「不據其安」爲失謀。少族多敵，故天不贊。贊〔二三〕，助也。○《標注》：「德義」以下數句，泛泛覆説，以足其意而已，注稍拘，大失文意。**吾觀君夫人也，若爲亂，其猶隸農也，**隸，今之徒也。○《略説》：隸農，韓非所謂庸客也，乃爲人治田。○《讀書𠐍語》：隸農，農人之隸也。隸勤易沃田，比其入也，農人則收之，隸豈能獨享哉？**雖獲沃田而勤易之，**沃，美也。易，治也。○賈逵：沃，美也（釋慧琳《一切經音義》卷十引）。◎志慧按：《左傳·襄公二十五年》「井衍沃」杜注：「衍沃，平美之地。」《詩·小雅·甫田》「禾易長畝」毛傳：「易，治也。」俱可參證。**將弗克饗**〔二四〕**，爲人而已。」**饗，食也。爲人，爲它人取也〔二五〕。

【彙校】

〔一〕明道本無「取」字，疑脱。

〔二〕肆，弘治本作「四」，從俗，注同。

〔三〕汰，明道本、正統本作「泰」，《考異》謂作「汰」者俗。《説文》無「汰」，《考異》説或是也。

〔四〕彼云韋昭注，然韋注已如前，且《文選》多處徵引如楊子雲《甘泉賦》李善注、潘安仁《關中詩》

李善注、嵇叔夜《幽憤詩》李善注皆曰賈逵注，今改從衆説。

〔五〕病，正統本同，明道本作「疚」，《考正》謂韋注以病解疚字，兼有上注，可證當仍之。

〔六〕鑑，明道本、正統本作「鑒」，或體字也。

〔七〕《標注》：「國之方，三字疑衍。」然無據。

〔八〕遞修本、正統本同，明道本無「是」字。

〔九〕明道本不重「小」字，疑脱。

〔一〇〕秦、齊，明道本、正統本作「齊、秦」，並無「謂」字。

〔一一〕喪，弘治本作「畏」，形訛，注文不誤。

〔一二〕論，明道本、正統本作「喻」，從口之字亦或從言。以下公序本作「論」明道本作「喻」者不再出校。

〔一三〕明道本「久」下尚有「害」字，秦鼎從補。

〔一四〕不就，明道本、正統本作「不足就」，《增注》、秦鼎從補，是。

〔一五〕離，明道本、正統本作「罹」，「離」通假字，「罹」本字，本段下文同。

〔一六〕明道本無「殺死身」三字，疑脱，上海師大本徑補而無説明。

〔一七〕「一時」前，明道本、正統本有「爲」字，《考正》、秦鼎從補。

〔一八〕「十年」前，明道本有「其」字，疑衍。

〔一九〕明道本無「能」字，據正文，似當從無。

〔二〇〕岡山，静嘉堂本、南監本、弘治本作「固山」，後者形訛，《左傳·昭公十一年》：「十一月，楚子滅蔡，用隱太子于岡山。」即韋注所本。

〔二一〕佑，正統本同，明道本作「祐」，古通。

〔二二〕歷，弘治本、許宗魯本作「謀」，疑涉下句「謀」字而誤。數，明道本作「世」，秦鼎謂作「世」者是，唯正文作「數」，故作「數」自無不可。

〔二三〕明道本不重「贊」字。

〔二四〕弗，正統本同，明道本作「不」。

〔二五〕爲它人取也，明道本作「爲他人耳」，據義，「取」似係「耳」之形訛，若作「取」，則正文不能缺少動詞。

士蔿曰：「戒莫如豫〔一〕，豫而後給。」士蔿，晉大夫，劉累之後、隰叔之子子輿也〔二〕。豫，備也。給，及也。言先有備而後及事。○賈逵：給，及也（《原本玉篇殘卷·糸部》引）。○《增注》：給，事充足也。○《正義》：《襄二十四年傳》范宣子曰：「昔匄之祖，在夏爲御龍氏。」杜注：「謂劉累也。」又云：「在周爲唐杜氏。」《汲郡古文》：「成王八年，王師滅唐，遷其民於杜。」

杜伯之子隰叔奔晉，生子輿，即蔿也。故楊慎謂「士」字當作「土」字，土，古「杜」字。《毛詩》「自土沮漆」，《齊詩》作「自杜」。《毛詩》「徹彼桑土」，《韓詩》作「桑杜」，古「土」字又作「士」，《史記·周本紀》「有邦有士」，今《吕刑》作「土」，則蔿爲杜伯裔孫，當爲土蔿也。又《晉語》訾祏曰：「隰叔子違周難于晉國，生子輿爲理。」韋解：「理，士官也。」班固亦言晉主夏盟，爲范氏，范氏爲晉士師，以官爲氏，則又當作「士」字矣，義疑，故兩存之。○《辨正》：此「給」自有豐足、饒給之義，與「及」、「及事」本不相涉。豫而後給，猶諺語「不浪費則無匱乏之虞」。**夫子戒也**〔三〕，夫子，郭偃。其言戒也〔四〕。○《述聞》：夫子，謂里克也。上文「里克曰『何如』」，是問史蘇之詞，於是史蘇、郭偃相繼告之。士蔿深信其言，而欲里克豫爲之備，故謂里克曰「夫子誡之」。下文驪姬欲殺大子，立奚齊，而患里克不從，使優施説之，則當時里克權重可知，故豫誡之，責首在里克也。○《增注》：夫子，謂里克也。戒也，言當戒之也。◎志慧按：玩文義，此「夫子」自不在「二大夫」之內，故當從《述聞》、《增注》等指里克而言。**抑二大夫之言其皆有焉。**」二大夫，史蘇、郭偃也。○《述聞》：二大夫兼指郭偃，則此「夫子」非謂郭偃也，謂里克也。◎志慧按：王説是，《增注》、《補正》皆同其説。

【彙校】

〔一〕戒，明道本、正統本作「誡」，「戒」、「誡」古今字，次同。

〔二〕輿，正統本同，明道本作「與」，後者形訛。

〔三〕也，正統本同，明道本、宋本《元龜》卷七三二作「之」，《述聞》謂作「也」者因注而誤，可從。

〔四〕「言」後，明道本、正統本有「皆」字，《考正》、秦鼎從補。

既，驪姬不克，不能服晉。**晉正於秦，五立而後平。**正者，謂秦所輔正〔一〕，「大家、鄰國將師保之」是也。謂以兵納惠公、文公，殺呂郤之屬也。五立，謂奚齊、卓子、惠公、懷公至文公乃平。

【彙校】

〔一〕謂，明道本、正統本、《正義》、《元龜》卷七三二引俱作「爲」，綜合正文之「於」和注文之「是也」，疑作「謂爲」於義方完密。

4　史蘇再論驪姬必亂晉〔一〕

獻公伐驪戎，克之，滅驪子，驪子，驪戎之君。本爵男，此云子者，猶言男子也。○秦鼎：「男子」解可疑。或云：夷狄雖大曰子，韋君偶失考。○《補正》：《春秋》多以子爲泛稱，如戎子、蠻子之類，不在五等内也。訓「男子」亦强。**獲驪姬以歸，立以爲夫人，生奚齊。其娣生卓子。**女子同生，謂後生爲娣，於男則言妹也。○《爾雅·釋親》：女子同出，謂先生爲姒，後生爲娣。○《發正》：《爾雅·釋親》孫炎注：「同出，謂俱嫁共事一夫也。」郭璞同，韋本《爾雅》，疑「同生」乃「同出」之誤。又《釋親》「男子謂女子先生爲姊，後生爲妹」，亦韋注所本也。○《標注》：娣是姪娣之「娣」，必稱於從嫁者也，不當泛解。○《補正》：古者人君無再娶之義，嫁女多以女弟爲從，故爲之娣。《詩》曰「姪娣從之，祁祁如雲」是也。又，妹之稱，亦男女共之，注文俱不分晰。○《辨正》：韋注之「同生」一詞確有未當，韋昭《國語解敘》謂其解「以《爾雅》齊其訓」，本條正從《爾雅》出，則該「生」字當係「出」字在傳抄過程中的形訛，因爲正文與韋注下文皆有「生」字，遂一並誤此「出」字作「生」。**驪姬請使申生處曲沃以速縣**〔二〕，申生，獻公太子恭君也〔三〕。獻公娶于賈，無子；烝于齊姜，生申生。曲沃，晉宗邑，今河東聞喜是也。虞御史云：「速，疾也。縣，縊也。」○《備考》：縣，遠也。○《補韋》：孫氏鑛曰：縣如楚莊縣陳之「縣」，較妥。○《補正》：懸訓縊不合。驪姬初時，豈能料申生之必縊而死乎？且語亦不辭。懸，絶也。姬使申生居外，欲公速與之絶也。○《集解》：明道本縣作「懸」，《補音》作「縣」，音胡蠲反，是讀縣爲「懸」也。縣可通「懸」，懸不可通「縣」，此文「縣」果作縣邑解，明道本固不當作「懸」，《補音》更不當如此作音。疑「速縣」當訓「速遠」，謂使申生主曲沃，以促之遠也。◎志慧按：《集解》能得其委曲，曲沃乃晉國宗邑，非春秋時期鄙野之縣可比，下文復有「驪姬既遠大子，乃生之言」一語可以互證，故「速縣」之義以「速遠」説較勝，「縣」之音讀則從《補音》。**重耳處蒲城，**○《補音》：重，直龍反。**夷吾處屈，**重耳、夷吾，申生異母弟。蒲，今蒲坂；屈，北屈，皆在河東。○《漢書·地理志》：蒲子。應劭注：「故蒲反，舊邑。」顔注：「重耳所居也。」○《史記·秦始皇本紀》正義：蒲邑故城在隰州縣北四十五里，在蒲水之北，故言蒲陽，即晉公子重耳所居邑也。○《太平寰宇記》：卷四十八河東道：文城縣，此城晉文公爲公子時避驪姬之難，從蒲奔狄，因筑此城，人遂呼爲文公城。○《釋地》：蒲坂，今蒲州府永濟縣東南隅蒲坂古城是也。屈，北屈也，故城在平陽府吉州東北二十里。◎志慧按：蒲坂，在今山西永濟市蒲州鎮，其後的黄河鐵牛和普救寺就在這一帶，依張守節及《太平寰宇記》之説，則此蒲非蒲坂，而在今山西臨汾下轄的隰縣和吕梁下轄的交口縣，隰縣寨子鄉有個去延村，當地傳説該名稱係從寺人披追殺重耳「斬袪垣」的故事音訛而來；交口縣近年確實也有一些東周墓葬出土，唯從重耳流亡路線上看，從臨汾一帶往北到隰縣，到下一站翟，並與翟君獵於渭濱，再到柏谷（今河南靈寶），在路線上不免多費周折，姑且存疑。陳桐生譯注《國語》在「重耳處蒲城」下注云：「在今山西隰縣西北。」又在「蒲與二屈」下注云：「晉國南部有陸渾，與蒲城接壤。」則不能兩存。北屈，《水經·河水注》：「西徑北屈縣故城南。城，即夷吾所奔邑也。」在今山西吉縣、鄉寧一帶，故治在今吉縣北十千米車城鄉麥城村，現村中尚存内羅城、外羅城、城壕等遺址及地名。**奚齊處絳，**晉時都絳也。○《詳注》：絳，即翼城。**以儆，無辱之**〔四〕。言出此三子爲鎮於外，以儆備於戎〔五〕、翟，無恥辱於國。

故公許之。

【彙校】

〔一〕穆文熙《鈔評》題作「史蘇知亂本」，葉明元《抄評》、湯賓尹《秇型》同，上海師大本作「史蘇論驪姬必亂晉」，此接上文史蘇之論，故添「再」字。

〔二〕處，《元龜》卷七九五引同，明道本作「主」，《考異》謂當與「處蒲城、處屈、處絳」爲一例，可從，李慈銘並謂作「主」係涉後文「太子主曲沃」而誤。縣，《元龜》引同，《補音》「胡䌸反」，明道本、正統本作「懸」，注同。《存校》、《增注》謂「以速縣」三字衍，然未出所據。秦鼎云：「『以速縣』三字，當在下文『驪姬見申生而哭之』下，誤並在此也。注文『虞御史』以下，當亦從而移彼也。」不可必。

〔三〕太，靜嘉堂本、南監本、弘治本、許宗魯本作「大」。

〔四〕以儆無辱，秦鼎謂疑有脱誤，引或説云：「『以儆』句，故，事故也，謂國恥之事不起也。辱之故，疑作『辱之國』，注文可考。」以儆，與上句使申生主曲沃「以速縣」對文，故當於「儆」下斷句，「以儆」即《優施教驪姬遠大子》中「威民而懼戎」之意。無辱之故，句意不明，疑「無辱之」猶當時常語「無忝爾之祖考」、「無辱其親」，非「無恥辱於國」，而係當盡忠職守、無辱其職司之意。因有「以儆」、「無辱之」等辭，遂有「故公許之」結句。所見各本皆將「故」屬上，致不可讀。

〔五〕於，《文章正宗》卷六引同，明道本、正統本無之。

史蘇朝，告大夫曰：「二三大夫其戒之乎，亂本生矣！日〔一〕，君以驪姬爲夫人，民之疾心固皆至矣。日，昔日也。疾〔二〕，疾其君也。至，深也。○賈逵：疾，惡也（《文選》陸士衡《君子行》李善注，王、汪、黄、蔣輯，蔣同時將此條置於《晉語一》「民疾其態」下）。昔者之伐也，起百姓以爲百姓也〔三〕，昔者，謂古明王也〔四〕。爲百姓，爲百姓除害也〔五〕。○《補校》：昔者之伐，即指獻公，上文「獻公伐驪戎克之」是也。言昔者獻公伐驪戎，爲民除害，故民能致死，今以自封，故民心離判。◎志慧按：皆川淇園同劉氏説，唯未見扎實證據證成韋注之僞與其説之是，姑且存疑。

是以民能欣之，欣，欣戴也。故莫不盡忠極勞以致死〔六〕。今君起百姓以自封也，封，厚也。民外不得其利，不得攻伐之利。○户埼允明：太宰純曰：「不得其利者，泛言也。」注非。而内惡其貪，則上下既有判矣。判，離也。○《增注》：判，分割也。然而又生男，其天道也？○皆川淇園：道，導也。○秦鼎：天道，猶言天之所命也。天彊其毒，民疾其態，其亂生哉！吾聞君子好好而惡惡〔七〕，樂樂而安安，是以能有常。好者好之，惡者惡之，樂則説之，安則居之，故能有常。以言獻公好惡安樂皆非其所也〔八〕。伐木不自其本，必復生；塞水不自其源，必復流；滅禍不自其基，必復亂。基，始也。○《爾雅·釋詁》：基，始也。○《標注》：基，以堂基爲譬，亦根本之義。◎志慧按：韋昭「以《爾雅》齊其訓」，亦自有據，且理順，不必立異。今君滅其父而畜其子，禍之基也。畜其子，又從其欲，子思報父之恥而信其欲，信，古「申」字。○秦鼎：姬所請，公皆許之，是使其縱慾也。雖好色，必惡心，不可謂好。好，美也。好其色，必授之情。情，謂許立其子〔九〕。○《標注》：授情，謂自吐露吾深情而無所餘也，不當以一事作解。○《辨正》：情爲情實，授之情，謂將國家的機密與内心的真實想法和盤托出。彼得其情，以厚其欲，厚，益也。從其惡心，○《補音》：從，子用反，又如字。◎志慧按：《論語·爲政》「從心所欲不逾矩」，皇侃釋「從」作「放」，朱熹《集注》則謂「從，如字，隨也」，於義俱通，可移用於此。必敗國，且深亂。亂必自女戎，深亂，亂深也。女戎，女兵也。三代皆然。」驪姬果作難，殺大子而逐二公子。二公子〔一〇〕，謂重耳奔翟、夷吾奔梁。君子曰：「知難本矣。」知難本〔一一〕，謂史蘇。◎志慧按：本篇史蘇再論女禍，將共謀的男性如前文伊尹、膠鬲、虢石父和下文優施、二五等剥離，一味歸咎於女性，謂之「亂本」，編者無視這種歸因錯誤，借君子之口予以肯定。究其原因，或許是兩性的話題最容易聚焦，亦或是出於爲尊者諱的需要，影響所及，這種謹毛失貌的分析與判斷成了後世宫廷敘事的路徑依賴。本篇是早期文獻中關於女禍論的較完整闡述，故特予辨析。

【彙校】

〔一〕日，正統本同，《文章正宗》議論五引同，《補音》「人質反」，明道本作「曰」，於文義和敘述之法，當作「日」，《集解》亦從作「日」。

〔二〕明道本無「日昔日也疾」五字，疑脱，正統本有之，唯古鈔本「昔」作「其」，疑後者誤。

〔三〕起，明道本作「興」，但下文「起百姓」各本同。

〔四〕明王，正統本同，明道本作「明君」。

〔五〕次「爲」前，明道本有「云」字。

〔六〕明道本、正統本句末有「也」字。

〔七〕子，所見各本唯上海師大本作「之」，音近而訛。

〔八〕以，正統本同，明道本作「此」，據義當從。「所」下，明道本有「有」字，疑衍，正統本無之。
〔九〕許立其子，明道本作「許其子立也」。
〔一〇〕明道本、正統本注文不出「二公子」，《考異》指其脱，但秦鼎從删，據注例當删。
〔一一〕知難本，正統本同，明道本作「知難之本」。

5　獻公將黜大子申生而立奚齊

驪姬生奚齊〔一〕，其娣生卓子。公將黜大子申生〔二〕黜，廢也。而立奚齊。里克、丕鄭、荀息相見，里克曰：「夫史蘇之言將及矣，其若之何？」荀息曰：「吾聞事君者，竭力以役事，不聞違命。竭，盡也。役，爲也。○《標注》：役，致勤勞也。君立臣從，何貳之有？」君立嗣，臣則從而奉之。貳，二心也。◎志慧按：荀息應答的是「若之何」，而不是關於存有貳心的質疑，這問題是開放的，而不是特指的，故此間之「貳」當從其另一常訓疑貳爲宜，如《詩・大雅・大明》「上帝臨女，無貳爾心」，《晉語四》齊姜謂「不可以貳，貳無成命」，皆其例也。丕鄭曰：「吾聞事君者，從其義，不阿其惑也〔三〕。阿，隨也。○《補音》：阿，烏何反。○《標注》：詭隨曰阿。惑則誤民，民誤失德，是棄民也。言民失德，陷於刑辟，是棄之也。○秦鼎：誤民，使民心詿誤也。民之有君，以治義也。上下之義。○《增注》：制行事之宜爲義。義以生利，利以豐民，有義則利生[四]。豐，厚也。若之何其民之與處而棄之也？必立大子。」里克曰：「我不佞，雖不識義，亦不阿惑，吾其静也。」静，默也。○秦鼎：静，所謂中立也。○穆文熙《鈔評》：荀息徒能效死，里、丕從義不阿，總之，忠貞有餘而權術不足，非能圖天下之大事者也，較留侯遠矣。◎志慧按：表面上，三大夫討論的是關於君臣關係的大義，内里則是宫門當前，各自對同僚政治光譜的測試，因此，其中之「義」特指立嫡立長的祖宗之法和貴族共同體的價值觀，「惑」則反之，與泛指的「義」「惑」無涉。里克並未如穆氏所説「從義」，獻公一死，里克殺奚齊、卓子、荀息及驪姬，則此時的「静」與稍後在優施的威脅面前選擇中立都是懾于獻公的淫威而采取的觀望與等待，當不得「忠貞」一詞。在雙方勢力不均衡的情況下，所謂「静」、中立和下文的「伏」都是對强勢一方的放任。三大夫乃别。

【彙校】

〔一〕關於本章二段内容的分合與立目，郭萬青《國語考校——以明本四種校勘條目爲對象》謂當分而爲二，首段可據《鈔評》立目作「荀息里克丕鄭論太子」，次段則可立目爲「申生論事君父」，唯如郭氏所云：「無論是三大夫之謀，還是申生之言，皆因獻公有廢黜申生的跡象而起」，故此仍從上海師大本合爲一章，並從其所立之目。

〔二〕大子，此及以下數條之「大子」，金李本一概作「大子」，這是公序本系列的一個特色，遞修本依明道本作「太子」，但「太」字的一點或者用力特别輕，或者位置不當，明顯有版上描改之跡。但此前没有作如此大規模的修改，遂致同一本中用字不一致。

〔三〕宋本《元龜》卷七三二引同，明道本、正統本無「也」字。

〔四〕則利生，公序本系列及正統本同，明道本作「故生利也」。

烝于武公〔一〕，烝，冬祭也。武公，獻公之禰廟，在曲沃。○《正義》：《太平御覽》引《白虎通義》「烝之爲言衆也」，何休云：「冬薦尚稻、雁。烝，衆也，氣盛貌。冬，萬物畢成，所薦衆多矣。芬芳備具，故曰烝。」○《述聞》：武公之廟在絳，不在曲沃。韋注云：「獻公之禰廟也。」則正文「武公」當作「武宫」。**公稱疾不與，使奚齊涖事。**涖，臨也。稱疾不祭〔二〕，而使奚齊者，欲諷羣臣使知己意〔三〕。**猛足乃言於大子曰：**猛足，大子臣也。**「伯氏不出，奚齊在廟，**賈、唐皆云：「伯氏，申生也。」一云：「伯氏，狐突也。」昭謂：是時狐突未杜門，故以伯氏爲申生。伯氏，猶言長子也。○皆川淇園：伯氏不出，則奚齊無所可問。○《述聞》：下文「子」謂申生也，不得又謂之伯氏，且申生未嘗杜門，不得謂之「不出」也，當以一説爲是。韋云「是時狐突未杜門」，殆考之不審耳。　◎志慧按：《述聞》説可從，下文復有申生「不聽伯氏，以至于死」、「伯氏不出，奈吾君何」之語，俱指向狐突，從《晉語》美化狐突的基調亦可證敘述者這一指向。子盍圖乎？」圖所以自安固。

大子曰：「吾聞之羊舌大夫羊舌大夫，羊舌職之父也。　○《古今姓氏書辨證》卷十三十陽上「楊」下云：晉武公生伯僑，伯僑生文，文生突，羊舌大夫也，食邑羊舌，凡三縣：一曰銅鞮，二曰楊氏，三曰平陽。突生職，五子：赤、肸、鮒、虎、季夙。赤字伯華，爲銅鞮大夫，生子客。肸，字叔向，晉太傅，食采楊氏，生伯石，字食我，以邑爲號，曰楊石，又曰楊食我。食我黨於祁盈，盈有罪，晉並滅羊舌氏。叔向子孫逃於華山仙谷，遂居華陰。曰：『事君以敬，事父以孝。』受命不遷爲敬，遷，徙也。○《爾雅·釋詁》：遷，徙也。敬順所安爲孝。敬順，敬順父之所安〔四〕。　◎志慧按：事君以敬，事父以孝，羊舌大夫之説誠是。受命不遷、敬順所安，是申生的解讀溢出，還是敘述者的定向闡釋，尚不可知，但卻是政敵所指申生「甚好仁」、「甚好信」、「愚不知避難」的具體表徵。這從今天的心理學看來，或許是申生基於錯誤歸因方式導致的系統性的認知失調，但在《晉語》顯然在正面闡揚，通過放大盡忠盡孝盡節者的美德，博取讀者的悲憫。這種敘述方式的結果是遮蔽了作惡者的罪錯，使其逃避譴責。當讀者感動於欒共子、申生、荀息、鉏麑、辛俞、夙沙釐等一干道德標兵驚天地泣鬼神的事蹟之際，獻公、靈公等的惡德敗行就被輕輕放下。試與同樣具泛道德化傾向的《魯語》對比，後者更多的是貴族階層的道德自律，如涉及公父文伯之母、季文子系列；或者是在下者對在上者的道德要求，如涉及曹劌、匠師慶、臧文仲、里革等數則。如果離開這樣的敘事方式直觀當時實際，可以發現，在道德標兵如過江之鯽湧現的時空節點，不是忠孝節義，或者踐履忠孝節義的主體，而恰恰是忠孝節義的對象出了問題。此類定義和敘述方式甚可玩味，關乎《晉語》下文的解讀，特予揭出。**棄命不敬，**言公命我守曲沃，我棄之，爲不敬。**作令不孝，**作令，謂擅發舉以有爲也。**又何圖焉？且夫閒父之愛而嘉其況**〔五〕**，有不忠焉；**閒，離也。況，賜也。○秦鼎：或云：嘉，猶好也，羨也。○《補正》：嘉其貺，猶言利其賜也。○張以仁《國語虛詞訓解商榷》：有，猶「又」也。**廢人以自成，有不貞焉。孝、敬、忠、貞，君父之所安也。**安，猶善也。○龜井昱：子能孝、敬、忠、貞，則君父安之。**棄安而圖，遠於孝矣，吾其止也。」**○秦鼎：止，謂敬順不遷。◎志慧按：此「止」針對上文之「圖」而言，韋昭與秦鼎之解雖無大誤，但皆未搔到癢處，其實申生已說得明白：「棄命」「作令」「廢人」，則猛足所「圖」者乃起兵反制，申生所「止」者即引頸就戮。

【彙校】

〔一〕《述聞》謂據韋注，「武公」當作「武宮」，是，《集解》從改，《元龜》卷七五一已引作「武公」，則其誤已久。于，明道本同，張一鯤本作「於」，疑據後世習慣改，《增注》、秦鼎本、《正義》承之，侯馬盟書作「于」一二三七例，無作「於」之例；《郭店楚墓竹簡》作「于」六例，作「於」一二一七例，則是晉系文字與楚系文字本有區別，後世傳播過程中逐漸趨同。

〔二〕「祭」前，明道本、正統本有「自」字，秦鼎據補。

〔三〕諷，正統本同，明道本作「風」，古通。明道本無「己」字，疑脱，正統本有之。

〔四〕明道本、正統本不重「敬順」二字，疑公序本衍，《考正》從删，是。

〔五〕況，明道本、正統本作「貺」，注同。況通假字，貺本字。

6 郤叔虎伐翟相被羽先升〔一〕

獻公田，見翟相之氛，田，獵也。翟相，國名。氛，祲氣象也〔二〕。凶曰氛，吉曰祥。○舊注：言有亡國之氣也。或曰敵國有災氛，則國兇惡也（《御覽》兵部四十八，汪遠孫輯）。○《舊音》：相，側加反。○《正義》：公望氣而知翟相可伐也。○《釋地》：相，國名，國臨相水，相，即《禹貢》「漆沮」之沮水。○《補正》：祥，義兼吉凶言，不專主吉。◎志慧按：翟相，僅見於此，其所在無考，《釋地》説疑屬臆測。復次，《荀子·王制》「相陰陽，占祲兆」楊注：「祲，陰陽相侵之氣。赤黑之祲是其類也。」此氛爲獻公田獵所見之雲氣，《唐開元占經》卷九十四有云：「雲氣如旌旗，其下兵暴起。雲氣如虎躍，如人行，色白而悴者，暴兵起。雲如人行止，而不崩，有暴兵。白氣如帶、道，竟天，有暴兵。」或可參。歸寢不寐。欲伐翟柤也。寐，瞑也。○《御覽》兵部四十八引句下有注云：「翟柤，國名也。言有亡國之氣也。一曰敵國有善祥，己國凶惡也。○《增注》：見凶氣而意不安，故不眠。○秦鼎：寢，内室。郤叔虎朝〔三〕，公語之。語以寢不寐也。郤叔虎，晉大夫，郤芮之父郤豹也。○《補正》：《吕氏春秋》有郤子虎受賞於文公之朝，郤芮以罪誅，不應更賞其父，此注可疑。對曰：「牀笫之不安邪〔四〕？」第，簀也。○《爾雅·釋器》：簀，謂之第。○《補音》：第，側里反。抑驪姬之不存側邪？」公辭焉。○《集解》：公辭，謂獻公答以事不關此也。出遇士蔿〔五〕，曰：「今夕君不寐〔六〕，必爲翟柤也。君意在翟柤也。○《集解》：今夕，猶言近來夜間也，非謂今日之夕。《晉語二》「今夕君夢齊姜」，義亦同。夫翟柤之君，好專利而不忌，忌，難也。○秦鼎：難，畏難也。其臣競諂以求媚，其進者壅塞〔七〕，其臣競諂，故進者則壅塞其上，使不聞過也。○《標注》：壅塞，使其善言不聞，下情不達也，不止于不聞過一事。其退者距違〔八〕。其退去者則距違其君也。其上貪以忍，忍，忍爲不義也。其下偷以幸，偷，苟且。幸，儌幸也〔九〕。有縱君而無諫臣，縱，放縱也。有冒上而無忠下。冒，抵〔一〇〕冒，言貪也。○《補正》：有冒上，即上云「其上貪以忍」；無忠下，即上云「其下偷以幸」。君臣上下各厭其私〔一一〕，以縱其回，厭，足也。回，邪也。民各有心，無所據依〔一二〕。據，杖也〔一三〕。以是處國，不亦難乎！君若伐之，可克也。吾不言，子必言之。」不言，讓其上也。○秦鼎：時叔虎未爲政卿，是以不自言，使士蔿告之，故下曰「吾不言，子必言之」。士蔿以告，公説〔一四〕，乃伐翟柤。郤叔虎將乘城，乘，升也。其徒曰：「棄政而役，非其任也。」政，猶職也。役，服戎役也。○賈逵：政，猶職也（釋慧琳《一切經音義》卷二十七、釋玄應《一切經音義》卷六引，汪、蔣輯）。○秦鼎：先登，勇力之士所爲，非軍帥之任，故曰「棄政而役」。伐翟柤之謀，叔虎唱之，而使人言之，言無老謀者，反言而自功也。郤叔虎曰：「既無老謀，而又無壯事，何以事君？」壯事，力役也。言己無謀，又恥無功也。○《標注》：壯事，謂勇果力戰也。被羽先升〔一五〕，遂克之。羽，鳥羽。繫於背，若今軍將負旄矣〔一六〕。○舊注：羽，羽衣。登，並（升）其城也（《御覽》兵部四十八，汪遠孫輯）。○《備考》：《淵鑒類函》曰：「負羽從軍，蓋從軍者負之於背而行，故曰『負羽』。賈復傳被羽先登，被指負也。」與韋注異，亦可備一説。○《補韋》：在背曰被。《吴書·甘寧傳》「挾持弓弩，負旄帶鈴。」○《經義叢鈔》：羽，旌旗之屬。《周禮·司常》「全羽爲旞，析羽爲旌。」單言之亦可稱爲羽，《孟子》「見羽旄之美」亦謂旌旗也。被羽先升，謂負旗先登，韋注謂以鳥羽繫於背，失之。○《補正》：旄，即今馬及弓槊上纓旄也。◎志慧按：洪説是，《孫子兵法·軍爭》：「言不相聞，故爲之金鼓；視不相見，故爲之旌旗。夫金鼓旌旗者，所以一人之耳目也。」先登者持旌旗以爲軍之耳目也，此敘郤叔虎爲騰出雙手，登城時將旗幟披在肩背上之狀態。

【彙校】

〔一〕葉明元《抄評》題作「獻公伐翟柤」，上海師大本承之，《文章正宗》題作「郄叔虎論伐翟柤」，言主及主要人物均係郤叔虎，今在《文章正宗》基礎上稍作損益。

〔二〕祲氣象也，明道本、正統本作「祲氛，凶象也」，秦鼎從明道本補「凶」字，《考正》謂韋注以「祲氣」解「氛」字，從明道本增「凶」字，皆是也，宋本《元龜》卷七三二正作「祲氣，凶象也」。

〔三〕郤，《御覽》兵部四十八、宋本《元龜》引作「郄」，「郤」正字，「郄」俗字。

〔四〕第，弘治本作「笫」，後者形近而訛，注同。

〔五〕遇，明道本、遞修本、《元龜》卷七三二與《文章正宗》卷五引同，張一鯤本、閔齊伋本、秦鼎本、《正義》作「語」，《考正》斷後者誤，四者皆後出，陳氏説可從。

〔六〕君不寐，《文章正宗》引同，明道本、正統本作「君寢不寐」，宋本《元龜》作「君寢不寐」，《考正》從增，疑各有所本。

〔七〕擁，《補音》摘作「雝」，陳樹華以爲當據以勘正，古今字。

〔八〕距，宋本《元龜》同，明道本、正統本作「拒」，注同。《説文》無「拒」字，止部有「歫」，云：「止也。」段注：「歫即拒也，此與彼相抵爲拒，相抵則止矣。」段注於「距」下云：「此『距』與止部之『歫』異義，他家多以『距』爲『歫』。」從後世用字習慣看，此處「距」通假字，「拒」

本字。

〔九〕儌，弘治本、許宗魯本作「徼」，通，此二本自南監本出，然南監本作「儌」，是二本形訛。

〔一〇〕抵，宋本《元龜》作「怯」。

〔一一〕厭，《補音》：「本或作『猒』，同。」明道本、正統本作「饜」，注同。

〔一二〕明道本、正統本「無所據依」前有「而」字。

〔一三〕杖，明道本、正統本作「仗」，古通，然《説文》有「杖」無「仗」。

〔一四〕説，宋本《元龜》引同，明道本、正統本作「悦」，「説」、「悦」古今字。

〔一五〕升，《白氏六帖事類集》卷十六、《御覽》卷三一七引作「登」，「登」、「升」古每通作，《周易》升卦，馬王堆帛書《周易》即作登卦。

〔一六〕眊，明道本作「眊」，王應麟《漢制考·國語》亦作「眊」，《説文》從耳，《考正》、《補正》俱謂當作「眊」，是。

7 優施教驪姬遠大子

公之優曰施，通於驪姬。優，俳也。施，其名也。旁淫曰通。○賈逵：臣婬國君夫人曰通(《和漢年號字抄》下引《東宮切韻》)。**驪姬問焉，曰：「吾欲作大事，**大事，廢適立庶也。**而難三公子之徒**〔一〕**，如何？」**三公子，申生、重耳、夷吾也。○《述聞》：難，患也。**對曰：「蚤處之**〔二〕**，使知其極。**處，定也。極，至也。當蚤定申生，分之都城而位以卿，使自知其位所極至也。○賈逵：處，定也(《法華經釋文》上引)。○《略説》：使三公子蚤分都城處之，非惟申生而已。**夫人知有極**〔三〕**，鮮有慢心**〔四〕**；**鮮，寡也。言人自知其極，則戒懼不敢違慢觀欲也〔五〕。○秦鼎：慢心，猶他心也。○《平議》：鮮，當讀爲「斯」，此言人知其位已極，斯有怠慢之心也，「鮮」與「斯」古音相近。○《辨正》：在一個以物極必反、日中則昃、月盈則虧、泰極否來爲通識的古代社會中，更多的人當然會采取持盈保泰、戒懼惕厲的態度，故而鮮有慢心。天之道裒多益寡，其位已極者本來就已經是損之又損的對象了，如果這個時候還有怠慢之心，更易成爲損毁的目標，這就是優施「雖(唯)其慢，乃易殘」的意義平臺。**雖其慢**〔六〕**，乃易殘也。」**言有官任而違慢，易殘毁也。**驪姬曰：「吾欲爲難，安始而可？」**難，謂欲殺三公子〔七〕。始，先也〔八〕。○《標注》：難，謂廢三公子而立奚齊也，若其死亡，此未有定見。**優施曰：「必於申生。其爲人也，小心精潔，**小心，多畏忌〔九〕。精潔，不忍辱也。**而大志重，**大，年長也。重，惇重也〔一〇〕。○《發正》：「大志」與「小心」對文，訓年長失之。○《辨正》：「年長」並非「爲人」的内容，「大志重」、「辱之近行」皆不成句，疑此中有錯簡。觀下一分句依次討論「精潔」、「重僨」與「不忍人」，則前一分句中「大志重」本當有「重僨」

一詞，檢《佩文韻府》卷九十三之四「可疾」下引《國語》此句正作「大志重債」（疑別有所見，或以意改），「大志」與「重債」皆爲「爲人」的內容，「債」非生理上的僵硬，而是心理上的不善變通。「大志」適可與前文「小心」對文，「重債」又與下一分句（重債可疾）銜接。唯今所見各本《國語》皆作「大志重」，即從韋昭釋「大」爲年長，可知其所見之本已如目前之狀。**又不忍人。**不忍施惡於人。**精潔易辱，重債可疾，**債，僵也。惇重者守節，不易其情，則可疾斃僵也。○《爾雅·釋言》：債，僵也。○《舊音》：債，方問反。○公鼐：即《孫子》「債（忿）速可侮」之意（《國語髓析》）。**不忍人，必自忍也。**自忍，忍能自殺也。**辱之近行。」**辱，謂被以不義。○《略説》：近行，卑近之行。○皆川淇園：猶近殆也。言若辱之以不義之名，則其殆行自醜之事乎。○《增注》：言辱申生則近於大事之行。○《補正》：謂辱之，事近而可行也。**驪姬曰：「重，無乃難遷乎？」**遷，移也。○《補正》：姬以申生爲太子，據貴重之勢，故恐其難遷。遷，謂動摇也。○《集解》：重，即上文「大志重」之「重」。難遷，謂難移其心也。吴説非是。**優施曰：「知辱可辱，可辱遷重；**言知辱者雖重必移。○皆川淇園：可辱之以不義之名，則雖重可動也。**若不知辱，亦必不知固秉常矣。**不知，無所知也。秉，執也。固執常謀，因罪以去之。○《爾雅·釋詁》：秉，執也。○賈逵：秉，執也（釋慧琳《一切經音義》卷十七引）。○《補正》：謂申生若不知辱，則亦必不知固執常道，可以罪去之也。**今子內固而外寵，**內固，內得君心。外寵，外見寵愛也。**且善不**

莫不信〔一一〕。所善惡無不見信也。若外單善而内辱之〔一二〕，無不遷矣。單，盡也。外盡善意待大子〔一三〕，而内以不義加辱之，則其心無不移也。且吾聞之：甚精必愚。精鋭近愚〔一四〕。〇《標注》：「精」字徵上文，竟是帶潔意，不當添「鋭」字。精爲易辱〔一五〕，愚不知避難。雖欲無遷，其得之乎？」是故先施讒於申生。

【彙校】

〔一〕《述聞》據下文里克告荀息曰「三公子之徒將殺孺子」韋注「徒，黨也」，此不釋「徒」字，斷「之徒」二字爲衍文，《集解》則謂三公子非一人，徒亦非必如下文訓黨，王説泥。

〔二〕蚤，明道本、正統本作「早」，出本字也，注同。

〔三〕明道本、正統本無「有」字，《述聞》、《考異》謂涉下文「鮮有慢心」而衍，《考正》從删，於義兩可。

〔四〕《存校》、《述聞》謂「鮮」下當有「不」字，但無「不」亦通。

〔五〕覼，葉邦榮本同，他本皆作「覸」，當從，作「覼」者當係寫工或刻工之誤。

〔六〕《存校》：「雖，疑作『惟』。」《述聞》：「古字『雖』與『唯』通。」定州漢簡《論語》即見兩處「雖」與「唯（惟）」互通的例子，王説可從。

〔七〕謂，正統本同，明道本作「爲」，後者音訛。

〔八〕先，静嘉堂本、南監本、弘治本作「皂」，不知其可。

〔九〕畏，國圖金李本、張一鯤本及幾種穆文熙校刊本作「長」，形訛，張一鯤本還給「長」字作音注：「展兩切。」亦誤，但由此可見出從國圖金李本到張一鯤本、穆文熙本間的線索。

〔一〇〕惇，明道本、正統本作「敦」，但下一「惇」字各本同，疑係明道本修改未盡之跡，「惇」本字，「敦」通假字。

〔一一〕不，明道本、正統本作「否」。

〔一二〕單，明道本、正統本作「殫」，注同。「單」通假字，「殫」本字。

〔一三〕「善意」前，明道本有「以」字，疑涉下「以」字衍。

〔一四〕鋭，秦鼎謂「疑『潔』之誤」。

〔一五〕爲，明道本、遞修本、正統本同，張一鯤本、李克家本、《增注》、秦鼎本、《正義》作「而」，疑後四者皆據張一鯤本。

8 驪姬賂二五使獻公遠三公子〔一〕

驪姬賂二五，使言於公賂，遺也。二五，獻公嬖大夫梁五與東關五也〔二〕。曰：「夫曲沃，

君之宗也；宗，本宗也。曲沃，桓叔之封〔三〕，先公宗廟在焉〔四〕，猶西周謂之宗周也。**蒲與二屈，君之疆也，**疆，境也。二屈，屈有南北〔五〕。今河東有北屈，則是時復有南屈。○《備考》：《漢書·地理志》河東郡北屈縣，應劭曰：「有南，故稱北屈。」臣瓚曰：「《汲郡古文》：『翟章救鄭，至（次）于南屈』。」○《正義》：《莊二十八年傳》杜注：「二屈，今平陽北屈縣。或云：『二』當爲『北』。」《汲郡古文》「赧王七年，翟章救鄭，次于南屈」，則屈之在平陽者自當冠之以「北」矣。◎志慧按：二五意不及南屈，故杜注所引或説是也，疑因字殘而訛，下「城二屈」之「二」同。**不可以無主。宗邑無主，則民不威；**威，畏也。**疆埸無主**〔六〕，**則啓戎心。**啓，開也，開戎侵盜之心。晉南有陸渾之戎，蒲接之；北有山戎，二屈接之。○《正義》：《漢書·地理志》：「陸渾縣，屬宏（弘）農郡。」杜預曰：「允姓之戎，居陸渾，在秦西北。二國誘而徙伊川，遂從戎號。今洛川陸渾縣取其號也。」《周本紀》正義引《括地志》「故麻城謂之蠻中，在汝州梁縣界」，杜預曰：「城在河南新城東南。伊洛之戎，陸渾蠻民城也，俗謂麻、蠻聲相近耳。」北有山戎者，《封禪書》索隱引服虔云：「今鮮卑是也。」◎志慧按：二〇一三年以後，洛陽市文物考古研究院在河南省伊川縣鳴皋鎮徐陽村對一批春秋古墓進行發掘，進而斷定徐陽墓地爲陸渾戎貴族墓地。韋注「蒲接之」之「蒲」，係中條山的另一古稱。綜合各種材料，陸渾之戎活動地域大致如次：其先在河曲以東，中條山以南，沿黄河兩岸，界於秦晉之間。魯僖公二十二年，「秦、晉遷陸渾之戎于伊川」，《二〇二〇中國重要考古發現》所載《河南伊川徐陽墓地》

謂「大致在今鹿蹄山以南，伏牛山以北，熊耳山以東區域内，涓水（今順陽河）流域爲其中心地帶」。另據顧頡剛先生田野調查所得，允姓之戎原居秦嶺南北坡大山中，被秦人迫逐，遷居於河渭之南秦嶺以北（詳見氏著《史林雜識初編·瓜州》），或可補文獻資料之不足。非農耕民族爲獲取生活資料所仰賴的空間較農耕民族要廣闊得多，故其活動地域更形廣大並不斷游移也是題中應有之義。戎之生心，民慢其政，國之患也。若使大子主曲沃，而二公子主蒲與屈，乃可以威民而懼戎，且旌君伐。」旌，章也。伐，功也。○《左傳·莊公二十八年》「且旌君伐」杜注：「伐，功也。」使俱曰：「翟之廣莫，於晉爲都。「使俱」者，使二五同聲也〔七〕。廣莫，北翟沙莫也〔八〕。下邑曰都，使如爲晉下邑也。○秦鼎：廣莫，曠漠也。廣漠風、廣漠門皆作「漠」。杜云：廣莫，謂蒲、屈也。遣二公子出都之，則晉當大開土。○《標注》：莫，漠也，亦荒闊之義，不當下「沙」字。晉之啓土，不亦宜乎？」啓土，辟竟也〔九〕。公說，乃城曲沃，大子處焉；○《集解》：城者，完舊也。又城蒲，公子重耳處焉；又城二屈，公子夷吾處焉。驪姬既遠大子，乃生之言，生，生讒言也。大子由是得辠。

【彙校】

〔一一〕從此到「太子由是得辠」一段，明道本屬上，本段言主爲二五，與上段言主爲優施別，故宜從公序本分列，並據内容立目。

〔二〕梁五，静嘉堂本、南監本作「梁王」，弘治本作「梁二」，後者涉正文而誤。

〔三〕桓，静嘉堂本、南監本、弘治本作「相」，前者蓋因宋諱「桓」字缺末筆而致訛誤，後者承其誤。

〔四〕公，明道本、正統本作「君」。

〔五〕明道本不重「屈」字，脱。

〔六〕埸，正統本同，明道本作「場」，字之訛也，《説文新附·土部》：「埸，疆也。」

〔七〕明道本無次「使」字，脱。

〔八〕沙莫，明道本、正統本作「沙漠」，《增注》從改。

〔九〕辟竟，明道本、正統本作「闢境」。

9　獻公作二軍以伐霍

十六年，公作二軍，獻公十六年，魯閔之元年。魯嚴十六年，王命晉武公以一軍，爲晉侯，至此初作二軍，軍有上下〔一〕。　○《左傳·閔公元年》林注：周制，大國三軍，次國二軍，小國一軍。晉本大國，自曲沃武公覆滅宗國，魯莊公十六年，僖王命曲沃伯以一軍爲晉侯，遂從小國之制。今始作二軍。公將上軍，大子將下軍〔二〕，以伐霍。霍，周文王之子霍叔武之國也〔三〕。○《正義》：《管蔡世家》正義引《括地志》：「晉州霍邑縣，本漢彘縣。」《周禮》鄭康成注：「霍山在彘，本春秋霍伯國地。」《晉世家》索隱：「永安縣西南，汾水西有霍城，古霍國。有霍水焉，出霍城西太山。」◎志慧按：霍，在今山西霍州。師未出，士蔿言於諸大夫曰：「夫大子，君之貳也。貳，副也。恭以俟嗣，何官之有？今君分之土而官之，位以卿也。是左之也。左，猶外也。○賈逵：左，猶遠也（《原本玉篇殘卷·左部》引）。○《讀書囈語》：左之，謂降下之也，如今以貶官爲左遷之謂，非外之也。○《增注》：左，謂賤之也。◎志慧按：《説文·夕部》：「外，遠也。」則是韋昭與賈逵無殊。左，猶排斥，李元吉之説雖於義無大殊，但其時尚未見此類語用。《左傳·閔公二年》載里克諫語云：「太子奉冢祀、社稷之粢盛，以朝夕視君膳者也，故曰冢子。君行則守，有守則從。從曰撫軍，守曰監國，古之制也。夫帥師，專行謀，誓軍旅，君與國政之所圖也，非太子之事也。師在制命而已，禀命則不威，專命則不孝，故君之嗣適不可以帥師。」與此可以互參，唯一出士蔿，一出里克，或當時各有所諫乎？吾將諫以觀之。」乃言於公曰：「夫大子，君之貳也，而帥下軍，無乃不可乎？」公曰：「下軍，上軍之貳也。寡人在上，申生在下，不亦可乎？」士蔿對曰：「下不可以貳上。」猶足不可以貳手也。手足，左右各自爲貳也。○秦鼎：每軍各有正副，猶手足各有左右。下曰「軍有左右」，軍，即每軍也。後每軍置將佐是也。公曰：「何故？」對曰：「貳若體

焉，體，四支也。**上下左右，以相心目，**相，助也。**用而不倦，身之利也。**倦，勞也。有貳，故不勞。四體役身，故身之利也。**上貳代舉，**上，手。代，更也。**下貳代履，**下，足。履，步也。**周旋變動，以役心目，**役，爲也。○《增注》：手足爲心目之使役。**故能治事，以制百物。**制，裁也。**若下攝上，與上攝下，**攝，持也。○《略説》：攝，猶代也，言足代於手之任。○户埼允明：攝，行其事也。○秦鼎：持，相扶持也。攝，本訓助。**周旋不變**〔四〕**，以違心目，其反爲物用也，何事能治？**爲物用，與百物器用無異。○《删補》：春臺先生曰：爲物用者，言爲物所用也，乃上文「以制百物」之反也。○《略説》：孫鑛云：「只是不能相使意。」愚謂心目制物，而反爲物之用，故謂能治何事乎。○秦鼎：違，謂手足不從心目使令也。**故古之爲軍也，軍有左右，闕從補之，**左右，左右部也。闕，缺也。○秦鼎：上軍有闕，欲以下軍補之，上下間不能相去遠，不能應卒。其時非多聲章，而號令之，則不能令上下相移也。**成而不知，是以寡敗。**不知，敵不知有闕也。○《標注》：既補矣，人不覺其嘗有闕也，不必以敵爲言。**若以下貳上，闕而不變**〔五〕**，敗弗能補也。**變，更也。○賈逵：變，更也（釋慧琳《一切經音義》卷三引）。**變非聲章，弗能移也。**聲，金鼓也。章，旍旗也。移，動也。**聲章過數則有釁，有釁則敵入，**釁，隙也。軍法，進退旗鼓有數，過數則有隙，敵見隙而犯己〔六〕。○皆川淇園：上下軍聲章本當有等（差），若以下貳上，則上下何以别哉？故云「聲章過數」。**敵入而凶，救敗不暇，誰能退敵？**凶，猶凶凶，恐懼也。退，卻也。

○《標注》：凶，如字。敵之如志，國之憂也。可以陵小，難以征大〔七〕。以下軍貳上，可以侵陵小國，難以征大國也。○秦鼎：如志，得志也，猶言得如其志也。君其圖之！」公曰：「寡人有子而制焉，非子之憂也。」對曰：「夫大子〔八〕，國之棟也。棟成乃制之，不亦危乎！」棟成，謂位已定而更其制，使將兵，危之道也。○秦鼎：譬今有一材，既以爲棟，又更其制爲柱、爲桷，其屋必壞。公曰：「輕其所任，雖危何害？」輕其所任，謂輕大子之任〔九〕，不重責也。雖近危，猶無害也。○《標注》：注「近」字可削，「近危」不成語。

【彙校】

〔一〕「有」前，明道本有「之」字，疑衍。

〔二〕明道本、正統本「將」前有「申生」二字，《考正》、《四庫薈要》本、文淵閣本從補，《集解》以爲此脱。

〔三〕明道本、正統本無首「之」字。

〔四〕變，明道本、正統本作「動」。

〔五〕闕而不變，《儀禮經傳通解》引同，明道本無「不」字，脱。

〔六〕犯，弘治本作「見」，涉上「見」字而誤。

〔七〕大，正統本同，明道本作「國」，《考異》據韋注謂當作「大」，《集解》從之，是。

〔八〕明道本、正統本無「夫」字，疑脱。

〔九〕本句正統本同，明道本「之」作「所」。

士蔿出，語人曰：「大子不得立矣。改其制而不患其難，輕其任而不憂其危，君有異心，又焉得立？行之克也，將以害之；以得衆害之。○秦鼎：猶言此行也，克將以害之。若其不克，其因以辠之。雖克與不〔一〕，無所避辠〔二〕。與其勤而不入，不如逃之。不入，不入君意也。逃，去也。○户埼允明：不入，指國而言，言與出征勤勞而未能歸入其國，不如逃去也。○帆足萬里：不入，不得入安其位也。君得其欲，大子遠死，且有令名，爲吴大伯，不亦可乎？」得其欲，得立奚齊也。大伯讓季歷，遠適吴、越，後武王追封曰吴伯〔三〕，故曰吴大伯。○秦鼎：令名，謂恭從之名也。◎志慧按：《左傳·閔公元年》記士蔿此語作：「大子不得立矣。分之都城，而位以卿。先爲之極，又焉得立？不如逃也，無使罪至。爲吴大伯，不亦可乎？猶有令名，與其及也。」《左》《國》所暗示泰伯之奔吴出於「逃罪」「遠死」的原因，與《論語·泰伯》《史記·吴太伯世家》艷稱的三讓説大別，或者其時與泰伯奔吴相關的一系列禪讓敘事尚未完成，結合宋宣讓國致五世之亂的背景，疑泰伯三讓並非前者敘事的後續，而是爲戰國禪讓敘事構擬的遠因。《左傳》載魯成公七年，申公巫臣令其子教吴人車戰；十一年，魯叔孫僑如會吴於鍾離，「始通吴」；襄公二十九年，吴季札於魯觀周樂。將泰伯從「遠死」

「有令名」到「三以天下讓」的轉變置於上述時間線之後，本人大膽推測，其中的敘事背後有著吴人與中原上國化解敵意的努力和吴人的文化認同，敢質諸高明。大子聞之，曰：「子輿之爲我謀，忠矣。子輿，士蔿字也。然吾聞之：爲人子者，患不從，不患無名；不從，不從父命也。爲人臣者，患不勤，不患無禄。今我不才，而得勤與從，以戰伐爲勤、從。又何求焉？焉能及吴大伯乎？」○穆文熙：士蔿之諫獻公甚力，而其爲大子謀又的然可循，乃父子一無所售，卒成大難。禍變之來，果真自天，而人固不可回歟（《國語評苑》）！大子遂行，克霍而反，讒言彌興。彌，益也。

【彙校】

〔一〕不，明道本、正統本作「否」。

〔二〕所，明道本、正統本作「以」。

〔三〕曰，明道本、正統本、《史記·吴太伯世家》集解引作「爲」，《考正》謂作「曰」非，疑涉下「曰」字而誤。

10 優施教驪姬譖申生〔一〕

優施教驪姬夜半而泣，謂公曰：「吾聞申生甚好仁而彊〔二〕，彊，彊禦也。○《刪補》：彊，即强弱之「强」，爲彊禦之義非也。甚寬惠而慈於民，慈，愛也。皆有所行之。行之皆有法術也。○秦鼎：法術，猶謀略也，不徒行仁慈而已，其所行必有所爲也。蓋欲待國人歸己，奮其奸謀也。○《補正》：謂申生行惠於人，皆有所爲而爲也。◎志慧按：句謂好仁、寬惠皆有所奉行施爲也，法術、謀略之解不知何所據而云然。今謂君惑於我，必亂國，夫無乃以國故而行彊於君〔三〕。以國故，恐敗國之故而以彊劫君也。君未終命而不没〔四〕，没，終也。○《刪補》：此言君未長終天命，而恐逢毒殺或刺殺之難，不没于地上也。○《略説》：未終天命而不善没，言劫死也。君其若之何？○《古文析義》：若之何，言何以處此也。盍殺我，無以一妾亂百姓。」盍，何不也。公曰：「夫豈惠其民而不惠於其父乎〔五〕？」惠，愛也。◎志慧按：釋惠爲愛，似源於《詩·鄭風·褰裳》毛傳，但下文「惠於父/衆」韋昭又解作「順」，似當一律，宜解作「利」，詳下。驪姬曰：「妾亦懼矣。吾聞之外人之言曰：爲仁與爲國不同。爲仁者，愛親之謂仁；爲國者，利國之謂仁。利國，謂安社稷、利百姓也〔六〕。故長民者無親，無親，無私親也。衆以爲親，苟衆利而百姓和〔七〕，豈能憚君？豈憚殺君也。○《平議》：憚，當讀爲「怛」，《方言》：「怛，痛也。」◎志慧按：「憚」字作本字解亦通，忌憚也，似不煩改字。**以衆故不敢愛親，衆況厚之，**況，益也。言以衆故殺君，除民害，衆益爲厚也〔八〕。**彼將惡始而美終，以晚蓋者也。**美，善也。晚，後也。蓋，掩也。言以後善掩前惡。○《補正》：弒君是惡始，利國是美終。**凡民，利是生**〔九〕，謂爲民生利也。○《刪補》：此言民以利爲生也。○秦鼎：凡奸雄爲謀，必先利民，而後成己私者也。今申生所爲亦如此。○帆足萬里：言凡民以生利爲本。○《標注》：猶言凡民唯利是視也。**殺君而厚利衆，衆孰沮之？**沮，敗也。○賈逵：沮，非也（釋慧琳《一切經音義》卷四十五引）。○《增注》：沮，與「阻」通，止也。**殺親無惡於人，人孰去之？苟交利而得寵，志行而衆説**〔一〇〕，交，俱也。○秦鼎：志行，謂申生也。○《補正》：得國，是爲天所寵也。**欲其甚矣，孰不惑焉？**欲，欲太子也〔一一〕。誰不惑，謂國人也。○《增注》：欲，太子之欲心也。言人民交利而皆得其寵恩，大子志行，而衆説之，則大子之欲將甚矣，欲甚者必惑也。惑謂將殺君也。○《補正》：此二語承上説，謂交利得寵，志行衆悦，可欲實甚，孰能不爲所惑？皆就太子説。下文「或不釋也」，意本一貫，注以不惑屬國人，非是。◎志慧按：寵與利似俱指衆言，冢田氏之説是。不僅此也，這「欲」亦指衆言，即逐利與求寵之欲，其意爲因爲公衆欲念太甚，以致糊塗到不會阻止弒君的行爲。這一段是對「衆利而百姓和，（申生）豈能憚君」的展開，有後世逆取順守之意。**雖欲愛君，惑不釋也。**釋，解也。**今夫以君爲紂，若紂有良子，而先喪紂，**良，善也。喪，亡也。若紂之有善子〔一二〕，知紂之惡，紂終必滅國〔一三〕，以計言之，不如先自殺之。無章其惡而厚其敗。厚其敗，謂武王擊以輕劍，斬以黄鉞也。○《標注》：輕劍黄鉞何必論於此？○《辨正》：厚其敗，主語乃「良子」，而非武王，故韋注非。「厚其敗」與「章（彰）其惡」互文見義，猶助紂爲虐、推波助瀾，助長其敗政、惡政，所謂「成人之惡」是也。此句與武王無關。鈞之死也，無必假手於武王，鈞，同也。假，借也。◎志慧按：韋注釋「鈞」爲同，蓋取其本字「均」也。「鈞之死」之「之」，猶《莊子・逍遥遊》「之人也，之德也，將旁礴萬物以爲一世蘄乎亂」中之「之」，猶是也。而其世不廢，祀至于今，吾豈知紂之善不哉〔一四〕？先自亡之，故無知之者。○秦鼎：以君爲紂，謂以獻公假設爲紂身而喻之也，其子手刃之，他人斬戮之，於紂同一死也。同一死，而其子殺之，則其惡不章，其敗不厚，其祀不廢，利害迥别，誰不爲之哉？死，猶殺也。君欲勿恤，其可乎？恤，憂也。若大難至而恤之，其何及矣！」公懼曰〔一五〕：「若何而可？」驪姬曰：「君盍老而授之政。稱老，以政授申生也。○《標注》：老，謂傳位而不復聽事也，如後世隱退之類，注「稱老」未允。彼得政而行其欲，得其所索，乃其釋君。且君其圖之〔一六〕，自桓叔以來，孰能愛親？桓叔，獻公曾祖曲沃桓叔成師也。桓叔伐晉，殺其兄子昭侯於翼。桓叔生嚴伯，嚴伯又伐翼，殺昭侯之子孝侯。嚴伯生武公，武公滅翼而兼之。武公生獻公，獻公滅桓〔一七〕、嚴之族也。○秦鼎：桓叔伐晉，似有誤謬。◎志慧按：《左傳・桓公二年》：「惠之三十年，晉潘父弑昭侯而納桓叔，不克。」韋注桓叔伐晉即此，並無誤謬。唯無親，故能兼翼。」公曰：「不可與政。我以武與威，是以臨諸侯。未没而亡政〔一八〕，不可謂武；有子而不勝〔一九〕，不可謂威。我授之政，諸侯必絶；能絶於我，必能害我。失政而害國，不可忍也。爾勿憂，吾將圖之。」◎志慧按：以武與威臨諸侯，强幹弱枝，至於不能容納世子，其時社會之扁平化可知矣，這是瞭解獻公時期晉國社會的一個角度，而不僅僅是驪姬之難。晉自殤叔以降，連續五代或以長欺幼，或以强凌弱，以翦除宗親爲事（穆侯弟殤叔奪太子仇之位，文侯仇弑其叔殤叔；晉大夫潘父弑文侯子昭侯，文侯之弟曲沃桓叔得益；曲沃桓叔之子曲沃莊伯弑昭侯子孝侯；曲沃莊伯之子曲沃武公弑晉侯緡，復殺晉小子；獻公盡滅桓莊之族），這種宗親相斫的傳統、獻公剛愎自用的個性、對權力的迷戀和失去權力的恐懼，至於「攜民，國移心」，亦驪姬得以謀於獻公父子之間並售其奸之原因。驪姬對萬衆、百姓（貴族）、君王個人間的利益界劃分明，但下文「驪姬見申生而哭之」一段中，驪姬拿國人、民等説事，故意混淆幾個概念間的外延，頗能蠱惑人心，此亦讒口之亂，「挾以銜骨，齒牙爲猾」，史蘇、郭偃之占於此獲驗。

【彙校】

〔一〕本條公序本屬上，言主已由士蔿、申生變爲優施，明道本、穆文熙纂注本皆單列，今從之。

〔二〕甚好仁，《札記》：「後第八卷作『甚好信』，韋解云：『信，言必行之。』此蓋與下『爲仁』相涉而誤。」，觀下文驪姬論「爲仁」與「爲國」之別，則指其爲誤亦未可必。

〔三〕明道本、正統本、《詩補傳》卷十一引無「夫」字，《經傳釋詞》卷十視爲指示代詞之例，猶彼也，則似以有者爲優，《正義》無「夫」字，疑據明道本或删或脱。

〔四〕《備考》云：「《列女傳》無『不』字，疑此誤衍。」其説可從。没，明道本、正統本作「殁」，古通，注同，下同。

〔五〕夫豈，静嘉堂本、南監本作「大豈」，弘治本作「大子」，皆無所據，《經濟類編》卷十六引作「大子」，又疑自弘治本出。

〔六〕利百姓，張一鯤本、劉懷恕本、道春點本皆作「安百姓」，冢田虎本、秦鼎本則作「利百姓」，疑冢田虎本據其他傳本或者竟是黄刊明道本訂正，秦鼎承之。

〔七〕衆利，明道本、正統本作「利衆」，與「百姓和」並列，疑「利衆」係涉下而誤倒。

〔八〕爲，明道本、正統本作「以爲」二字。

〔九〕秦鼎云：「『凡』下必有脱字，味注文可知也。」此語出於驪姬，在驪姬看來，人皆唯利是圖，故有其下的進一步判斷，準此，則是韋注有誤，秦鼎因韋之誤注更疑正文有脱字。

〔一〇〕説，明道本、正統本作「悦」，但下一「公説」則各本同，是明道本修改未盡之跡。

〔一一〕明道本、正統本不重「欲」字。秦鼎引或説云：「『欲太子也』之『欲』，當作『謂』字之誤也。」

然未見所據。《考異》謂無者脱。此句意爲衆人圖利和求寵之心甚切，故要求申生弑君親的願望强烈，故「欲」字不當重，而秦鼎所引之或説純屬臆測。

〔一二〕明道本、正統本無「之」字，《考正》從删。

〔一三〕秦鼎謂此「紂」字衍，從删。

〔一四〕不，《補音》：「方有反，本或作『否』同。」明道本、正統本作「否」。《校文》認爲「善不（否）」二字當乙，無據，於義亦似不當疑。

〔一五〕公，明道本作「君」，驪姬口中作「君」，而作者語言則當作「公」，明道本誤混，《集解》已指其非。

〔一六〕秦鼎謂「且」字疑衍。

〔一七〕桓，静嘉堂本、南監本、弘治本作「相」，形訛。

〔一八〕没，明道本、正統本作「殁」，古通。

〔一九〕不，正統本同，明道本作「弗」。

驪姬曰：「以皋落翟之朝夕苛我邊鄙，皋落，東山翟也。苛，擾也。○賈逵：苛，煩也（《文選》潘安仁《西征賦》李善注引）。又，苛，猶擾也（釋玄應《一切經音義》卷十六引，汪遠孫輯）。○《補正》：《後漢·郡國志》注：「東山，在壺關城東南。」今名平皋。○《詳注》：今山西昔陽縣東七十里有皋落山，又垣曲縣西北六十里有皋落城，皆當日皋落氏之領土也。◎志慧按：今山西昔陽縣東南部有皋落鎮，垣曲縣城南有皋落鄉，如果此皋落即古之皋落，則昔陽之皋落不可能「朝夕苛我邊鄙」，蓋晉獻公時晉國的邊鄙尚未抵今昔陽境。**使無日以牧田野，**無日不有翟儆，故不得牧於田野也。**君之倉稟固不實**〔一〕**，又恐削封疆。君盍使之伐翟，以觀其果於衆也，與衆之信輯睦焉。**果，果於用師也〔二〕。輯，和也。**若不勝翟，雖濟其皋，可也；**濟，度也〔三〕。以不勝罪之。○《訂字》：濟，或曰：「當作成，注謬。」○《補正》：濟，成也。雖成其罪可也，不訓渡。○《集解》：《周語》、《晉語》、《楚語》、《吴語》注並云：「濟，成也。」◎志慧按：《爾雅·釋言》云：「濟，渡也。濟，成也。濟，益也。」此處訓濟作「度(渡)」於義不穩，《楚語下》「是故得民以濟其志」之「濟」韋解曰「成也」，「濟其皋」與「濟其志」句式相同，義亦當同，岡島順以下諸説是也。**若勝翟，則善用衆矣，求必益廣，**所求益廣也。○《略説》：自知衆爲己用，則必欲立而爲君矣，故謂求廣。**乃可厚圖也。**○皆川淇園：厚，猶言深也。**且夫勝翟，諸侯驚懼，吾邊鄙不儆**〔四〕**，倉稟盈，四鄰服，封疆信，君得其賴，**信，審也。賴，利也。**又知可不**〔五〕**，其利多矣。君其圖之！」**○秦鼎：知可不，謂知處中生之道也，所謂「戰而後圖之」者也。**公説。是故使申生伐東山，**東山，皋落氏也。**衣之偏裻之衣，佩之金玦**〔六〕。裻在中，左右異，故曰偏〔七〕。玦，如環而缺，以金爲之。○《補音》：裻，冬毒反。《説文》曰「新衣聲」。○《删補》：裻，《字匯》與

「禘」同，衣背縫也。○《略説》：世子佩瑜玉爲合度，且玦有玉，而今金玦，是所以疑也。○《札記》：此許叔重所謂「一曰背縫」者，字亦借用「督」。○《正義》：《閔二年傳》服虔注：「偏裻之衣，偏，異色。駮，不純。裻在中，左右各異。」○《補正》：裻，《説文》訓背縫。當云在後，不當云在中。○《詳注》：裻，背縫，左右異色，其半似公服，故曰偏。◎志慧按：《説文·衣部》：「裻，新衣聲。一曰背縫。從衣，叔聲，冬毒切。」《補音》與《删補》、《札記》、《補正》各取一義，據句義，似當從黄、吴之解。韋昭在下文又云「玦，猶決也」，文獻又載：「環者，還也。」里克之解，只是「處人父子之間」的説辭而已，作不得數。結合「偏衣」，中分，恩斷義絶；以尨衣純，以庶易嫡——大子危矣，改易太子的意思非常明確，强烈的暗示意義，而非決斷。更非兵要。於申生有兩條路：一、「爲吴大伯」；二、另有所圖。無奈申生「彊」，堅持、守望，與乃父對權力的執著一個德性，不容商量：「不可。」

僕人贊聞之，曰：「大子殆哉！贊，大子僕也。殆，危也。**君賜之奇，奇生怪，怪生無常，無常不立**〔八〕。奇，異也。不立，不得立也。**使之出征，先以觀之，**觀其用衆也。**故告之以離心，而示之以堅忍之權，**離心，偏衣中分也。堅忍，金玦也。玦以示離也〔九〕。《傳》曰：「金寒，玦離。」○《略説》：蓋金玦者，其質金，故堅；主斷，故忍也。言軍帥執決斷堅忍之權，故佩之。世子佩瑜玉，而今金玦，不合常度，故僕人贊以爲示離心堅忍而不反之象。○《集解》：《荀子·大略篇》：「絶人以玦。」是玦亦有絶意也。**則必惡其心而害其身矣。惡其心，必内險之；**險，危也。**害其**

身，必外危之。外危之，使攻伐也。**危自中起，難哉！且是衣也，狂夫阻之衣也。**狂夫，方相氏之士也。阻，古「詛」字。將服是衣，必先詛之。《周禮·方相氏》「黄金四目，玄衣朱裳，執戈揚盾以驅疫〔一〇〕」也。○賈逵：狂，□也。狂者，狂夫也〔一一〕（《書鈔》衣冠部下，汪遠孫輯）。○王鍔《手批》：阻，不當作「詛」，凡驅除使不得還者阻也。○《存校》：謂是狂夫亦知其不善而阻其行，注改「阻」爲「詛」，非。○《正義》：《閔二年傳》孔疏：「詛乃服之，文無所出。」又引服虔注云：「阻，止也。方相之士蒙玄衣朱裳，主索室中，毆疫，號之爲狂夫。止此服，言君與太子以狂夫所止之服衣之。」劉光伯謂方相氏狂夫所服玄衣朱裳，左右同色，不得爲偏衣，當服此意，非是意所止也。杜注：「阻，疑也。言雖狂夫猶知有疑。」孔疏：「言雖狂夫猶知於此服有疑也。」案：杜意狂夫不專指方相氏，猶《詩》言「狂夫瞿瞿」。阻之訓爲險，《隱四年傳》「州吁阻兵而安忍」，皆有盤桓審顧之意，故訓爲疑，然並與韋異義，未敢遽定。○《補正》：《内傳》杜注：「阻，疑也。」義較簡括。○《集解》：《内傳》作：「是服也，狂夫阻之。」杜注云：「阻，疑也。言雖狂夫，猶知有疑。」杜注是也。◎志慧按：據下文尚有「盡敵而反」之辭，則仍當以韋注爲確，吴闓生以爲可正《左傳》杜注之誤。**其言曰：『盡敵而反。』**言，謂狂夫祭詛之言。○《略説》：公命申生辭也，恐非祭詛之言。○秦鼎：或云：「盡敵而反，詛辭本有此言，獻侯舉以命申生也。蓋祭祝辭，多述吉事，此其一也。」此説雖護韋君，亦自有理。詛辭，謂《詛楚文》類也。○《補正》：其言曰，是公命太子之詞，韋作狂夫祭詛之詞，亦不合。○《集解》：《内傳》杜注以「盡敵而反」爲獻公辭，亦與韋注不同。疑杜注是。**雖盡敵，其若内讒何？」**◎志慧按：僕人贊此一長段議論，在《左傳·閔公二年》中分别繫於晉大夫先友、狐突、罕夷、梁餘子養名下，傳聞異辭也。**申生勝翟而反，讒言作於中。君子曰：「知微。」**知微，謂僕人贊也。

【彙校】

〔一〕稾，明道本、正統本、《正義》俱作「廩」，二字因形近古常通作，作倉囷義者以「廩」爲本字，次同。

〔二〕「師」下，明道本尚有「否」字，《考異》斷其衍。

〔三〕度，明道本、正統本作「渡」，作「渡」者於義不合，《述聞》：「疑本作『成』，謂以不勝成其罪。」吴汝綸從之。

〔四〕儆，《御覽》夷部二十引作「警」，古同。

〔五〕不，明道本、正統本作「否」。

〔六〕「金玦」前，明道本有「以」字，《史記·晉世家》、《漢書·五行志》同公序本，據並列的上句，當從無。

〔七〕《四庫薈要》據明道本於「左右異」下補「色」字，唯今所見黄刊明道本與正統本皆無「色」字。上海師大本校點者云：「『左右異，故曰偏』，《文選・魏都賦》注引韋注作『左右異色，故曰偏裻』。《左傳・閔公二年》杜注：『偏衣左右異色，其半似公服。』則此處當脱『色』、『裻』二字。」其説可從，《集解》徑改，疑據《文選注》改。

〔八〕「不立」前，明道本有「生」字，《考異》謂涉上文而衍，《集解》從之，是。

〔九〕本句明道本及《元龜》卷七九五引作「玦亦離」，於義無殊。

〔一〇〕盾，《元龜》引同，明道本作「楯」，「楯」爲「盾」之加旁字。驅，明道本、正統本作「敺」，《説文・馬部》「驅」下云：「敺，古文驅从攴。」

〔一一〕《輯存》：「此條譌脱，存以俟考。」

11 申生伐東山里克諫〔一〕

十七年冬，公使大子伐東山。獻公十七年，魯閔二年。里克諫曰：「臣聞皋落氏將戰，言其不服，將與申生戰也。君其釋申生也！」釋，舍也。公曰：「行也。」○《集解》：行，成也。謂使申生伐東山事成而未能改也。對曰〔二〕：「非故也〔三〕。非故事也。君行，大子居，以監國也」，君行則守。君行〔四〕，大子從，以撫軍也。有守則從，撫循軍士。今君居，大子行，未有此也。」○秦鼎：「此」者，謂如是事。《傳》云：無適則擇立長，年鈞以德，德鈞以卜。今不説德而説愛也。公曰：「非子之所知也。寡人聞之，立大子之道三：身鈞以年〔五〕，身鈞，德同也。以年，立長也。○《增注》：身鈞，謂俱非適子也。申生亦齊姜之所生。○《標注》：身鈞，謂嫡庶之分同等也，非指德。◎志慧按：《左傳·昭公二十六年》：「昔先王之命曰：『王后無適，則擇立長。年鈞以德，德鈞以卜。』」三位的解釋疑皆本於《左傳》此文，韋以德置换身，於訓詁無據。辭書有釋《晏子春秋》卷三「稱身就位，計能定禄」之「身」爲德者，亦似不密，蓋此與「能」相對之「身」亦含身份地位等義，不僅德也。年同以愛，立所愛也。愛疑，決之以卜、筮。愛疑，愛同也。龜曰卜，蓍曰筮。○《補正》：愛同，故疑所立，注未詳。◎志慧按：《詳注》從吴説，唯「疑」即「擬」也，同也，句法與上二句「身鈞以年，年同以愛」一律，注本詳明。子無謀吾父子之閒，吾以此觀之。」言吾使之征伐，欲觀其能不也〔六〕。公不説。里克退，見大子。大子曰：「君賜我偏衣〔七〕、金玦，何也？」里克曰：「孺子懼乎？衣躬之偏，而握金玦，令不偷矣。孺子何懼〔八〕！孺，少也〔九〕。偷，薄也。偏，半也。分身之半以授大子，又令握金玦。金玦，兵要也。君令於大子不爲薄矣〔一〇〕。○錢大昕《十駕齋養新録·餘録》：今人以孺子爲童穉之通稱，蓋本於《孟子》，考諸經傳，則天子以下，嫡長爲後者，乃得稱「孺子」。○皆川淇園：言使太子敬奉令也。○《翼解》：申生年已長成，當據錢氏之説以正韋義。夫爲人子者，懼不孝，不懼不得。賈、唐云：「不得，不得君心也。」昭謂：不得，不得立也〔二〕。《内傳》：「大子曰：『吾其廢乎？』里克曰：『子懼不孝，無懼不得立。』」且吾聞之〔三〕：『敬賢於請。』賢，愈也。言執恭敬愈於請求也。○《略説》：敬事必得賞，愈於請求也。故勉以戎事，非謂孝敬。○《標注》：請者謂巨細事必禀請而後行也。孺子勉之乎！」勉爲孝敬。君子曰：「善處父子之閒矣！」入諫其父，出勉其子。◎志慧按：觀此君子之意，係肯定里克處獻公父子之間的手腕。一個風暴中心的利益攸關者本來可以有所作爲，但爲了自保選擇了中立，其所善者，自保及所以自保之術，而不是其對待獻公父子的諫與勉。如果是後者，曲爲之解，明顯言不由衷。對無助的申生以愚孝相要挾，則更像一個默許悲劇發生的鄉願，德之賊也，未見其善。虎兕出於柙，龜玉毀於櫝中，其誰之過歟？有感於呂祖謙、張之象等評點者多所溢美，特予揭出。

【彙校】

〔一〕穆文熙《鈔本》題作「里克諫大子伐東山」，葉明元《抄本》作「獻公使太子伐東山」，上海師大本作「申生伐東山」，爲情節完具計，並突出言説者，改題如上。

〔二〕「對曰」前，明道本、正統本有「里克」二字。

〔三〕明道本無「故」字，據注及正文下文「君行，大子居，以監國也；君行，大子從」等故制，無者疑脱，《考異》亦謂當有。

〔四〕此「君行」二字，《元龜》卷七三二及《天中記》卷十二引同，《增注》、秦鼎本改從《左傳》作「有守」，《左傳》作「君行則守，有守則從。從曰撫軍，守曰監國，古之制也。」唯《左傳》、《國語》各有所自，又傳寫有别，不必强同。

〔五〕鈞，遞修本作「鈞」，字殘，注文不誤。

〔六〕不，《補音》「或作『否』」，明道本、正統本作「否」。

〔七〕「偏衣」前，明道本、正統本、《元龜》、《御覽》服章部九引有「以」字，《考正》從增，不可必。

〔八〕孺，明道本作「孺」，但前後又作「孺」。

〔九〕孺少也，明道本、正統本作「孺子，少子也」，秦鼎從明道本補。

〔一〇〕令，明道本作「令」，秦鼎從明道本。

〔一一〕明道本、正統本不重「不得」二字，疑脱。

〔一二〕「聞之」下，明道本、正統本有「曰」字。

12 申生伐東山狐突諫

大子遂行〔一〕，**狐突御戎，先友爲右**〔二〕，狐突，晉同姓，唐叔之後、狐偃之父大戎伯行也〔三〕。先友，晉大夫，先丹木之族。右，車右也〔四〕。 ○《刪補》：狐氏，晉同姓，出唐叔也。唐叔之後別在大戎者，爲狐氏。 ○《補正》：大戎，唐叔之後，別在戎狄者。突，其後也。伯行，突字。**衣偏衣而佩金玦**〔五〕。**出而告先友曰：「君與我此**〔六〕，**何也？」先友曰：「中分而金玦之權，在此行也。孺子勉之**〔七〕**！」**中分，中分君之半也。金玦，以兵決事〔八〕。**狐突歎曰：「以尨衣純**〔九〕，雜色曰尨。純，純德，謂大子也。 ○《補正》：太子宜衣純，而以「尨」易之，故云。非指純德也。 ◎志慧按：韋注牽强，吴曾祺説或是也，《左傳·閔公二年》詳載狐突之語曰：「時，事之徵也；衣，身之章也；佩，衷之旗也。故敬其事，則命以始；服其身，則衣之純；用其衷，則佩之度。今命以時卒，閟其事也；衣之尨服，遠其躬也；佩以金玦，棄其衷也。服以遠之，時以閟之；尨涼，冬殺，金寒，玦離，胡可恃也？」疑「以尨衣純」一語係「以尨易純」之誤，唯未見文獻依據。**而玦之以金**〔一〇〕，**銑者寒甚矣**〔一一〕，**胡可恃也？**玦，猶決也〔一二〕。銑，猶洒也〔一三〕。洒洒，寒皃〔一四〕，言於大子無温潤也。 ○王鐸《手批》：「銑」本字明白，何又改作「洒」？ ○《略説》：玦，即金玦，舊注非也。且玦有玉而金玦，是所以疑也。檢《爾雅》、《説文》，銑無寒之義，狐突曰「金寒」，義或然矣。言公待太子之心寒涼，故云無温潤也。○《札記》：段云：當依別本作「銑，猶洒也。洒洒，寒貌」。洒音銑，蓋痒字之假借。《素問》、《本草》皆作「洗」。洗訓寒不當，讀先禮反。○《備考》：《爾雅》：「絶澤謂之銑。」郭璞曰：「銑，即美金，言最有光澤也。《國語》曰『玦之以金銑』者，謂此也。」○《補正》：《爾雅・釋器》：「絶澤謂之銑。」郭注引此文爲證。韋注「無温潤」云者，即從絶澤生義。雖勉之，敵其可盡乎[一五]？」先友曰：「衣躬之偏，握兵之要，握兵之要，金玦之勢也。金爲兵，玦所以圖事決計也，故爲兵要。○龜井昱：玦者，用兵之要物也，注「金爲兵」不通。在此行也，勉之而已矣。偏躬無慝，兵要遠灾，慝，惡也。衣身之半，君無惡意也。握兵之勢，欲令大子遠灾害也。親以無灾，又何患焉？」至于稷桑，稷桑，皋落翟地。○《釋地》：稷桑，在今山西澤州府陽城縣西南析城山下，今名桑林。翟人出逆，逆，距申生也[一六]。○秦鼎：逆，迎也。◎志慧按：秦鼎説是也，逆與「亂」、「鯤」、「沽」等皆可反義相訓。

申生欲戰。狐突諫曰：「不可。突聞之：國君好艾，大夫殆；「艾」當爲「外」，聲相似誤也。好外[一七]，多嬖臣也。嬖臣害正，故大夫殆。殆，危也。○《補音》：韋注以艾爲「外」字之誤，今宜從注讀爲「外」。○王鐸《手批》：艾，少艾之「艾」，外之美非艾耶？○《存校》：艾，少艾之「艾」，注改爲「外」，不必。○《刪補》：艾，幼艾之「艾」，謂好少年也。○《備考》：《孟子》「人少則慕父母，知好色則慕少艾」，《楚辭》「慫長劍兮擁幼艾」，此云「好艾」，好少年也。

○《正義》：《韓非・内儲説》引狐突此語作「外」，韋解所據。◎志慧按：《韓非子・内儲説下》：「狐突曰：『國君好内，則太子危；好外，則相室危』。」與下句「好内」相對成文，又有《韓非子》之旁證，則本字似當作「外」，今吴語區一些地方外、艾二字或音同或音近。「外」之指向，韋解之嬖大夫是，至於這些嬖大夫的身份，《左傳・莊公二十八年》「外嬖梁五與東關嬖五」杜注：「姓梁，名五，在閨闥之外者。東關嬖五，别在關塞者，亦名五。皆大夫，爲獻公所嬖幸，視聽外事。」《戰國策・秦策一》：「（獻公）欲伐虞，而憚宫之奇存，荀息曰：《周書》有言：『美男破老。』乃遺之美男，教之惡宫之奇。」准此，則王鐸之解最得此中深意，見狐突於外、内皆有明確的針對性。**好内，適子殆，社稷危。**好内，多嬖妾也。嬖專寵，故適子殆，國家亂，則社稷危，周幽王是也。○秦鼎：適子殆，則國家亂。國家亂，則社稷危。注文似有脱句。**若惠於父而遠於死，**惠，順也。去避奚齊，爲順父心而遠於死也。《傳》曰：「狐突欲行。」○《爾雅・釋言》：惠，順也。◎志慧按：《爾雅・釋言》郭注：「《詩》曰：『惠然肯來。』」其義可移于此。**惠於衆而利社稷，其可以圖之乎？**惠於衆，謂不戰也。大子去，則國不争，故利社稷。◎志慧按：韋以順釋「惠」，本於《爾雅》，然此義適切於父而不適切于衆，況且無論是《左傳》還是《國語》，或勉或逃，或戰死或違命，申生團隊衆説紛紜，衆無可順，不如解作惠的另一通義「給人好處」較勝，亦與「利社稷」之利互文見義。**況其危身於翟以起讒於内也？」**○秦鼎：危身起讒，實可寒心。此何可不圖所以避之哉？申生曰：「不可。君之使我，非歡也，非歡愛我也。抑欲測吾心也。測，猶度也。◎志慧按：知父莫若子，申生一語中的，遠勝前文僕人贊、里克、先友、狐突的種種猜度。賜奇服本來就是一次服從性訓練，以申生的處境，加之以其既有觀念，申生無所逃於天地之間。是故賜我奇服，而告我權，奇服，偏裻。權，金玦也。○皆川淇園：告，猶示也，言示我以堅忍之權也，示無恩也。又有甘言焉。申生將去，父又以美言撫慰之〔一八〕。言之大甘，其中必苦。譖在中矣，君故生心。有此甘言，非本意，故言生心也。○《略說》：中有譖人，故君生是心，言使伐翟之等皆是也。雖蝎譖，焉避之？不若戰也。蝎，木蟲也〔一九〕。譖從中起，如蝎食木，木不能避也。○賈逵：蠍，毒也（釋慧琳《一切經音義》卷六十九引）。○皆川淇園：言雖有蝎譖，父命也，焉避之。○秦鼎：譖之在中，猶蝎之食木，雖知蝎譖之爲害，吾何所避之？不戰而反，我辠滋厚；滋，益也。我戰雖死〔二〇〕，猶有令名焉。」有恭從之名也。果戰〔二一〕，敗翟於稷桑而反。讒言益起，狐突杜門不出。不出，避難也。○賈逵：杜，塞也。塞，閉也（釋慧琳《一切經音義》卷二十三及四十四、釋玄應《一切經音義》卷十九引，汪遠孫輯，蔣曰豫將此條置於《楚語上》「杜門不出」下）。君子曰：「善深謀〔二二〕。」◎志慧按：《非國語》於此「善深謀」一說頗有微辭，云：「申生之出，未嘗不從；覩其將敗而杜其門，則姦矣，而曰『善深謀』則無以勸乎事君也已。」然而，申生出戰，如果失利，結局是身死或身敗；若勝，就說明他得衆——這是對獻公的威脅，後者正是申生全部禍患的原因，於此兩難之地，以柳宗元的深微亦似未見給出萬全之策。

【彙校】

〔一〕此處各本均未分章，上章以「君子曰」作結，言主爲里克，下章言主爲狐突，兹據《國語》言類之語結構模式分梳並據内容施題。

〔二〕右，許宗魯本作「又」，擅改，注同。

〔三〕大戎，静嘉堂本、南監本、弘治本、穆文熙編纂本同，明道本作「狐突」，《考異》據《左傳·莊公二十八年》「大戎狐姬生重耳」杜注謂金李本是，可從。許宗魯本、《備考》、《增注》、秦鼎本改「大戎」爲「御戎」，後者又增「御車也」三字，檢從穆文熙本出的道春點本，「大戎伯行」作「大戎御車」，疑據道春點本，但《删補》、户埼允明、《備考》仍以作「伯行」爲是。

〔四〕次「右」字，弘治本作「古」，後者形訛。

〔五〕明道本次「衣」前有「之」字。

〔六〕「此」下，《御覽》服章部九引有「衣」字。

〔七〕「勉之」下，明道本、正統本有「乎」字，疑衍。

〔八〕《標注》：參樹曰：「兵決，疑當作『決兵』。」有理。

〔九〕尨，《左傳·閔公二年》、《爾雅·釋器》疏同作，明道本、正統本作「庬」，二字同義。

〔一〇〕斷句從帆足萬里説。

〔一一〕寒甚矣，《爾雅·釋器》疏、《御覽》服章部九引同，「寒」下，明道本、正統本有「之」字，秦鼎據補，似不必。

〔一二〕決，正統本同，明道本作「離」。

〔一三〕洒，正統本同，明道本作「灑」，《考正》：「《靈樞經》：『是動則（病）洒洒振寒。』又《素問》：『病深無氣洒洒然，時驚。』此洒洒爲寒貌之證。『洗』與『洒』古字通。」次同。

〔一四〕洒洒寒皃，明道本不重「洒」，「寒皃」作「寒也」，正統本唯「皃」作「貌」。

〔一五〕敵其可盡，明道本、正統本作「狄可盡」，《左傳·閔公二年》「狄可盡乎」、「敵可盡乎」並作。

〔一六〕距，明道本、正統本作「拒」，出本字也。

〔一七〕外，明道本作「於」，字訛。

〔一八〕撫慰，明道本、正統本作「慰撫」。

〔一九〕蟲，静嘉堂本、南監本、弘治本、許宗魯本作「蠱」，不知其可。

〔二〇〕正統本同，明道本無「雖」字，疑脱。

〔二一〕果戰，《非國語》同，明道本無「戰」字，《考正》從删，於義無者爲長，或者「果戰」二字互乙耶，且乙在《非國語》之前?

〔三〕善深謀,《非國語》同,明道本、正統本句末有「也」字。

晉語一卷第七

國語卷第八

晉語二

1 驪姬譖殺大子申生逐群公子〔一〕

反自稷桑，處五年，自，從也，從伐東山戰於稷桑而反也。處五年，魯僖之四年也。驪姬謂公曰：「吾聞申生之謀愈深。謀，謀殺公也〔一〕。愈，益也。日〔二〕，吾固告君曰得衆〔三〕，日，往日也。○《補正》：此句「曰」、「日」二字互譌。驪姬自謂往日嘗以申生得衆告君也。衆弗利〔四〕，焉能勝翟？衆若不利，焉肯爲用而勝翟乎？今矜翟之善，其志益廣。矜，大也。善，善用衆也。狐突不順，故不出。狐突，申生之戎御也。不順，謂大子不順也。○《校正》：不順太子之所爲也。○《補正》：謂狐突不順太子之意，故不出也。吾聞之，申生甚好信而彊，彊，彊禦也。信，言必行之。○《删補》：此「彊」亦强弱之「强」。又失言於衆矣，雖欲有退，衆將責焉。失言，許衆以取國也。退，改悔也〔五〕。○《增注》：「失」誤矣。矢言，誓言也。○《集解》：失，疑當爲「矢」，字之誤也。矢，誓。此矢言於衆，謂誓言於衆以取國，即誓矣，故不得退悔。若謂失言，雖退悔，何責之有？又何以云「言不可食」乎？◎志慧按：《增注》徑改「失」爲「矢」，並謂『「失」誤矣，矢言，誓言也」，不知徐氏是否承自《增注》。**言不可食，衆不可弭，**食，僞也。弭，止也。○《爾雅·釋詁》：食，僞也。◎志慧按：《爾雅》邢疏：「言而不行，如食之消盡，後終不行，前言爲僞，故通謂僞言爲食言。」可謂曲盡其意，但是，語用中有一種類似萬能動詞的詞，如今之「做」、「搞」、「弄」之類，被廣泛使用於各種場合，有很强的表現力，卻未必可以嚴格比照本義釋讀，而只能隨文釋義，言不可食，與《易·明夷》初九爻辭「君子於行，三日不食」，《詩·陳風·株林》「乘我乘駒，朝食於株」，《左傳·哀公五年》伍子胥謂「違天而長寇仇，後雖悔之，不可食矣」，其中諸「食」字皆可放在這個背景下理解。**是以深謀。君若不圖，難將至矣！」公曰：「吾不忘也，抑未有以致罪焉。」**○葉明元《抄評》：未有以致罪，是欲得其罪也，公開譏端矣。○《集解》：言尚無可據以加罪者。◎志慧按：古來評點者如楊慎、穆文熙、吕邦耀、公鼐等於驪姬之難，多譴責君王床笫之禍，表彰申生死節，因而遮蔽了獻公之惡——這很可能就是紅顏禍水敘事和道德敘事者的初衷。即使如此等明確暴露其處心積慮加罪申生意圖的對話，孫鑛亦只是説：「吐心召禍。」似乎申生之死是從外面召來的，而不是獻公爲首的集團加害的。其實，放在犯罪學的角度看，從獻公對待申生的處置上，未見最基本的利他情感，表現出極端的自私，缺乏任何仁慈和憐憫情操，没有絲毫正義感，是典型的犯罪人格。究其原因，未必是家族式的，而是源於對權力近乎癡狂的迷戀，導致同情能力、神經感受性和美德認同的減退。在申生之死和盡逐群公子這一案件上，獻公不是從犯。在其垂暮之年，其治下的達官貴人們慌不擇路地爲自己、家族和利益攸關者尋找出路，在這次踩踏事件中，没有人是安全的，申生不幸置身其中的要衝地帶，又成爲事態進一步擴大的誘發因素。兹事體大，特予揭出。

【彙校】

〔一〕穆文熙《鈔評》題作「晉殺大子逐群公子」，葉明元《抄評》題作「驪姬譖殺申生」，傅庚生選本題作「申生被譖以至于死」，上海師大本題作「驪姬譖殺太子申生」，今合之以見其詳。

〔二〕殺，明道本、正統本作「弒」。

〔三〕日，《補音》「人質反」，明道本作「曰」，上海師大本從公序本徑改，日、曰之訛係刻工之誤，下文凡此類錯誤徑改，不一一説明。

〔四〕曰，明道本作「日」，據注作「日」者是。

〔五〕弗，明道本、正統本作「不」。

〔六〕「改悔」前，明道本、正統本有「謂」字，《考正》從補，疑公序本脱。

驪姬告優施曰：「君既許我殺大子而立奚齊矣，吾難里克〔一〕，奈何？」 ○《集解》：難，讀如字，猶憚也。 優施曰：「吾來里克，一日而已。 來，謂轉里克之心，使來從己用。一日之閒〔二〕，言其易也。 子爲我具特羊之饗， 特，一也。凡牲，一爲特，二爲牢。 ○《標注》：注二爲牢，固陋不可從。 ◎志慧按：《楚語上·屈建祭父不薦芰》屈建引《祭典》云：「國君有牛享，大夫有羊饋，士有豚犬之奠，庶人有魚炙之薦。」其中所述雖係祭祀之等差，但各階層閒居宴饗之別異亦於焉可見，此間優施要求驪姬以特羊之饗宴里克，見其鄭重其事，且所圖者大。 吾以從之飲酒。我優也，言無郵。」 郵，過也。 ○《爾雅·釋言》：郵，過也。 ○《讀書囈語》：言無郵謂無過固可，余意當爲「繇」字，古通用，言己優，無繇進言於克，故求從飲酒也。 ○《集解》：郵，通「尤」，故訓「過」。 ◎志慧按：郵固可通「尤」，據《爾雅》則「郵」本有過義，不勞輾轉通假。李元吉之解別開生面，可備一說。 驪姬許諾，乃具，使優施飲里克酒。 ○秦鼎：此優施攜具就里克家而飲之也。 中飲， ○《集解》：中飲，酒半也，亦云「中酒」。 優施起舞〔三〕，謂里克妻曰：「主孟啗我， 大夫之妻稱主，從夫稱也。孟，里克妻字。啗，啖也。孟，或作「盍」〔四〕。 ○《舊音》：啗，音淡。 ○《補音》：啗，徒敢反。 ○舊注：大夫稱主，妻亦如之，盍啗我者肉也（《御覽》人事部一百十引，汪遠孫輯）。 ○《史記·呂后本紀》索隱：孟者，且也。言且啗我物，我教汝婦事夫之道。◎志慧按：《方言》卷十二「娋孟姊也」下郭注：「《外傳》曰『孟啖我』是也。」似郭璞所見本與韋昭同，《容齋隨筆》三筆卷九謂「其（《史記索隱》）説無所據」，似當從或本作「盍」。**我教兹暇豫事君**〔五〕。」兹，此，此里克也〔六〕。暇，閒也〔七〕。豫，樂也。○《爾雅·釋詁》：豫，樂也。○賈逵：暇，閒也（《文選》王仲宣《登樓賦》李善注引，汪、蔣輯）。暇，安也（釋慧琳《一切經音義》卷三引）。豫，樂也〔八〕（釋玄應《一切經音義》卷十三引，蔣曰豫輯）。豫，獸名也，形如象（釋慧琳《一切經音義》卷三引）。○舊注：言我教里克暇安樂事君（《御覽》人事部一百一十引，汪遠孫輯）。**乃歌曰：「暇豫之吾吾**〔九〕，**不如鳥烏。**吾，讀如魚。吾吾，不敢自親之皃，言里克欲爲閑樂事君之道，反不敢自親，吾吾然，其智曾不如鳥烏。○舊注：俉俉，疎遠之貌，言其智魯，不如鳥烏（《御覽》人事部一百一十引，汪遠孫輯）。○《讀書囈語》：《漢横吹曲》「朱鷺魚」，解者謂朱鷺之容安舒閑雅，則此「吾吾」亦謂里克暇豫而安舒耳。○《存校》：吾吾，暇豫貌。○《備考》：《毛詩古音考》曰優施之歌以「吾」爲「娱」，取義暇豫云云，韋解恐非。○秦鼎：或云：吾吾，與「衙衙」通。韓文作「魚魚」。衙衙，雅雅，行成陳也。言人當暇豫相集，今反不如鳥烏之爲群也。亦通，然非韋意。○《標注》：吾吾，猶踽踽也，孤獨無侶之貌。○《補正》：吾吾，即踽踽，與人不相親之貌。《御覽》引作「俉俉」。◎志慧按：吾吾，當取疊字爲訓，李元吉以下釋作暇豫安舒者得之。**人皆集於苑，己獨集於枯**〔一〇〕。」集，止也。苑，茂木皃。己，里克也。喻人皆與奚齊，己獨與申生也。○賈逵：枯，槁也（釋慧琳《一切經音義》卷七引）。○舊注：蔚，喻茂盛。枯，喻衰落（《御覽》人事部一百一十引，汪遠孫輯)。　○皆川淇園：言集枯則其枝能傷也。　○《補正》：苑，與「菀」通。　○《校補》：苑、蔚古字通，字或作菀，《詩・正月》毛傳：「菀，茂木也。」又《桑柔》毛傳：「菀，茂貌。」朱駿聲謂本字爲鬱，《舊音》：「苑音鬱。」甚確。　里克笑曰：「何謂苑？何謂枯？」優施曰：「其母爲夫人，其子爲君，可不謂苑乎？其母既死，其子又有謗，可不謂枯乎？　○舊注：言申生無母，又被謗，可不謂之枯乎？（《御覽》人事部一百一十引）枯且有傷。」無母諭枯，有謗諭傷〔二〕。傷，病也。　○《標注》：傷，謂刀斧之傷損也。

【彙校】

〔一〕難，《御覽》人事部一百十一引作「懼」，疑爲意引。

〔二〕明道本、正統本無「之間」二字，秦鼎、《考異》、《斠證》斷其衍，據正文是。

〔三〕舞，《御覽》人事部一百十一引作「儛」，古同。

〔四〕正文之「孟」，《方言》卷十二「娋、孟，姊也」下郭注、唐人段公路《北户録》卷二引《國語》同作。《御覽》人事部一百十一引「孟」作「盍」，並有注云：「大夫稱主，妻亦如之。盍啗我者肉也。」疑作「孟」者形訛。

〔五〕暇，金李本原從目，注同，但與下句正文異，兹據遞修本、靜嘉堂本、南監本、弘治本、許宗魯本、張一鯤本、李克家本等改。

〔六〕明道本、正統本不重「此」，《考異》謂當重，似不必，疑衍。

〔七〕閒，明道本、遞修本、正統本作「閑」，「閒」本字，「閑」通假字。

〔八〕《一切經音義》引賈不引韋，且與韋注同訓，故繫於此。

〔九〕《御覽》人事部一百一十引作「俉俉」。

〔一〇〕人，《文選》曹顏遠《感舊詩》李善注引作「鳥」。苑，《御覽》人事部一百一十引作「蔚」。

〔一一〕二「諭」字，明道本同，與前文作「喻」者別。

優施出，里克辟奠，不飱而寢〔一〕。辟，去也。奠，置也。熟食曰飱〔二〕。○賈逵：食上曰奠，食熟曰飱（《原本玉篇殘卷·丌部》引）。○《考正》：《説文》：「飱，餔也。」《玉篇》：「飱，水和飯也。」是傳文飱當訓餔，言里克不夕食而寢也，韋注訓爲孰食，未詳。○秦鼎：辟奠，謂徹膳飲所置之具也。○《平議》：飱，夕食也。《孟子·滕文公篇》「饔飱而治」，趙注曰：「饔飱，熟食也。朝曰饔，夕曰飱。」不飱而寢，謂不夕食而寢也。◎志慧按：韋注未密，《考正》與俞樾説較勝。**夜半，召優施曰：「曩而言戲乎？抑有所聞之乎**〔三〕**？」**曩，向也。而，汝也〔四〕。○《爾雅·釋言》：曩，曏也。○賈逵：曩，向也（釋慧琳《一切經音義》卷七十四引）。◎志慧按：向，與「曏」

音義同。曰：「然。君既許驪姬殺大子而立奚齊，謀既成矣。」成，定也。里克曰：「吾秉君以殺大子，吾不忍。秉，執也，執君志以殺大子。不忍，不忍爲也〔五〕。○《述聞》：秉，順也。通復故交，吾不敢。交，與大子交也。○《略説》：復，白也，言通白姬謀於申生。中立，其免乎？」○秦鼎：「中立」句，「其免乎」句，言吾欲中立，然則得免禍乎。優施曰：「免。」中立，不阿君，亦不助大子。

【彙校】

〔一〕飧，《補音》「素尊反」，正統本同，明道本與《通鑑外紀》卷四作「餐」，注同，《詩・伐檀》、《大東》毛傳並謂「飧」爲熟食，但《孟子・滕文公上》趙岐注曰：「朝曰饔，夕曰飧。」「飧」、「飱」古同，「飱」、「餐」於義俱通，唯據《玉篇》賈所見者作「飧」。

〔二〕熟，遞修本作「孰」，公序本好用古字，明道本好用今字，以此例之，似遞修本作「孰」者更勝。

〔三〕抑，《爾雅・釋言》疏引作「如」。

〔四〕汝，明道本、正統本作「女」。

〔五〕此條韋注明道本、正統本作「秉執君志以殺太子，不忍爲也」，疑明道本脱略了兩個重文號。

旦而里克見丕鄭，夜半召優施，旦而見丕鄭。曰：「夫史蘇之言將及矣！優施告我，君謀成矣，將立奚齊。」丕鄭曰：「子謂何？」謂優施何言也〔一〕。曰：「吾對以中立。」丕鄭曰：「惜也！惜，惜其失言也。　○賈逵：惜，痛也（《文選》《古詩十九首》李善注等引，王、汪、黃、蔣輯）。不如曰不信以疏之，曰不信者，逆優施以不然也〔二〕。距之以不然〔三〕，則驪姬意踈，不敢必也。亦固大子以攜之，固，固持也。攜，離也。固持太子，以離驪姬之黨。多爲之故，以變其志，志少疏，乃可間也。故，謂多作計術以變易其志。志少疏，乃可間。間，亦離也。　○賈逵：故，謀也（《文選》何平叔《景福殿賦》李善注引，王、汪、黃輯，蔣曰豫將此條置於《鄭語》「王室多故」下）。　◎志慧按：賈逵此注先已置於《周語下·單襄公知晉齊君臣之敗》「敢問天道乎，抑人故也」之下，李善注未録《國語》原文，全書僅此二處「故」可能釋作「謀」，不敢必其一，故並存之，也不排除同一義訓反覆出現。今子曰中立，況固其謀〔四〕，況，益也。彼有成矣，難以得間。」里克曰：「往言不可及〔五〕，及，追也。且人中心唯無忌之〔六〕，何可敗也！言驪姬唯無忌憚之心〔七〕，執之已固，何可敗也。　○秦鼎：人，指驪姬。　○吴闓生：唯無，如《墨子》之言「唯毋」，唯毋者，雖也，言雖忌之，豈能敗其謀？子將何如？」丕鄭曰：「我無心。是故事君者，君爲我心，制不在我。」〔八〕我無心者，不得自在也。君爲我心，以君爲心也。　◎志慧按：丕鄭上文云「必立太子」，正氣凜然，此次態度大變，文意似前後不接，試爲之解：「君爲我心」，依然動聽，「制不在我」已在爲自己的不作爲推卸責任。下文欲「立其薄者可以得重賂，厚者可使無入」，一個利慾薰心、上下其手的陰謀家終於躍然紙上；其後以負蔡之田七十萬的酬勞助夷吾入晉，待奉使謝秦緩賂，可能意識到那七十萬田也是一張空頭支票，於是又勸秦穆以師奉公子重耳，以七大夫爲内應，被冀芮識破。這些反覆無常、見利忘義的行爲，在《國語》重耳圖霸的大敘事下並未見有負面的評價，蓋因其爲利益攸關方，倒是《春秋·僖公十一年》記了一筆：「丕鄭之亂。」宜合參。**里克曰：「殺君以爲廉**〔九〕，賈侍中云：「廉，猶利也。以大子故，殺君以自利。」唐尚書云：「爲大子殺奚齊，不有其國，以爲廉也。」昭謂：是時大子未廢，獻公在位，而以君爲奚齊，非也。君，獻公也。虞御史云：「廉，直也，讀若鬬廉之『廉』。」此説近之。○《增注》：廉，公正之謂也。不阿比闇君以成私，爲國家故，殺之以爲廉也。○秦鼎：廉，清直也，嚴利也，便利解，賈失之也。鬬廉，人名，蓋此人名，廉直爲義。○《補正》：廉，宜從虞説爲長。◎志慧按：韋昭綜合三君之説，於賈、唐説俱有訂誤，有後出轉精之妙。**長廉以驕心，因驕以制人家，吾不敢。**制，裁也。自大其廉，而有驕人之心，因驕以裁制人之父子，吾不敢，不敢爲也〔一〇〕。**抑撓志以從君**〔一一〕，**爲廢人以自利也**〔一二〕，撓，屈也。人，謂申生也。**利方以求成人，吾不能。**方，道也。利得道以求成大子，吾力不能爲也。○户埼允明：方，義方之「方」，猶云道。○《增注》：廢人之「人」，意在申生；成人之「人」，意在奚齊也。言屈撓己志以阿從君，爲廢申生以自利。自利之方，而以求成立奚齊，亦吾不能爲也。○《補正》：謂得利以成奚齊之立。上句「人」指申生，下句「人」指奚齊。○《詳注》：方，猶嚮也。利君之趨嚮，又成奚齊之立。**將伏也！」**伏，隱也。○賈逵：伏，隱也（釋慧琳《一切經音義》卷三引）。**明日，稱疾不朝。三旬，難乃成。**難，殺申生、譖二公子也。○秦鼎：此里克自陳四策，言其力不能也。長廉驕制一策，是所不敢。橈志從君一策，廢人自利一策，利方成人一策。或合廢人自利、利方成人爲一策，亦通。

【彙校】

〔一〕此注明道本作「謂對優施言也」，據文意當從。

〔二〕逆，明道本、正統本作「拒」。

〔三〕距，明道本、正統本作「拒」。

〔四〕明道本、正統本句下有「也」字。

〔五〕明道本、正統本句下有「也」字。

〔六〕《述聞》：「如韋注，則正文『之』字下當有『固』字。」其説可從，《集解》據補。

〔七〕憚，明道本作「難」。

〔八〕據上下文，本句當爲荀息之語，疑文字有脱。

〔九〕殺，明道本、正統本作「弑」，注同。

〔一〇〕明道本、正統本不重「不敢」二字，《考正》從刪，重者似衍。

〔一一〕撓，遞修本、弘治本作「橈」，《説文·手部》：「撓，擾也。一曰捄也。」《木部》：「橈，曲木。」段注：「引申爲凡曲之稱。古本無从手『撓』字，後人肊造之以別於『橈』。」則知「橈」正字，「撓」俗字，注同。

〔一二〕爲，《書鈔》政術部四、北宋王當《春秋臣傳》卷五「晉里克」及南宋胡宏《皇王大紀》卷四〇所引皆無之，秦鼎則謂「爲」當作「與」，字之誤也。爲字本有「與」義，如《論語·衛靈公》「道不同不相爲謀」，《鹽鐵論·憂邊篇》「爲」作「與」，不必視爲誤字。

驪姬以君命命申生曰：「今夕君夢見齊姜〔一〕，必速祠而歸福。」齊姜，申生母也。福，胙肉也。◎志慧按：《周禮·膳夫》「凡祭祀之致福者受而膳之」鄭注：「致福，謂諸臣祭祀，進其餘肉，歸胙于王。」韋注有據，唯此「福」泛指祭祀的供品，從下文「寘鴆于酒，寘堇于肉」看，不僅指福食，亦含福酒。復次，《春秋·僖公五年》載：「春，晉侯殺其世子申生。」而《説文·示部》則云：「春祭曰祠，品物少，多文詞也。仲春之月，祠不用犧牲，用圭璧及皮幣。」許慎是專就漢禮立論，還是著意於推求「祠」的字義，方有「多文詞」、「祠不用犧牲」之説，尚不可確知，覩下文有申生歸福的細節描寫，則此次申生之祭祀齊姜必有犧牲。**申生許諾，乃祭于曲沃，歸福于絳。**絳，晉所都也。

公田，驪姬受福，乃寘鴆于酒，寘，置也。鴆，運日也〔二〕。○《標注》：「寘」、「置」同字不得相解。○《補正》：鴆，一名運日，有毒。◎志慧按：傳説中的鴆，其食物如毒蛇、毒虫的殘留物有毒，因而在它用喙整理羽毛的時候，其羽毛也染上了毒，置其羽毛於酒，則酒有劇毒。**置堇于肉。**堇，烏頭也。○賈逵：堇，烏頭也（《詩·大雅·緜》正義等引，王、汪、黄、蔣輯）。○《補音》：堇，居隱反。◎志慧按：《爾雅》：「芨，堇草。」郭璞注：「即烏頭也，江東呼爲堇。」《淮南子·主術訓》：「莫凶于雞毒。」高注：「雞毒，烏頭。」堇，即草烏，含有生物鹼，爲烏頭鹼，進入生物體内，會對神經系統和消化系統産生毒性作用。**公至，召申生獻，**獻，獻胙也。**公祭之地，地墳。**將飲，先祭，示有先也。墳，起也。○《正義》：此《傳》地得鴆、堇之毒，土裂冒上，而隆高如坌鼠所穿於地之狀也。○《補正》：地隆起若墳然。◎志慧按：據文本誠如董、吴之解，山東嘉祥宋山漢畫像石畫其事，其中亦似見地面隆起之狀〔三〕，但於經驗世界則不宜視爲實然：因爲不管是鴆毒還是烏頭鹼，都屬於生物性毒物，只會對生物體産生毒性作用，不會與土壤反應釋放出氣體。譬如酸鹼可能腐蝕土壤，並産生氣體，這氣體在物體表面表現爲泡沫，在泥土的裂縫中，一時散發不出來，遇鬆軟的泥土，會將泥土微微拱起；而且，酸鹼於人只是腐蝕皮膚與臟器，不像神經類藥物迅速致命。但據上文「寘鴆於酒，寘堇於肉」，又知其非酸鹼一類；下文「與犬肉，犬斃；飲小臣酒，亦斃」，知毒性反應十分迅速，則肉與酒中之毒當爲神經類藥物，而非酸鹼。**申生恐而出。驪姬與犬肉，犬斃；**斃，死也。

◎志慧按：郭錫良有《説斃》一文，指此「斃」本當作「獘」，解作仆倒，可從。**飲小臣酒，亦斃。**小臣，官名，掌陰事陰命，閹士也。○《備考》：《史記注》引韋昭曰：「小臣，官名，掌陰事，今閹士也。」今《國語》韋注衍一「陰」字，「今」誤作「命」。○户埼允明：小臣，不必爲官名。○《正義》：《天官·小臣》疏云：「小臣侍后，與太僕侍王同。」韋蓋約《王制》以釋侯國之制也。○《標注》：小臣，何官名之有？◎志慧按：《備考》所引之《史記注》見《史記·晉世家》集解，可依改。

公命殺杜原款。原款，申生之傅。**申生奔新城。**新城，曲沃也，新爲大子城之〔四〕。

【彙校】

〔一〕明道本、正統本無「見」字。

〔二〕運日，明道本作「毒」。《魯語上》韋注：「鴆，鳥名也，一名運日。」《考正》、《札記》據此謂當作「運日」，是。

〔三〕參見朱錫禄編著《嘉祥漢畫像石》，濟南：山東美術出版社，一九九二，圖：頁四五，文：頁一一〇。

〔四〕明道本、《史記·晉世家》集解、《元龜》卷二三七引俱無「之」字，明道本句末有「也」字。

杜原款將死，使小臣圉告于申生，小臣，大子小臣，名圉，原款因爲告大子也。**曰：「款也不才，寡知不敏**[一]，敏，達也。**不能教導，以至于死。不能深知君之心度，**度，尺寸也。◎志慧按：結合上文「衣偏衣而佩金玦」、「吾不忘也，抑未有以致罪焉」、「公至，召申生獻」，此「君之心度」當非舐犢之情，而係處心積慮置申生於險地，故有下句「求廣土而竄伏焉」，則是申生之死不僅僅驪姬之讒口有以致之也。**棄寵求廣土而竄伏焉，**棄寵，令大子棄位也。求廣土，奔它國也。竄，隱也。○賈逵：竄，隱也（釋慧琳《一切經音義》卷十八引）。○户埼允明：宇惠曰：「謂晉國中求僻遠之土而安之也。」○《平議》：廣，與「曠」古通用，廣土，猶曠野也。求廣土而竄伏，謂若吴公子札之棄其室而耕也，非奔他國之謂。○《標注》：棄寵、竄伏是款一身之事，不帶太子也。◎志慧按：《史記·晉世家》載：「或謂太子曰：『可奔他國。』太子曰：『被此惡名以出，人誰内我？』」准此，則韋注無誤。**小心狷介，不敢行也。**狷者，守分有所不爲也。言雖知當與申生俱去，恥不能事君而出，故不敢行也。◎志慧按：「狷介」一詞，在今山西長治市壺關縣鵝屋鄉一帶仍有使用。狷，古音見紐元部；耿，古音見紐耕部，可以通假，疑狷介與「耿介」在詞源學上有交集，義亦相近。面對「乃生之（讒）言」——「讒言彌興」——「讒言作於中」——「讒言益起」，磨刀霍霍，步步驚心，作爲師傅的杜原款「言至而無所訟之」，到頭來找一個「小心」來粉飾。至於「狷」，若取韋昭之「守分」義，在君臣一倫中，杜氏確有他宜遵守的臣子職分，但「介」呢？堅固也，耿直也，又從何說起?至於其與申生的師徒一倫,「有所不爲」,是否有瀆職之嫌?他作爲一個師傅,可以抉擇的選項不會很多,但文過飾非肯定不是必選項。**是以言至而無所訟之**〔二〕,言,讒言也。**故陷於大難,乃逮于讒**〔三〕。逮,及也。**然款也不敢愛死,唯與讒人均是惡也**〔四〕。讒人,驪姬。均,同也。○《存校》:惡,猶罪也。讒人者有罪矣,而我不能先見而行,是亦有罪也,故曰「均是惡」,均,分也,猶言兩分其罪。**吾聞君子不去情,**不去忠愛之情。○《辨正》:情,與讒言相對,係情實之意。如《易·繫辭下》「情僞相感而利害生」、《孟子·離婁下》「聲聞過情」、《大戴禮記·文王官人》「僞飾無情」之「情」皆爲此意。韋注有增字解經之嫌。**不反讒,**反,謂覆校,自申理也〔五〕。**讒行身死可也,猶有令名焉。**有孝名也。○《標注》:令名者,下文「彊」、「孝」、「仁」、「敬」是也,不當特舉一「孝」。**死不遷情,彊也;**遷,易也。○賈逵:遷,易也(釋慧琳《一切經音義》卷九十三引)。**守情說父,孝也;殺身以成志,仁也;死不忘君,敬也。**使有遺言屬狐突是也。○《標注》:以遺言充之,是注家之傅會,削之而可。**孺子勉之!死必遺愛,死民之思,不亦可乎?」申生許諾。**死民之思,爲民所思也。◎志慧按:穆文熙曰:「有原款之傅,有申生之子,兩人接踵而死,足爲千古遺恨。棄寵竄伏,良策也,惜哉其不能行矣。」非不能也,是不爲也,觀其後重耳、夷吾先後出逃可知。前幾次申生「聞之」、「受命不遷爲敬,敬順所安爲孝」,「患不從,不患無名;患不勤,不患無祿」,不敢徑視爲出自杜氏,但這一次,面對申生部分,共出現五「死」二「殺」,可見杜原款對申生的精神操控已到了氣急敗壞的程度！如果將本則材料放在《晉語》欒共子、荀息、鉏麑、慶鄭、辛俞以及外此的程嬰、豫讓等敘述架構中觀照，可以明顯感受到敘述者的欣賞態度。在春秋貴族階層策名委質背景下，這樣的態度代表著敘述者對貴族們職業操守的期待。但一旦離開那個背景，將「守情説父」「死不忘君」之類孝敬觀念無限泛化，自我陶醉，馴化萬民，甚至責於下而忽於上，則可致心智上的愚弱和制度性的奴役。观姚寬、楊慎、孫應鰲、穆文熙等一干評點家及張載《西銘》於申生赴死一節多所肯定，兹特予揭出。

【彙校】

〔一〕知，明道本、正統本作「智」，下「知不重困」、「不知」之「知」並同。

〔二〕明道本、正統本句末有「也」字。

〔三〕《存校》：「當作『故逮於讒，乃陷於大難』。」

〔四〕均，明道本、正統本作「鈞」，注同，古通。

〔五〕明道本無「校自」二字，從明道本出的《補正》從有，疑無者脱。

人謂申生曰：「非子之罪，何不去乎？」申生曰：「不可。去而罪釋，必歸於君，是惡君也〔一〕。釋，解也。歸於君，惡歸於君也。章父之惡，而笑諸侯〔二〕，吾誰鄉而入？笑諸侯，諸侯所笑也。當趨鄉誰〔三〕，入誰國也？　○《標注》：「章」、「彰」同。　○《補正》：鄉，與「嚮」通。內困於父母，外困於諸侯，是重困也。棄君去罪，是逃死也。吾聞之：『仁不惡君，知不重困〔四〕，勇不逃死。』若罪不釋，去而必重。去而罪重，不知；逃死而惡君，不仁；有罪不死，無勇。去而厚惡，惡不可重〔五〕，死不可避，吾將伏以俟命。」

【彙校】

〔一〕惡，正統本同，明道本作「怨」，下文「惡歸於君」、「仁不惡君」、「逃死而惡君」、「去而厚惡」之「惡」同，陳樹華、李慈銘俱以爲作「惡」者是，可從。

〔二〕而，明道本、正統本作「取」，韋注「笑」前明道本亦有「取」字，疑皆係流傳過程中據後世文法改。

〔三〕趨鄉誰，明道本、正統本作「趣誰鄉」，《考異》以爲應作「誰鄉而入」，《集解》徑據改。與「入誰國」並列，當作「趣誰鄉」，「趣」、「趨」古通。

〔四〕知，明道本、正統本作「智」，次同。

〔五〕秦鼎云：「『惡不可重』之『重』，疑『厚』字誤，故無音。」其説有理。《辨正》：「既然最末一個

『惡』字各本同，而這『惡』字又是以頂針的方式重複前一句的末一字，則明道本三『怨』字亦皆當作『惡』。」

驪姬見申生而哭之，就曲沃哭之。**曰：「有父忍之，況國人乎？**有父忍自殺之，況能愛國人乎？**忍父而求好人，人孰好之？殺父以求利人，人孰利之？**○秦鼎：利人，謂被利於人也，即上文「衆弗利」之「利」。**皆民之所惡也，難以長生。」驪姬退，申生乃雉經于新城之廟。**雉經，頭搶而縣死也〔一〕。○《釋名·釋喪制》：屈頸閉氣曰雉經，如雉之爲也。○《禮記·檀弓》正義：雉，牛鼻繩也，申生以牛繩自縊而死也。○《刪補》：一說：經，如字，《字書》：「縊也。與『勁』同，强直之義。」又，雉，《檀弓》孔疏：「雉，牛鼻繩也，申生以牛繩自縊而死也。一說：雉性耿介，人獲之，必自屈折其頭而死。」借之謂雉經云。**將死，乃使猛足言於狐突曰：「申生有罪，不聽伯氏，以至于死**〔二〕。猛足，申生臣。伯氏，狐突字也。不聽，謂稷桑之戰不從其言。○《禮記·檀弓》鄭注：伯氏，狐突別氏。**申生不敢愛其死，雖然，吾君老矣，國家多難，伯氏不出，奈吾君何？伯氏苟出而圖吾君，**圖，爲之謀也。**申生受賜以至于死**〔三〕**，雖死何悔？」**

◎志慧按：太子馭手狐突的高瞻遠矚、明哲保身已如上述，申生遺言伯氏蓋有由也，唯自此以往，至其拒絕懷公召狐毛、狐偃兄弟回國因而招來殺身之禍，長時段中並未見其他可圈可點的作爲，這與《國語》記言之後每有應驗的通例深相睽違，檢《左傳·僖公十年》有狐突七日之内兩度白日見鬼，即與申生亡靈對話的記載，頗疑此下所載爲重耳集團回國執政所作的種種輿論宣傳大多與這位利益攸關人有關，甚至這一則極度美化狐突的申生遺言本身也不能排除是狐突大棋局中的其中一著，《左傳·昭公十三年》謂重耳「有欒、郤、狐、先以爲内主」，亦可證狐氏在重耳歸國過程中的作用。**是以謚爲共君。**《謚法》：既過能改曰恭[四]。國人告公以此謚也。○《逸周書·謚法》：敬順事上曰恭。○梁履繩《左通補釋》卷六：《禮記·檀弓》正義引《謚法》「敬順事上曰恭」，案申生之謚，蓋即惠公改葬時加之，獻公、驪姬方被以惡名，決無錫謚之典。《外傳》郭偃曰：「君改葬共君以爲榮也。」足知是惠公所加矣，而韋昭曰「《謚法》既過能改曰恭，國人告公以此謚也」，恐未必然。即有私謚，獻公安肯用之？然驪姬亦稱爲共君者，特作傳人之言爾。◎志慧按：梁氏能得史傳文敘述之委曲，即所謂終言之也。

【彙校】

〔一〕搶，正統本同，明道本作「槍」，洪興祖《楚辭補注·天問》引亦作「槍」，《説文》有「槍」無「搶」。縣，明道本、正統本作「懸」，「縣」、「懸」古今字。

〔二〕《述聞》據《檀弓》「申生受賜而死」謂「至于」二字因上文「以至于死」而衍，然義俱通，不可必其爲衍。

〔三〕《述聞》：「『至于』二字義不可通，蓋因上文『不聽伯氏以至于死』而衍，《檀弓》作『申生受賜而死』，而，猶『以』也。」龜井昱同其說，《集解》徑據删。

〔四〕正文「共」通「恭」，注文「恭」，《逸周書・謚法》同，明道本、正統本作「共」，疑明道本據《晉語》正文而改易之。

驪姬既殺太子申生[一]，又譖二公子曰：「重耳、夷吾與知共君之事。」言與知其逆謀也[二]。公令奄楚刺重耳[三]，重耳逃于翟；奄，奄士也。楚，謂伯楚，寺人披之字，於文公時爲勃鞮[四]。翟，北翟，隗姓也。○《補音》：勃鞮，上步忽反，下丁兮反。◎志慧按：「勃鞮」是「披」之緩言，無論獻公、惠公、懷公還是文公時都作此名。疑韋昭視勃鞮爲職官，故有此誤。披與楚的關係，可參考《詩・唐風・葛生》「葛生蒙楚，蘞蔓于野」、「葛生蒙棘，蘞蔓于域」中的意象。復次，關於晉公子重耳流亡之翟之所在及此前後之路線，筆者曾於《國語韋昭注辨正》有過探討，今作以下概述：韋昭以重耳所奔之翟爲北翟，不知何所據，《左傳・成公十三年》晉大夫呂相云：「白狄及君同州，君之仇讎，而我婚姻也。」或本此。至於指此翟爲隗姓，自有重耳娶叔隗可證。筆者在陝北調查時獲知，無定河流域有重耳流亡的遺跡與傳說；一九八六年，在內蒙古和林格爾盛樂古城出土銘有「耳鑄公劍」的青銅劍，有學者進一步認定這就是重耳之劍。只是即使該器主確屬重耳，也不能就此斷定重耳到過盛樂，正如望山楚墓出土過銘有「越王鳩淺自乍用劍」的越器，不能據此斷定越王句踐到過江陵。重耳在翟時間長達十二年，後者每逐水草而居，其活動半徑應該不小，唯見於文獻記載者僅以下數條：《晉語》下文狐偃云：「夫翟近晉而不通……走之易達。」魯僖公五年，重耳集團流亡初期經過柏谷（地在今河南靈寶）；魯僖公九年，晉獻公薨，其時秦、晉之使尚通於重耳，如果流亡到無定河及以北地區，秦晉之使不易抵達；晉惠公時期，重耳本人在渭濱被寺人披追殺，重耳回國後責問後者：「爲惠公從余于渭濱，命曰三日，若宿而至。」這應該是從晉都出發的行程。綜此數條，疑此翟爲錯居中國之赤翟，其地當在今秦、晉交界地帶。陝西蒲城縣境内，洛河東岸，與澄城交界處有村名曰避難堡，相傳因重耳避難於此而得名，春秋前中期，這一帶曾是赤狄活動地區，至今還保留著王城（大荔）、羌白鎮（大荔）、羌村（富縣）等古地名，相關傳説或有史影在焉。**令賈華刺夷吾，夷吾逃于梁。**賈華，晉大夫。梁，嬴姓之國，伯爵也。唐尚書云：「晉滅以爲邑。」非也。是時，梁尚存，至魯僖十九年，秦取之。○《釋地》：梁國故城在今同州府韓城縣南二十二里，至魯僖公十九年，秦取之；文公十年，晉取秦少梁，即此地，去北屈近，故夷吾奔焉。◎志慧按：今陝西韓城有夏陽鎮，少梁山在焉，即古梁國所在。**盡逐羣公子，**羣公子，獻公之庶孽及先君之支庶也[五]。《傳》曰：「獻公之子九人。」**乃立奚齊，焉始爲令，國無公族焉。**○皆川淇園：始爲令，始爲號令也。○《讀書雜志·老子》「信不足焉有不信焉」：焉始爲令，言於是始爲令也。　○《標注》：始爲令，謂始定法令也，猶後史所謂著爲令也。

【彙校】

〔一〕從此至「國族焉」一段，明道本單列，《考正》從之，惟言主爲一人，事情亦爲殺申生之延續，故從公序本合作一處。

〔二〕明道本無「知」字，據正文當脱。

〔三〕奄，明道本、正統本作「閹」，「奄」爲「閹」之省文，注同，但下文「驪姬使奄楚以環釋言」之「奄」則同公序本，是其整齊未盡之跡。刺，弘治本、李克家本作「刺」，後二者形訛，次「刺」字同。

〔四〕文公，《史記·晉世家》集解引同，明道本作「懷公」。

〔五〕庶孽，静嘉堂本、南監本、弘治本、許宗魯本作「庶子」。

2 公子重耳夷吾出奔

二十二年，公子重耳出亡，及柏谷，卜適齊、楚。獻公二十二年〔一〕，魯僖五年也，公使寺人披伐蒲城，重耳自蒲出奔。及，至也。柏谷，晉地也。○《釋地》：柏谷，晉地也，在今陝州靈寶縣南石隄山，北流逕柏谷亭，又北流入於河。○《補正》：柏谷水出弘農縣南隄山。◎志慧按：柏谷，地在今河南靈寶朱陽，《釋地》與《補正》於柏谷之訓釋，其依據可見於《水經·河水注》。狐偃曰：「無卜焉。狐偃，重耳之舅、狐突之子子犯也。無卜，不須卜也。◎志慧按：《戰國策·秦策五》姚賈稱狐偃爲中山盜，從狐偃言談與行事看，此説大抵爲策士之憑空造作，不可采信。夫齊、楚道遠而望大，不可以困往。望大，望諸侯朝貢，不恤亡公子也。○陶望齡：望大，猶云望重（盧之頤校訂《國語》）。○公鼐：望大，謂志願之大，非輕微所能動（《國語髓析》）。○《校證》：望，地望也。時齊、楚國大譽高，距晉又遠，故不可以困往也。下文「望大難走」、「不可以走望」二「望」字並作齊、楚二國地位名譽而言，與此句「望」字同義。道遠難通，通，至也。○《標注》：通，達也。或云：「通，當作『達』，訛文耳，下文可徵。」望大難走，難歸走也。困往多悔。困且多悔，不可以走望〔二〕。望，望其力也。○秦鼎：走望，謂瞻望歸赴也。《昭十八年傳》：「望走在晉。」若以偃之慮，其翟乎！可之翟也。夫翟近晉而不通，不與晉通也。愚陋而多怨，多怨於戎、翟。○《存校》：多怨，概言之，言其性多所怨恨也。○户埼允明：太宰純曰：「多怨於晉也。」注誤。○《集解》：謂狄多怨晉也。走之易達。○秦鼎：下文狐偃曰「奔而易達」，《解》云：「達，至也。」不通可以竄惡，竄，隱也。多怨可以共憂〔三〕。○《增注》：以其多怨於晉，可與公子共憂患也。今若休憂於翟，以觀晉國，且以監諸侯之爲，其無不成。」監，視也。之爲，爲誰動也。視〔四〕諸侯所爲，故無不成也。○穆文熙：狐偃始謀適翟，終謀去齊，兩事文公之所以成伯也，誠智士哉（《國語評苑》）。○《標注》：爲，謂諸侯所爲也，猶言舉動也。乃遂之翟〔五〕。

【彙校】

〔一〕二十二年，遞修本作「二十五年」，後者誤，疑涉下句而誤。

〔二〕《集解》：「『走』字疑涉上文而衍。」

〔三〕以，明道本、正統本作「與」，義同。

〔四〕明道本無「視」字，疑脱。

〔五〕翟，遞修本作「狄」，與公序本系列多作「翟」不符。

處一年，公子夷吾亦出奔，處翟一年，魯僖之六年〔一〕，公使賈華伐屈，夷吾自屈出奔〔二〕。

曰：「盍從吾兄竄於翟乎？」冀芮曰：「不可。冀芮，晉大夫，冀缺之父。後出同走，不免於罪。同走，嫌同謀也。○《存校》：言先在者既與翟相結，而我後至，恐爲所間，不免於罪也。且夫偕出偕入難，偕，俱也。聚居異情惡，聚，共也。虞云：「重耳、夷吾情好不同，故惡相近。」昭謂：異情，謂各欲求入爲君，於義惡也。◎志慧按：據上下文，似韋注更勝。不若走梁。梁近於秦，秦親吾君。吾君老矣，秦穆夫人，獻公之女，故親吾君也。◎志慧按：夷吾出奔之前一年，申生同母姊爲秦穆公夫人，是爲秦穆姬。子往，驪姬懼，必援於秦。以吾存也，以吾存者，以吾在梁依秦也。○《平議》：「以吾存也」四字當連下「且必告悔」爲義，以，猶及也。《周易·小畜》九五「富以其鄰」，虞翻曰：「以，及也。」此言子若往梁，驪姬懼吾至秦乞援，必及吾在梁之時而先告悔也。韋不知「以」字之義，故説此不了。◎志慧按：《平議》似求之過深，韋解是也。且必告悔，告悔〔三〕，是吾免也。」免，免罪也。○穆文熙：冀芮之策不爲不奇，但夷吾非其人，所以既成而復敗，故策士不可不先知人也（《國語評苑》）。乃遂之梁。居二年，驪姬使奄楚以環釋言。居梁二年，魯僖之七年〔四〕。環〔五〕，玉環。環，還也。釋言，以言自解釋也。○《荀子·大略篇》：「絶人以玦，反絶以環。」楊注：「古者臣有罪，待放於境，三年不敢去，與之環則還，與之玦則絶。皆所以見意也。」○《發正》：《爾雅·釋詁》：「言，間也。」郭注：「謂間隙。」《禮記·緇衣》「毋以遠言近」，「遠言近」即《左傳》「遠間親」也，以此間彼曰間，彼此有隙亦曰間。《内傳·哀二十七年》

「故君臣多間」，賈逵注云：「間，隙也。」驪姬與夷吾有隙，故使奄楚往解之，韋解「言」字非古義。○《補正》：以環釋言，示以將復之意。◎志慧按：此「居二年」，韋注謂「魯僖之七年」是也，謂「居梁二年」則非，此語接上文「（重耳）處一年」，謂重耳集團居翟二年，即魯僖七年，下「四年」，亦重耳居翟四年。**四年，復，爲君。**居梁四年，魯僖之九年也[六]。是歲，獻公卒，秦伯納之。○秦鼎：復，歸也。

【彙校】

〔一〕句下遞修本有「也」字，他本皆無之，該葉補版痕跡明顯，疑係補版過程中誤增。

〔二〕句下遞修本有「之」字，他本皆無之，亦疑係補版過程中誤增。

〔三〕明道本、正統本不重「告悔」二字，疑漏抄重文號。

〔四〕遞修本句下有「也」字，疑係補版時增。

〔五〕遞修本無此「環」字，蓋其位置已爲誤補之「也」字所占。

〔六〕明道本句首有「在」字。

3 虢將亡舟之僑以其族適晉

虢公夢在廟，虢公，王季之子文王之弟虢仲之後虢公醜也〔一〕。廟，宗廟也〔二〕。○《集解》：虢國於上陽。上陽，在今河南陝縣東南。**有神人面、白毛、虎爪，執鉞立於西阿**〔三〕，西阿，西榮也。○《淮南子·天文訓》：西方，金也，其帝少昊，其佐蓐收，執矩而治秋，其神爲太白，其獸白虎，其音商，其日庚辛。○《儀禮·士冠禮》「東榮」鄭注：榮，屋翼也。○《標注》：阿者，堂角也，非謂西榮。○《詳注》：屋梠之兩頭起者爲榮。**公懼而走。神曰：「無走！帝命曰：『使晉襲于爾門。』」**帝，天也。襲，入也〔四〕。◎志慧按：韋昭凡七言「（上）帝，天也」，然帝與天尚有區别，試爲之説：觀《詩·鄘風·君子偕老》「胡然而天也，胡然而帝也」，則是帝與天並列，且次於天；在《詩經》《左傳》中帝大都能言，而天則未見類似記載；帝是具像的，如《詩·大雅·生民》「履帝武敏歆」，天則大而無當，曰「藐藐昊天」（《詩·大雅·瞻卬》）、「昊天罔極」（《詩·小雅·谷風》）；又觀黄帝、炎帝、帝嚳、帝堯、帝舜、及後來的帝乙、帝辛，則疑從早期的部落首領或者祖先神進而成爲帝王。回到此句之帝，依下句韋注意引《左傳·昭公二十九年》文和上引《淮南子·天文訓》，疑此帝即少昊。**公拜稽首。覺，召史嚚占之**〔五〕，史嚚，虢大史也。○《補音》：覺，居効反。嚚，五巾反。**對曰：「如君之言，則蓐收也，**蓐收，西方白虎金正之官也〔六〕。《傳》曰：「少皞氏有子曰該〔七〕，爲蓐收。」◎志慧按：《山海經・西山經》：「又西二百九十里，曰泑山，神蓐收居之。是山也，西望日之所入。」《海外西經》：「西方蓐收，左經耳有蛇，乘兩龍。」《楚辭・招魂》：「魂乎無西，西方流沙，漭洋洋只。豕首縱目，被髮鬤只。長爪踞牙，誒笑狂只。」王逸注：「此蓋蓐收神之狀也。」並刑戮之神獰厲之狀，可互參。天之刑神也，刑殺之神也。天事官成。」官成，禍福各以官象成也。○户埼允明：官，謂其所主及所屬之者也。○龜井昱：刑官降格，國必有刑，注「象」字礙目。○《補正》：謂天事各以類成也。公使囚之，且使國人賀夢。欲轉吉之〔八〕，故使賀也。○陶望齡：使國人賀夢，自認好一邊耳，不只是轉吉之意（盧之頤校訂《國語》）。◎志慧按：天事官成、天事恒象乃占夢一法，史嚚用者是，唯不得虢公之心。觀虢公「拜稽首」，其取義與韋注「襲，入也」同。古人尚有取所夢之境相反之義作解者，如《左傳・僖公二十八年》：「晉侯夢與楚子搏，楚子伏己而盬其腦，是以懼。子犯曰：『吉。我得天，楚伏其罪，吾且柔之矣。』」一個惡夢，經子犯曲爲之解，吉莫大焉；《越絶書・越絶外傳記吴王占夢》中，吴太宰嚭與公孫聖對夫差同一夢境所釋相反亦其例也。此間「晉襲于爾門」，在史嚚看來是鄰國侵襲的預兆，虢公忌諱刑殺之神與侵襲之事，轉而求其相反之義：以爲此「襲」非强兵壓境，而是晉人扶老攜幼歸化而來。爲强化這種暗示，又使國人賀夢，陶氏之説稍長。舟之僑告其諸族〔九〕，舟之僑，虢大夫。曰：「衆謂虢亡不久〔一〇〕，吾乃今知之。以其賀夢。君不度而賀大國之襲於己〔一一〕，何瘳？度，揆也。大國，晉也。瘳，猶損也。言君不揆度神意，而令賀之〔一二〕，何損於禍也。○《爾雅·釋言》：揆，度也。○賈逵：度，揆也（《釋慧琳《一切經音義》卷三及三十九引）。○《翼解》：何瘳，當時有此言。《左昭十三年傳》云：「使事齊楚，其何瘳於晉。」○《補正》：謂不度己之不德。◎志慧按：李慈銘曰：「此當於『己也』下絶句，蓋神言晉人當入爾門，虢公意以晉地當入于己，故令賀夢。此謂君不自度德量力，而賀大國當入于己，何可救乎？瘳，猶療也，《説文·疒部》：『瘳，疾瘉也。』」今從其句讀。吾聞之曰：『大國道，小國襲焉曰服。襲，入也〔一三〕。小國敖〔一四〕，大國襲焉曰誅。』敖，慢也。民疾君之侈也，是以遂於逆命〔一五〕。逆命，距違君命也〔一六〕。○《增注》：逆命，即下所謂「出令乃逆也」，民惡其敖侈，故不敢言其非而從逆命賀之也。○《補正》：遂，猶果也。今嘉其夢，侈必展，展，申也〔一七〕。是天奪之鑒而益其疾〔一八〕。鑒，鏡也。鏡所以自省察。○秦鼎：民疾其君之侈，敢逆命不從，故其侈不得申也。今從其命賀夢，則君之侈必伸也。◎志慧按：之，其也。民疾其態，天又誑之；誑，猶惑也。○賈逵：誑，猶或也（《原本玉篇殘卷·言部》引）。○吳闓生：態有驕侈之義，所謂態色淫志是也。◎志慧按：賈注之「或」與「惑」通，《易·乾·文言》：「九四重剛而不中，上不在天，下不在田，中不在人，故或之。或之者，疑之也。」其中之「或」即通「惑」。大國來誅，出令而逆〔一九〕；逆，謂令國人賀夢。○《略説》：神告以禍，而虢公賀夢，是逆於神也。宗國既卑，諸侯遠己。宗國，公族也〔二〇〕。遠，疏外也〔二一〕。○户埼允明：宗國，謂虞也。虞，大王之後；虢，王季之後，故虢謂虞爲宗國，猶滕謂魯爲宗國也。韋注「宗國，公族也」非矣。○《平議》：古者公族之人謂其國爲宗國也，舟之僑疑亦虢之公族，故稱虢爲宗國歟？○《標注》：宗國，指周也。或云：「宗國，當作『宗周』。」○《補正》：虢於周爲同姓之國，故稱周爲宗國，不指公族。**內外無親**〔二二〕，**其誰云救之？**云，言也。○陳奂：云，讀「昏姻孔云」之「云」，《毛傳》曰：「云，旋也。」《左·襄二十九年傳》「晉不鄰矣，其誰云之？」杜注曰：「云，猶旋也。」案，旋與「還」同，云救，猶言還救也。韋訓云爲言，失之。**吾不忍俟也！將行**〔二三〕。」行，去也。**以其族適晉。六年，虢乃亡。**適晉在魯閔二年。後六年，魯僖五年。◎志慧按：韋昭據《左傳·閔公二年》下文作注：「春，虢公敗犬戎于渭汭。舟之僑曰：『無德而祿，殃也。殃將至矣。』遂奔晉。」唯舟僑之奔晉係多因一果，故不能據《左傳》敘事推知「虢國夢」事件之確切時間。

【彙校】

〔一〕王，金李本原作「正」，疑爲寫工或刻工之誤，兹據遞修本、靜嘉堂本、南監本、弘治本、許宗魯本、張一鯤本、李克家本改。

〔二〕宗廟，明道本作「宮廟」，李慈銘以爲公序本是，可從。

〔三〕「西阿」下，《非國語》、《御覽》神鬼部一、《元龜》卷八九二引俱有「之下」二字，《集解》以爲無者脱，並據補，可從。

〔四〕入，静嘉堂本、南監本漫漶不可識，弘治本作「取」，未見所據，疑擅改。

〔五〕占，金李本原作「古」，疑爲寫工或刻工之誤，兹據遞修本、静嘉堂本、南監本、弘治本、許宗魯本、張一鯤本、李克家本改。

〔六〕正，遞修本似作「王」，形訛。

〔七〕明道本無「曰」字，疑脱。

〔八〕吉，弘治本作「告」，後者形訛。《標注》：「轉吉之，當作『轉之吉』。」於義是，然未見所據。

〔九〕其諸，明道本、正統本作「諸其」，秦鼎改從明道本，是。

〔一〇〕號，孔氏詩禮堂本作「國」。《元龜》卷八九二引同，明道本、正統本、《非國語》引無「亡」字，於義俱通。

〔一一〕賀，《説苑・辨物》作「嘉」，《考異》據《覲禮》「予一人嘉之」，今文「嘉」作「賀」，謂二字古諧聲，其説可從。「己」下，明道本、正統本有「也」字，若如彼，則當在「襄」下斷。

〔一二〕令，明道本作「今」，李慈銘以爲作「今」者誤，據正文「使國人賀夢」，可從。

〔一三〕《考正》：「此注甫見上文，不應重出，且意義亦無殊。案上注弘治本『入』作『取』，謂輕行掩取也，較多一義。」不敢必其是。

〔一四〕敖，明道本、正統本作「傲」，注同，「敖」、「傲」古今字。

〔一五〕遂，《説苑・辨物》作「由」，静嘉堂本、南監本、弘治本作「逐」，後三者字之訛也。

〔一六〕距，明道本、正統本作「拒」。

〔一七〕《舊音》出「伸」，《補音》云：「善本但作『申』，字通。」

〔一八〕明道本及《説苑・辨物》句下有「也」字。

〔一九〕而，明道本同，穆文熙編纂本、道春點本、《增注》、《正義》作「乃」，於義無殊，然可考見版本傳承之跡。

〔二〇〕「公族」之解，《述聞》已辨其非，謂宗國，猶言宗周也。秦鼎亦云可疑，謂當作「謂虞」，但無據。

〔二一〕踈，明道本、正統本作「疏」。

〔二二〕内外，所見《國語》各本同，《説苑・辨物》三引此文，皆作「外内」，《御覽》卷四〇〇亦作「外内」，與上古詞序合，疑今傳《國語》係依後世詞序改。

〔二三〕上海師大本將「將行」置於引號之外，此從《集解》點校本。

4 宮之奇知虞將亡而去國〔一〕

伐虢之役，師出於虞。魯僖五年，獻公伐虢，假道於虞。○《正義》：今山西解州平陸縣東北十五里，有大陽廢縣，爲虞境。又東北三十里有下陽故城，即《僖二年》晉所滅者也。晉自西南而來，故入虢必經虞境。◎志慧按：《正義》「晉自西南而來」之説不知何所據。大陽廢縣在今平陸縣張店鎮古城村一帶，《大清一統志》云：「大陽故城，在平陸縣東北十五里。」其地存有虞國古城遺址。下陽故城的所在，董增齡係據《後漢書・郡國志》而爲説，「又東北三十里」是相對大陽廢縣而言，則是在平陸縣東北四十五里，其説不確，考古界有學者認爲下陽古城遺址在平陸縣西十五公里的老城鄉太陽渡村南，與上陽隔黄河相望。宮之奇諫而不聽，宮之奇，虞大夫〔二〕。諫虞公勿假晉道〔三〕，虞公不聽。出，謂其子曰：「虞將亡矣！唯忠信者能留外寇而不害。留外寇，謂舍晉軍於國也。○秦鼎：我有備，故外寇不能侮我爲害。除闇以應外謂之忠，除，去也。去己闇昧之心以應外，謂之忠。忠，謂恕也。○賈逵：暗，不明也（《文選》歐陽堅石《臨終詩》李善注引，王、黄將此條置於《鄭語》「而好讒慝暗昧」下，汪遠孫輯）。定身以行事謂之信〔四〕。定，安也。行事以安定其身〔五〕，謂之信。○《增注》：盡中心之謂忠，言行不違之謂信。○《標注》：行事在安定之後也，注失前後。今君施其所惡於人，闇不除矣；己之所惡而以施人，謂假晉道以伐虢也〔六〕。

以賄滅親，身不定矣。賄，財也，謂虞受晉屈産之乘、垂棘之璧，假之道也。親，謂虢也。虞，大王之後。虢，王季之胄。○《爾雅·釋言》：賄，財也。◎志慧按：《左傳·僖公二年》「屈産之乘，垂棘之璧」杜注：「屈地生良馬，垂棘出美玉，故以爲名。」同年《穀梁傳》亦以屈爲邑名，産爲動詞，《吕氏春秋·權勛》高誘注同，後者更指「今河東北屈駿馬者是也」，閻若璩《四書釋地》從其説；《公羊傳·僖公二年》何休《解詁》則云：「屈産，出名馬之地。垂棘，出美玉之地。」則以屈産爲地名，《史記·晉世家》集解引以爲證，《孟子·萬章》趙岐注同何休説，但唐徐彦《公羊傳疏》則謂：「謂屈産爲地名，不似服氏謂産爲産生也。」梁履繩《左通補釋》、焦循《孟子正義》更指山西吉州今吉縣即爲當時北屈地，並謂以屈産河所在的石樓縣爲此北屈係《太平寰宇記》撰者樂史的附會，是，蓋屈産河古名龍泉河，又名土軍川，上古文獻中並未見屈産河之名；夷吾所處之屈在今吉縣一帶，尚未遠達今石樓。垂棘，《左傳·成公五年》：「秋，八月，鄭伯及晉趙同盟于垂棘。」杜注：「垂棘，晉地。」未詳其所在，《爾雅·釋地》有云：「西方之美者，有霍山之多珠玉焉。」《淮南子·墬形訓》亦云：「西方之美者，有霍山之珠玉焉。」許慎注：「出夜光之珠，五色之玉也，今河東永安縣也。」此永安即今山西霍州，未詳是否與此垂棘有關。又，臨汾的洪洞和曲沃、晉城及下轄的鳳臺，地方志都曾載垂棘地名，清沈欽韓《左傳地名補注》謂在山西長治潞城北，今晉城市澤州縣下轄的高都鎮，古稱「垂」、「垂棘」、「垂都」，然皆無確據，僅録以備考。**夫國非忠不立，非信不固。既不忠信，而留外寇，寇知其釁而歸**

圖焉。釁，隙也。圖，謀也。○《爾雅·釋詁》：圖，謀也。○《補正》：晉自伐虢歸而圖虞也。已自拔其本矣，何以能久？本，謂忠信。吾不去，懼及焉。」以其孥適西山〔七〕，孥，妻、子也。西山，國之西界〔七〕。三月，虞乃亡。晉滅之也。

【彙校】

〔一〕穆文熙《鈔評》題作「宮之奇去虞」，葉明元《抄評》同；傅庚生選本題作「宮之奇知虞將亡」，上海師大本同，今合之以見其詳。

〔一〕夫，遞修本作「天」，字殘，南監本破損。

〔二〕道，静嘉堂本、南監本漫漶，弘治本作「也」，疑因未核對他本以意爲之而致誤。

〔三〕明道本無「事」字，據注，疑脱。

〔四〕安定，明道本、正統本作「求安」，秦鼎謂「似當作『安定其身以行事』」，於義是，然無據。

〔五〕明道本無「晉」字，疑脱。

〔六〕孥，《左傳·僖公五年》正義引作「帑」，古同。

〔七〕明道本無「之」字。

5 卜偃以童謠知虢將亡〔一〕

獻公問於卜偃〔二〕卜偃，晉掌卜大夫郭偃也。曰：「攻虢何月也？」宜用何月。對曰：「童謠有之童，童子。徒歌曰謠〔三〕。○《爾雅·釋樂》：徒歌曰謠。曰：『丙之晨，龍尾伏辰，丙，丙子。晨，蚤朝也〔四〕。龍尾，尾星也。伏，隱也。辰，日月之交會也。魯僖五年冬〔五〕，周十二月、夏十月丙子朔之朝〔六〕，日在尾，月在天策也。伏辰，辰在龍尾〔七〕，隱而未見也。○惠棟《左傳補注》：師法用辰不用日，丙，日也。子，辰也。言丙不言子者，日在尾，故舉日不舉辰。辰爲客，時爲主人，故言丙之晨。○龜井昱：丙，火也，此謠以日與火言晉之盛，而以龍尾、天策爲日所奪言虢之敗。○《標注》：日月星之次舍皆謂之辰，不必指日月交會。此「伏辰」之「辰」以星之次舍而言，龍尾與日會而伏失其光耳，于月無干係。均服振振〔八〕，取虢之旂。均，同也，戎服君臣同。振振，威武也。交龍曰旂。○公鼐：均，一作「袀」，黑衣，戎服也。《戰國策》左師公曰：「賤息舒祺願令補黑衣之數，以衛王宫。」則黑衣之爲戎服信矣。○《正義》：惠棟曰：「《吴都賦》劉逵注亦作『袀服』，《儀禮·士冠禮》『兄弟畢袗玄』鄭注：『袗，同也。』古文袗爲袀，司馬彪《輿服志注》云：『郊祀之服，皆以袀玄。』謂袀服爲黑服，失之，袀，古文皆作『均』，杜預謂上下同服是也。《管子·大匡篇》『四年修兵,同甲十萬』同甲者,均服之謂也。」齡謂:惠氏左杜而右服,與韋解義合。《周官·禮司服職》「凡兵事,韋弁服」,《成十七年傳》「有韎韋之跗注」,然則在行兵之際,尊卑皆用韋弁服,故謂之均服,則均服非黑色明矣。◎志慧按:今浙江桐鄉烏鎮,原名烏戍,因有吴國著黑衣士兵戍守而得名,知春秋戰國之交吴國士兵著黑衣,可爲公鼐説作一補證。復次,旂,從「斤」得聲,古音屬文部,與「晨」「辰」「振」「賁」「焞」「軍」「奔」互押。該童謡八句全押,且一韻到底,很有特色。**鶉之賁賁,天策焞焞,火中成軍,虢公其奔。』**鶉,鶉火,鳥星也。賁賁,鶉火星皃也〔九〕。天策,尾上一星,名曰天策,一名傅説。焞焞,近日月之皃也。火,鶉火也。中,晨中也〔一〇〕。成軍,軍有成功也。《傳》曰:「冬十二月丙子朔,晉滅虢,虢公醜奔京師。」○《左傳·僖公五年》「火中成軍,虢公其奔」杜注:「近日星微,故焞焞,無光耀也。」○《補音》:焞,它門反。○《增注》:賁賁,飛翔貌,蓋是取鶉之名耳。《詩》曰:「鶉之奔奔,鵲之彊彊。」焞焞,無光燿也。○《正義》:南方七宿皆爲朱鳥之宿,其鳥西首東尾,故未爲鶉首,午爲鶉火,巳爲鶉尾。《爾雅·釋天》:「柳,鶉火也。」《漢書·律曆志》:「鶉火,初柳九度,小暑。中張三度,大暑。終於張十七度。」近儒謂鶉,鶴屬,其性好鬭,遇他鶉有不狎者,輒憤奮而前,故詩人以奔奔目之。「奔」與「賁」通,言憤奮也。《史記·天官書》:「天策,傅説星。」莊周謂傅説得之以騎箕尾,説生於商之中葉,商之前此星又何名乎?然則星名與人名偶合,非傅説薨後始有此星也。傅説之星,在尾之末,合宿在尾,故其星近日而微,焞焞然無光耀也。《傳》言月在策,杜注謂是夜日月合朔於尾，月行疾，故至旦而過在策。○《集解》：項名達曰：「天策在析木之次，距鶉火約百度餘，今合言之者，就平旦時，一誌中星，一誌月離也。」火中而旦，其九月、十月之交乎？」交，晦朔之閒也。○《正義》：《月令》：「孟冬之月，日在尾。昏危中，旦七星中。」七星則鶉火次之星也。○《集解》：項名達曰：「九月、十月指夏時言，於周爲十一月十二月。日食實在戊申，則十二月朔必非丙子，而實丁丑矣。丁丑平旦張十度中，已值鶉火之末，始將西降，故曰『賁賁』。是時天策尚在地平下，迨出地平，則日已晝，而星無光。所謂『焞焞』者，亦虚擬之辭，非目睹也。」◎志慧按：饒尚寬《春秋戰國秦漢朔閏表》亦認爲當月朔日爲丁丑，而以「定朔近丙子」解之，檢《左傳·成公十八年》有載：「甲申晦，齊侯使士華免以戈殺國佐于内宫之朝。」其實甲申在晦前一天，知春秋文獻中之晦朔干支自有指近晦朔日之成例，饒説是也。

【彙校】

〔一〕穆文熙《鈔評》題作「卜偃以童謡論號亡」，上海師大本題作「獻公問卜偃攻號何月」，兹據内容與三段式結構模式改題。

〔二〕卜，公序本作「十」，疑係刻工之誤，兹從明道本、遞修本、弘治本、許宗魯本正文和韋注改。又，靜嘉堂本「卜」字漫漶不可識，南監本「卜」字清晰。

〔三〕徒，明道本、正統本作「行」。《札記》：「徒歌曰謡，《爾雅·釋樂》文也，《毛詩傳》同，韋解後卷第十二亦作『行歌』，疑别有所本。」

〔四〕蚤，明道本、正統本作「早」。

〔五〕明道本句首有「謂」字，《考正》從補。

〔六〕「十月」前，明道本、正統本有「之」字；「朝」前無「之」字。

〔七〕明道本不重「辰」字，疑脱。

〔八〕均，《左傳·僖公五年》同，《舊音》出「袀」，並云「或爲『均』」，《漢書·五行志》顏注：「袀服，黑衣。」《札記》：「袀、均字一耳。」注同。

〔九〕明道本、正統本無「火星」二字，「皃」作「貌」，弘治本、張一鯤本、李克家本亦作「貌」，次同。弘治本出自南監本，然南監本俱作「皃」，疑其擅改。張一鯤本多從俗，李克家本又自張一鯤本出。

〔一〇〕晨，明道本作「居」，疑訛，《考異》：「晨中，猶云日中也。」

6 宰周公論齊侯好示

葵丘之會，獻公將如會，魯僖九年秋，齊桓公盟諸侯於葵丘。葵丘，地名。○秦鼎：葵丘有二：一齊地，在臨淄縣西；此宋地，在陳留外黄縣東。遇宰周公，宰周公，王卿士宰孔也，爲冢宰，食菜於周〔一〕，故曰宰周公。周公自會先歸，遇獻公於道。○《標注》：宰周公，是周公旦之子孫，故相紹稱周公也。其實東遷後采地無周。曰：「君可無會也。夫齊侯好示，務施與力而不務德，好示，自矜其功，以信施示諸侯而不務德也。施，惠也。力，功也。○《略説》：施功勞也，謂如屬諸侯、存亡國，舊注失之。○龜井昱：注「信」字蛇足。○《標注》：好示，謂修飾外觀也。◎志慧按：好示，是就桓公性格特點而言，楊慎所謂「宰周公此論直窺齊侯心曲」是也，故韋注似未盡其義，其賣弄、炫耀者，似不僅僅功、信、施也，當包括所有自認爲優於常人之體力、智力、學問、文采、財富、領導力、控制力等等。故輕致諸侯而重遺之，輕，謂垂橐而入〔二〕。重，謂稛載而歸〔三〕。使至者勸而畔者慕〔四〕。懷之以典言，懷，安也。典，法也。法言，謂陽穀之會以四教令諸侯之屬。○秦鼎：《公羊傳》：陽穀之會四教，桓公曰：「無障谷，無貯粟，無易樹子，無以妾爲妻。」薄其要結而厚德之，以示之信。薄其要結，謂束牲爲盟，皮馬爲幣〔五〕。○《略説》：令以典言，又要言結之而不盟。○秦鼎：皮馬三會，皆見《齊語》，皮馬之「皮」作「罷」，疲也。明本（秦鼎之明本實即黄丕烈校明道本，宋本指張一鯤本）作「馬皮」，馬，疲馬也。皮，鹿皮也。**三屬諸侯，存亡國三，以示之施。**屬，會也。三會，乘車之會三也。存三亡國，魯、衛、邢也。○《舊音》：屬，今爲「属」，音燭。○《補音》：之六反。屬有二音，又音蜀。從燭音者，連也，付也，《舊音》云「今爲『属』」，此非字，尤爲訛俗，諸韻皆斥而不用。**是以北伐山戎，南伐楚，西爲此會也。譬之如室，既鎮其甍矣**〔六〕**，又何加焉？**甍，棟也。又何加，諭已成也。○賈逵：填，加也（釋慧琳《一切經音義》卷十一引，又《舊音》引，汪遠孫輯）。○《左傳·襄公二十八年》正義：此是屋上之長材，椽所以馮依者也，今俗謂之屋脊。○《舊音》：鎮，音田，或爲「填」。《廣雅》云：「填，塞也。」賈逵曰：「填，加也。」○《補音》：「鎮」、「填」二字經史互用之，本或作「填」。○程瑶田《通藝録》：甍者，蒙也。凡屋，通以瓦蒙之曰甍，故其字從瓦。○皆川淇園：言桓公之功伐已至其極矣。○《發正》：韋説非也，程説以瓦覆屋曰甍，確不可易。○《補正》：甍，屋之最高處也，言已升其頂，無以復加也。**吾聞之，惠難徧也，施難報也。不偏不報，卒於怨讎。**◎志慧按：對於齊桓公所推行的這種逆朝貢體系，《齊語》大加讚賞，云：「天下小國諸侯……就其利而信其仁、畏其武。」「就其利」是主動，「畏其武」是被動，至於是否真的「信其仁」，宰周公這位天子特使的觀點頗具警示意味：惠難遍，一邊是有限的資源，一邊是無窮的慾望，雖然短期内可以靠撒錢買到吆喝——所謂「仁」也，但逆朝貢體系終將不可持續。施難報，没有哪個族群可以仰賴施捨致富，相反，當接受施捨成爲一種習慣，有朝一日施捨難以爲繼時就會引來怨恨，所謂「升米恩，斗米仇」是也。穆文熙《鈔評》云：『惠難徧，施難報』數句，正見小惠難行，所以桓德不終，唯王道可貴耳。」比起宰孔「不偏不報，卒於怨讎」的斷言顯然没搔到癢處。互見法在《國語》還有若干處，後人將之歸功於司馬遷，緣於少做了一些沿波討源的工作。

夫齊侯將施惠如出責〔七〕，如出責，望其報也。○《删補》：盧（之頤）注曰：「責，當音債。」爲是，本注非也。◎志慧按：「債」爲「責」的後起區別字，分擔「責」的「債款」一義，韋注無誤。**是之不果奉，**果，克也。奉，行也〔八〕。○《廣雅・釋詁一》：果，信也。**而暇晉是皇，**暇，不暇。不暇以晉爲務也〔九〕。○陳奂《詩毛氏傳疏・豳風・破斧》：皇，匡也，皇即「匡」之假借字，暇晉是皇，言不暇匡晉也。《詩》「四國是皇」毛傳曰：「皇，匡也。」是其義。◎志慧按：《詩・豳風・破斧》「四國是皇」毛傳：「皇，匡也。」蓋取聲訓之法也。暇晉是皇，意謂齊侯哪有餘暇來匡討晉國。**雖後之會，將在東矣。**東，東方也。其後會于淮是也。**君無懼焉**〔一〇〕，**其有勤也。」公乃還。**無懼於不會也。有勤，有勤勞也〔一一〕。○《述聞》：有，與「又」同，「也」與「邪」同，其又勤邪，言不必勤於遠行也。

【彙校】

〔一〕菜，遞修本同，明道本、正統本、弘治本、《增注》作「采」，是，疑前者乃刻工之誤。

〔二〕櫜，明道本作「橐」，《補正》據《齊語》謂當作「櫜」，其實二字義近。

〔三〕稛，明道本同作，與正文不從禾而從未別。而，明道本作「以」。

〔四〕畔，明道本、正統本作「叛」，「畔」通假字，「叛」本字。

〔五〕皮馬，明道本、正統本作「馬皮」，疑後者誤倒。《訂字》：「皮，宜作『疲』。」

〔六〕甍，明道本不從瓦而從几，異寫耳。

〔七〕明道本無「如」字，但韋注卻有之，知正文無者當脱。

〔八〕行，弘治本、許宗魯本作「承」，《考正》據弘治本及補修元本作「承」，《正義》從之，静嘉堂本、南監本脱爛，所見他本仍作「行」，不敢必陳氏説爲是。

〔九〕正統本同，明道本不重「不暇」，疑因忽略重文號而脱，並句前有「謂」字。

〔一〇〕焉，明道本、正統本作「矣」，《述聞》斷作「焉」者非，可從。

〔一一〕有，南監本破損不可識，明道本、遞修本、正統本作「自」，《述聞》謂作「有」者涉正文而誤，其説是。

辛孔謂其御曰〔一〕：「晉侯將死矣！景、霍以爲城，景，大也。大霍〔二〕，晉山名也，今在河東彘〔三〕。　○《釋地》：景、霍，二山名，景山，《寰宇記》：「聞喜縣東南十八里有景山。」　○《補正》：霍山，在今山西霍州東。◎志慧按：此景山今又名湯王山，在今山西聞喜境内，《山海經·北山經》：「又南三百里曰景山，南望鹽販之澤。」郭注：「《外傳》曰：景、霍以爲城。」其中「鹽販之澤」即今運城鹽池。韋昭於「景」字誤注，兹將「景霍」二字點斷。霍山，當地人又叫霍太山。句爲晉國北面有霍山，南面有景山作爲屏障。而汾、河、涑、澮以爲淵〔四〕，四者，水名。淵，池也。○《詳注》：涑水出山西絳縣東南太陰山，西流經解縣、蒲縣，匯五姓湖，又西出，流至陝西朝邑縣入河。澮水出山西絳縣。◎志慧按：涑水於永濟市韓陽鎮長旺村入河。朝邑，古稱臨晉，五泉、河西、西塬、左馮翊，一九五八年，因修建三門峽水庫，撤縣併入大荔，改爲朝邑鎮。戎、翟之民實環之。環，繞也。○《集解》：《晉語一》韋注云：「晉南有陸渾之戎，北有山戎。」汪是土也，汪，大皃。○《廣雅·釋訓》：汪汪，大也。苟違其違，誰能懼之？苟違〔五〕，違去也。其違，違道也。○《增注》：違其違，去其可去也。○《補正》：謂去其違道之失，誰能懼之？今晉侯不量齊德之豐否〔六〕，豐，厚也。否，不也。不度諸侯之勢，彊弱之勢。釋其閉脩，釋，舍也。閉，守也。脩，治也。而輕於行道，失其心矣。失其心守也。○《略説》：此言獻公不備，晉將有亂。而輕行遠道欲會齊，故謂失心。君子失心，鮮不夭昏。」夭，折也〔七〕。昏，狂荒之疾。○《標注》：夭昏，謂短折也，是當時熟用之套語矣，勿拘文義。然「昏」亦早死之稱，注謬。是歲也，獻公卒。八年，爲淮之會。八年，葵丘後八年也。桓公復會諸侯於淮，在魯僖十六年。《傳》曰：「會于淮，謀鄫，且東略也。」○《正義》：淮陵，屬臨淮郡，《地理志》又言東海郡。繒縣，故國，禹後。則僖十六年會地當在東海、臨淮二郡界内。○《集解》：淮，謂淮水。晉臨淮郡當今安徽盱眙縣治，淮水經此，入江蘇淮陰縣界。**桓公在殯**〔八〕**，宋人伐之。**魯僖十七年冬，齊桓公卒，五子争立〔九〕，大子奔宋，宋襄公伐齊，納之，是爲孝公也。○《標注》：宋人伐齊，以納孝公也，於齊桓無負，此引證失宜。

【彙校】

〔一〕此至「宋人伐之」，公序本屬上，明道本、《集解》單列，上海師大本置標題爲「宰周公論晉侯將死」。但上文記宰周公勸阻晉獻公赴齊桓公主持的葵丘之會，與本段同一緣起，下文復載其預言之應驗：「桓公在殯，宋人伐之」，這是完整的三段式結構，不當分割，如果單列，本段就缺少緣起，今依公序本。

〔二〕明道本、正統本無「大」字。

〔三〕明道本無「彘」字，《札記》據段玉裁説謂韋時彘名永安，《周語》「流王於彘」解云：「漢爲縣，屬河東，今曰永安。」斷無「彘」字者是，但《周語上》已有「流（厲）王于彘」之記載，其地就在今山西霍縣，則「彘」之作爲地名由來已久，韋注沿用舊名也未可知。

〔四〕淵，正統本同，明道本作「渠」，注同，秦鼎從明道本，《考異》據韋解「池」，謂作「渠」是也，實不可必。

〔五〕苟，明道本作「上」，依注例可從。

〔六〕否，《補音》出「不」，並云「方有反」，公序本他處此義皆作「不」，疑此係後人據明道本改，並韋注「否，不也」三字亦從後者補，其實「否，不也」之解也屬多餘，疑韋注本無。

〔七〕明道本、正統本重「夭」字，可從。

〔八〕《述聞》謂「桓公在殯」上當脱「九年」二字，傳寫脱漏，《集解》從補；秦鼎云：「『桓公』上，疑脱『明年』二字。」二説皆有理。

〔九〕五子，明道本、正統本作「五公子」，《考正》從補，可從。

7 里克殺奚齊荀息死之〔一〕

二十六年，獻公卒。獻公二十六年，魯僖九年。里克將殺奚齊，先告荀息曰：「三公子之徒將殺孺子，子將如何？」荀息，奚齊之傅。三公子，申生、重耳、夷吾。徒，黨也。荀息曰：「死吾君死畜吾君也。○《標注》：以其死之故而欺侮之之謂死，注未允。而殺其孤，○《增注》：言三公子之徒以吾君爲死而殺君之孤。○秦鼎：或云：死畜，猶斃獸也。視君猶死獸，棄而不顧其孤也。○《發正》：吾君，謂獻公。孤，謂奚齊。獻公死，奚齊見殺，是死吾君而殺其孤也。○《補正》：謂因吾君既死而殺其孤也。◎志慧按：韋注及秦鼎所引或説皆有增字解經之嫌，「死吾君」即「吾君死」之倒文，口語中主謂倒置，於古於今皆屬常見，《補正》説簡明。吾有死而已，吾蔑從之矣！」蔑，無也。里克曰：「子死，孺子立，死不亦可乎〔二〕？子死，孺子廢，焉用死哉〔三〕？」荀息曰：「昔君問臣事君於我，我對以忠貞。君曰：『何謂也？』我對曰：『可以利公室，力有所能，無不爲，忠也。葬死者，養生者，死人復生不悔，得其所任，故不悔也。生人不愧〔四〕，貞也。』吾言既往矣，往，行也。○《刪補》：春臺先生曰：「往，逝也。往矣，不反之辭。」舊注以行解之，非也。○秦鼎：往，過去也。豈能欲行吾言而又愛吾身乎？雖死，焉辟之〔五〕？」焉得辟之。

【彙校】

〔一〕由此至「寔爲惠公」，傅庚生選本題作「里克殺奚齊秦立惠公」，上海師大本題作「里克殺奚齊而秦立惠公」，唯中間「君子曰：『不食其言矣』」一語已作結，之前言主爲奚齊，之後事主爲秦穆公與夷吾，兹分梳，並各設標題。

〔二〕明道本無「死」字，疑脱。

〔三〕明道本無「哉」字，疑脱。

〔四〕生，南監本脱爛不可識，静嘉堂本、弘治本、許宗魯本作「主」，後三者俱誤。

〔五〕辟，明道本、正統本作「避」，注同。

里克告丕鄭曰：「三公子之徒將殺孺子，子將何如？」丕鄭曰：「荀息謂何？」荀息何言〔一〕。**對曰**〔二〕**：「荀息曰『死之』。」丕鄭曰：「子勉之。夫二國士之所圖，無不遂也。**二國士，里克、荀息也。遂，行也。○《平議》：二國士者，一爲里克，其一丕鄭自謂。○《集解》：以爲「二」乃「夫」下重文號之誤，國士則單指里克。◎志慧按：《校證》從《集解》。丕鄭不當自命爲國士，重文號與「二」在形狀、大小上都相去甚遠。以上二説疑不可取。荀息懷抱忠貞，不負所托，面對威脅，「有死而已」，後來果然踐行了他的承諾，可謂言出必遂；里克殺奚齊，當然亦如後文所載的遂其所願了，此所謂「二國士之所圖，無不遂也」，韋注無誤。**我爲子行之。**助行其事，謂使翟、援秦之屬也。**子帥七輿大夫以待我。**七輿，申生下軍大夫也，左行共華、右行賈華、叔堅、騅歂、纍虎、特宮、山祁也。待我，待我應之〔三〕。○《舊音》：騅歂，上音隹，下音遄。○《補音》：上職追反，下市專反。○《正義》：《僖十年傳》服虔注：「下軍輿帥七人，屬申生者。」是宏嗣用服義也。杜注：「侯伯七命，副車七乘。」是以七輿屬之獻公。劉光伯謂若是主公車，則當情親于公，不應曲附欒（按：「欒」之譌）氏，則劉光伯亦宗服、韋而非杜氏矣。况申生、欒盈並是下車之帥，益見服、韋之確。惠棟引《韓非子》「晉國之法，上大夫二輿二乘，中大夫二輿一乘，下大夫專乘」，專乘謂一輿。文公作三行，景公時改爲三軍大夫一司馬，三行爲六輿，司馬專乘，合七輿之數，故《襄二十三年傳》云「七輿大夫與欒氏」，自文公以後始有七輿，獻公時止有二行一尉，不得爲七輿，古「五」字如「七」，遂譌爲之，叔堅以下舉里、丕之黨不必皆在七輿之數。案：五輿之説，經文無證，蓋輿，衆也，猶夏官之屬有輿司馬，非軍將也，惠與韋異義，其説非也。○《標注》：七輿非下軍之屬，《左傳》可徵。七輿大夫，《詩》所謂「公路」是也。**我使翟以動之，援秦以摇之。**重耳在翟，故欲告翟〔四〕，又結援於秦以摇動晉國，敗奚齊之黨也。○《詳注》：夷吾在梁，故結援於秦。**立其薄者可以得重賂，**結秦、翟之援，以立二公子，恩薄者可以得重賂也〔五〕。**厚者可使無入。**於己厚者，可使二公子不得入立〔六〕。○《略説》：薄者，疏也，謂群公子也。厚，猶親也，謂重耳、夷吾親近於晉也。○《平議》：厚薄喻親疏也，言欲立疏遠者以要重賂，而重耳、夷吾可使無入也。○《補正》：厚薄，以利言，利薄可以得重賂，利厚可使無入，注意未醒。○徐朝暉：「薄者」、「厚者」乃於德言之。◎志慧按：若依吴曾祺之説，則句義適相反對，據下文里克所云之「義」，親親、尚德皆在其中，闕修齡、俞曲園與徐朝暉之説似可互補。**國，誰之國也？」**言晉可專也。**里克曰：「不可。克聞之，夫義者，利之足也；**有義，然後利立，故曰利之足也。**貪者，怨之本也。**貪則專利，故人怨之。**廢義，**

則利不立；無足，故不立。厚貪，則怨生。夫孺子豈獲罪於民？將以驪姬之惑蠱君而誣國人〔七〕，蠱，化也。誣，罔也。○《述聞》：蠱，亦惑也。○《補正》：《爾雅》：「蠱，疑也。」與「惑」同。◎志慧按：本句「惑」爲名詞，「蠱」爲動詞，此所以韋昭捨《爾雅》而另尋新義，《述聞》、《補正》未見其分別義，不密。讒羣公子而奪之利，使君迷亂，信而亡之，信姬之言，使皆奔亡〔八〕。殺無罪以爲諸侯笑，無罪，謂申生也。使百姓莫不有藏惡於其心中〔九〕，人懷悖逆。○《補音》：惡，如字。恐其如壅大川，潰而不可救禦也〔一〇〕。禦，止也。是故將殺奚齊，而立公子之在外者〔一一〕，以定民弭憂，於諸侯且爲援，弭，止也。言諸侯義己，則得以爲援也。○秦鼎：國人皆懷悖逆之心，恐大亂起，如大川之潰，不可救禦，國亦從而滅。故殺奚齊，立他公子以慰國人之怒也。召穆公云：「川壅而潰，傷人必多。」子産云：「大決所犯，傷人必多，吾不克救也。」◎志慧按：里克之殺奚齊、立他公子似不僅僅如秦鼎所云「以慰國人之怒也」。驪姬之讒惑，致獻公迷亂，群公子或死或奔，「國亂民擾，大夫無常」，百姓人懷悖逆，這是整體性的社會崩潰，所謂「如壅大川，潰而不可救禦也」，里克所做的恰恰是這不可救禦之救禦。若與下文狐偃告誡重耳「大喪、大亂之剡也，不可犯也」並觀，更可知晉獻公死後晉國形勢的複雜。庶幾曰諸侯義而撫之，百姓欣而奉之，國可以固。固，安也。今殺君而賴其富，賴，利也。貪且反義。貪則民怨，反義則富不爲賴。不義而富必危，故不爲利。◎志慧按：此即上文「義者，利之足也」、「廢義，則利不立」之意。**賴富而民怨，亂國而身殆，懼爲諸侯載，**載見於書，爲後戒也。○《正義》：《襄二十三年傳》「季孫召外史掌惡臣而問盟首焉」，《襄二十年傳》「甯惠子曰：『吾得罪於君，名藏在諸侯之策，曰：孫林父、甯殖出其君。』」此皆顯著其惡，以立臣道之大防也。**不可常也。」**○《補正》：《爾雅》注：「法，常也。」謂丕鄭之言，不可爲法也。**丕鄭許諾。於是殺奚齊、卓子及驪姬，而請君于秦。**○《史記·晉世家》：十月，里克殺奚齊于喪次。十一月，里克弑悼子于朝。○《史記·晉世家》集解：《列女傳》曰：「鞭殺驪姬于市。」○《集解》：夷吾奔梁，梁近於秦，秦又爲晉親，故請之。◎志慧按：卓子，《史記·晉世家》作「悼子」，《史記·齊太公世家》集解引徐廣曰：「《史記》卓多作『淖』。」疑此「悼」亦係借字。

【彙校】

〔一〕「何言」前，明道本、正統本有「有」字，《考正》從補，疑公序本脱。

〔二〕明道本無「對曰」二字，疑脱。

〔三〕明道本、正統本無「之」字。

〔四〕故欲告翟，明道本作「故告狄人」，疑係「又」字誤寫作「人」，並於「人」下斷句，正統本作「故欲告狄」。

〔五〕明道本「可以」前有「尚」字，正統本無之。

〔六〕「二公子」三字，秦鼎據陳卧子本前置於句首，未必是。

〔七〕秦鼎云：「將，疑『特』之誤。」似是。

〔八〕使皆奔亡，明道本、正統本作「令皆奔去」，疑「去」係「亡」之形訛，上海師大本徑作「令皆奔亡」。

〔九〕有，静嘉堂本、南監本漫漶不可識，弘治本作「得」，疑因南監本脱爛，又未與他本對勘而臆寫。

〔一〇〕静嘉堂本、南監本脱爛正文「御也」並韋注，弘治本同缺。

〔一一〕公子，明道本及《通鑑外紀》卷五、《通志》卷九十列傳第三俱無「公」字，據義和上文文例當有。

既殺奚齊，荀息將死之。人曰：「不如立其弟而輔之。」荀息立卓子。里克又殺卓子，荀息死之。君子曰：「不食其言矣。」食，僞也。○《補正》：既言而反之，爲食言。

8 秦穆公立惠公

既殺奚齊、卓子，里克及丕鄭使屠岸夷屠岸夷，晉大夫。○《補正》：屠岸，複姓，晉有屠岸賈。告公子重耳於翟，曰：「國亂民擾，得國在亂，治民在擾，非亂何入，非擾何安，亦言勞民易爲治也。○《補正》：言得國治民，正在此時，與勞民易治無涉。子盍入乎？吾請爲子鉥。」鉥，導也〔一〕。○《補音》：鉥，食聿反。○陶望齡：鉥，《説文》云：「綦鍼也。」是鍼將線引之意，注「導也」略得其概，未盡此語妙處（盧之頤校訂《國語》）。○秦鼎：鉥、訹音同，訹，導也。○《發正》：《説文》：「訹，誘也。」《詩·野有死麕傳》：「誘，導也。」故韋訓爲道，「訹」正字，「鉥」假借字。○《翼解》：《説文》：「鉥，綦鍼也。」鍼所以縫也。此云道者，猶縫之以鉥，爲引導也。○《補正》：鉥，本訓鍼，韋訓導，謂猶用藥者以鍼導之也。◎志慧按：《説文·金部》：「鉥，綦鍼也。」陳瑑誤將「鉥」楷定成「銇」字，《集解》更據「銇」字立説，並指《説文》無「鉥」字，失檢。《發正》視「鉥」爲「訹」之通假字，固通，唯如韋昭、陶望齡等依本字釋義亦怡然理順，則不勞輾轉求諸通假。重耳告舅犯曰：「里克欲納我。」舅犯曰：「不可。夫堅樹在始，樹，木也。始，根本也。始不固本，終必槁落。○《國語箋》：始非本根，當訓初，下「本」字乃指根言。此三句謂欲堅固其樹木，在於初種之時，若初種時不能固其本根，終必至枯槁零落，文意甚明。若訓「始」爲本根，言樹木堅固在其本根，則下「始不固本」句不可解。若讀「始不固」爲句，以「本」字下屬，云「本終必槁落」，本不可言落，益不可通。或韋注原云「本，根也」，今本誤增「始」字，亦未可知。夫長國者，唯知哀樂喜怒之節，是以導民。長，君也〔二〕。導，訓也。不哀喪而求國，難；因亂以入，殆。以喪得國，則必樂喪，樂喪，以喪爲樂。○孫鑛：難，宜從平聲讀，蓋與下「殆」字對（盧之頤校訂《國語》）。○秦鼎：難，災難也，謂後必有災也。○《詳注》：因亂入，殆，勢必有難也。○《集解》：謂不哀喪而求得國，事之難成者也。下文曰「是故難」，乃申言之。樂喪必哀生。因亂以入，則必喜亂，喜亂必怠德。怠，懈也。是哀樂、喜怒之節易也，易，反也。何以導民？民不我導，誰長？」不我導，不從我訓也。長，君之也〔三〕。○《略説》：我不導民，則誰以我爲君乎。重耳曰：「非喪，誰代〔四〕？非亂，誰納我？」舅犯曰：「偃也聞之，偃，子犯名，爲重耳舅〔五〕，故曰舅犯。喪亂有小大。大喪、大亂之剡也，不可犯也。剡，鋒也。○《補音》：剡，以冉反。○户埼允明：謂其大敵之初，其勢鋭如刃鋒，不可犯也。父母死爲大喪，讒在兄弟爲大亂。今適當之，是故難。」公子重耳出見使者，曰：「子惠顧亡人，重耳父生不得供備洒埽之臣〔六〕，洒，灑也。死又不敢莅喪，以重其罪，且辱大夫，敢辭。莅，臨也。夫固國者，在親衆而善鄰，固，定也。親衆，愛士民也。善鄰，善鄰國也。在因民而順之。因民所愛而立之，爲順民也。苟衆所利，鄰國之所立〔七〕，大夫其從之，重耳不敢違。」○《略説》：不違其所立者。◎志慧按：《左傳·僖公九年》：「里克、丕鄭欲納文公，故以三公子之徒作亂。」未及舅犯舅甥這一段對話，頗疑舅犯如此高風亮節的姿態與高瞻遠矚的目光係事後附會，蓋如下文吕甥所云「自立則不敢」，必要因於大國，夷吾憑秦穆姬的關係，可以請於秦，繼而得到齊、秦兩個大國的加持。重耳雖有里、丕做内應，但無外援，故不可能勝出。下文載秦穆公「先置惠公」，似乎早就爲十四年以後的危機備下了預案——有意思的是，恰恰是公孫枝與秦穆公的這一段對話不載於《左傳》。而在重耳集團一方，什麼「苟衆所利，鄰國之所立，大夫其從之，重耳不敢違」，似乎後來在晉國散播的謡言、製造的動亂都與他們無關，坐等十四年以後順位交接了。此類話術，柳宗元《非國語》並無異議。

【彙校】

〔一〕導，正統本同，明道本作「道」，古通，與其用詞常例適相反對。

〔二〕君，正統本同，明道本作「長民」，《考正》：「言夫君國，於義已明盡，仍之爲允。」有理。

〔三〕明道本無「之」字，疑脱。

〔四〕代，孔氏詩禮堂本作「伐」，疑後者訛。

〔五〕明道本無「爲」字，正統本有之。

〔六〕所見各本或於「亡人」句，或於「重耳」句，於義兩可。臣，明道本、正統本同，秦鼎從盧本作「職」，似是。

〔七〕明道本、正統本、《元龜》卷七三二無「之」字。

呂甥及郤稱亦使蒲城午呂甥、郤稱，夷吾之徒也。蒲城午，晉大夫。告公子夷吾于梁，曰：「子厚賂秦人以求入〔一〕，吾主子。」主子，爲子内主也。夷吾告冀芮曰：「呂甥欲納我。」冀芮，晉大夫郤豹子〔二〕，從夷吾，故告也〔三〕。冀芮曰：「子勉之。國亂民擾，大夫無常，不可失也。無常，無常心也。○秦鼎：無常，謂大夫於群公子無所適莫也。○《集解》：無常，謂向背無常也。非亂何入？非危何安？亂有所代，危得安之。○《補正》：謂非遇亂危，何從入而安之。幸苟君之〔四〕，子唯其索之〔五〕。索，求也。所在以求之。○户埼允明：國人欲得君也，故誡唯求君之子也。○《集解》：幸苟，苟也。謂苟得爲晉君，子可聽秦之索求也。◎志慧按：於此似尚未言及秦之索求，當謂若僥幸有登大位的機會，夷吾當努力求索之，下文「盡國以賂外内」方涉及「索」的具體方法與路徑，秦鼎説疑非。方亂以擾，孰適禦我？○《增注》：適，主也。《詩》曰：「誰適爲容？」又曰：「孰適與謀？」言國亂而民擾，不可有主以御者也。○《集解》：適，是也。◎志慧按：《詩·衛風·伯兮》「豈無膏沐？誰適爲容」，句法、詞義俱與此「適」同，彼毛傳云：「適，主也。」《集解》説不可取。大夫無常，苟衆所置，孰能勿從？子盍盡國以賂外内？無愛虚以求入，外，謂諸侯。内，謂大夫。虚國藏以求入也。○《集解》：愛，吝也，惜也。無愛虚，謂勿吝惜國藏之空虚也。○《辨正》：下文郤芮再次告誡夷吾曰：「公子盡之，無愛財！」其中之「財」正是本條之「虚」。土地、重實之類皆非我之所有，自然是虛而非實，與大位相比，這些土地、重寶尤顯得微不足道。既入而後圖聚。」入國乃圖畜聚也。○葉明元《抄評》：「入而圖聚」之言則便蓄背賂之意矣。公子夷吾出見使者，再拜稽首，許諾。

【彙校】

〔一〕求，弘治本作「來」，後者形訛。

〔二〕郤豹子，明道本、正統本作「郤芮」。

〔三〕故告也，明道本、正統本作「者」，《考正》謂韋氏於前篇注「冀芮，晉大夫冀缺之父」，不云郤豹子，又上文重耳告舅犯「告」字無解，乃獨解此「告」字，亦失其次，以明道本爲得，其說有理。

〔四〕秦鼎云：「幸苟，衍一字。」未必是。

〔五〕秦鼎本、《補正》、《詳注》、上海師大本皆於「子」下斷句，此從《集解》。正統本、明道句下有「也」字。

呂甥出告大夫曰：「君死，自立則不敢，自立，立嗣君也。○《略說》：夷吾不敢自立，蓋恐自立之不固，欲因秦而立，故使大夫請於秦也。久則恐諸侯之謀，徑召君於外也，恐受賂，徑自召他公子也。則民各有心，恐厚亂，各有心，所愛不同也。盍請君于秦乎？」秦親晉，故欲請所立〔一〕。大夫許諾。乃使梁由靡告于秦穆公。梁由靡，晉大夫。秦穆公，伯益之後，德公之子穆公任好也。曰：「天降禍于晉國，讒言繁興，延及寡君，使寡君之紹續昆裔〔二〕，紹，繼也。續，嗣也。昆，後也。裔，末也。○《爾雅·釋詁》：紹、嗣、續，繼也。又《釋言》：昆，後也。隱悼播越，託在草莽，未有所依。隱，憂也。悼，懼也。播，散也。越，遠也。依，倚也。○《校補》：悼，讀爲逃，《釋名》：「悼，逃也。知有廉恥，隱逃其情也。」○戎輝兵《〈國語集解〉訂補》：播越，二字并列，同義連文。韋解：「播，散也。」得其義。「越」亦當訓「散、揚」。《淮南子·俶真訓》：「神越者其言華，德蕩者其行僞。」高誘注：「越，散也。」又重之以寡君之不禄，喪亂並臻。士死曰不禄。禮：君死，赴於它國曰「寡君不禄」，謙也。臻，至也。○《爾雅·釋詁》：無禄，死也。臻，至也。以君之靈，鬼神降衷，衷，善也。○《標注》：衷，與「誘衷」之「衷」同，中心也，文意亦不相遠。罪人克伏其辜，罪人，驪姬也。羣臣莫敢寧處，將待君命。待君命所立也。君若惠顧社稷，不忘先君之好〔三〕，辱收其逋遷裔胄而建立之，逋，亡也。遷，徙也。胄，後也。以主其祭祀，且填撫其國家及其民人〔四〕，雖四鄰諸侯之聞之也，其誰不儆懼於君之威，而欣喜於君之德？終君之重愛，受君之重況〔五〕，而羣臣受其大德，君〔六〕，謂獻公也〔七〕。況，賜也。○秦鼎：君，謂穆公，此解當在上文「待君命」下。○《補正》：上文兩「君」字俱指穆公，此句「終君」云云，自是一例，何以云謂獻公？　○《辨正》：「終」字所在的位置其實應該是「受」的近義詞。竊以爲當是「冡」字，《説文》：「冡，覆也。」段玉裁注曰：「凡蒙覆、僮蒙之字，今字皆作『蒙』，依古當作『冡』，『蒙』行而『冡』廢矣。」因「冡」之構形與「冢」逼似，尤其是「冢」字之一點古書也有上移至「冖」下者，故極易將「冡」誤認作「冢」，又因「冢」、「終」音近，遂循通假之習將「冢」字書作「終」，終於不可解。**晉國其誰非君之羣隸臣也？」**隸，役也。**秦穆公許諾，反使者，**反，報也[八]。**乃召大夫子明及公孫枝**[九]，子明，秦大夫百里孟明視。公孫枝，秦公孫子桑也。**曰：「夫晉國之亂，吾誰使先，**當先立誰。○葉明元《抄評》：「使先」二字二意：使，誰可使弔也。先，誰當先立也。　○《删補》：春臺先生曰：「吾誰使先，言吾誰使先往弔二公子者也。」　◎志慧按：觀下句，則此句僅道「使」意，春臺之意是也，韋注與葉明元第二層意義皆不與焉。**若夫二公子而立之，**若，之也。使之二公子擇所立也[一〇]。　○《略説》：孫鑛云：「若，《説文》：『擇菜也。』」愚謂於群公子中先擇二公子也。　○《平議》：此當以十二字共爲一句，若者，擇也。秦穆之意欲擇立二公子而未知誰可使者，故曰「吾誰使先若夫二公子而立之」，下文大夫子明曰「君使縶也」正與問意相對，若從韋注，則穆公但謀所立，不謀所使何爲以使縶對乎？　○《補正》：《説文》：「若，擇菜也。」段（玉裁）云若正訓擇。此謂誰先擇二公子而立之，作一句讀。　◎志慧按：「若」字義項當依孫鑛、曲園先生説。二句先言使，再言立，則是並列句式，下文亦正是按此理路展開，故不當如俞曲園、吴曾祺作一句讀。**以爲朝夕之急？」**言晉無君，朝夕之急也。○陶望齡：擇君而立，於立者爲有恩，可以朝夕取緩急爲與國耳（盧之頤校訂《國語》）。**大夫子明曰：「君使縶也。**縶，秦公子子顯也。○《補音》：縶，張執反，又丁立反。○《正義》：《左傳補注》引盧植曰：「古者名字相配，顯，當爲『韅』。」錢大昕曰：「韅、靷、鞅、絆皆所以馭馬。」◎志慧按：《正義》所引前説見惠棟《左傳補注》卷一，後者見《潛研堂集·文集》卷七，俱有理。**縶敏且知禮，敬以知微。敏能竄謀，**竄，微也。○《補韋》：竄，藏也，即下「置不仁以滑其中，且可以進退」是也。**知禮可使；敬不隊命**〔一一〕，隊，失也。**微知可否**〔一二〕。微，密〔一三〕，故知可否。**君其使之。」**

【彙校】

〔一〕明道本、正統本「請所立」前有「之秦」二字，《考正》從補。

〔二〕《通鑑前編》卷十一引同，明道本、正統本無「使寡君」三字，疑脱。

〔三〕忘，正統本作「忌」，後者形訛。

〔四〕填，《舊音》：「音鎮。」《補音》：「本或作『鎮』。」明道本、正統本作「鎮」，古「鎮」、「填」常通作。

〔五〕況，明道本、正統本作「貺」，「貺」本字，「況」通假字，注同。

〔六〕君，明道本、正統本作「終君」，疑衍。

〔七〕獻，《删補》、《訂字》皆謂當作「穆」，是，《增注》則徑改作「穆」。

〔八〕報也，明道本、正統本作「報反也」，疑衍「反」字。

〔九〕召，張一鯤本、李克家本、《正義》作「告」，後者字訛。

〔一〇〕秦鼎據《説文》「若，擇菜也」之説，謂本注當作「若，擇也。使，使二公子擇所立也，言擇二公子而立之」，其説有理，惜乏佐證。

〔一一〕隊，明道本、正統本作「墜」，注同，「隊」、「墜」古今字。

〔一二〕可否，明道本、遞修本、正統本同，静嘉堂本、南監本、弘治本、許宗魯本作「可不」，《補音》出「可不」，並於「不」下注云：「方有反。」則是南監本亦自有據。

〔一三〕微密，明道本、正統本作「密微」，疑後者誤倒。

乃使公子縶弔公子重耳于翟，曰：「寡君使縶弔公子之憂，又重之以喪。奔亡之憂，加之以喪親也。　〇《略説》：《禮·檀弓》曰：「儼然在憂服之中。」此「憂」謂獻公之喪也。又曰「喪亦不可久也」，鄭玄注云：「喪謂亡失位。」此宜從鄭義。　〇《補正》：喪，讀喪亡之「喪」。既弔其遭父憂，又弔其出亡在外，語意方爲得體。若如注所解，下文「喪不可久」句竟説不去。　◎志慧按：關修齡引《檀弓》文及鄭注互證，可正韋注臆想之疏誤。寡人聞之，得國常於喪，失國常於喪。若齊桓公以喪得國，子糾以喪失之是也[一]。時不可失，喪不可久[二]，公子其圖之！」重耳告舅犯。舅犯曰：「不可。亡人無親，信、仁以爲親，亡人無親者，被不孝之名，棄親而亡也，當信行仁道，然後有親。○《存校》：亡人，謂出亡在外。○《備考》：「亡人無親」者，言出亡之人無所親愛，獨親愛信、仁之道耳，是故置而爲君則不危也。○《標注》：信、仁是二德，下文可證。親，是親愛之「親」矣，注乃作父子解，大謬。○《補正》：「信仁」二字，是對待之詞，玩下文可悟。◎志慧按：據下文「人孰仁我」、「人孰信我」、「不仁不信」等，「信仁以爲親」之「信仁」當是一並列短語，並非如韋注所説的「信行仁道」，上海師大本與王樹民、沈長雲點校的徐元誥《集解》皆未將「信」、「仁」斷開，今特點斷。是故置之者不殆。置，立也。殆，危也。父死在堂而求利，人孰仁我？人誰以我爲仁也？○秦鼎：在堂，謂在殯未葬時也。《檀弓》「知悼子在堂」是也。人實有之，我以徼幸[三]，人孰信我？人實有之，時多公子，非獨己也[四]。我從外徼幸而求之，人誰謂我信也[五]？○《辨正》：人實有之，非謂時多公子，此「人」特指奚齊、卓子，大位本該屬於太子申生，後來因驪姬之讒先後傳給奚齊、卓子，重耳既非世子，又流亡在外，故云「徼幸」。不仁不信，將何以長利？」公子重耳出見使者，使者，公子縶也。曰：「君惠弔亡臣，又重有命。反國之命。重耳身亡，父死不得與於哭泣之位，又何敢有它志以辱君義？」它志，謂爲君也。再

拜不稽首，起而哭，易位而哭。　○《標注》：注「易位」舛。　◎志慧按：《禮記・檀弓下》載同一事件云：「稽顙而不拜，哭而起，起而不私。」孔穎達正義：「孝子拜賓之時，先爲稽顙而後拜者，哀戚之至痛。就拜與稽顙二事之中，稽顙爲痛之甚，此『拜稽顙』『拜』文在上，以周禮言之，將拜稽顙或可。下文殷、周並陳，此云『拜稽顙』，或舉殷禮，故先言拜也。」孔氏謂「或舉殷禮」，疑屬臆測之詞，重耳何以行殷禮？而且，即使拜稽顙爲殷禮，重耳於此仍有稽顙的一環，故有下句「起」字，否則「起」字便無法安頓。頗疑此係《晉語》敘述者的瑕疵，韋昭據《晉語》隨文釋義，將「起而哭」之「起」釋作「易位」，不如依《檀弓》之文爲長。　**退而不私。**不私，不私訪也〔六〕。

【彙校】

〔一〕秦鼎云：「失之，當作『失國』。」不可必。

〔二〕二句各本同，宋本《元龜》卷七三二作「喪亦不可久也，時亦不可失也」，緊接「失國常於喪」，似更合頂真辭格。

〔三〕幸，明道本、正統本作「倖」，「倖」、「幸」古通，下同。

〔四〕明道本、正統本「己」下有「有」字，據義疑衍。

〔五〕明道本、正統本無「人」字，上文韋注「人孰仁我」下有之，故此亦當有。

〔六〕《删補》云：「訪，當作『語』。」户埼允明、千葉玄之、秦鼎承其説，然未見所據。

公子縶退，弔公子夷吾于梁，如弔公子重耳之命。夷吾告冀芮曰：「秦人勤我矣！」勤〔一〕，助我也。◎志慧按：《左傳·僖公三年》：「齊方勤我。」杜注：「勤，恤（鄭難）。」似較釋爲「助」更勝。冀芮曰：「公子勉之。亡人無狷潔，狷潔不行。亡人不可以狷潔，狷潔則大事不行。重賂配德，以重賂配己之德也。○《補正》：謂視人之施德於我如何，我以重賂配之。公子盡之，無愛財，人實有之，我以徼幸，不亦可乎？」公子夷吾出見使者，再拜稽首，起而不哭，退而私於公子縶曰：「中大夫里克與我矣，與我，助我也〔二〕。○《正義》：《僖十五年傳》杜注：「中大夫，國中（内）執政里、丕等。」則中大夫非爵名。吾命之以汾陽之田百萬。賈侍中云：「汾，水名。汾陽，晉地。百萬，百萬畝也。」○《補正》：汾陽，汾水之陽漢太原郡汾陽縣北山，汾水所出。嬖大夫丕鄭與我矣〔三〕，吾命之以負葵之田七十萬〔四〕。負葵，晉地名〔五〕。○《正義》：《昭元年傳》「子晢（晳），上大夫；女，嬖大夫。」對上大夫言之，則下大夫也。○秦鼎：晉、鄭二國以下大夫爲嬖大夫。○《釋地》：負葵，地名，在今滎河縣北十里。◎志慧按：里、丕的立場，此説與《左傳》所載大别，疑二人兩邊押注，或者見風使舵，故招致後來清算。君苟輔我，蔑天命矣，蔑，無也。無復天命，在秦而已。○秦鼎：言無復待天命，唯在恃秦而已。

◎志慧按：在秦公子縶面前，重耳與夷吾兄弟都有「人實有之，我以徼幸」之語，則是天命在人（奚齊、卓子）而不在我，夷吾所謂「蔑天命」者以此。皆川淇園云：「言唯秦所置，雖天所不置而秦將置之，則不復須天使也。」**吾必遂矣**〔六〕**！**遂，成也。**亡人苟入，掃除宗廟**〔七〕**，定社稷，亡人何國之與有？**言但得守宗廟、社稷，不敢望國土也。○《增注》：猶「有天下而不與」之語，言不與有晉國也。**君實有郡縣**〔八〕，言君亦自有郡縣，非謂之無也。○孫鑛：蓋言晉即秦之郡縣（盧之頤校訂《國語》）。○《發正》：此言晉國猶秦之郡縣耳，韋解迂曲。**且入河外列城五。**河外，河東也。列城五，東盡虢略，南及華山，內及解梁城。○《正義》：東盡虢略，從河南而東，盡虢界也。今許以賂秦列城五者，自華山東，盡虢之東界，其間有五城也。《傳》稱「許君焦、瑕」，蓋是其二，其餘三城不可知也。列城，猶言列國，言其城之大者。解梁城則在河北，非此河外五城之數也。案：《後漢·郡國志》「陸渾西有虢略地」，在今河南河南府嵩縣境內。華山，在今陝西同州府華陰縣西南。解梁城，在今山西蒲州府臨晉縣，東南十八里，有解城。○《集解》：《國策·秦策》：「入其社稷之臣於秦。」高注云：「入，納也。」此「入」與彼同義。◎志慧按：虢略，即今河南靈寶縣城。解梁古城在今山西省永濟市開張鎮古城村。**豈謂君無有，亦爲君之東游津梁之上，無有難急也。**津，水也。梁，橋也。非謂君無有若此地者，欲使君東游津梁之上無有難急〔九〕，故進之耳。○呂邦燿：無難急者，設言乃易於供具之意（《國語髓析》）。**亡人之所懷挾嬰壤**〔一〇〕**，以望君之塵垢者，**挾，持也。

嬰，馬纓。瓖，馬帶〔一一〕。言「塵垢」，不敢當盛也。○賈逵：纕，馬纕帶也（《原本玉篇殘卷·糸部》引）。○《補音》：瓖，息良反。○《翼解》：蓋纕本爲帶，繫於馬者爲馬腹帶，猶纓本冠系，繫於馬則曰馬纓也。○《補正》：懷挾纓纕，謂所懷挾之物以進之君者，將以備纓纕之用。○蔡振華《〈國語·晉語二〉「懷挾纓纕」新解》：「纓」是「繫繞」之意，「纕」活用爲動詞，作「繫挂、佩帶」講。「亡人之所懷挾纓纕以望君之塵垢者」成分不全，難以作爲一個獨立的句子存在，應與下文「黄金四十鎰，白玉之珩六雙」共同組成一個判斷句，是「不敢當公子，請納之左右」的主語。「懷」「挾」「纓」「纕」應該是連用的四個動詞，表示「黄金四十鎰，白玉之珩六雙」的攜帶方式。全句可以翻譯爲：「我這個流亡者身上所攜帶、用以盼望秦君（使者）到來的，是黄金四十鎰，白玉之珩六雙。」**黄金四十鎰**〔一二〕，**白玉之珩六雙**，二十兩爲鎰。珩，佩上飾也，珩形似磬而小，《詩傳》曰：「上有葱珩，下有雙璜〔一三〕。」○賈逵：一鎰，二十四兩（《文選》枚乘《七發》李善注引，王、汪、黄、蔣輯）。○《補音》：珩，户庚反。◎志慧按：蔡振華説後出轉精，今從之。韋注所引《詩傳》見載《周禮·玉府》鄭注。作爲重量單位的鎰，漢晉人已有二説，如趙岐《孟子·梁惠王》章句、高誘《吕氏春秋·異寶》、郭璞《穆天子傳》卷二注皆主二十兩説，賈逵則主二十四兩説，唯同賈説者罕見，韋注蓋從衆説歟？又李零《孫子譯注·作戰》云：「據出土戰國記重銅器，一鎰合二四兩，重約三七四克。」**不敢當公子，請納之左右。**」公子，公子縶。言左右，謙也。○《集解》：不敢當，猶言不敢煩也。

【彙校】

〔一〕勤，正統本同，明道本作「勤我」，是，公序本脱。

〔二〕明道本無此韋注，疑脱。

〔三〕嬖大夫，正統本同，明道本無此三字，據上文並列句有「中大夫」三字，則此處亦當有之。

〔四〕負葵，《補音》云「一本『葵』作『蔡』」，明道本、正統本作「負蔡」，注同，《左傳·僖公十五年》孔疏、《禮記正義·檀弓下》、《元龜》卷七三六引均作「負蔡」，二者必有一誤，唯已不可考。

〔五〕明道本、正統本無「晉」字，疑脱。

〔六〕吾必遂矣，《元龜》引同，明道本無此句，亦無句下韋注，疑皆脱。

〔七〕掃除，《檀弓下》正義、《元龜》引同，明道本、正統本與《通鑒前編》卷十一僅作「掃」，於義無殊，於句法，與「定社稷」相對，似作「掃」一字更整飭。

〔八〕縣，南監本同，許宗魯本作「寰」，擅改，注同。

〔九〕明道本無「使」字。

〔一〇〕嬰壤，正統本同，《元龜》卷七三六引作「纓壤」，明道本作「纓纕」，《補音》云：「或作『纓纕』者，皆非，蓋注解嬰爲馬纓，壤爲馬帶，襄若從系，無馬帶之訓也。」《四庫全書考證》卷三十七改「嬰壤」作「纓纕」，《札記》據《廣韻》平聲陽韻引《國語》作「纓纕」，謂馬腹帶者自從絲作

「纕」;訓馬帶玦者,乃從玉作「瓖」。其説甚當,但古字通假亦層見錯出,不可徑指其非。

〔一二〕馬帶,明道本、正統本作「馬腹帶」,前者脱,《考正》從補。

〔一三〕四十,《通鑑前編》、《元龜》卷七三六引同,《御覽》服章部九引作「三十」,疑係隸定之誤。

〔一四〕二「有」字,弘治本作「爲」,雙,弘治本作「蔓」,後者字訛,皆因所據南監本脱爛又未與他本對勘而臆寫。又,静嘉堂本二「有」字亦脱爛不可識。

公子縶反,致命穆公。穆公曰〔一〕:**「吾與公子重耳,重耳仁。再拜不稽首,不没爲後也**〔二〕。没,貪也。○賈逵:没,貪也(《原本玉篇殘卷·水部》引)。○秦鼎:没者,沉没於利也,故訓貪,子産所謂「没没」是也。没,一音妹,與「昧」通,貪冒也。◎志慧按:《檀弓下》本句作「稽顙而不拜,則未爲後也」。《戰國策·秦策》本句一作「設」,高誘在「設」下釋曰「貪」,又云「一作『没』」,鮑彪注則云:「没,猶溺。」准此,則在《戰國策》,此字是否作「没」,或者即作「没」,該字是否釋作「貪」,皆不可必,故不能援爲力證。退一步看,本條作「没」,且釋作「貪」,此義也僅能釋「不没(役)於利」,不能釋「不没(役)爲後」。結合《檀弓》的異文,此「没」實係「役」之形訛,役不訓「貪」,取其常用義役使、驅使即可通,《玉篇·彳部》即云:「役,使役也。」不役爲後:重耳在公子縶面前再拜不稽首,不卑不亢,示不願受人擺布之意;不役於利:即不願爲利益所驅使。觀韋昭釋此字爲「貪」，則知韋昭所見本已作「没」，明道本編者或是據或本改，或是據文義徑改。**起而哭，愛其父也**〔三〕。**退而不私，不没於利也。」**不没，不貪。利，國家也。《檀弓》云：「夫稽顙而不拜，哭而起，則愛父也。起而不私，則遠利也。」**公子縶曰：「君之言過矣。君若求置晉君而載之，**載，成也。**置仁不亦可乎？君若求置晉君以成名於天下，**成威名也。○《標注》：名，不必添「威」字。**則不如置不仁以滑其中**〔四〕，滑，亂也〔五〕。**且可以進退。**進退，猶改易也。○《略説》：秦伯進退晉國之政，非謂改易。○《標注》：可以進退，謂廢置自由也。**臣聞之**〔六〕**：『仁有置，武有置。仁置德，武置服。』」**仁置有德，武置服從。**是故先置公子夷吾，寔爲惠公。**

○趙翼《陔餘叢考》卷三：公子重耳辭國一事，《檀弓》謂晉獻公之喪，秦穆公使人弔重耳，諷以得國，舅犯使公子辭之。《國語》則謂里克殺奚齊、卓子，使人告重耳欲立之，舅犯使公子辭；秦穆公又使人諷重耳得國，舅犯亦使公子辭，蓋本一事，而《國語》誤作里克及秦穆兩事也。以理推之，當以《檀弓》所記爲是。重耳之亡，舅犯輩之從亡，皆非無意於得國者。觀其後納懷嬴而不顧，殺懷公而不恤，則其以入國爲急可知。若里克既殺二君而召之，當是時，亂不自我起，且兄弟之次居長，義本當立，夫亦何所嫌避而卻之？以爲名高，蓋其辭也。在獻公方卒之後，二君未被殺之前，國已有君，釁尚未作，而遽欲仗外援以求入，倘一發不中，則身名俱敗，此智者所不爲也。《檀弓》以其事係於獻公卒之後，而不言二君已被殺，自是實録，而《國語》所記在二君被殺後者，誤也。《史記·晉世家》但采國語之文，亦無識。◎志慧按：《晉語》欲突出重耳及其集團的仁德，晉國内外，各表一枝，實一事耳，此與《周語上》厲王流於彘事分隸於弭謗與專利兩章同，不存在《檀弓》是而《晉語》非的問題。至於此事發生的時間，篇首云「既殺奚齊、卓子」，重耳卻説「父死在堂」，與《檀弓》同；郤芮指「人實有國」，舅犯則謂「因亂以入」，梁由靡又云「罪人克伏其辜」，紛紜錯亂，莫衷一是。揆諸常理，正如「秦失其鹿，天下共逐之」，魯僖九年夏曆九月甲子（十一日），獻公卒；十月，里克殺奚齊於喪次；十一月，里克殺公子卓於朝；十年四月（夏曆二月），惠公立，殺里克。獻公一死，各方勢力面對忽然出現的權力真空，如蠅逐臭，且不捨晝夜。穆公通使重耳、夷吾之事當密集發生在前六五一年十月到前六五〇年四月之間，且不排除反復。趙翼結合重耳後來「納懷嬴而不顧，殺懷公而不恤」等不光彩的行事，斷「其以入國爲急」，頗爲有識。如果重耳集團確如目前《左傳》《國語》所載的那樣謙讓，夷吾用得著下那麼大的注嗎？竊以爲「河外列城五，東盡虢略」這樣喪心病狂的條件不會是最初的報價，而是被競争對手一再推高所致——這也使得秦穆公見獵心喜。同時，夷吾之所以能在這次角逐中勝出，也離不開秦穆姬的支持：「晉侯之入也，秦穆姬屬賈君焉」；韓原之戰後，「聞晉侯將至，（穆姬）以大子瑩弘與女簡璧登臺而履薪」，從中可見穆姬對穆公的影響力以及對夷吾的衛護，這是重耳所不具備的。趙翼謂智者所不爲，重耳其實當不得智者，只是在這一波宫門中敗下陣來，在卷土重來過程中整一套説辭美化自己，十四年之後東山再起，對歷史再進行系統性的重新敘述，遂有目前所見的説部一般的重耳流亡史，「晉文公譎而不正」，其是之謂乎？

【彙校】

〔一〕臧庸《拜經日記》據版式及古人文法謂「穆公」二字不重，可從，斷句亦據臧説。

〔二〕没，正統本同，明道本作「役」，注同，下「不没於利」之「没」同，《考異》引《戰國策·秦策四》「没利於前而易患於後」高注「没，貪也」爲證，謂作「没」字是，引證失據。吴汝綸疑爲「敢」之誤，亦無據。《標注》：「没，疑衍文，《檀弓》可徵。」可備一説。

〔三〕明道本「也」前有「孝」字，《考異》引《檀弓》「哭而起，則愛父也；起而不私，則遠利也」爲證，謂二者文法同，不當增「孝」字，其説是。

〔四〕滑，明道本、正統本作「猾」，注同，《考異》謂「滑」與「汩」通，作「猾」者俗，其説是。

〔五〕遞修本、静嘉堂本、南監本注作「滑亂也之」，當爲「滑亂之也」之倒，弘治本正如此作，則弘治本亦有校勘之功。

〔六〕明道本、正統本「之」下有「曰」字。

9 冀芮答秦穆公問

穆公問冀芮曰：「公子誰恃於晉？」○《略説》：所恃於晉者爲誰也。對曰：「臣聞之：亡人無黨，有黨必有讎。有與爲黨，必有與爲讎；言無黨，則必無讎。○《略説》：言穆公意夷吾有恃於晉，故芮謂無黨以欲求輔。夷吾之少也，不好弄戲，不過所復，不過差也。○《左傳·僖公九年》：「夷吾弱不好弄，能鬭不過，長亦不改。」杜注「不過」：「有節制。」○《略説》：蓋謂有人犯之則計較，其所復自有節制。○秦鼎：復，報也。不過，猶言以直報怨也。○《補正》：謂人以非道加之，雖有所復，不敢過也。怒不及色，無色過也。○《增注》：怒不彰於顔色也。○《辨正》：上句「弄戲」、下句「怒不及色」皆有關於「過差」，故「不過所復」即孔子表揚顔回的「不貳過」，「不過所復」，蓋係「不復所過」的倒文。及其長也弗改，是故出亡無惡於國〔一〕，而衆安之。不然，夷吾不佞，其誰能恃乎？」佞，才也。言無恃，則恃秦也。○《略説》：蓋謂唯衆安之，他無所恃，以微勸秦穆納之。○《補韋》：佞，與田葉，讀爲年，《公羊》（襄公三十年「天王殺其弟年夫」，二傳作「佞夫」。○《補正》：謂無所恃也。◎志慧按：《略説》之解可補韋注之未密。復次，《左傳·成公十三年》「寡人不佞」服注：「佞，才也。」君子曰：「善以微勸〔二〕。」○户埼允明：微，幽也，微言、微行之「微」。○秦鼎：微，微辭也。言無所恃者，則是微勸也。　◎志慧按：穆公所問者所恃，冀芮所答者所黨，看似答非所問，實則暗流涌動，針鋒相接：在穆公，擔心的是代理人的基本盤會影響他的操控效果；在冀芮，既要保護自己的團隊，又要打消穆公的疑慮，遂用「黨」置换了「恃」，且以不放縱、不貳過等美德勾勒出了一個人畜無害的夷吾形象，成功化解風險，君子贊其「善以微勸」，以此。復次，稱「公子」，稱「夷吾」，則其事當發生在惠公即位以前，故本章可視爲《晉語二》的補叙。

【彙校】

〔一〕是故，《元龜》卷七三六、卷七四四引同，明道本、正統本僅作「故」一字。惡，明道本作「怨」。

〔二〕明道本、正統本及《通鑒外紀》卷五引句末有「也」字。

晉語二卷第八

國語卷第九

晉語三

1 惠公入而背外内之賂

惠公入而背内外之賂〔一〕。惠公，獻公庶子、重耳之弟惠公夷吾也。外，秦。内，里、丕也。輿人誦之輿，衆也。不歌曰誦。○《增注》：輿，蓋輿隸之「輿」，謂賤人也。◎志慧按：《吕氏春秋》中《決勝》「廝輿白徒」、《季秋》「載旍旐輿」、《爲欲》「與爲輿、隸同」及《淮南子・兵略》「此輿之官也」，高誘皆訓「輿」爲「衆」，韋解或本此。此中之輿人似非一般性地指衆人，也與《考工記》《韓非子・備内》中指向匠人的輿人有别，而同於《左傳・襄公三十年》「輿人之城杞者」、《昭公四年》「山人取之，縣人傳之，輿人納之，隸人藏之」中之輿人，從《左傳・襄公三十年》輿人之誦「我有田疇，子産殖之」等來看，蓋泛指社會地位較低但有一定生産資料的體力勞動者。曰：「佞之見佞，果喪其田。僞善爲佞。佞，謂里、丕受惠公賂田而納之。見佞，謂惠公入而不予也〔二〕。果，猶竟也。喪，亡也。喪田，里、丕不得其賂田〔三〕。　○賈逵：佞，僞善乍（詐）仁也（釋慧琳《一切經音義》卷五十七引）。　○《九經古義》：古「佞」讀爲「壬」，「佞」與「田」協。　○《補校》：《大戴禮·公冠篇》：「成王冠，祝雍曰：『使王近於民，遠於年。』」　○《增注》：佞，口給無實者。　○《發正》：古音「佞」讀如「年」，故與「田」韻。　○《辨正》：《説文·女部》云：「佞，巧調高材也。」此正文獻中「佞」的常見義，本條亦不例外，因爲如《晉語二》所載，里、丕集團以動聽的言辭説服秦穆公，使得夷吾入晉爲惠公，這就是「佞」。至於里、丕集團如何「見佞」，其事在《晉語三》中未詳言，但「見佞」之事卻可以從前四句互文見義的修辭格中求得，因爲「詐」所指者爲秦穆公置服不置德，而「見詐」則指的是惠公入晉後背秦賂，曰：「使丕鄭聘於秦，且謝之」，則「見佞」之事當與「見詐」相似，大概指惠公花言巧語，終不予里、丕田。**詐之見詐，果喪其賂。**　詐，謂秦以詐立惠公，不置德而置服也。見詐，謂惠公入而背之。喪賂，秦不得其賂地〔四〕。　◎志慧按：入而背之，是食言，是失信，尚不是詐，此指夷吾許諾給秦國「河外列城五，東盡虢略」只是畫一個大餅，一開始就没有想要兑現，而是一種欺騙手段，故曰詐。韋注不穩。**得國而狃〔五〕，終逢其咎。**　謂惠公也。狃，忕也〔六〕。咎，謂敗於韓。　○《正義》：《爾雅·釋言》：「狃，復也。」《詩》疏引孫炎注：「狃忕前事復爲也。」故《漢書》顔注：「狃忕，猶慣習也。」謂慣習前事而復爲之。」《尚書·洪範》「子孫其逢吉」，逢訓大，言惠公獲咎必大也。　◎志慧按：《正義》所引見《後漢書·馮岑賈列傳》李賢注，非《漢書》顔注。「逢」

字馬融訓大，但孔傳訓遇，於義俱通。韋注指「咎謂敗於韓」，除非認定該兩句一換韻的民歌係事後假託，否則只能指德不配位的災殃，事前尚無特定的指向。喪田不懲，禍亂其興。」謂丕鄭也。不得田〔七〕，不懲艾，復欲與秦共納重耳，惠公殺之。既，里、丕死禍〔八〕，既，已也。惠公二年春，殺里克；秋，殺丕鄭。○《略説》：蓋爲「禍亂其興」之驗。公隕於韓。禍，謂貪惏之禍也〔九〕。秦伐晉，戰於韓，獲惠公以歸，隕其師徒，在魯僖十五年。○《略説》：蓋爲「終爲其咎」之驗。○户埼允明：隕，《儒行篇》「不隕獲」之「隕」，隕獲，困迫失志之貌。◎志慧按：此禍當指晉國的内亂，不僅貪惏（忕）之禍也。郭偃曰：「善哉！夫衆口，禍福之門也〔一〇〕。偃，晉大夫。善輿人之誦豫知之，故曰「衆口禍福之門」〔一一〕。是以君子省衆而動，動，行也。監戒而謀〔一二〕，謀度而行，監，察也。度，揆也。察衆口以爲戒，謀事揆義乃行〔一三〕。故無不濟。内謀外度，考省不倦，考，校也。◎志慧按：「是以」之後的三句語序爲省——謀——度，按照當時A——B——C，C——B——A循環往復的語序以及「外内」而不是後世「内外」的詞序，「内謀外度」當作「外度内謀」，唯所見各本無異文，疑有印本時已作目前之狀。關於其時這種言説的語序，詳見本人《君子儒與詩教——先秦儒家文學思想考論》第一九五——一九六頁，並時的《中阿含經·習相應品》「本際經」「食經」、《中阿含經·因品》「大因經」也有同樣的現象。日考而習，戒備畢矣。」日自考省，習而行之。戒備之道，畢於是矣。◎志慧按：《魯語下·公父文伯之母論勞逸》有云：「士朝受業，晝而講貫，夕而習復，夜而計過無憾，而後即安。」其前後言天子、諸侯、卿大夫、庶人之勤勞職事，句式皆相類，疑此句本作「日考而夕習」，傳抄時因「夕」字與「羽」字之二「习」字形似，致漏抄一「夕」字。復次，《非國語》：「惠公、里、丕之爲也，則宜咎禍及之矣，又何以神衆口哉？」柳州説固是，唯《國語》記言之語例有嘉言善語，本章及以下二章，集中記録郭偃的預言，前二章郭的預言又基於輿人之誦與國人之誦。與《周語》等言類之語稍異者，《晉語三》前二章預言的應驗不在當條，而是作爲一組連續性的事件分隸於《晉語三》及《晉語四》。

【彙校】

〔一〕内外，《非國語》同，明道本、正統本、《增注》作「外内」，公序本注文先外後内，但正文卻是「内外」，據當時詞序，疑韋注存其舊，而正文已據後世詞序改。

〔二〕予，明道本、正統本作「與」，「予」初文，「與」爲「予」的後起字。

〔三〕明道本無「喪田」以下九字，據正文疑脱。

〔四〕明道本無「喪賂」及以下八字，疑脱。

〔五〕國，《非國語》同，明道本、《通鑒外紀》卷五、《諸子瓊林》前集卷十二道德門作「之」，《考正》斷後者非，據義，似以作「國」爲勝。

〔六〕錢保塘《劄記》：「二本均作怢，非是，從《廣韻》作『忲』，《玉篇》又音他蓋切。」《説文・心部》：「愧，習也。」段注以爲愧當作「忲」，於義可從。
〔七〕謂丕鄭也不得田，明道本作「興，謂丕鄭不得田」，該注係對整個句子的解釋，疑有「興」字者衍。
〔八〕「既」字獨立成句，從陳樹華《考正》、金其源《讀書管見》説，「死禍」連讀從《存校》、《略説》、皆川淇園、《述聞》、《考正》、《標注》和《補正》之説。
〔九〕明道本無「謂」字。惏，明道本、遞修本、正統本作「忲」，静嘉堂本、南監本作「忲」，《説文繫傳・犬部》：「忲，慣習也。」《考正》從之。弘治本、許宗魯本作「怽」，字之訛也。《補音》出注「力含切」，則是公序本原作「惏」。《諸子瓊林》將此七字置於上句韋注「殺丕鄭」之下，疑今傳本誤置。
〔一〇〕明道本、正統本無「也」字。
〔一一〕曰，明道本、正統本作「云」。
〔一二〕監，從《文選》潘安仁《西征賦》李善注引賈逵《國語注》及韋注同訓知賈逵所見本作「鑒」，二字在上古爲異體字。
〔一三〕「行」下，明道本、遞修本、正統本有「之」字，《考正》從補，似有者較勝。

2 惠公改葬共世子

惠公即位，出共世子而改葬之，臭達於外〔一〕。共世子，申生也。獻公時，申生葬不如禮，故改葬之。惠公烝於獻公夫人賈君，故申生臭達於外，不欲爲無禮者所葬也。唐以賈君爲申生妃，非也。《傳》曰：「獻公娶於賈，無子。」○《左傳·桓公十六年》杜注：上淫曰烝。○《補音》：臭，昌又反。○《國語箋》：惠公蒸於賈君，在反國爲君之後，賈君必非獻公夫人，獻公之娶賈女爲夫人，在生夷吾前矣。可知唐氏以爲申生妃，當有依據。獻公娶賈，安知申生不再娶賈？惠公以無禮蒸於申生妃，而以禮改葬申生，故申生臭達於外，以示不欲爲無禮者所葬。蒸者，上淫之名，嫂尊於叔，以叔亂嫂，是上淫，故可曰蒸。杜注《内傳》同以賈君爲獻公妃，韋、杜皆未計其時分不合。◎志慧按：《左傳·僖公十年》「夷吾無禮」賈逵注：「烝於獻公夫人賈君，故曰無禮。」馬融云：「申生不自明而死，夷吾改葬之，章父之過，故曰無禮。」韋解兼采二氏之説，明王樵（一五二一—一五九九）《春秋輯傳》卷五則云：「夷吾改葬加謚，于申生不薄矣，申生有靈，不加于肆讒交搆之徒而夷吾是怨，誤矣。」有後出轉精之妙，則是「無禮」並非指向改葬加謚，而是所謂的烝。至於所烝的對象，《左傳·僖公十五年》「晉侯之入也，秦穆姬屬賈君」杜預注：「晉獻公次妃。」與賈逵説異，唯此賈君究係獻公夫人還是次妃，文獻不足徵。換個角度，秦穆姬所囑的賈君，如係獻公夫人，以其珍貴的身份，不勞囑；如係獻公次妃，與穆姬無多大關係，不必囑。倒是申生之妃，爲穆姬同父同母的弟媳，纔有所託付。故結論是唐固與鄭知同之説似更勝，當然，這裏還有一個前提：此事不是出於重耳集團的捏造。**國人誦之曰：「貞之無報也。孰是人斯，而有是臭也？**賈、唐云：「貞，正也。謂惠公欲以正禮改葬世子，而不獲吉報也。孰，誰也。斯，斯世子也〔二〕。誰使是人有是臭者，言惠公使之也。」或云：「貞，謂申生。」與下相違，似非也。○《存校》：正，指申生，以其爲太子，故曰正。○《略説》：「斯」字無意義，《詩》所謂「彼何人斯」同。○《經傳釋詞》卷九：孰，猶「何」也。家大人曰：「孰」「誰」一聲之轉。「誰」訓爲「何」，故「孰」亦訓爲「何」。《晉語》曰：「惠公出共世子而改葬之，臭達於外。國人誦之曰：『孰是人斯，而有是臭也？』孰，何也。斯，詞也。言何是人而有是臭也。」韋注：「孰，誰也。斯，斯世子也。誰使是人有是臭者，言惠公使之也。」於傳意不合。《越語》曰：「孰是君也，而可無死乎？」言有君如是，何可不爲之死也。韋注亦未合。昭二十五年《公羊傳》曰：「孰君而無稱？」言何君而無稱也。○《增注》：貞，申生，貞而無吉報，反發是臭也。是人即謂申生。斯，語助。○《標注》：正，唯謂改葬之爲正也。◎志慧按：關修齡、王引之、家田虎於「斯」字釋義稍勝，蓋用同「兮」、「思」。**貞爲不聽，**以正葬之，而不見聽也。○《略説》：貞而不見聽。○《增注》：申生之貞而不爲父所聽也。**信爲不誠。**信心行之，不見誠也〔三〕。○《略説》：信而不見誠。言獻公信讒，不察申生之貞信。○《標注》：本文「信」字，今之「實」字，本文「誠」字，今之「信」字。◎志慧按：不見聽、不見誠似指申生與獻公之間，而非申生與夷吾間之事，下文「國斯無刑，媮居幸生」方始轉到夷吾。**國斯無刑，媮居幸生**〔四〕。刑，法也。言惠公媮竊居位，儌幸而生〔五〕。○《辨正》：謂惠公儌幸而生是，謂其偷竊居位則否，蓋惠公之位並非因偷竊而得，故「偷（媮）」字當另作解釋。其實，「偷（媮）居」與「幸（倖）生」互文見義，偷有苟且義。當時惠公外激怒了强秦，内得罪了權臣，又有重耳在伺機回國，同時後者又在晉國國内大造輿論，惠公的日子可不好過，這就是説他「媮居幸生」的背景。**不更厥貞，大命其傾。**不變更其正，大命將傾。傾，危也。○《述聞》：更者，償也，報也。云不更厥貞，亦謂不報厥貞也。行正禮而不償以吉祥，則鬼神之不祐可知矣。**威兮懷兮，**威，畏也。懷，思也。言國人畏惠公、思重耳也。○《發正》：言國人畏重耳之威，懷重耳之德。◎志慧按：其時重耳仍在流亡途中，其「威」不知所從來，仍以韋注爲長。**各聚爾有，以待所歸兮。**爾有，所有也。**猗兮違兮，心之哀兮。**猗，歎也。違，去也。言民心欲去其上，安土重遷〔六〕，故心哀之。○秦鼎：厥正，謂其心所爲正也，猶惠公以改葬共世子爲正禮。又曰：晉人相謂曰各聚其資財以待時。○《發正》：《漢書·孔光傳》：「猗違者數載。」顏注云：「猗違，猶依違耳。」如（淳）注云：「不決事之言也。」《韋玄成傳》：「依違者一年。」「猗」、「依」一聲之轉。言欲歸重耳而不能決，故心哀也，韋注誤。◎志慧按：明張自烈《正字通》卷十有云：「倚，有依義，倚違作猗違、伊違，因『伊』、『猗』、『依』聲近而譌，從『依』爲正。」三字不能視爲譌文，謂之聲近相通可也，顏注、汪説皆是。歲之二七，其靡有微兮〔七〕。二七，十四歲後也。靡，無也。無有微者〔八〕，亦亡〔九〕，謂子圉也〔一〇〕。○《補韋》：「微」、「尾」古字通，無有尾者，無後也。○《正義》：輿人以「微」指子圉也。○《補正》：揚子《方言》：「靡，滅也。」言其滅亡有徵也。玩下文「其替」句，「替」亦訓滅可證，韋注欠晰，別本「徵」作「微」亦非。◎志慧按：「微」、「尾」同屬古音明母，可通，於文獻亦有據：《尚書・堯典》「鳥獸孳尾」，《史記・五帝本紀》引作「鳥獸字微」。《補正》不明韻文體制，唯明道本是從，又未揭出所以可從之依據，不免魯莽。若翟公子，吾是之依兮。謂重耳也。鎮撫國家，爲王妃兮。」言重耳當霸諸侯，爲王妃偶〔一一〕。○《補音》：妃，滂佩反，又有后妃之「妃」，字一而音不同。○《正義》：《爾雅・釋詁》：「妃，合也。妃，對也。妃，媲也。」《詩》疏引某氏云：「天立厥妃。」《毛詩》「妃」作「配」，「妃」、「配」古通。◎志慧按：此國人之誦一詩三換韻：幽（報、臭）、耕（聽、誠、刑、生、貞、傾）、微（懷、歸、違、哀、微、依、妃），整齊中有錯落，與常見民歌異趣，特别是精准預言十四年之後事，與下文秦穆在丕豹面前對當時形勢的判斷大别，故疑係事後由特定的利益攸關者有意爲之。

郭偃曰：「甚哉，善之難也！難，難爲也。君改葬共君以爲榮也，而惡滋章。夫人美於中，必播於外而越於民，民實戴之。美，善也。播，布也。越，揚也。戴，欣戴也。言有善於中心，必播于外、揚于民也〔一二〕。惡亦如之。故行不可不慎也，必或知之。或知下民，必知其善否也〔一三〕。**十四年，君之冢嗣其替乎**〔一四〕**！**冢嗣，太子也。替，滅也。○《標注》：替者，廢也，未可稱「滅」。**其數告於民矣。**數，謂二七也。**公子重耳其入乎！其魄兆於民矣。**魄，形也。兆〔一五〕，見也。○賈逵：兆，見也（釋慧琳《一切經音義》卷四十六引，汪遠孫輯）。亦機兆也，謂事先見者曰兆（釋玄應《一切經音義》卷二十四引）。○《略説》：月之輪廓無光之處名魄，是月將生明，其形已見，以謂重耳將入晉之形已見於民矣。**若入，必伯諸侯以見天子，其光耿於民矣。**耿，猶炤也〔一六〕。**數，言之紀也；**謂言者紀其數也。**魄，意之術也**〔一七〕**；**意，民之志。術，道也。魄兆見而民志隨之〔一八〕。○《略説》：術，通作「述」。**光，明之燿也**〔一九〕。○秦鼎：言之紀也，猶言言之所紀也。意之術也，即意之所述也。「術」、「述」通，道，言也，即述也。明，謂先知也，自然而知也。蓋數、魄、光三者在重耳，言、意、明三者在民也，言紀數於言以敘之，述魄於意以導之，燿光於明以炤之，皆自然之符也。**紀言以敘之，**敘，述也。**述意以導之，**導，開導也。**明燿以炤之**〔二〇〕。**不至何待？欲先導者行乎，**先導，謂重耳導引者可行也〔二一〕。**將至矣！」**

【彙校】

〔一一〕達，《左傳·僖公十年》正義引《國語》作「徹」，義同，《考正》疑「達」字係漢儒避武帝諱而改，或是也。

〔二〕秦鼎云:「斯斯,當作『是是』,字之誤也。」其説可從。

〔三〕明道本、正統本句前有「而」字,《考正》從補,是。

〔四〕婾居幸生,明道本、正統本作「偷居倖生」,注亦各異,「偷」爲「婾」之更旁字,「倖」爲「幸」之加旁字。

〔五〕儌,明道本、遞修本、静嘉堂本、南監本、張一鯤本同。正統本、弘治本、許宗魯本、葉邦榮本、李克家本、秦鼎本作「徼」,古同,即弘治本、許宗魯本從南監本出,亦將「儌」易寫作「徼」。

〔六〕土,弘治本作「上」,形訛。

〔七〕微,明道本、正統本作「徽」,《札記》:「此以威、懷、歸、猗、違、哀、微、依、妃爲韻。韋解『無有微者亦亡,謂子圉也』,是讀『微』爲『尾』而解之也。『微』、『尾』古同字,孳尾爲字微,微生爲尾生,皆其證也。劉向《列女傳·辨通傳》云『有龍無尾』者,無太子也。」黄説是。

〔八〕微,正統本同,明道本作「徽」,正統本韋注與正文不一致,知其正文亦當依公序本作「微」字。

〔九〕無有微者亦亡,秦鼎謂「『有微者』下脱『微者』二字,『亡』下脱『也』字」,於義是。

〔一〇〕子固,葉邦榮本同,明道本、遞修本作「子圉」,静嘉堂本、南監本模糊,弘治本、金李本遂訛作「固」。

〔一一〕霸,明道本、正統本作「伯」,古通。

〔一二〕明道本無「言有……揚于民也」十四字，上海師大本依公序本徑補，明道本脱。

〔一三〕《補音》出「善不」，注云：「方有反。」若作「否」，則不必注音。明道本無韋注十字，脱。

〔一四〕嗣，《非國語》同，《春秋左傳要義》卷十五作「祀」，據注當作「嗣」。

〔一五〕兆，金李本原作「也」，疑寫工或刻工偶誤，兹據各本改。

〔一六〕炤，正統本同，明道本、《元龜》卷八九四引作「昭」，次同，從火與從日之字舊時每通作，後世「昭」行而「炤」廢。

〔一七〕《存校》：「術，下作『述』，當從『述』。」其説是，據此，則此下韋注明道本、正統本「道」作「導」誤，蓋有「導」借作「道」，而無「道」借作「導」者。

〔一八〕明道本無「之」字，疑脱。

〔一九〕燿，明道本、正統本、《元龜》引作「曜」，「燿」爲「曜」之更旁字，次同。

〔二〇〕據上文「紀言」、「術（述）意」之序例，此當作「燿（耀）明」，《增注》已見及此。

〔二一〕謂，明道本、正統本、《元龜》卷八九四引作「爲」。秦鼎云：「『行也』上脱『行乎』二字，可行，謂其事可成也。」則斷句當如下：「先導，爲重耳導引者。行乎，可行也。」

3 惠公悔殺里克

惠公既殺里克而悔之，曰：「芮也使寡人過殺我社稷之鎮。」芮，冀芮也。鎮，重也。○《標注》：鎮者，謂所以鎮定社稷也。重者，其質也。然不當以相訓。郭偃聞之，曰：「不謀而諫者，冀芮也。不先爲君謀而諫，使君殺里克者，冀芮也〔一〕。不圖而殺者，君也。言不與人謀而殺里克者，君之過也〔二〕。不謀而諫，不忠；不圖而殺，不祥。不忠，受君之罰；言君當加罰也〔三〕。不祥，罹天之禍。受君之罰，死戮。戮，辱也。言死且有辱〔四〕。○《標注》：戮所以示懲，故辱自在其中，然不可以辱解「戮」字。罹天之禍，無後。無後嗣也。志道者勿忘，將及矣！」志，識也。及，至也。勿忘此古言禍將至也〔五〕。

及文公入，文公，重耳也。秦人殺冀芮而施之。冀芮既納文公而悔〔六〕，將殺之。文公知之，潛會秦伯于王城。冀芮焚公宮，求公不得，遂如河上，秦伯誘而殺之。陳尸曰施。○孔晁：施，廢其族也（《左傳·昭公十四年》正義引，汪、黄將此條置於《晉語九》「遂施邢侯氏」下）。○《正義》：《僖三十一年傳》曰：「季使過冀，見冀缺耨。」是既陳其尸，又廢其子，晁義與韋解得相通也。◎志慧按：郭偃預言惠公無後，與上章國人之誦「其靡有微兮」同調，俱於本篇無應驗，但照應於本卷末「晉人殺懷公於高梁」一語。

【彙校】

〔一〕明道本無此十六字韋注，正統本、上海師大本從公序本徑補，疑明道本脱。

〔二〕明道本無此十四字韋注，上海師大本從公序本徑補，疑明道本脱。

〔三〕明道本、正統本無此六字韋注，上海師大本從公序本徑補，疑明道本脱。

〔四〕言死且有辱，明道本、正統本無，上海師大本從公序本徑補，疑無者脱。

〔五〕勿忘此古言禍將至也，遞修本、静嘉堂本、南監本、弘治本、許宗魯本、葉邦榮本、張一鯤本、李克家本、文淵閣《四庫》本、《增注》、秦鼎本、《正義》、《集解》及上海師大本皆作「勿忘此占言禍將至也」，上海師大本、《集解》於「占」下斷句，明道本、正統本、《補正》脱「勿忘……至也」九字，無從對照。檢國圖所藏金李本清沈嚴校宋本和佚名校本，「古」皆作「占」，作「古」者當爲《四部叢刊》本描潤，尤其是葉邦榮本、張一鯤本從金李本出，該字俱作「占」，可知金李本原亦作「占」字。頗疑《四部叢刊》執事者鑒於「此占」二字於上文並無著落，以「不忠，受君之罰……無後」一段爲古語，遂將「占」字描潤成「古」字，細察該字首畫一横較其他「古」字爲短，其位置又偏高，可證其已非原樣。據文義，韋注之「占」當指上文二則衆口之誦。

〔六〕而，所見《國語》各本同，《元龜》引作「又」，似稍勝。

4 惠公殺丕鄭

惠公即位〔一〕，乃背秦賂。使丕鄭聘於秦，且謝之。謝不時也。○户埼允明：後有「謝緩賂」句，按《左傳》「丕鄭聘于秦，且謝緩賂」，此又謝緩賂也。注「謝不時」非也。而殺里克，曰：「子殺二君與一大夫，二君，奚齊、卓子。一大夫，荀息也。爲子君者，不亦難乎？」○《史記會注考證·晉世家》：惠公之入，吕甥招之，郤芮勸之，而里克之意實在文公，是所以有汾陽之賂。惠公既君，里克仍執政，吕、郤不得逞意，伏劍之事不得已也。

【彙校】

〔一〕明道本、正統本「即位」前有「既」，《考正》、《考異》斷無者脱。

丕鄭如秦謝緩賂，緩，遲也。○賈逵：緩，遲也（《原本玉篇殘卷·糸部》引）。乃謂穆公曰：「君厚問以召吕甥、郤稱、冀芮而止之，問，遺也，以厚禮問遺。此三人皆晉大夫〔一〕，來，因留止也〔二〕。以師奉公子重耳，○《集解》：謂假重耳以兵。臣之屬内作，晉君必出。」屬，七輿大夫也。必出，惠公必出奔也〔三〕。穆公使泠至報問，泠至，秦大夫也。報問，報丕鄭之聘，且問遺呂甥之屬〔四〕。 ○《正義》：《儀禮・聘禮記》：「小聘曰問。」《曲禮》鄭注：「問，猶遺也。」蓋以問報丕鄭之聘。 且召三大夫。 鄭也與客將事〔五〕，客，洽至也。將事，行聘事也。 冀芮曰：「鄭之使薄而報厚，薄，禮幣少也。 ◎志慧按：上文未明言禮幣少，此「薄」當指謝緩賂事。謝緩賂，反得厚報，遂啟冀芮等疑竇。 其言我於秦也，必使誘我。 弗殺，必作難。」不殺鄭，必作難於我〔六〕。 是故殺丕鄭及七輿大夫：七輿，申生下軍之衆大夫也〔七〕。 ○《標注》：杜元凱曰：「侯伯七命，副車七乘。」然則晉君侍衛之官耳，與申生下軍無干涉，韋注誤耳。 共華、賈華、叔堅、騅歂、纍虎、特宮、山祁，皆里、丕之黨也。 丕豹出奔秦。 豹，丕鄭之子〔八〕。

【彙校】

〔一〕皆，穆文熙編纂本、道春點本、《增注》、《正義》作「者」。

〔二〕本條韋注明道本作「止，留也。問，聘也。謂報丕鄭之聘」，《集解》斷「問……之聘」九字錯簡。疑爲下文「洽至報問」下韋注之文闌入。

〔三〕必出惠公必出奔也，明道本作「出，奔也」。

〔四〕明道本無韋注「報問」以下文字，上海師大本從公序本徑補，據義可從。

〔五〕將事，正統本同，明道本作「將行事」，注同，《集解》謂「將行」下衍「事」字，據注，「行」字疑涉注文而衍。

〔六〕明道本無此韋注，疑脱。

〔七〕之衆，《史記·晉世家》集解引韋注同，明道本作「七輿」，《札記》疑衍「七輿」二字，是。

〔八〕明道本、正統本無「之」字。

5 共華勇於待死〔一〕

丕鄭之自秦反也，而聞里克死〔二〕，見共華曰：「可以入乎？」共華曰：「二三子皆在而不及〔三〕，二三子，七輿大夫也。不及，謂罪不及也〔四〕。○《補正》：謂皆在國而不及禍，故曰可以入。子使於秦，可哉！」可，可以入也。丕鄭入，君殺之。共賜謂共華共賜，華之族，晉大夫。曰：「子行乎！其及也！」行，去也。其及〔五〕，將見及也。共華曰：「夫子之入，吾謀也，將待及〔六〕。」言己誤丕鄭，將待禍及也。賜曰：「孰知之？」共華曰：「不可。知而背之，不信；○帆足萬里：知而背之，言自知其誤人而背之也。○《補正》：謂因人不知而背其言，不信，「可」字似衍。◎志慧按：吴氏於「可」下失斷，遂疑「可」字衍，今從斷。謀而困人，不知〔七〕；謀不中爲困。困而不死，無勇。任大惡三，行將安入？任，荷也。子其行矣，我姑待死。」子，共賜也。

【彙校】

〔一〕本篇各本皆屬上，有關丕鄭見殺的各個敘述要素已經完具，本篇主人公是共華，其所彰顯的則是共華之信與勇，與前後文關聯性弱，特别是共華的形象與《晉語》中樂共子、申生、荀息、慶鄭、鉏麑、辛俞、夙沙釐等共同形成了一組爲守望價值不惜犧牲生命的群像，爲突出這個現象，兹單列並施題。

〔二〕明道本、正統本無「而」字。

〔三〕明道本「在」下有「外」字，《考異》、《補正》、《集解》斷其衍，上海師大本從公序本徑删，是。

〔四〕明道本無「謂」字，疑脱。

〔五〕其及，明道本無「及」字，疑脱，上海師大本從公序本補，是。

〔六〕明道本正文「及」作「也」，並注亦無「及」字，秦鼎謂「似是」，不可必。

〔七〕知，明道本、正統本作「智」。

6 丕豹說秦穆伐晉未果〔一〕

丕鄭之子曰豹，出奔秦，謂穆公曰：「晉君大失其衆，背君賂，殺里克，而忌處者，衆固不說。忌，惡也。處者，國中大夫也。今又殺臣之父及七輿大夫，此其黨半國矣。君若伐之，其君必出。」穆公曰：「失衆安能殺人？言晉君失衆，焉能使衆殺爾父及七輿大夫〔二〕。且夫禍唯無斃，斃，死也。罪不至死，則不爲亂。○《存校》：言能爲禍者，不至於死也。○户埼允明：言有禍，唯不至死而止。○《增注》：唯無斃，言必有可斃之由也，蓋其謀不足也。○秦鼎：禍，罪也，言惠公雖有罪，猶存其身，是未爲大亂。使其罪足以死亡，則不能處國；而今能處其國者，是其罪未至死亡也。○《補正》：謂禍無大於死。◎志慧按：張以仁《斠證》謂「唯無」猶「若」也，此云且夫禍若及於死，定當全力以赴，則力足以出君者將使君不處國，今君既處國矣，則該黨之力實不足以出君也。其説有後出轉精之妙。足者不處，罪足以死，則不處國。○《增注》：言謀足者不處以罹禍。處者不足，處國者不足以死也。○《增注》：言處以罹禍者其謀不足也。勝敗若化。化，言轉化無常也。猶丕鄭欲殺君，君反殺之。○陶望齡：處，即上處者，其黨半國也。言力足以出君者已爲君所忌，不能復處。其能處於國中者，必力不足以出君者耳。此勝敗之幾也，況豹將避禍不暇，安能出君乎（盧之頤校訂《國語》）？以禍爲違，孰能出君？違，去也。謂丕豹以禍故去其國〔三〕，誰能出君乎？爾俟我。」俟，待也，待我圖之。

【彙校】

〔一〕孫鑛云：「『丕鄭之子』以下，直自爲一章，丕豹奔秦上已見矣，不應一章兩敘。」有理，故單列並施題。

〔二〕此條韋注明道本作「人，謂里、丕及七輿大夫」，《考正》：「《補音》摘注『焉能』二字，自不必依宋本」，其說是。

〔三〕「去其國」前，明道本、正統本有「而」字。

7 秦薦晉饑晉不予秦糴

晉饑，穀不熟曰饑〔一〕，在魯僖十三年。○《爾雅·釋天》：穀不熟爲饑。乞糴於秦。丕豹曰：「晉君無禮於君，衆莫不知。無禮，背賂也。往年有難，今又荐饑。難，謂殺里、丕之黨。仍饑曰荐。○《爾雅·釋天》：仍饑曰荐。○龜井昱：晉旱而饑，僖十一年、十三年經書大雩，仍饑可徵。已失人，又失天，其殃也多矣〔二〕。失人，里克也。失天，荐饑也〔三〕。○《增注》：失人，非一也。君其伐之，勿予糴！」公曰：「寡人其君是惡，其民何罪？天殃流行，國家代有。代，更也。補之薦饑〔四〕，道也，不可以廢道於天下。」薦，進也。○《備考》：薦饑，即上文「荐饑」，韋注非。謂公孫枝曰：「予之乎？」枝，子桑也。○《正義》：李斯上書秦始皇：「昔者穆公求士，來丕豹、公孫枝于晉。」則枝亦晉人。公孫枝曰：「君有施於晉君，晉君無施於其衆。今旱而聽於君，其天道也。聽，聽命於君也。君若弗予，而天予之。予之年也。苟衆不說〔五〕，其君之不報也則有辭矣，苟使晉衆不說惠公不報秦施。今不予糴，則晉得以爲辭，故不可不予。不如予之〔六〕，以說其衆。衆說，必咎其君〔七〕。其君不聽，然後誅焉。雖欲禦我，誰與？」是故汎舟於河〔八〕，歸糴於晉。汎，浮也。歸，不反之辭也。○賈逵：泛，浮也（《原本玉篇殘卷·水部》引）。○《正義》：《僖十五年傳》杜注：「從渭水運入河、汾。」孔穎達曰：「秦都雍，雍臨渭。晉都絳，絳臨汾。渭水從雍而東，至宏（弘）農華陰縣入河；從河逆流而北上，至河東汾陰縣，乃東入汾，逆流東行而通絳也。」○《標注》：歸，饋也，「不反」之解，此失當。

【彙校】

〔一〕明道本無此五字，疑脱。

〔二〕「殃」前，明道本、正統本有「有」字，似當從有。

〔三〕明道本無此韋注，疑脱。

〔四〕之，静嘉堂本、南監本、弘治本、許宗魯本、葉邦榮本、張一鯤本、李克家本同，《舊音》出「乏」，明道本、原版遞修本、正統本、盧之頤本、《增注》、《正義》作「乏」，王鐸《手批》謂「當作『乏』」，抄寫之訛」，是，誤作「之」者自南監本明補版始。中華再造善本遞修本作「之」，係再造過程之誤。蘉，明道本、正統本作「薦」，注同，《集韻・霰韻》：「薦，或从豕。」則是形符累增字。

〔五〕陶望齡、閔齊伋、《略説》、《述聞》以「苟衆不説」爲句，《略説》並謂晉衆不説於秦不予糴，而以是爲其君背施不報之辭，觀下文「衆説，必咎其君」，可視爲並列句式，故從之。

〔六〕如，明道本、正統本作「若」。

〔七〕「其君」前，明道本有「於」字。

〔八〕汎，《舊音》出「氾」，注云「古『汎』字」，《補音》謂「本多作『汎』」，明道本、正統本作「氾」，注同，二字作「泛」解時古通作。

秦饑，公令河上輸之粟。河上，所許秦五城也。　◎志慧按：秦饑，這是難得的與秦國修好的機會，如果處置得宜，就有希望將背賂一節翻篇，但惠公令河上輸之粟，則是對秦人的侮辱，宜乎虢射云「無損於怨」。何以有如此操作，相關細節闕如，古來傳注亦多未措意，宜深長思之。**虢射曰：「弗予賂地而予之糴**〔二〕，虢射，晉大夫。 ○《補音》：射，食亦反。 ○《正義》：《晉世家》集解引《左傳》服虔注：「虢射，惠公舅。」惠公母小戎子，則虢射亦子姓。 ◎志慧按：小戎子之「子」似亦不宜貿然認定爲姓氏。《晉語一》韋注云：「狐突，晉同姓，唐叔之後、狐偃之父大戎伯行也。」據此知大戎爲姬姓。《左傳·莊公二十八年》載：「(晉獻公)娶二女於戎，大戎狐姬生重耳，小戎子生夷吾。」此述二女關係與同期文獻中媵娣關係之記載並不相類，故不能以大戎狐姬之姓氏推得小戎子之姓。《左傳·莊公廿八年》「小戎子生夷吾」杜注：「小戎，允姓之戎子女也。」正義：「昭九年《傳》稱晉率陰戎伐潁，王使辭於晉曰：『先王居檮杌于四裔，故允姓之姦居于瓜州。』知戎爲允姓也。」孔穎達揭示了其説的依據，唯瓜州之戎不能與此小戎劃等號，故杜注不可必，文獻不足徵，存疑可也。**無損於怨而厚於寇**，厚，猶彊也。 ◎志慧按：何以視三施於晉之秦人爲寇，《左傳》《國語》皆未言其詳，究其原因，惠公無法兑現返國前的承諾，對内，殺了丕鄭、里克，可以一手遮天，但背賂於秦，則需要自證其合理性，極有可能在國内有一波妖魔化秦國或者針對秦國的仇恨宣傳。到頭來，惠公及其團隊中人也信以爲真了，如《左傳·僖公十四年》慶鄭亦云：「近猶讎之，況怨敵乎？」似乎只有這樣才能解釋韓之戰前的晉國決策邏輯。**不若勿予。」** ○鍾惺《史懷》卷一：夫丕豹之請伐晉，爲父讎也。虢射何爲者，無故而陷其君以不義，而怒一與國乎？ ◎志慧按：不若勿予，確是虢射的建議，但令河上輸之粟是惠公的命令——這是虢射建議的邏輯起點，否決慶鄭的勸諫並最終不予秦粟也是惠公的決定，最後發兵伐秦還是惠公拿的主意，似不能諉過於虢射，鍾氏基於爲尊者諱的傳統諉過於臣民，其話語方式與諉過於女色、諉過於自然災害者同。**公曰：「然。」慶鄭曰：「不可。**慶鄭，晉大夫。**已賴其地，而又愛其實，**賴，贏也〔二〕。實，穀也。○《標注》：賴，利也。○《補正》：賴，貪賴也，不訓贏。○《集解》：當償不償曰賴，今猶有「賴債」語。○《校補》：「賴」之「賴債」、「賴賬」義甚晚。◎志慧按：《説文・貝部》：「賴，贏也。」韋注有據。又《説文》同部：「贏，賈有餘利也。」則《標注》之解亦得相通，《校補》説亦是也。**忘善而背德，雖我必擊之。**我當秦處，亦當擊晉〔三〕。**弗予，必擊我。」公曰：「非鄭之所知也。」遂不予。**

【彙校】

〔一〕予，明道本、正統本作「與」。

〔二〕贏，明道本、正統本作「嬴」，後者字之訛也。

〔三〕我當秦處，明道本韋注作「我當處秦」。亦當擊晉，明道本、正統本作「我亦將擊晉」，《考正》疑後二者皆誤，不可必。

8 秦侵晉止惠公於秦〔一〕

六年，秦歲定，惠公六年，魯僖十五年〔二〕。定，安也。穀熟則民安〔三〕。○《發正》：《淮南·天文訓》：「秋分蔈定，蔈定而禾熟。」高誘注云：「定者，成也。」《禮·玉藻》：「年不順成。」定謂順成也。韋以定爲安，而云「穀熟則民安」，失之迂矣。帥師侵晉，至於韓。韓，晉地韓原也。○江永《春秋地理考實》卷一：韓：《傳》「敝於韓」杜注：「晉地。」《彙纂》：《括地志》同州韓城縣南十八里爲古韓國，今屬陝西西安府，地名韓原。今按：韓城縣今屬陝西同州府地，在河西本秦漢之夏陽縣地，隋始析置韓城縣，以古韓國爲名。然十五年秦晉戰韓原獲晉侯非此地也。秦敗晉于韓原，其地當在河東，故《傳》云「涉河，侯車敗」，注謂「秦伯之軍涉河，則晉侯車敗」，又晉侯曰：「寇深矣」，則韓原不在河西。《姓氏書》：韓盞庶子，厲王世失國，宣王中興復之，平王時晉滅韓，曲沃並晉，韓萬爲戎御，復采韓原。則韓原者，韓萬之采邑，蓋在山西平陽府河津、萬泉之間。韓氏後滅鄭，徙都河南，而故采邑亦失。其處，杜以「晉邑」釋之，不言韓原在夏陽也，《彙纂》引《括地志》誤。且韓城地此時仍屬秦，文十年晉伐秦取少梁，始入于晉。○《正義》：《秦本紀》正義引《括地志》：「韓原在同州韓城縣西南十八里。」《晉世家》索隱云：「在馮翊夏陽北二十里，今韓城縣是。」顧炎武曰：「《内傳》『及韓』在涉河之後，此韓在河東，故曰『寇深矣』，《史記正義》引《括地志》謂在韓城，非也。」案：秦師涉河後，晉遣將距秦，已三戰三敗，深入國境，而後惠公親帥師以禦之，《史記》言秦繆公、惠公合戰韓原，則秦先至韓，而後晉軍至其地，必離絳不遠，杜氏以地無可考，故但云晉地，地之廣平者皆可名原，未可鑿指爲同州之韓城也。◎志慧按：關於韓原所在，《史記·秦本紀》正義、《史記·晉世家》索隱及《史記會注考證·晉世家》等都指向今陝西韓城，唯其時今陝西韓城地界之芮國與梁國還是各自獨立的侯國，江永「韓城地此時仍屬秦」説誤。復次，上述顧炎武所據之《左傳·僖公十五年》原文如下：「卜徒父筮之，吉：『涉河，侯車敗。』詰之。對曰：『乃大吉也。三敗，必獲晉君。其卦遇《蠱》，曰：千乘三去，三去之餘，獲其雄狐。』三敗及韓。」此河所指爲黄河無疑，「涉河，侯車敗」之「侯」，指晉惠公而非秦穆公；「涉河」的主語當如杜注所説的「秦伯之軍」。《古本竹書紀年》亦云：「六年，秦穆公涉河伐晉。」稍後「秦國歸惠公而質子圉，秦始知河東之政」，疑亦係在新近佔領土地上的順勢而爲。另有二説：《續漢書·郡國志·河東郡》云：「河北，《詩·魏國》，有韓亭。」王先謙集解云：「《一統志》：『故城今解州芮城縣東北里許。』」《左傳·文公三年》、《文公十二年》秦晉於此先後有過王官之役與河曲之役，再加上魯文公七年的秦晉令狐之役，在離此不遠的臨猗縣嵋陽鎮令狐營村一帶，可證河曲一帶確爲秦晉長期争奪的地方。顧頡剛有《燕遷汾水考》一文，斷韓原非今之韓城，姚名達在致顧頡剛信《平陽與韓原》中更指韓原在澮水上游之南岸，後者推論居多，文獻與考古依據不足，恐未可據信。

公謂慶鄭曰：「秦寇深矣，奈何？」深，入境深也。**曰**〔四〕：

「深，猶重也。」○《補正》：深，謂深入，不訓重。**慶鄭曰：「君深其怨，能淺其寇乎？非鄭之所知也，君其訊射也。」**訊，問也。射，虢射也。○《集解》：虢射主弗與糴故。**公曰：「舅所病也。」**病，短也。諸侯謂異姓大夫曰舅。○《補正》：謂鄭素以負秦爲病。◎志慧按：惠公意指禦寇非虢射所長，吴説非。復次，「諸侯謂異姓大夫爲舅」乃聯姻使然，如周武王娶姜太公之女太姜爲妻，遂有後來周天子稱齊侯爲舅氏的通例，如今天魯豫等地，只要祖上男性成員曾娶某個家族之女性爲妻，該男性成員的後人就會稱該女性娘家的後人爲舅。若無姻親關係，雖異姓諸侯，亦未見天子以甥舅相稱。虢射爲小戎子兄弟，《史記·晉世家》集解引《左傳》服虔注：「虢射，惠公舅。」韋注未達一間。**卜右，慶鄭吉。**右，公戎車之右。**公曰：「鄭也不孫〔五〕。」**言不順不可以爲車右〔六〕。○《標注》：不孫，猶不敬也，若不順，未當罪名。**以家僕徒爲右，**家僕徒，晉大夫。○《集解》：家僕徒世系無考。家，姓。僕徒，名。漢有家羨，宋有家鉉翁。**步揚御戎，**步揚，晉大夫。御〔七〕，御公戎車也。○《正義》：《僖十五年傳》杜注：「步揚，郤犨父。」《晉世家》正義引《世本》曰：「郤豹生義，義生步揚，步揚生州，州即犨。」孫愐曰：「食采于步，後因氏焉。」**梁由靡御韓簡，**由靡，晉大夫。韓簡，晉卿韓萬之孫。○《史記·韓世家》索隱引《繫本》：「萬生賕伯，賕伯生定伯簡，簡生輿，輿生獻子厥。」**虢射爲右，**爲簡車右。**以承公。**承，次也，次公車〔八〕。○《補正》：承，奉也。

【彙校】

〔一〕自「六年，秦歲定」至「秦始知河東之政」，公序本屬上，明道本、《集解》單列，秦鼎本改從明道本而無説明。上文言秦饑，最後云「（晉）遂不予」，第三段已完具。下文秦侵晉的原因不僅僅是晉不予秦糴，而是「三施而無報」，故從明道本分置，並依上海師大本施題。

〔二〕魯僖，明道本、正統本作「魯僖公」。

〔三〕熟，遞修本作「孰」，「孰」、「熟」古今字。

〔四〕静嘉堂本、南監本、金李本、弘治本「曰」前有一空格，葉邦榮本空格已删，明道本、遞修本、正統本「曰」前有「一」字，《考正》從補，是，《史記·晉世家》集解引正有之，可據補。

〔五〕孫，明道本、正統本作「遜」，「孫」通假字，「遜」本字。

〔六〕明道本無此九字韋注，上海師大本依公序本徑補，疑明道本脱。

〔七〕御，明道本、正統本作「御戎」，《考正》從補，據正文當從，公序本脱，《正義》從有，蓋《正義》兼采公序、明道二本。

〔八〕明道本不重「次」字，疑脱。

公禦秦師，令韓簡視師，○《集解》：視師，視秦師也。曰：「師少於我，鬬士衆。」欲鬭者衆。公曰：「何故？」簡曰：「以君之出也處己，己，秦也。處己，在梁依秦。入也煩己，爲秦所立。饑食其糴，三施而無報，故來。今又擊之，秦莫不愠，愠，怒也。晉莫不怠，受其施而怠惰〔一〕。鬭士是故衆。」公曰：「然〔二〕，今我不擊，歸必狃。狃，忕也。不擊而歸，秦必狃忕而輕我也。○《訂字》：或曰：「歸。秦歸也。韋注以爲惠公歸，非宜以『擊』爲句。」◎志慧按：《訂字》所引或説有理。一夫不可狃，況國乎〔三〕！」公令韓簡挑戰，先挑敵求戰。曰：「昔君之惠〔四〕，寡人未之敢忘。寡人有衆〔五〕，能合之，弗能離也。弗能離，言衆欲戰也。君若還，寡人之願也。君若不還，寡人將無所避〔六〕。」穆公衡雕戈出見使者〔七〕，衡，横也。雕，鏤也。戈，戟也。◎志慧按：戈、戟，渾言之則同，析言之，則戟爲有柄之戈，此秦穆横持之雕戈，爲有柄者無疑。曰：「昔君之未入，寡人之憂也。君入而列未成，寡人未敢忘。列，位也。○《增注》：列，軍列也，故曰「整列」。列未成，謂師衆不和。今晉侯能合衆，故下應曰「既定而列成」。今君既定而列成，君其整列，寡人將身見〔八〕。」若云朝見，實欲戰也。○王鐸《手批》：兩「列」字作一解，軍旅以列也，作「位」非。○《略説》：舊注「列，位」未妥，下文「整列」蓋軍列也。○《辨正》：「身（親）見」一詞係承「整列」而來，所見者並非惠公，而係軍陣，故而韋注謂「實欲戰也」則是，謂「若云朝見」則非，而是觀軍陣之嚴整之意，語同楚子玉之請戰辭令：《左傳・僖公二十八年》載子玉向晉文公挑戰，曰：「請與君之士戲，君馮（憑）軾而觀之，得臣與寓目焉。」朝見之事則與戰争無涉。◎志慧按：三「列」字一氣呵成，宜作一義解，且若云「君入而位未成」，意義不明。

【彙校】

〔一〕而，明道本作「也」，疑誤，上海師大本從公序本徑改。

〔二〕從「然」到「今我不擊」係轉折關係，疑「然」前奪一「雖」字，故於「然」下逗。

〔三〕明道本、正統本句首有「而」字，《考正》從補。

〔四〕明道本句下有「也」字。

〔五〕有衆，《書鈔》武功部十一引同，《御覽》兵部八十二作「之衆」。

〔六〕無所避，《左傳·僖公十五年》、《御覽》卷三一一引作「無所逃命」，《斠證》以爲誤書《左傳》文也，可謂得其委曲。

〔七〕雕，明道本、正統本作「彫」，注同，二字古同。

〔八〕身，《書鈔》卷一一三「戈」下引同，《吴語》有「未敢觀兵身見」，明道本、正統本、監本作「親」，「身」有親義，「身見」、「親見」於文獻並見。

客還，○《集解》：客，韓簡。公孫枝進諫曰：「昔君之不納公子重耳而納晉君，是君之不置德而置服也。置而不遂，擊而不勝，遂，成也。○秦鼎：置，立也。其若爲諸侯笑何？君盍待之乎？」待其亂，將自斃也〔一〕。穆公曰：「然。昔吾之不納公子重耳而納晉君，是不置德而置服也〔二〕。然公子重耳實不肯〔三〕，吾又奚言哉？殺其內主，謂里、丕也。背其外賂，外，秦也。彼塞我施，若無天乎？云〔四〕云，言也。晉所行，若言無有天也。○《補正》：此句謂「無天」，則已引起下二句。若有天，吾必勝之。」天道助順，故必勝也。君揖大夫就車〔五〕，○《正義》：《昭十三年傳》「王揖而入」，蓋言畢而別有揖臣之禮。君鼓而進之。◎志慧按：公孫枝與秦穆之對話至此疑係編者加工，理由：一、《左傳·僖公十五年》並無此段文字。二、其中替重耳粉飾的意味太過明顯，且公孫枝對秦穆一段話非所宜言。三、上下文敘述者對秦穆與晉惠皆稱「公」，唯此用人物語言「君」，頗爲不倫，但有了「君揖大夫就車」二句，與下文文氣方顯得比較連貫。晉師潰，戎馬濘而止〔六〕。濘，深泥也。止〔七〕，戎馬陷焉。◎志慧按：《史記·晉世家》：「九月壬戌，秦繆公、晉惠公合戰韓原，惠公馬鷙不行。」義可相參。公號慶鄭曰：「載我！」號，呼也。○《爾雅·釋言》：號，呼也。慶鄭曰：「忘善而背德，又廢吉卜，卜右，慶鄭吉，公廢不用。何我之載？鄭之車不足以辱君避也！」避，避難也。梁由靡御韓簡，輅秦公，將止之，輅，迎也。○《舊音》：輅，音訝。○《補音》：輅，五嫁反。◎志慧按：帛書《春秋事語》「輅」作「午」，整理者認爲同於《荀子·富國》「午其軍，取其將」之「午」，楊注：「午，讀爲『迕』，遇也。」則韋注「迎」於義未密。慶鄭曰：「釋，來救君！」釋，舍也。亦不克救，遂止於秦〔八〕。止，獲也，爲秦所獲。〇《正義》：《隱十一年傳》：「公之爲公子也，與鄭人戰于狐壤，止焉。」故知止是獲也。◎志慧按：晉君，反爲晉軍所圍。晉擊繆公，繆公傷。于是岐下食善馬者三百人馳冒晉軍，晉軍解圍，遂脱繆公，而反生得晉君。初，繆公亡善馬，岐下野人共得而食之者三百餘人，吏逐得，欲法之。繆公曰：『君子不以畜産害人。吾聞食善馬肉不飲酒，傷人。』乃皆賜酒而赦之。三百人者聞秦擊晉，皆求從，從而見繆公窘，亦皆推鋒争死，以報食馬之德。」可與此互補。

《史記·秦本紀》載當時戰況云：「繆公與麾下馳追之，不能得

【彙校】

〔一〕弊，遞修本、弘治本、葉邦榮本作「獘」，當爲「弊」之俗，或從犬，明道本、正統本、《增注》作「斃」，《考正》謂「弊」非體之正，是。

〔二〕「不置德」前，明道本、正統本有「吾」字。

〔三〕肯，所見各本唯盧之頤本作「德」，當從作「肯」。

〔四〕明道本無正文「云」字，其下亦無韋注「言也」二字，釋「言也」於「云」下絶無必要，故疑此二字衍，《補校》已持此説。《述聞》據《三國志·公孫淵傳》斷「云」字當在下句「若」字下，「若

云有天」與上句「若無天乎」句式密合，《存校》先已指出「『云』字屬下句」，俱可從。

〔五〕輯，《舊音》云「或作『揖』」，明道本、正統本作「揖」，《通鑑外紀》卷五引亦從扌，「輯」通假字，「揖」本字。《考正》謂「經典字多假借，以『輯』爲『揖』，猶存古意，不可改也」，可備一説。

〔六〕「濘」前，《左傳·僖公十五年》、《史記·秦本紀》正義、《元龜》卷八四五引有「還」字，《左傳》杜注：「濘，泥也。還，便旋也。小駟不調，故墮泥中。」此疑脱。

〔七〕明道本無「止」字，脱。

〔八〕明道本、正統本句前有「君」字，《考異》、《集解》斷其衍，但《非國語》引亦有之，當據補。

9 秦穆從諫歸惠公〔一〕

穆公歸，至于王城，王城，秦地。○《釋地》：王城，秦地，在今同州府朝邑縣，今名武鄉。合大夫而謀，◎志慧按：朝邑，其地曾爲東周大荔戎國都，故又名「王城」，現爲陝西省大荔縣所轄鎮，隔黄河與山西永濟相望，其時河東屬晉。此言穆公甫入秦境即與諸大夫謀議，狀其議事之急。曰：「殺晉君，與逐出之，與以歸〔二〕，與復之，孰利？」公子縶曰：「殺之利。以爲臣子絶望。逐之恐構諸侯，構，交構也。○皆川淇園：恐構怨諸侯。以歸則國家多慝，慝，惡也，恐知國家間隙之惡也。　○《補正》：韋云間隙，當是指穆姬使太子罃弘與女簡璧登臺履薪之事，蓋公子摯（縶）知姬必庇晉侯，故請早除之。復之則君臣合作，恐爲君憂，不若殺之。」公孫枝曰：「不可。恥大國之士於中原，又殺其君以重之，子思報父之仇，臣思報君之讎，雖微秦國，天下孰不患〔三〕？」微，無也。雖無秦國，天下諸侯有害人君父者，誰不患疾也〔四〕。　○《標注》：微，非也。　○《補正》：微，獨也。不獨秦國患之，天下皆以爲患。　◎志慧按：韋注無誤，《鹽鐵論·刺議》丞相史云：「使文學言之而是，僕之言有何害？使文學言之而非，雖微丞相史，孰不非也？」兩「雖微」句式與意義同，可參。中原，即原中，如《詩·小雅·小宛》「中原有菽」毛傳，詞例同中河（在彼中河）、中流（中流擊水）、中國（我欲中國而授孟子室）、中心（中心如醉）、中野（身死中野），此作戰場解，如《孫子兵法·作戰》「力屈中原，內虛於家」。公子縶曰：「吾豈將徒殺之？徒，空也。吾將以公子重耳代之。晉君之無道莫不聞，公子重耳之仁莫不知。戰勝大國，武也；殺無道而立有道，仁也；勝無後害，知也〔五〕。」公孫枝曰：「恥一國之士，又曰余納有道以臨汝〔六〕，無乃不可乎？雖立有道，君父之恥未刷。若不可，　○帆足萬里：下「不可」，不聽也。必爲諸侯笑。戰而笑諸侯〔七〕，不可謂武；殺其弟而立其兄，兄德我而忘其親，不可謂仁；若勿忘〔八〕，是再施而不遂也〔九〕，不可謂知。」君曰：「然則若何？」公孫枝曰：「不若以歸，以要晉國之成，要，結也。成，平也。復其君而質其適子，使子父代處秦，代，更也。

○《補正》：宜作代父。◎志慧按：韋注不誤，《補正》緣不知當時語法而起疑。國可以無害。」是故歸惠公而質子圉。子圉，惠公適子懷公也。秦始知河東之政。秦取河東之地而置官司，故知河東之政〔一〇〕。在魯僖十五年。○《集解》：此即惠公許賂秦以河外列城五之地。

【彙校】

〔一〕自此至「秦始知河東之政」所見各本俱屬上，但上段「遂止於秦」已是典型的第三段的結尾，以下秦國君臣討論對惠公的處置，又是一個完整的自爲起訖的三段式，故單列並施題。

〔二〕與以歸，正統本同，「歸」下，明道本有「之」字，《訂譌》引胡竹巖云：「『之』字宜在『歸』字上。」

〔三〕不，明道本、正統本作「弗」。

〔四〕誰，《正義》、《集解》俱作「孰」，未見所據。

〔五〕知，明道本、正統本作「智」，次同。

〔六〕汝，明道本作「女」，作爲第二人稱代詞的「女」載籍中常書作「汝」。

〔七〕「笑」前，明道本、正統本有「取」字，《考正》從補。

〔八〕勿，正統本作「不」，明道本作「弗」，義俱同。

〔九〕明道本無「而」字。

〔一〇〕故知河東之政，明道本、正統本作「故云『知河東之政』」，《考正》從補，是，公序本脱。

10 吕甥逆惠公於秦

公在秦三月，《内傳》：惠公以九月獲〔一〕，十一月歸。聞秦將成，乃使郤乞告吕甥。郤乞，晉大夫。吕甥，瑕吕飴甥。○《左傳·僖公十五年》杜注：姓瑕吕，名飴甥，字子金。吕甥教之言，令國人於朝曰：「君使乞告二三子曰：『秦將歸寡人，寡人不足以辱社稷，二三子其改置以代圉也，且賞以説衆〔二〕。』」欲令更命立它公子以代子圉〔三〕，言父子避位以感動羣下〔四〕。○《略説》：《傳》曰：「其卜貳圉。」注云：「貳，代也。」此言改置我而代以圉。◎志慧按：就史實説，關修齡説是也；唯從文字訓詁上言，則韋注亦不誤，似不必强《國語》正文屈就《左傳》，兩存之可也。「且賞」句，所見各整理本除薛安勤、王連生譯注本外皆置於引號之外，如此，則賞出於郤乞，又與下文「群臣是憂」不接，故前移。衆皆哭。焉作轅田。賈侍中云：「轅，易也，爲易田之法，賞衆以田。易疆界也〔五〕。」或云：「轅，車也〔六〕。以田出車賦。」昭謂：此欲賞以説衆，而言以田出車賦，非也。唐云〔七〕：「讓肥取墝也〔八〕。」○孔晁：爰，易也。賞衆以田，易其疆畔（《左傳・僖公十五年》正義引，汪、黄輯）。　○惠棟《左傳補注・僖公十五年》：爰田者，猶哀公之用田賦也。《外傳》「爰」作「轅」，左氏多古字古言，故以「爰」爲「轅」。易田之法，本是周制，何云「作」也？《漢書・地理志》：「孝公用商君制轅田。」豈亦賞衆以田邪？《外傳》所云賞衆是一時之事，「爰田」、「州兵」是當日田制、兵制，改易之始，故特書之。《札記》引惠棟説云：「轅，與『爰』古文通。」　○《補韋》：《説文》：「𧺝，田易居也。」臣鍇云：「《春秋左傳》『晉於是乎作爰田』，又《國語》作轅田，皆假借，此乃正字也，謂以田相易也。」　○《正義》：孔晁謂以公家之閒田分賞國人而坿益其疆畎也，杜預注：「分公田之税應入公者，爰之于所賞之衆。」轅田之法，以上田賞戰士，而中下授民，晉之良田盡歸戰士矣。　○《補正》：惠（棟）云『焉』字屬下句，訓於是，下『州兵』句同」。「轅，《内傳》作『爰』，易也。轅田之法，以上田賞戰士，而以中下授民，晉之良田盡歸戰士矣」。　○《集解》：《僖内傳》「晉於是作爰田」杜注曰：「分公田之税應入公者，爰之於所賞之衆。」是與賈、唐、韋諸説又不同，疑杜注是。　○《辨正》：易田爲周制之舊，自非晉惠公所「作」，賞田以悦衆或分田之税以賞衆之説，皆係因正文「賞以説（悦）衆」所作的猜測，並無可以據信的材料證明之，惠棟之質疑有理。但惠氏以（魯）哀公之用田賦（時在前四八三年）比擬，似亦未得其實。楊伯峻《春秋左傳注》以三百年以後商鞅在秦國廢井田、開阡陌比附之，則於時間上未免過早。據目前所見材料，相關研究頗多，有隨文釋義，也有專文討論，其中似以袁林的《兩周土地制度新論》爲詳細深入而近真，袁氏認爲，作轅田是一種有關耕作技術的變革，具體而言，是推廣牛耕，普及壟甽耕作制。在這個過程當中，無疑會采取與新的耕作技術相應的擴大畝積、國家爲農户提供生産資料等適應生産發展的措施。在這個意義上，將「作轅田」置於「賞以悦衆」之後也就順理成章了。◎志慧按：裘錫圭《甲骨文中所見的商代農業》（《農史研究》第八輯，一九八九）論及「㞋田」，援引李家浩説，謂即爲徙田，後者可能跟古書中所説的「爰田」意近，即一種安排耕地與荒地輪换工作的制度，爰、轅古音匣母元部，徙古音心母歌部，聲紐關係較密切，歌、元對轉，古音相近。唯如此解則與「賞以説衆」難以建立邏輯聯繫。

【彙校】

〔一〕明道本無「惠」字，疑脱。

〔二〕説，明道本、正統本作「悦」，注同，但下文「衆皆説」，各本同作，從心之字亦或從言，如「悖」與「誖」，「謀」在戰國文字中亦從心，故「悦」之於「説」，其初實義符更旁字耳。

〔三〕令，遞修本、正統本、弘治本、張一鯤本同，明道本作「今」，後者形訛。它，明道本、正統本作「他」。

〔四〕明道本無「動」字。

〔五〕明道本、正統本句前尚有「易者」二字，《四庫薈要》從補，但《玉海》卷一百七十六食貨引亦無，當從删。彊，《舊音》摘「畺」，古同。

〔六〕車也，明道本作「田」，《六書故》卷十五引同公序本，當從。

〔七〕云，明道本、正統本作「曰」。

〔八〕墝，明道本作「磽」，義符更旁字也。

呂甥致衆而告之曰：「吾君慙焉，其亡之不恤，亡，謂在外。恤，憂也。　○《略說》：《傳》「惠公曰：『孤雖歸，辱社稷矣。』」蓋以是爲愧。　○《述聞》「孤斬焉在衰絰之中」：慙之言憯也。《說文》：「憯，痛也。」　○李慈銘：「慚焉」讀如《左傳》「斬焉在衰絰之中」之「斬」，「斬焉」者，猶孑焉也。《儀禮・喪服》疏云：「斬者，取痛甚之意。」《雜記》：「三年之喪，如斬期之制，如剡。」《間傳》：「斬衰貌若苴。」「苴，惡貌也。」斬焉者，謂孑然哀痛之至。　諸侯失國，稽顙稱喪人，皆用凶喪之禮，故此云斬焉，字誤作「慙」耳。　○《辨正》：王、李二説皆有理，但求之過深，又無二字相通的旁證。其實可作本字解，何勞輾轉求其通假？蓋惠公自慚自責是一事，不憂自身被拘於敵國而憂群臣，則又是一事，不當混爲一談。　而羣臣是憂，不亦惠乎？憂，謂改立君，賞羣臣，作轅田也。　君猶在外，若何？」衆曰：「何爲而可？」何所施爲可以□□〔一〕。　呂甥曰：「以韓之病，兵甲盡矣。病，敗也。　若征繕以輔孺子，以爲君援，征，賦也〔二〕。　言富賦稅以繕甲兵〔三〕，輔子圉以爲君援。雖四鄰之聞之也，喪君有君，羣臣輯睦，兵甲益多，好我者勸，惡我者懼，庶有益乎。」衆皆說。焉作州兵。二千五百家爲州，使州長各帥其屬繕甲兵也。○《正義》：《僖十五年傳》孔疏：「《周禮》鄉大夫以歲時登其夫家之衆寡，辨其可任者。」州長則否，今以州長管人既少，督察易精，故使州長治之也。○《詳注》：作州兵者，猶成公之作邱甲也。二千五百家爲州，使州長帥其屬，繕甲兵也。

【彙校】

〔一〕弘治本、葉邦榮本同，静嘉堂本、南監本漫漶不清，明道本、遞修本、正統本句下有「還君」二字，《考正》從補，是。

〔二〕賦，明道本、正統本作「税」。

〔三〕富，明道本、正統本作「當」，《考正》從改，是。

呂甥逆君於秦，穆公訊之，訊，問也。曰：「晉國和乎？」對曰：「不和。」公曰：「何故？」對曰：「其小人不念其君之罪，而悼其父兄子弟之死喪者，謂韓之戰敗也〔一〕。不憚征繕以立孺子，曰：『必報吾讎〔二〕，寧事齊、楚，齊、楚又交輔之。』交，夾也。○賈逵：

交，共也（《文選》潘安仁《射雉賦》李善注引，王、黄將此條置於《楚語上》「故欲見以交儆子」下，汪遠孫輯）。其君子思其君，且知其罪，曰：『必事秦〔三〕，有死無它。』故不和。比其和之而來，故久。」公曰：「而無來，吾固將歸君。」○《增注》：而，汝也。國謂君何？」對曰：「小人曰不免，君子則不〔四〕。」公曰：「何故？」對曰：「小人忌而不思，忌，怨也。不思，不思大義。願從其君而與報秦，君，謂子圉也。○《略説》：君，謂惠公也。子圉未立，不可謂君也。言願之秦從君相與報讎。是故云。故言不免。其君子則不，曰：『吾君之入也，君之惠也。能納之，則能執之，能執之〔五〕，則能釋之。德莫厚焉，惠莫大焉〔六〕。納而不遂，廢而不起，以德爲怨，◎志慧按：以德爲怨，承「納而不遂，廢而不起」之後，指秦穆公將好事做成壞事，遂使晉人生怨。君其不然？』」秦君曰：「然。」乃改館晉君，改，更也。初，秦伯拘晉侯於靈臺，將復之，故更舍之於客館。○《標注》：館之上舍，謂異於拘室也。注客館泥矣。饋七牢焉。牛、羊、豕爲一牢，饔餼七牢，侯伯之禮也。

【彙校】

〔一〕明道本無「敗也」二字，疑脱。

〔二〕吾讎，明道本、正統本作「讎吾」，如後者，則「吾」字當屬下句。

〔三〕明道本無「必」字，疑脱。

〔四〕不，明道本、正統本作「否」，次同。

〔五〕明道本、正統本不重「能執之」，亦無「則」字，於義兩通，但《通鑑外紀》卷五引同公序本，疑無者因漏抄重文號所致。

〔六〕惠，秦鼎與張以仁皆據《左傳》謂當作「威」，然《國語》自有傳承，於義亦通，似不宜擅改。

11 惠公斬慶鄭

公未至〔一〕，蛾晳謂慶鄭〔二〕蛾晳，晉大夫。曰：「君之止，子之罪也。止，獲也。今君將來，子何俟？」慶鄭曰：「鄭也聞之曰：『軍敗，死之；將止，死之。』◎志慧按：疑此爲古軍法，下文「失次犯令，死；將止不面夷，死；僞言誤衆，死」同。二者不行，又重之以誤人，而喪其君，誤人，誤梁由靡，令君見獲也〔三〕。有大罪三，將安適？適，之也。君若來，將待刑以快君志；君若不來，將獨伐秦。獨帥其屬〔四〕。不得君，必死之。此所待也〔五〕。所以不去，待爲此也。臣得其志，志，謂出奔也。而使君瞢〔六〕，是犯也。瞢，慙也。犯，犯逆也。○賈逵：瞢，慙也（釋慧琳《一切經音義》卷三十一引）。○《舊音》：瞢，木亘反〔七〕。◎志慧按：《説文·苜部》:「瞢,目不明也。」段注謂《小爾雅》「瞢,慙也」爲引申之義。檢《廣雅·釋詁》云:「悔、瞢,慙也。」王念孫疏證云:「『瞢』與『悔』聲相近,《釋器篇》云:『鋂、鏝,鐶也。』鋂、鏝之同爲鐶,猶悔、瞢之同爲慙也。」《方言》卷二:「悔、惃、赧,愧也。晉曰悔,或曰惃。」二則材料皆説明可釋爲「慙」的是「悔」而非「瞢」,作「瞢」者乃通假字,而非引申義,「悔」從每得聲,屬之部,「瞢」、「懜」爲蒸部,聲紐相同,韻部陰陽對轉。君行犯,猶失其國,而况臣乎?」

【彙校】

〔一〕公,明道本、正統本作「惠公」,《集解》疑其脱,不敢必。

〔二〕晳,《非國語》引同,明道本及《左傳·僖公十五年》作「析」,古人書寫隨意,於名字亦然,如《上海博物館藏戰國楚竹書(五)·競建内之》同一篇中的隰朋就有三種寫法。正統本作「晳」,當係形訛。下同。

〔三〕明道本無此十一字韋注,疑脱。

〔四〕帥,明道本作「師」,據義,作「師」者字之訛也。

〔五〕所待,明道本、正統本作「所以待」,《考正》從補,是,疑公序本脱。

〔六〕君,弘治本作「若」,後者形訛。

〔七〕亘，宋元遞修本、南監本、微波榭本同，弘治本、正德十二年明德堂本皆作「豆」，形訛，文淵閣《四庫》本改作「登」，張一鯤本僅作「䒠，木豆切」，秦鼎本承之，亦誤。

公至于絳郊，聞慶鄭止，〇秦鼎：止，不逃也。**使家僕徒召之，曰：「鄭也有罪，猶在乎？」慶鄭曰：「臣怨君始入而報德，不降；**不自降下而背秦也。〇《存校》：降，下也，此處疑是來至之義，謂入而報德，則秦師不來至也。〇《平議》：降，當讀爲「鬨」，古降、共聲同，《孟子·梁惠王篇》「鄒與魯鬨」音義引劉熙注曰：「鬨，搆也，搆兵以鬭也。」此文言鬨又言戰，則鬨止謂彼此搆釁也。〇李慈銘：此當於「德」字讀句，言君若始入而報德，則不至于降秦師；既降秦師而聽諫，尚可以不戰。三句皆戰韓一時事，句法並同，韋解似非。〇《補正》：謂能報德可以不降，降，指乞糴之類。下「降而聽諫」義同。注訓降心以聽，非是。◎志慧按：《存校》以「不降」的主語爲秦師，不可必。指降爲乞糴之類或者投降，似也不能密合，曲園先生之説較勝，陳桐生《國語》從之。**降而聽諫，不戰；**慶鄭諫公，使與秦糴，若公降心聽之〔一〕，可以不戰。**戰而用良，不敗。**良，善也。卜右，慶鄭吉，不用，又乘鄭小駟，不用良馬〔二〕，故敗。〇《增注》：不用良，意在不從吉卜用己耳。◎志慧按：依《左傳》所載，以韋注爲優，唯《國語》上文並無惠公乘小駟之類文字，則是冢田虎之解更能自洽。**既敗而誅，又失有罪，**若鄭出亡，是失有罪。**不可以封國。**不可以守封國也。　○《平議》：「國」字衍文也。不可以封，即不可以國。《楚語》曰：「其生不殖，不可以封。」韋彼注曰：「封，國也。」得其義矣。此作「不可以封國」者，蓋一本作「封」，一本作「國」，而傳寫誤合之也。古書往往有此，韋據誤本作注，失之矣。下文《文公在翟章》亦曰「恥門不閉，不可以封」，可證此「國」字之爲衍文。《楚語》「叔段以京患嚴公，鄭幾不封」猶言幾不國也。又曰「民多闕，則有離畔之心，將何以封矣」，猶言將何以國也。竝可爲證。　○《辨正》：參照《晉語四·秦伯享重耳以國君之禮》「恥門不閉，不可以封」韋注「封，國也」，可知此中之「國」正是對「封」字的注解，《晉語四》中韋昭出被釋之詞，這裏則省略了被釋之詞，傳寫過程中將注文衍入正文，遂有此誤，並非如曲園先生所臆測的「一本作『國』」。故本條「不可以封」下韋注本當如下：「國。不可以守封國(也)。」臣是以待即刑，以成君政。」君曰：「刑之！」慶鄭曰：「下有直言，臣之行也；行，道也。上有直刑，君之明也。言刑殺得正[三]，此人君之明也。臣行君明，國之利也。君雖弗刑，必自殺也。」蛾晳諫曰[四]：「臣聞之[五]：奔刑之臣，奔，趨也。　○王鐸《手批》：奔刑之臣，如伍員之類，非趨意，《解》謬。　◎志慧按：慶鄭與伍員大別，仍當以韋注爲是。不若教之以報讎[六]。讎，秦也[七]。君盍赦之以報于秦？」梁由靡曰：「不可。我能行之，秦豈不能？能行之，謂能赦罪以報讎也。秦豈獨不能乎？且戰不勝，而報之以賊，　○陶望齡：似謂行刺(盧之頤校訂《國語》)。不武；出戰不克，入處不安，不知[八]；出戰不克，謂韓時也。入處不安，謂今也。欲復伐秦，故不得安也。成而反之，不信；成，平也。與秦始平，而又反之，不信〔九〕。失刑亂政，不威。有罪不殺爲失刑，失刑則政亂，政亂則威不行也。出不能用，入不能治，敗國，且殺孺子，孺子，子圉也。秦復惠公而質子圉，君伐秦，秦必殺之〔一〇〕。不若刑之。」君曰：「斬鄭，無使自殺。」家僕徒曰：「有君不忌，有臣死刑，忌，怨也。其聞賢於刑之。」○《補正》：家僕徒勸不殺慶鄭，謂君能不宿怨，是不忌；鄭不去而待死，是死刑。比刑慶鄭爲賢也。梁由靡曰：「夫君政、刑，是以治民。不聞命而擅進退，犯政也；言慶鄭擅進退〔一一〕。快意喪君〔一二〕，犯刑也。鄭也賊而亂國，不可失也！且戰而自退，退而自殺，臣得其志，君失其刑，後不可用也。」不可復用戰也。○皆川淇園：不可用政刑也。◎志慧按：似皆川氏說於文義更聯貫。君命司馬說刑之〔一三〕。司馬，軍司馬。說，其名也。○《正義》：《周官》：禮：夏官之屬有軍司馬四人。《成二年左傳》：「晉師救魯、衛，韓厥爲司馬，及衛地，將斬人。」則司馬主軍中刑也。○《標注》：司馬，武官也，此何必添補「軍」字以作解哉？司馬說進三軍之士而數慶鄭曰：「夫韓之誓曰：失次犯令，死；次，行列也。令，軍令也。◎志慧按：《吴語》：「王乃命有司大徇于軍，曰：『謂二三子歸而不歸，處而不處，進而不進，退而不退，左而不左，右而不右，身斬，妻子鬻。』」《越語上》句踐致其衆而誓之曰：「吾不欲匹夫之勇也，欲其旅進旅退也。」俱可補韋注「失次」未盡之義。將止不面夷，死；將，帥也。止，獲也。夷，傷也。○秦鼎：面夷，力戰傷其面也。◎志慧按：龜井昱曰：「《武備要略》，日本覈敗兵也，胸面有傷，爲迎敵，爲死門，賜優恤。肩背受傷者，爲退縮，爲反走，殺無赦。」雖係域外材料，但同爲戰事，亦可參。僞言誤衆，死。○《詳注》：《禮·王制》：「言僞而堅，以疑衆，殺。」今鄭失次犯令，而罪一也；鄭擅進退，而罪二也；女誤梁由靡，使失秦公，而罪三也；君親止，女不面夷，而罪四也。鄭也就刑！」

慶鄭曰：「説，三軍之士皆在，皆在此也。○《辨正》：此「説」係司馬之名，慶鄭直呼其名，以示其不屑耳。有人能坐待刑，而不能面夷？言我能坐待死[一四]，而不能面夷乎？怨君不用忠言，忘善背德也[一五]。趣行事乎！」趣司馬行其刑也。○《補音》：趣，宜讀曰促，《曹參傳》「告舍人趣治行」，顔師古音曰促是也。◎志慧按：《詩·棫樸》「濟濟辟王，左右趨之」毛傳：「趣，趨也。」鄭箋：「文王臨祭祀，其容濟濟然敬，左右之諸臣皆促疾於事。」則是趣本有促義，無需輾轉求諸通假。

丁丑[一六]，斬慶鄭，乃入絳。○《左傳·僖公十五年》林注：以見其（惠公）忌刻，終不化也。◎志慧按：丁丑，有日而無月，疑係編者不經意所致，據《左傳·僖公十五年》，在當年魯曆十一月，值二十九日。

【彙校】

〔一一〕「聽之」前，明道本、正統本有「而」字。

〔二〕明道本無「焉」字，李慈銘以爲脱，可從。
〔三〕正，弘治本作「止」，後者形訛。
〔四〕明道本無「諫」字，疑脱，正統本有之。
〔五〕明道本無「之」字，《經濟類編》卷二十一臣類二引有之。
〔六〕教，明道本、遞修本、正統本、静嘉堂本、南監本、弘治本、許宗魯本作「赦」，《考正》、《增注》謂作「教」者誤，秦鼎則從公序本，於義兩通，不敢必其一。
〔七〕明道本無此三字韋注，疑脱。
〔八〕知，明道本、正統本作「智」。
〔九〕遞修本、許宗魯本句末有「也」字。
〔一〇〕君，明道本、遞修本、正統本作「若」，《考正》、秦鼎從明道本，是。明道本不重「秦」字，似脱。
〔一一〕明道本、遞修本、正統本無「進」字，下文正文作「進退」，則無「進」字者脱。
〔一二〕「喪君」前，明道本、正統本有「而」字，《考正》、《考異》謂有者是，可從。
〔一三〕命，明道本、正統本作「令」。
〔一四〕明道本無「能」字，疑脱。
〔一五〕「言忘」二字，正統本同，明道本作「信忌」，疑明道本形訛。

〔一六〕丁丑，《左傳》同，弘治本作「丁壬」，後者誤。

十五年，惠公卒，○《集解》：惠公卒於十五年七月，時魯僖公二十三年九月也。◎志慧按：《春秋·僖公二十四年》：「晉侯夷吾卒。」《左傳·僖公二十三年》：「九月，晉惠公卒。」杜注：「經在明年，從赴。」《國語》此處從《春秋》，惠公享國凡十四個年頭，徐氏失檢。懷公立，懷公，子圉也。魯僖二十二年自秦逃歸。秦乃召重耳於楚而納之。晉人殺懷公於高梁，高梁，晉地。○顧祖禹《讀史方輿紀要》卷四十一臨汾縣高梁城下云：「《括地志》：在臨汾東北三十七里，晉邑也。春秋僖九年，晉亂，齊侯以諸侯之師伐晉，及高梁而還。又僖二十四年，晉文公刺公子圉於高梁。《竹書紀年》晉出公二十年，智伯瑤城高梁。○《釋地》：高梁，晉地，今平陽府臨汾縣東北三十七里有高梁故城。◎志慧按：臨汾高河畔今尚存古高梁城遺址。而授重耳，實爲文公〔一〕。

【彙校】

〔一〕實，明道本作「寔」，古通。

晉語三卷第九

國語卷第十

晉語四

1 重耳自翟適齊

文公在翟十二年〔一〕，文公，晉獻公庶子重耳也。避驪姬之難，魯僖五年，歲在大火，自蒲奔翟，至十六年，歲在壽星，故在翟十二年。○《補音》：翟，徒歷反，或作「狄」。○龜井昱：十二年，惠公隕於韓之明年也，子犯見幾而作。若以編年之例觀之，前章惠公丁丑斬慶鄭，乃入於絳，在僖十五年冬十一月，而文公發翟，即僖十六年也，敘事之次弟順矣。**狐偃曰：「日，吾來此也，**狐偃，文公舅子犯也。日，往日也。**非以翟爲榮，可以成事也。**榮，樂也。成事，成反國之事。○《標注》：榮，猶寵也。○《辨正》：以翟爲榮，非以處翟爲可樂，而是以處翟爲顯榮。翟偏居一隅，自無顯榮可言，故有狐偃此語。「榮」並無「樂」義。**吾曰：『奔而易達，**達，至也。**困而有資，**資，財也。○《標注》：資者，爲資用也。○《校證》：資，資取，謂環境上有可資取也。**休以擇利**〔二〕，

可以戾也。』休，息也。戾，定也。○《爾雅·釋詁》：戾，至也。又，戾、底、厎、定，止也。○王鐸《手批》：戾，作鳶飛戾天之「戾」更佳，至也。○《增注》：戾，心志定也。○《讀書管見》：戾，至也，言可以至其處也。○《校證》：《周語》：「古者天災降戾。」《魯語》：「戾於敝邑。」韋昭並訓「戾」爲至，可補金説。◎志慧按：據下句「戾久將底」，似《增注》説更合，而非泛泛的「至」義，不然，與上文「奔而易達」之「達」義重。**今戾久矣，戾久將底**[三]。底，止也。**底箸滯淫，**箸，附也。滯，廢也。淫，久也。○賈逵：滯，廢也（《原本玉篇殘卷·水部》引）。淫，久也（《文選》王仲宣《七哀詩》李善注，王、汪、黄、蔣輯）。○《標注》：淫，是沈没之義。○《校補》：韋注淫訓久，即久留、留滯義。四字同義連文。**誰能興之？**興，起也。○《爾雅·釋言》：興，起也。**盍速行乎？吾不適齊、楚，避其遠也。蓄力一紀，可以遠矣。**蓄，養也。十二年歲星一周，爲一紀。○《略説》：往日避遠，今蓄力已久，可以遠行也。◎志慧按：「不適齊、楚，避其遠也」句，各本同，所見今人整理本均作如此斷，唯「避其遠」不辭。《淮南子·人間訓》有云：「荆之所以不能與之（晉）争者，以其僻遠也。」若循此乙作「其辟（僻）遠也」則怡然理順。《楚辭·九章·涉江》復有「苟余心其端直兮，雖僻遠之何傷」。惜無内證，存疑。**齊侯長矣，而欲親晉。**齊侯，桓公也。長，老也。是歲，桓公爲淮之會，明年而卒。◎志慧按：此齊侯欲親之晉，自然不是惠公之晉，而是重耳集團。此前，《左傳·僖公九年》：「齊隰朋帥師會秦師納晉惠公。」《僖公十年》：「夏四月，周公忌父、王子黨會齊隰朋立晉侯。」此皆惠公之晉。僖公十五年韓之戰後，秦穆歸惠公而質子圉，其時尚未見秦穆有改置晉侯之意；另一面，《僖公十六年》：「秋，狄侵晉，取狐、廚、受鐸，涉汾及昆都，因晉敗也。王以戎難告于齊，齊徵諸侯而戍周。」面對晉惠之敗像，齊桓或生改置之心，《晉語四》「齊侯妻之（重耳），甚善焉」可作佐證，此所以重耳集團捨近求遠，不求諸秦穆而求諸齊桓也。**管仲没矣**〔四〕，**多讒在側。**没，終也。讒，謂易牙、豎刁之屬〔五〕。**謀而無正，衷而思始。**無正，無正從也。衷，中也。中道思其初時也〔六〕。○《增注》：衷，疑當爲「衰」字之誤耳，謂霸權之衰也。○秦鼎：謀事而無正從者，必中道而思其初時，是其悔心之萌也。○《補正》：無正，無可就正也。衷，中心也，即「天誘其衷」之「衷」。○《校證》：疑「衷」字當是「衰」字之譌，「衰而思始」謂齊桓不用管仲之言，寵幸豎刁、易牙之徒，以至衰老而心悔其初始也。○《辨正》：與「始」相對爲言，韋昭釋作「中道」無誤，吳氏疑所不當疑。《校證》説亦乏佐證。至於「管仲忠善之言」，《史記·齊太公世家》以下記載或可作爲補證：「管仲病，桓公問曰：『群臣誰可相者？』管仲曰：『知臣莫如君。』公曰：『易牙如何？』對曰：『殺子以適君，非人情，不可。』公曰：『開方如何？』對曰：『倍親以適君，非人情，難近。』公曰：『豎刁如何？』對曰：『自宮以適君，非人情，難親。』管仲死，而桓公不用管仲言，卒近用三子，三子專權。」**夫必追擇前言，求善以終，**前言，管仲忠善之言。**厭邇逐遠**〔七〕，**遠人入服，不爲郵矣。**邇，近也。逐，求也。郵，過也。○《補正》：郵，與「尤」通，故訓過，謂此時入服，不爲過舉。○《辨正》：桓公所厭之「邇」，指前面所説的「多讒在側」。◎志慧按：遠人，即自翟來奔的重耳集團。會其季年可也，季，末也。勸使文公適齊，晉桓公季末之年可也〔八〕。兹可以親。」兹，此也。皆以爲然，乃行。

【彙校】

〔一〕在，弘治本作「有」，後者誤，蓋因静嘉堂本、南監本脱爛，臆測致誤。

〔二〕休，静嘉堂本、南監本似從人從朮，弘治本、許宗魯本因之，皆誤。

〔三〕底，《補音》摘作「底」，《考異》：「底，當作『底』。」《校證》：「《左昭元年傳》：『勿使有所壅閉、湫底。』服注：『底，止也。』杜注：『底，滯也。』《楚語》『夫民氣縱則底，底則滯。』韋解：『底，箸也。』是『底』亦有止義。」《説文・广部》：「底，止（從段玉裁説）尻也。」《厂部》：「底，柔石也。」段注：「底之引伸之義爲致也，至也。」則訓爲「止」者當作「底」，汪説非。訓爲「致、至」之「底」古或書作「底」者，乃在「底」上添一飾筆而已，要不視爲訓作「止」的「底」同一字可也。《斠證》：「底，都禮切。」次同。

〔四〕没，明道本、正統本作「歿」，古通，注同，下同。

〔五〕刁，明道本、正統本與《左傳・僖公二年》作「貂」，《考正》：「《説文》有『刀』無『刁』，宋（庠）

氏既云《内傳》作『貂』，則《外傳》古本作『刀』審矣，自不當從明道本竟改作『貂』也。『刁』字六朝人猶斥爲俗，韋注豈宜出此？」其説精審。

〔六〕明道本不重「中」字，汪遠孫斷其脱，是。

〔七〕厭，明道本、正統本作「饜」，古通，次同。

〔八〕明道本無「勸使」下文字，疑脱，正統本有。晉，静嘉堂本、南監本、葉邦榮本同，遞修本、正統本、弘治本、許宗魯本、張一鯤本、李克家本、穆文熙編纂本作「會」，作「晉」者字之訛也。

2 重耳過衛〔一〕

過五鹿，乞食於野人，五鹿，衛邑。不見禮，故乞食。○《詳注》：今直隸大名縣東南有五鹿城。**野人舉塊以與之**〔二〕，塊，墣也。◎志慧按：《説文・土部》：「凷，墣也。从土、凵，凵屈象形，或从鬼。」韋注同《説文》。**公子怒，將鞭之。子犯曰：「天賜也。民以土服，又何求焉？**言民奉土以服公子。○《左傳・僖公二十三年》杜注：得土，有國之祥，故以爲天賜。**天事必象，**必先有象。○户埼允明：言天道不可知矣，垂象而示之也，故有卦爻。今民以土服，是見其象也。**十有二年，必獲此土。**後十二年〔三〕，必得五鹿。○户埼允明：十二者，天之數，一周而復始，故下曰「天之道也」。二三子志之，志，識也。歲在壽星，及鶉尾，其有此土乎！歲，歲星也。自軫十二度至氐四度爲壽星之次，自張十七度至軫十一度爲鶉尾之次。歲在壽星，謂得塊之歲，魯僖十六年也。後十一年〔四〕，歲在鶉尾，必有此五鹿地也，魯僖二十七年，歲在鶉尾。二十八年，歲復在壽星，晉文公伐衛，正月六日戊申，取五鹿。周正月，夏十一月也，正天時以夏■，故歲在鶉尾〔五〕。

○《正義》：《爾雅·釋天》：「壽星，角、亢也。天根，氐也。」邵晉涵曰：「角，兩星相對觸，故《天官書》云：『左角理，右角將。』氐四星側向以承柢(氐)，故《天官書》氐爲天根星，是氐亦壽星之次也。」《漢書·律曆志》：「鶉尾，初張十八度，立秋。中翼十五度，處暑。終於軫十一度。」蓋南陸三次鶉首、鶉火、鶉尾，尾最居西也。○《集解》：項名達曰：「《解》中宿次，悉本《三統》，《三統》以節氣分十二次。冬至，日在牛初，命爲星紀中，此承周末之舊也。其實漢時冬至日已在斗，以有歲差故。歲既有差，則十二次當繫於天周，不當繫於歲周。是《三統》宿次未可盡據。今因魯僖時距周末爲近，姑從《三統》。歲星行度，古遲今疾，《授時》合率大，但可推。今《大衍》有前後兩率，而前率仍微大。上考春秋，恒後天半次。惟《三統》之率較與古合，因本《三統》，推得魯僖十五年秋分後三日歲星入壽星之次，至十六年寒露日出壽星之次，適與日合於次末氐五度。二十六年處暑後七日入鶉尾之次，至二十七年，白露前三日出鶉尾，入壽星之次，亦與日合於次末軫十二度。二十八年，白露後十日出壽星之次。蓋星之易次，原不適當冬至，古以歲星紀歲，但取大略耳。又依《授時》，推得僖二十八年正月己亥朔，戊申當在初十日。」 ◎志慧按：邵氏説見氏著《爾雅正義》卷九。木星圍繞太陽公轉一周約11.8622年，據張汝舟木星紀年天文盤推測，魯僖公十六年，歲星運行在鶉尾末段到壽星前段，理論上該年爲鶉尾年，得塊之時，歲星實際運行到了壽星區域，正文「歲在壽星」以此。魯僖公二十八年，理論上也爲鶉尾年，歲星實際運行路徑與魯僖公十六年基本相同，即從鶉尾末段到壽星前段，具體到取五鹿的時間，《左傳·僖公二十八年》：「正月戊申，取五鹿。」饒尚寬《春秋戰國秦漢朔閏表》推得戊申當周曆正月初十，值前六三三年夏正十一月，該年理論上爲鶉火年，但夏正十一月歲星實際運行到了鶉尾區域，故云「及鶉尾」，歲星紀年取夏正，韋注「正天時以夏■，故歲在鶉尾」即此意。從僖公十六年得塊到僖公二十八年得五鹿，歲星從壽星運行至鶉尾，壽星爲得塊首年，鶉尾爲第十二年，正文「十有二年」以此。取五鹿在夏正爲上一年度，故韋注依當時夏正云「後十一年，魯僖二十七年（志慧按：此是周正，得其大體耳），歲在鶉尾」，明道本改「十一年」作「十二年」，疑據正文「十有二年必獲此土」，但這樣一改就無法安頓「魯僖二十七年」。獲諸侯，雖與得五鹿都發生在魯僖公二十八年，理論上該年爲鶉尾年，實際上獲諸侯之時歲星再次運行至壽星區域，故正文云「復於壽星，必獲諸侯」，韋注亦謂「歲復在壽星，謂魯僖二十八年也」。綜合上述與「及」字之「至」義，正文「歲在壽星」下當斷，所見各標點本皆未斷，今從斷。**天以命矣**，命，告也。謂野人奉塊〔六〕。 ○《秦鼎》：「以」「已」通。**復於壽星，必獲諸侯。**歲復在壽星〔七〕，謂魯僖二十八年也。是歲四月，文公敗楚師於城濮，合諸侯於踐土。五月，獻俘於王，王策命之〔八〕，以爲侯伯，故得諸侯。**天之道也，**天之大數，不過十二。**由是始之。**由，從也。從得塊始。**有此，其以戊申乎！**有此五鹿，當以戊申日也。**所以申土也。」日以戊申。**戊，土也。申，申廣土地也。○《補正》：《白虎通義》：「戊，茂也。」《釋名》：「申，身也。」物皆成其身體使茂盛也，戊與申皆增益之義，故云「申土」。**再拜稽首，受而載之。**拜天賜，受塊而載之。**遂適齊。**

【彙校】

〔一〕此至「遂適齊」，各本俱屬上，但此上言主爲狐偃，此下言主爲子犯，狐偃字子犯，雖屬一人，但稱謂發生變化而無説明，疑本屬兩則材料，因其同屬一人之事，故置於一處，茲單列並據內容施題。

〔二〕塊，《漢書·律曆志下》作「凷」，《補正》：「《説文》：『凷，墣也。』即『塊』字。」

〔三〕後，明道本、遞修本、正統本、弘治本作「復」，《元龜》卷二四四亦作「復」，二字形似，必有一訛，唯於義兩可，陳奂依金李本。

〔四〕十一年，明道本作「十二年」，秦鼎改從明道本，實誤，辨見按語。

〔五〕■，弘治本同作空格，明道本、遞修本、正統本作「數」，靜嘉堂本漫漶不可識，南監本、葉邦榮本作「寅」，不知其義；《正義》作「紀」，《增注》、秦鼎本作「正」，於義雖與「數」無殊，但不知其所出」，明道本無「故」字，據文義疑脱「故」字，正統本有，《集解》從增，是。

〔六〕謂，道春點本作「命」，後者誤，其祖本穆文熙編纂本不誤。

〔七〕歲，明道本、正統本作「歲星」，似衍。

〔八〕策，明道本、正統本作「册」，古通。

3 齊姜勸重耳勿懷安

齊侯妻之〔一〕，**甚善焉。**桓公以女妻之，遇之甚善。○《左傳·僖公二十三年》「及齊，齊桓公妻之」林注：「以宗女姜氏妻重耳。」○《標注》：甚善焉，謂甚嘉美之也。「焉」字不可忽，非遇之善。◎志慧按：《史記·晉世家》載：「（重耳）至齊，齊桓公厚禮而以宗女妻之。」《左傳》林注疑本此。同是《晉世家》又云：「太子申生，其母齊桓公女也，曰齊姜，早死。」揆諸常理，齊桓公前已將女兒嫁與晉獻公，似不大可能再將另一女兒嫁給獻公之子重耳，故韋注之「女」似當指宗女。**有馬二十乘，**四馬爲乘〔二〕，八十匹也。「**將死於齊而已矣。**」○《左傳·僖公二十三年》林注：以齊爲可安，不復有四方之志。○《校證》：此句蓋作者之語，斷非重耳之言。◎志慧按：上海師大本亦未加引號，蓋亦認爲係作者之語。今將此語歸入重耳名下，係從俞樾《古書疑義舉例》卷二第十九條「一人之辭而加曰字例」。曰：「民生安樂，誰知其它〔三〕？」○《校證》：生，性也。民生安樂，謂人性安於樂，人性以樂爲安也。

【彙校】

〔一〕自此至「公子弗聽」，公序本屬上，明道本單列，秦鼎本改從明道本。此上言主爲子犯，此下言主爲齊姜，故當依明道本單列，《集解》將重耳出亡全過程視爲一章，失之過寬。

〔二〕焉，明道本、正統本作「匹」，俱通。

〔三〕誰，《左傳·僖公二十三年》正義、《文選》潘安仁《閒居賦》李善注引作「孰」。

桓公卒，在齊一年而桓公卒〔一〕。孝公即位。孝公，桓公子昭也，即位在魯僖十八年。諸侯畔齊〔二〕。子犯知齊之不可以動，動，謂求反國也。而知文公之安齊，而有終焉之志也，欲行，而患之，患文公不肯去也。◎志慧按：韋注依正文作「文公」，其時重耳遠未登大寶，當依上下文作「公子」，係作者偶誤。與從者謀於桑下。從者，趙衰之屬。○《左傳·僖公二十三年》：從者狐偃、趙衰、顛頡、魏武子、司空季子。蠶妾在焉，在桑上也。○《左傳·僖公二十三年》林注：姜氏育蠶之妾，適采桑在其上，而聞其謀。莫知其在也。妾告姜氏，姜氏殺之〔三〕，殺之以滅口也。時諸侯畔齊，壻又欲去〔四〕，恐孝公怒。○吕邦耀：蓋欲密其謀也（《古文髓析》）。而言於公子曰：「從者將以子行，其聞之者，吾已除之矣〔五〕。子必從之，不可以貳，貳，疑也。貳無成命。疑則不成天命。○《補正》：謂無成議也。《詩》云：『上帝臨女，無貳爾心。』《詩·大雅·大明》之七章也。上帝，天也。女，女武王也〔六〕。言天臨護女，伐紂必克，無有疑心。先王其知之矣，貳將可乎？言武王知天命不可以疑，故卒有天下。子去晉難而極於此，極，至也。自子之行，晉無寧歲，民無成君。成，定也。謂奚齊、卓子殺死，惠公無親，内外惡之〔七〕。天未喪晉，無異公子，同生九人，唯重耳在。有晉國者，非子而誰？子其勉之！上帝臨子矣〔八〕，貳必有咎。」天予不取〔九〕，故必有咎。

【彙校】

〔一〕弘治本「一」字作空格，脱。

〔二〕畔，明道本、正統本作「叛」。

〔三〕《拜經日記》謂據版式「姜氏」二字不重，但各本均重。

〔四〕壻，正統本同，明道本作「聟」，《札記》：「聟，俗『壻』字耳。」

〔五〕已，正統本同，明道本作「以」，古通。

〔六〕明道本、正統本不重「女」字，《詩·大明》鄭箋重，韋用鄭箋，故《考異》謂明道本脱，是。
〔七〕内外，明道本、正統本作「外内」，是，疑公序本據後世詞序改。
〔八〕明道本、正統本無「矣」字。
〔九〕予，静嘉堂本、南監本、弘治本作「子」，後二者形訛。

公子曰：「吾不動矣，必死於此。」姜曰：「不然。《周詩》曰：『莘莘征夫，每懷靡及。』《詩·小雅·皇皇者華》之首章也。莘莘，衆多也。征，行也。懷私爲每懷。言臣奉命當念在公，每輒懷私，將無所及。　○《補音》：莘，所巾反，《詩》作「駪駪」，字通。　○《補正》：「每懷」句義不合，説已詳《魯語》。夙夜征行，不遑啓處，猶懼無及〔一〕。夙，蚤也〔二〕。行，道也。皇〔三〕，暇也。啓，跪也。處，居也。　○《補正》：古禮跪、坐相似，不遑啟處，猶言不暇安坐也。況其順身縱欲懷安，將何及矣〔四〕！人不求及，其能及乎？求及，求及時也。日月不處，人誰獲安？西方之書有之曰：『懷與安，實疚大事。』西方，謂周也。《詩》云：「誰將西歸」，又曰「西方之人」，皆謂周也。安，自安也。疚，病也。　○《左傳·僖公二十三年》林注：懷人之寵與安己之居，實足以敗壞功名。　○《困學紀聞》卷二十：愚謂西方之書蓋《周志》之類，《列子·仲尼篇》西方之人謂有聖者，李知幾謂意其説佛也。　○《辨正》：釋疚爲「病」無誤，但「病大事」一語不通，除

《國語》本條外，文獻中亦未見第二處「疚大事」的語例，故疑此條本作「敗大事」，「敗」字若書作上下結構，與「疚」字的初文「宊」相似，遂有此誤，檢《左傳·僖公二十三年》所引，此語正作「懷與安，實敗名」。觀韋昭已有此注，知其誤已久。**《鄭詩》云：『仲可懷也，人之多言，亦可畏也。』**《詩·鄭風·將仲子》之卒章也。仲，祭仲也。懷，思也。言雖欲從心思仲，猶能畏人自止，見可懷，思可畏也。　○《正義》：《詩序》：「莊公不勝其母以害其弟，叔段失道而公弗制，祭仲諫而不聽，小不忍以致大亂焉。」宏嗣不用《序》説者，《公羊桓十一年傳》：「祭仲者何？鄭相也。」《公羊》言出忽而立突，祭仲實主其事。是時突方强，能得衆心，而忽微弱不能自立，故鄭人皆懷仲而戴突，而其間老成守正者，尚持忽當嗣位之議，所謂「人之多言」也。踰園、折檀，喻嫡庶之妨，「不可懷」，言雖順仲所爲，而清議難掩，當畏此而遏止其戴突之私慾也。　○《詳注》：引此以明懷安之不可。**昔管敬仲有言，小妾聞之，**敬仲，夷吾字也。　○《存校》：敬，謚也，注作字非。　○《校文》：敬仲，謚也。後篇曰季曰「齊桓親舉管敬子」，注：「敬子，管仲子之謚。」是也。大夫之謚子，與伯、仲、叔、季一耳。公孫敖之子文伯，《魯語》作孟文子，它似此者多。　◎志慧按：《補正》謂「字」當改爲「謚」，是，汪中視排行之「仲」和敬稱之「子」爲謚，誤。**曰：『畏威如疾，民之上也。**畏威如畏疾病，此民之上行。**從懷如流，民之下也。**從心所思，如水流行，此民之下行。**見懷思威，民之中也。』**威，畏也。見可懷則思可畏，此民之中行。　○《標注》：威，與上文同指，君上之威刑也。**畏威如**

疾〔五〕，乃能威民，言能畏上，乃能威下。威在民上，弗畏有刑。能威民，故在人上。不畏威，則有刑罪。◎志慧按：所引管敬仲言中之「民」乃泛指之人，「威民」、「民上」之「民」則與官相對待。從懷如流，去威遠矣，故謂之下。去威遠，言不能威民也。其在辟也，吾從中也。辟，罪也。弗畏有刑，故云罪。高不在上，下欲避罪，故從中也。○《補正》：以見懷思威爲立，故云「中」也。○《集解》：辟，疑當與「譬」同，《説文》：「譬，諭也。」此文謂舉管敬仲之言以譬諭之也。管敬仲之言別上、中、下三事，故云「吾從中也」。◎志慧按：《集解》是也。《存校》疑上段有錯簡和脱文。管仲的名言只包括「畏威如疾……民之中也」六句，其下則是齊姜緊承管仲的六句話的解釋，文氣密合，似無錯簡與脱文的可能。《鄭詩》之言，吾其從之。從其畏人之多言也。○龜井昱：見可懷，思可畏也。此大夫管仲之所以紀綱齊國，裨輔先君，而成霸者也。子而棄之，不亦難乎？裨，補也。○賈逵：埤，補也（釋慧琳《一切經音義》卷十六引）。齊國之政敗矣，晉之無道久矣，從者之謀忠矣，時日及矣，公子幾矣。幾，近也。言重耳得國年時日月近也〔六〕。○户埼允明：謂志願可成也，與「顔氏之子其庶幾哉」同義，如注則與上句重複。君國可以濟百姓，而釋之者，非人也。濟，成也。釋，置也。○《標注》：濟，猶救也。敗不可處，敗，謂齊也〔七〕。時不可失，忠不可棄，懷不可從，子必速行〔八〕！吾聞晉之始封也，始封，謂唐叔虞。歲在大火，閼伯之星也，實紀商人。商，殷也。自氐五度至尾九度，爲大火之次。閼伯，陶唐氏之火正，居於商丘，祀大火，死以配食，相土因之，故商主大火，實紀商之吉凶也〔九〕。○《舊音》：闕，一曷反。

商之饗國三十一王。自湯至紂。○《發正》：《大戴禮·少間篇》：成湯卒崩，殷德小破。二十有二世，乃有武丁即位。武丁卒崩，殷德大破。九世乃有末孫紂即位，合之爲三十一世。故《保傅篇》「殷爲天子三十餘世而周受之」，盧辯注云：「凡三十一世。」《漢書·律曆志》「凡殷世繼嗣三十一王六百二十九歲」，並與《外傳》文合。《史記·殷本紀》自湯至紂唯三十世，《竹書紀年》同，蓋所據異也。皇甫謐曰：「商之饗國三十一王，自見居位者實三十王，而言三十一者，蓋兼大子丁也。」**《瞽史之記》曰〔一〇〕：『唐叔之世，將如商數。』**瞽史，知天道者。**今未半也。**自唐叔至惠公十四世，故曰未半。**亂不長世，**不長世，亂當有平時也。**公子唯子，**○《集解》：謂晉群公子惟重耳在也。**子必有晉。若何懷安？」公子弗聽。**

【彙校】

〔一〕無及，《毛詩正義·皇皇者華》引作「不及」。

〔二〕蚤，明道本、正統本作「早」，出本字也。

〔三〕皇，遞修本、静嘉堂本、南監本同，明道本、正統本、張一鯤本作「遑」，弘治本、許宗魯本亦作「遑」，《增注》、秦鼎本、《正義》從張一鯤本，據正文當作「遑」。

〔四〕矣，《毛詩正義·皇皇者華》引作「乎」。

〔五〕秦鼎云：「管仲之言止于『中也』，『畏威』以下，姜氏釋仲言也。然『此大夫』以下語勢不屬，恐有誤錯。」今從之。

〔六〕年時日月，明道本、正統本只作「時日」，疑「月」字衍。

〔七〕明道本無「謂」字，李慈銘以爲脱，是。

〔八〕子，遞修本作「予」，後者字訛。

〔九〕吉凶，明道本作「凶吉」。

〔一〇〕記，明道本、正統本作「紀」。

4　齊姜與子犯謀遣重耳

姜與子犯謀〔一〕，醉而載之以行。醒，以戈逐子犯，曰：「若無所濟，吾食舅氏之肉，其知厭乎〔二〕！」舅犯走且對曰：「若無所濟，余未知死所，誰能與豺狼争食〔三〕？戰死原野，公子將走不暇，豈能復與豺狼争食我乎？　○《略説》：凍餓死于原野，恐非戰死之謂。若克有成，公子無亦晉之柔嘉是以甘食。無亦，不亦也。柔，脆也。嘉，美也。　○《詩·小雅·采薇》

「薇亦柔止」毛傳：「柔，始生也。」鄭箋：「謂脆脕之時。」○《集解》：無亦，亦也，「無」爲發語詞，韋注失之。**偃之肉腥臊，將焉用之？」**◎志慧按：腥，《説文解字繫傳·肉部》「腥」下引作「胜」，《説文·肉部》：「腥，星見食豕，令肉中生小息肉也。」「胜，犬膏臭也。」郭萬青《〈説文解字繫傳〉引〈國語〉斠證》以爲《國語》字本當作「胜」，有理。此蓋用其通假字也，或者《國語》本作「胜」。**遂行。**

【彙校】

〔一〕此至「遂行」，公序本屬上，明道本單列，此上言主爲齊姜，此下言主爲子犯，當依明道本單列，唯明道本將「過衛」二字綴於此下，則不合内容相關性，宜將之下移，秦鼎本、上海師大本正將「過衛」二字屬下。

〔二〕厭，《舊音》：「或爲『饜』。」明道本、正統本作「饜」，「厭」、「饜」古今字。

〔三〕豺，正統本同，明道本作「犲」。

5 衛文公不禮重耳

過衛，衛文公有邢、翟之虞，不能禮焉。衛文公，宣公之孫、昭伯頑之子燬也。虞，備也。

是歲，魯僖十八年，冬，邢人、翟人伐衛，圍菟圃，文公師于訾婁以退之，故不能禮焉。○《正義》：衛文公，《閔二年傳》及《衛世家》並謂昭伯子。案：太子伋同母弟二人，曰黔牟，曰昭伯，《漢書人表·中下》「衛戴公，黔牟子」、「衛文公，戴公弟」，是文公非昭伯子矣。○《述聞》：虞，憂也。○《詳注》：文公過衛，當在僖二十二年。◎志慧按：《左傳》、《史記》較《漢書》去古更近，似當從前二者。又，重耳集團過衛，係在自翟至齊的路上，時間當在前六四四年到前六四三年之間，即魯僖公十六年到十七年間，則「邢、翟之虞」雖非黑雲壓城，亦猶山雨欲來乎。復次，《爾雅·釋言》云：「虞，度也。」韋注本此，唯此當作「憂」解。甯莊子言於公〔一〕莊子，衛正卿，穆仲静之子也甯速也〔二〕。曰：「夫禮，國之紀也；親，民之結也；君親其親，所以結民心〔三〕，使相親也。善，德之建也。建，立也。言能善善，所以立德也。國無紀不可以終，民無結不可以固，德無建不可以立，此三者，君之所慎也。今君棄之，無乃不可乎！晉公子，善人也，而衛，親也，君不禮焉，棄三德矣。晉祖唐叔，武王之子。衛祖康叔，文王之子。故曰親。三德，謂禮賓、親親、善善也。臣故云君其圖之。◎志慧按：前文並無「君其圖之」一語，此處似不宜忽然出現「故云君其圖之」，檢各本無異文，觀此下三篇結尾均有「君其圖之」一語，知作者有意爲文。疑本篇「夫禮」前本有此語導出，遂有議論結束後「故云」之照應，又與下三篇以「君其圖之」作結首尾呼應。康叔，文之昭也；唐叔，武之穆也。自祖以下，一昭一穆。故康叔爲文昭，唐叔爲武穆。周之大功在武，謂始伐紂，定天下也。**天胙將在武族**〔四〕。族，嗣也。**苟姬未絕周室，而俾守天聚者，必武族也。**聚，財、衆也。○户埼允明：天聚，猶云民望也。《管子·君臣篇》：「是以明君順人心，安情性，而發於衆心之所聚。」注：「聚，謂所同歸湊也。」**武族唯晉實昌，晉胤公子實德。晉仍無道，**仍，重也。○《集解》：仍，頻也。◎志慧按：此「晉」特指惠公。無道，指背外内之賂、殺干臣、秦饑不予粟以及一系列的仇秦操作等。**天胙有德，晉之守祀，必公子也。若復而脩其德，鎮撫其民，必獲諸侯，以討無禮。君弗蚤圖，衛而在討。小人是懼，敢不盡心？」公弗聽。**◎志慧按：衛甯莊子諫衛文公禮重耳，下文鄭叔詹諫鄭文公禮重耳，二文公皆不聽，文獻未載所以不聽的緣由，從韓之戰之後的中原政治版圖看來，惠公治下的晉國，再怎麽内憂外患，也不是鄭、衛等國家可以輕忽的，所以，大夫們對天道的敬畏和人倫的守望，最後都讓位於兩位文公現實政治利益的精算，或許這就是所以不聽的原因。

【彙校】

〔一〕《標注》：「據下文，『公』上恐脱『文』字。」不可必。

〔二〕明道本、遞修本、正統本、静嘉堂本、南監本、弘治本均無首「也」字，金李本衍。速，明道本作「遠」，《札記》謂當作「速」，是。

〔三〕民，正統本同，明道本作「人」。

〔四〕胙，明道本、正統本作「祚」，據《文選》李善注（見下）知賈逵所見本亦作「祚」，下同。

6 曹共公不禮重耳而觀其骿脅

自衛過曹〔一〕，**曹共公亦不禮焉，**共公，曹昭公之子曹伯襄也。○《集解》：《内傳》、《史記》俱作自衛過五鹿，至齊，自齊過曹。曹，當今山東菏澤縣治。**聞其骿脅**〔二〕，**欲觀其狀**〔三〕，骿，并榦也。○《左傳·僖公二十三年》杜注：骿脅，合榦。○孔晁：聞公子脅榦是一骨，故欲觀之（《左傳·僖公二十三年》正義引，汪、黄輯）。○《左傳·僖公二十三年》正義：駢訓比也，骨相比迫，若一骨然。○《説文繫傳·骨部》：骿脅，謂肋骨連合爲一也。**止其舍，諜其將浴**〔四〕，**設微薄而觀之。**諜，候也。微，蔽也。薄，迫也。○賈逵：諜，猶候也（《原本玉篇殘卷·言部》引）。○孔晁：諜，候也。微，蔽也（《左傳·僖公二十三年》正義引，汪、黄輯）。○舊注：《國語》云〔五〕：「薄，簾也。」（《左傳·僖公二十三年》釋文引，汪遠孫輯）。○《補音》：薄，《内傳釋文》訓迫，又引《國語》云：「薄，簾也。」今按韋注亦訓迫，無簾薄之説，恐是賈、唐所注〔六〕。○《札記》：宋公序曰：「《内傳釋文》引『薄，簾也』，恐是賈、唐所注。」惠云：微薄，若今之簾，韋似誤，賈誼曰：「帷薄不修。」 ○《正義》：訓薄爲簾，本《曲禮》「帷薄不趨」之義，《史記·周勃世家》「以織曲薄爲生」是也，此必賈、鄭諸君舊詁。《春秋·僖二十八年》疏引孔晁注：「諜，候也。微，蔽也。」是孔即用韋義。 ○《補正》：《内傳》「浴，薄而觀之」，釋文「簾也。」韋注訓迫，非也。 ◎志慧按：綜合前賢之説，《左傳》「薄而觀之」可有二解：湊近了去細看（「薄」作爲動詞）；做了一個簾子去偷看（「薄」名詞作動詞）。相應地，《國語》「設微薄而觀之」也可有二解：做了一個帷幕，湊近了去細看（設微，薄而觀之）；做了一個帷幕去偷看（「微薄」作爲一個詞）。於作者之意應該只有一種解釋，唯以上各解於文字訓詁及文理皆無不妥，姑並存之。 至於《淮南子·道應訓》高注謂「曹共公聞重耳駢脅，使袒而捕魚，設薄以觀之」則是後世市井之好事者踵事增華，不可視爲信實，更不宜據此訓釋《國語》原文。

僖負覊之妻言於負覊 負覊，曹大夫。**曰：「吾觀晉公子，賢人也；其從者，皆國相也，以相一人**〔七〕**，必得晉國。得晉國而討無禮，曹其首誅也。子盍蚤自貳焉？」** 貳，猶別也。 ○《標注》：貳，謂附于此而又附于彼，如懷貳心之「貳」，但有淑慝之分耳。 **僖負覊餽飧**〔八〕**，寘璧焉。** 孰食曰飧〔九〕。寘，置也，置璧於飧下。 ○《考正》：鄭康成《周禮》「外饔」注云：「飧，客始至之禮。」又「司儀」注云：「飧，食也。小禮曰飧，大禮曰饔餼。」韋氏於饔飧概以孰食爲解，殊混。 ◎志慧按：説詳《晉語一》「不飧而寢」下。 **公子受飧反璧。** ○《左傳·僖公二十三年》林注：受飧以領其意，反璧以示不貪。 ○《正義》：《説文》：「飧，餔也。」《字林》云：「水澆飯也。」《僖二十八年傳》杜注：「臣無竟外之交，故用盤藏璧飧中，不欲令人見。」

【彙校】

〔一〕自此至「公弗聽」，公序本屬上，明道本單列，秦鼎本從明道本。本部分言主爲曹大夫僖負羈夫婦，所述之事與前後皆不相屬，故當單列，唯明道本將之前的「自衛過曹」四字屬上，猶有未安，秦鼎本、上海師大本皆改從屬下。

〔二〕骿脅，《舊音》摘「脅骿」，云：「或爲『骿脅』。」《補音》：「諸本及《内傳》並云『骿脅』，罕作『脅骿』者。」可從。骿，《左傳·僖公二十三年》作「駢」，依《説文》則「骿」本字，「駢」通假字。

〔三〕狀，《左傳·僖公二十三年》作「裸」。

〔四〕諜，正統本同，明道本避「世」字省筆似「謀」，《補正》遂作「謀」，實誤。

〔五〕黄奭《唐固國語注》云：「『《國語》』下疑脱『注』字，宋公序云韋注亦無『簾，薄』之説，恐是賈、唐所注，今從之。」

〔六〕「注」字遞修本不成字，南監本元劉子和補版作「注」，後出各本同，今從之。

〔七〕一人，《平議》以爲係「夫」字之訛，《集解》從改，説雖有理，但無直接證據，上古文獻中，「一人」

一詞一般都用在天子、諸侯身上，此用「一人」，疑爲重耳成爲晉文公之後的回敘。

〔八〕餽飧，《舊音》出「餐」字，並云「音孫」，明道本、正統本與《左傳》作「饋飧」，注同，「餽」通假字，「饋」本字，「飧」、「餐」之別，見《周語中·單襄公論陳必亡》註解，下同。

〔九〕孰，明道本、正統本、弘治本作「熟」，弘治本雖有依據，且二者又爲古今字，唯其祖於南監本，包括南監本在内的公序本系列該字俱作「孰」，則弘治本依違失當。

負羈言於曹伯曰：「夫晉公子在此，君之匹也，君不亦禮焉〔一〕？」○《補正》：不亦，亦也，猶之不顯，顯也；不寧，寧也。經、傳中多有此句法。曹伯曰：「諸侯之亡公子其多矣〔二〕，誰不過此？亡者皆無禮者也，余焉能盡禮焉！」對曰：「臣聞之：愛親明賢，政之榦也。榦，楨榦也。○《校證》：明賢，謂顯賢也。《周語中》：「尊貴明賢。」韋解：「明，顯也。」《晉語四》：「明賢良。」韋解同，是其明證。◎志慧按：《禮記·禮運》「君者所明也，非明人者也」鄭注：「明，猶尊也。」《發正》與《補正》皆取其義，惟訓爲尊或顯，均於義無殊。禮賓矜窮〔三〕，禮之宗也。宗，本也。禮以紀政，國之常也。紀，理也。失常不立，君所知也。失常，則政不立。○《增注》：不立，身不立於其位也。國君無親，國以爲親〔四〕。僚以官相親，君以國相親。先君叔振，出自文王，文王子也。○《發正》：叔振，謂曹叔振鐸也。《逸周書・克殷解》「叔振奏，拜假」，古人二名，可但稱其一，如《内傳》莒展（昭元年）、晉重（定四年），亦其類也。 ○《國語箋》：曹叔之名，自《史記・管蔡世家》以曹叔振鐸與管叔鮮、蔡叔度等同文，認振鐸爲兩字名，後皆依之，據此文云叔振，負羈曹臣，不應舉其始封君之諱，且何以不言振鐸而止言振，可知振是曹叔之字，鐸乃其名。文王子皆一字名，無兩字者也，稱叔振鐸者，名字並言，猶滕叔名繡，字錯，而漢《地理志》引《世本》云錯叔繡，亦名字並言也。 ○《補正》：即振鐸也。祇稱振字，如莒展、晉重之類。 ◎志慧按：二說似各有理，鄭知同「曹臣不應舉其始封君之諱」說更有力，然皆乏充分論據，難以定於一，姑並存之。

晉祖唐叔，出自武王，武王子也。**文、武之功，實建諸姬。故二王之嗣，世不廢親。今君棄之，是不愛親也**〔五〕。**晉公子生十七年而亡**，亡，奔也。 ◎志慧按：《史記・晉世家》云：「重耳遂奔狄，狄其母國也，是時重耳年四十三。」與此異。關於重耳出亡的年齡，學者們多有討論，以下三則材料似未引起討論者們的注意：《晉語一》：「大子遂行，狐突御戎，先友爲右。」狐突係重耳外祖父，是年狐突爲申生御戎，五年多之後，驪姬亂作，重耳出亡。准此一細節，可知重耳出亡不可能遲至四十三歲，蓋一個三十七八歲的中年人，其外祖父少説也得有七十歲了，其時必然不能駕馭戰車，尤其是太子的戰車，故當以《國語》所載爲是。復次，《史記・晉世家》又載，晉獻公二十二年，重耳出奔，同年，獻公一女兒嫁與秦穆公，是爲穆姬，《左傳・莊公二十八年》載穆姬與重耳等之關係如下：「晉獻公娶于賈，無子。烝於齊姜，生秦穆夫人及太子申生。又娶二女於戎，大戎狐姬生重耳，小戎子生夷吾。」如此，穆姬爲重耳之姐無疑，穆姬於是年方嫁，則同年重耳必然不可能如太史公所説的「年四十三」。第三，《左傳·僖公二十三年》載，重耳流亡在狄十二年，臨走時對季隗説：「待我二十五年，不來而後嫁。」以當時的平均壽命論，很難想像這話出自一個五十五歲的人之口。故仍以《國語》所載爲近真。**卿材三人從之**〔六〕，**可謂賢矣**，三人，狐偃、趙衰、賈它〔七〕。**而君蔑之，是不明賢也**。○秦鼎：蔑，棄也。◎志慧按：蔑確有棄義，唯此若釋作「棄」，則與上句義重，《周語》「鄭未失周典，王而蔑之」韋注云：「蔑，小也。」於此爲輕慢之意。**晉公子之亡**〔八〕，**不可不憐也**。**比之賓客，不可不禮也**。**失此二者，是不禮賓、不憐窮也**。**守天之聚，將施於宜，宜而不施，聚必有闕**。宜，義也。闕，缺也。○《增注》：宜，謂所宜施也。**玉帛酒食，猶糞土也，愛糞土以毁三常**〔九〕，三常，政之榦、禮之宗、國之常也。○秦鼎：愛，惜也。**失位而闕聚，是之不難，無乃不可乎？君其圖之。」**○秦鼎：謂國君不國君也，即不施於宜也。○帆足萬里：不難，不難爲此也。**公弗聽**。

【彙校】

〔一一〕明道本無「君」字，疑脱。

〔二〕秦鼎云：「其，疑『甚』誤。子犯授璧章亦同。」於句意是，然「其」字每用作强調，故不可必其誤。

〔三〕賓，遞修本、静嘉堂本、南監本、弘治本、許宗魯本作「賔」，下同。

〔四〕國以，明道本、正統本作「以國」，疑據後世文法改，《校證》亦云：「《左傳》舅犯曰：『亡人無寶，仁以爲寶。』《晉語一》曰：『長民者無親，衆以爲親。』句法並與此同，是其證。」

〔五〕明道本無「是」字，疑脱。

〔六〕材，遞修本作「林」，後者字訛。

〔七〕它，《舊音》出「佗」，《補音》謂「善本但作『它』」，明道本、正統本作「佗」，古人書寫隨意，難以定於一，下同。

〔八〕明道本、遞修本、正統本、許宗魯本句首有「謂」字，疑衍，南監本、弘治本句前空一格，疑係校勘時挖改。

〔九〕三常，明道本作「五常」，《札記》、《補正》謂依注當作「三常」，是。

7 宋襄公贈重耳以馬二十乘

公子過宋〔一〕，自曹適宋。**與司馬公孫固相善**〔二〕，固，宋莊公之孫、大司馬固也。相善，相説好〔三〕。○《正義》：《僖二十七年傳》「宋人使固如晉告急」，亦因其與重耳、咎犯相善耳。**公孫固言於襄公曰：「晉公子亡，長幼矣，**襄公，宋桓公子茲父也。長幼，從幼至長也〔四〕。○《補正》：不分長幼，故曰無。○《集解》：謂公子出亡，自幼至長也。重耳生十七年出亡，故曰幼。◎志慧按：吴氏於「公子亡」下失斷，故有此誤釋。**而好善不厭，父事狐偃，師事趙衰，而長事賈它。**長，兄事之。○《舊音》：衰，士危反。○《補音》：《經典》初危反。前趙衰之名多矣，已有補音，《舊音》方於此作訓，失其次。**狐偃，其舅也，而惠以有謀。趙衰，其先君之戎御趙氏之弟也**〔五〕，**而文以忠貞。**趙衰，晉卿公明之少子成子衰也。先君，獻公。戎御，御戎車也。《傳》曰：「趙夙御戎。」○《左傳補注》卷一：「趙夙」注，趙衰兄。案：《世本》「公明生孟及趙夙，夙生成季衰」，《史記》以衰爲夙之孫，《晉語》以爲夙之弟，無緣繆戾至此。且夙與衰世次相縣，不應爲弟兄，必傳寫之譌。《史記》所見異詞，當以《世本》爲正。○《札記》：自此閔元年至晉文反國，爲僖二十四年，世次不爲相縣。韋解趙衰「晉卿公明之少子」，是韋正文作「弟」非傳寫之誤。惠所説殊未然也，所引《世本》載《趙世家》索隱、集解，《序》云：「以《世本》考其流，則韋不當與《世本》繆戾，疑小司馬所見《世本》乃有錯誤耳。」○《正義》：《史記·趙世家》：「夙生公孟，公孟生趙衰。」索隱引《世本》「公明生公孟及趙夙，夙生成季衰」，《左傳》云「衰，趙夙弟」，而此云公孟生衰，譙周亦以此爲誤。依《史記》則衰爲夙孫，依《世本》則衰爲夙子。案：閔二年，夙見于《傳》，僖五年衰從重耳出奔，僅隔六年。夙能御戎，必非老耄；衰能從亡，必非幼穉。固非祖孫，亦非父子，《焦氏易林》曰：「伯夙奏績，衰續厥緒。」明是兄弟相及之辭。且夙字伯而衰字成季，其長幼之次序顯然。《僖二十八年傳》：「咎犯曰：『吾不如衰之文也。』」故云「文以忠貞」也。◎志慧按：《國語》正文最古，且《正義》、《札記》之説亦甚爲有得，可從。

賈佗，公族也，而多識以恭敬。賈佗，狐偃之子狐射姑、大師賈季也〔六〕。公族，姬姓也。食邑於賈，字季〔七〕。○《經史問答》卷四：晉故有賈氏，七輿大夫之中，右行賈華是也。蓋故是晉之公族，賈佗在從亡諸臣之列。公孫固曰：晉公子父事狐偃，師事趙衰，長事賈佗，則與咎犯等夷，非父子矣。狐氏雖亦姬姓，然戎種，非公族也。至咎犯之子，始稱賈季，而其氏仍以狐，是猶之士會稱隨會也。襄公之世，趙盾將中軍，賈季佐之，而陽處父爲太傅，賈佗爲太師，二賈同列。計其時佗爲老臣，而季新出，安得合而爲一也？◎志慧按：賈佗，《左傳·文公六年》、《昭公十三年》書作「賈佗」，爲公族，姬姓，重耳股肱之臣，年齡不「與咎犯等夷」，重耳曾「長事」之，魯文公六年爲襄公太師，與太傅陽處父同列。狐射姑，狐偃子，即賈季，魯文公六年，陽處父黨於趙氏，使趙盾替換賈季中軍將之職，故賈季亦不可如全氏之視爲「新出」。賈季因怨陽子易其班，使續鞫居殺陽子，同年奔翟。

韋昭將同時之二賈視作一人，誤。**此三人者，實左右之。公子居則下之，動則咨焉**〔八〕，**成幼而不倦，**成幼，自幼至成人也。**殆有禮矣。樹於有禮，必有艾。**樹，種也。艾，報也。○《删補》：春臺先生云：「《説文注》：徐云：『樹之爲言豎也。』《廣韻》：『立曰樹。』今此經文宜用立爲訓。」○《增注》：樹，謂樹德也。○秦鼎：《周語》「樹於有禮，艾人必豐」，明本艾音刈，刈，收穫也，故訓報。◎志慧按：此爲當時習語，《周語上·内史興論晉文公必霸》作「樹於有禮，艾人必豐。」秦鼎所指的明本其實是明道本，明道本於上揭《周語上》有韋注「音刈」字樣，爲《補音》所否定，云：「魚廢反，俗本於『艾』字下特音乂，後人妄加。」**《商頌》曰：『湯降不遲，聖敬日躋。』**《長發》之三章也。降，下也。躋，升也。言湯之尊賢下下甚疾〔九〕，故其聖敬之道日升聞於天〔一〇〕。○帆足萬里：降，謙下也。**降，有禮之謂也。**降己於有禮也。**君其圖之。」襄公從之。贈以馬二十乘。**○《集解》：《史記·晉世家》謂宋以國禮禮於重耳，則似已設館，不僅贈馬也。

【彙校】

〔一〕自此至「贈以馬二十乘」，公序本屬上，明道本單列，言主爲宋司馬公孫固，與上下文皆有別，故當從明道本單列，秦鼎本改從明道本。

〔二〕固，《韓非子·外儲説左上》作「購」，一音之轉耳。

〔三〕說，明道本、正統本作「悅」，道春點本無該字，《刪補》以爲當從有，是，其祖本穆文熙編纂本即有，作「說」。

〔四〕從幼至長，明道本作「從長至幼」，後者倒。

〔五〕氏，張一鯤本、李克家本、閔齊伋本同，明道本、遞修本、正統本、靜嘉堂本、南監本、弘治本、許宗魯本、《增注》《正義》《元龜》卷八四二引作「夙」，《四庫薈要》據明道本改，據注可從，《訂字》、秦鼎皆指「氏」字誤，是，《斠證》謂當是公序本原貌，金李本但存其誤而已，金李本祖本乃南監本，臺藏南監本爲後者之支脈，南監本作「夙」，則不得謂作「氏」者爲公序本原貌。

〔六〕明道本無此「狐」字，秦鼎謂無者似是。

〔七〕季，明道本作「季佗」，衍。

〔八〕咨，明道本、正統本作「諮」，「諮」爲「咨」之繁化，累增了一個形符。

〔九〕下下，張一鯤本、穆文熙編纂本同，明道本、遞修本、正統本、弘治本、《增注》作「下士」，《考正》斷「下下」誤，秦鼎：「下士，舊作『下下』，今從明本。」其所謂「舊」者，疑出自穆文熙本之道春點本。《正義》則同明道本，《正義》擅改而未説明，且類此者不少，「下士」與「下下」於義無殊。

〔一〇〕明道本無「其」字。

8 鄭文公不禮重耳

公子過鄭〔一〕，鄭文公亦不禮焉。文公，鄭厲公之子捷〔二〕。叔詹諫曰：「臣聞之：叔詹，鄭大夫〔三〕。○《補音》：詹，章簾反。親有天，有天，天所啟也。用前訓，前訓，先君之教。禮兄弟，資窮困，資，稟也。○《增注》：資，以貨助之也。○《詳注》：資，給也。天所福也。今晉公子有三胙焉〔四〕，天將啓之。啟，闓也〔五〕。○《增注》：胙，天之所福。同姓不婚，惡不殖也。殖，蕃也〔六〕。狐氏出自唐叔。狐氏，重耳外家也，出自唐叔〔七〕，與晉同祖〔八〕，唐叔之後，別在犬戎者〔九〕。狐姬，伯行之子也，實生重耳。伯行，狐■子空〔一〇〕。○《補音》：行，户郎反，又如字。成而儁才〔一一〕，離違而得所，言成人而有儁才也。違，去也。離禍去國，舉動得所。○《補音》：儁，通作「俊」。○户埼允明：離，離別也。去國而所到皆得之。◎志慧按：離違之「離」與下文離外之患之「離」義似有別，離違爲同義合成詞，户埼允明説可從，唯考諸重耳流亡經歷，「得所」之義仍當從韋注。久約而無釁，一也。釁，瑕也。○《舊音》：釁，朽覲反。○《校證》：違，邪惡也。《左桓二年傳》曰：「將昭德塞違。」杜注：「塞違，謂閉塞邪違也。」《周語》曰：「以逞其違。」韋解：「違，邪也。」可證。「離違」，謂離去邪惡；「久約」，謂久居困約；上下句法相對。同出九人，唯重耳在，同出，同父也〔一二〕。離外之患，而晉國不靖，二也。靖，治也。○《略説》：

離，罷也。言罷出奔在外之患。○《增注》：靖，静也。晉侯日載其怨，外内棄之；載，成也。○《存校》：載。載物之載，日載，猶言日日增加之也。重耳日載其德，狐、趙謀之，三也。在《周頌》曰：『天作高山，大王荒之。』《天作》之首章也。作，生也。高山，岐山也〔一三〕。荒，大也。言天生此高山，使興雲雨，大王則秩祀而尊大之〔一四〕。○《備考》：《天作》止一章耳，韋注云「《天作》之首章」，非也。荒，大之也，大天所作，可謂親有天矣。晉、鄭兄弟也，吾先君武公與晉文侯勠力一心，股肱周室，夾輔平王，武公，鄭桓公之子滑突也。文侯，晉穆侯之子仇也。勠，并也。一，同也。○賈逵：勠，併力也（釋玄應《一切經音義》卷十三引《國語》「勠力一心」，並及賈注，汪、蔣輯）。平王勞而德之，而賜之盟質，曰：『世相起也。』質，信也。起，扶持也。○秦鼎：起，扶顛也。猶大木所偃，起而築之也。若親有天，獲三胙者，可謂大天〔一五〕。三胙，謂成而儁才，晉國不靖，狐、趙謀之也。◎志慧按：「重耳日載其德」句與「晉侯日載其怨」句並列，「外内棄之」係「日載其怨」的必然結果，同樣，「狐、趙謀之」係「日載其德」的必然結果，第三胙之重心在「日載其德」，而非韋解之「狐、趙謀之」，《洪範》五福其四爲「攸好德」，相對應的，古人謂品德或者認知有明顯問題者爲天奪其鑒，視重耳之日載其德爲有天，以此。若用前訓，文侯之功，武公之業，可謂前訓。業，事也。前訓，二國同心之訓。若禮兄弟，晉、鄭之親，王之遺命，可謂兄弟。晉、鄭同姓，王之遺命又使相起〔一六〕，可謂兄弟〔一七〕。若資窮困，亡在長幼，還軫諸侯，可謂窮困。軫，車後横木也。還軫，猶回車[一八]。周歷諸國，遭離阨困。○秦鼎：還軫，出奔也。○《補正》：自幼而長也。◎志慧按：《説文·車部》：「軫，車後横木也。」唯此間借代車輛，故云「還軫，猶回車」。《文選》揚雄《羽獵賦》「因廻軫還衡」呂向注：「軫，車也。」例與此同。**棄此四者，以徼天禍，無乃不可乎？**徼，要也。四者，有天、前訓、兄弟、困窮[一九]。○《補音》：徼，此字或从人，或从彳，經典並用之，音亦一也。**君其圖之。」弗聽。**

【彙校】

〔一〕自此至「公弗聽」，公序本屬上，明道本單列，言主爲鄭叔詹，所述之事與上下文皆不相屬，故當從明道本單列，秦鼎本改從明道本。

〔二〕捷，遞修本字從忄，《考正》斷從忄者誤。載籍多從足。

〔三〕此注文宜置於「叔詹」之下。

〔四〕胙，明道本、正統本作「祚」，下同。

〔五〕闓，《舊音》出「闓」，明道本、正統本作「開」，《説文·門部》：「闓，開也。」則是明道本系列從衆從俗。

〔六〕蕃，明道本、正統本作「蕃毓」二字，上海師大本徑從公序本删，古文育、毓同字，疑「毓」字因注文闌入。

〔七〕明道本、正統本無「出自唐叔」四字。

〔八〕同祖，明道本、正統本作「俱」。

〔九〕在，《補音》作「治」，《考正》謂「或所據本異」，在校《補音》時又云：「『治』字疑誤。」《删補》：「犬，宜作『大』，《左氏》有大戎、小戎。」千葉玄之承其説，《增注》亦引《左傳·莊公二十八年》「大戎狐姬生重耳」爲説，皆是也。

〔一〇〕臺北「國家圖書館」藏金李本爲清嘉慶間浦墉校宋本，與此同。一九一九年版《四部叢刊》墨釘處作「氏字」二字，當係《四部叢刊》編者據明道本描潤，一九二六年重版時已作回改。遞修本作「伯行狐突字空」六字，疑「空」字因旁注空格闌入注文，蓋補版時誤增。南監本「狐」字一格，其下墨釘，换行另起作「字空」。静嘉堂本同南監本。由此一例似可見南監本承遞修本之誤。承南監本、静嘉堂本之弘治本墨釘處作空格處理，因前者之「字」模糊，弘治本誤録成「子」字，張一鯤本同。許宗魯本删「空」字，其余五字作「伯行狐突字」，李克家本、盧之頤本同。葉邦榮本徑删空格作「伯行狐子空」，顯然有脱文。明道本、正統本「伯行」以下作「狐氏字」，《考正》校定三字作「狐突子」，伯行即狐突，故《考正》説必誤。狐其氏，突其名，伯行其字，秦鼎從明道本，可從。小結如下：本條韋注公序本當如下：伯行狐突字。

〔一一〕儁，正統本作「雋」，《説文》無「儁」字，古通，注同。

〔一二〕父，明道本作「生」。

〔一三〕岐，明道本作「歧」，後者形訛。

〔一四〕秩，明道本作「袟」，《考正》斷作「袟」非，《考異》謂當作「秩」，是。

〔一五〕大天，明道本同，户埼允明、皆川淇園、《增注》、秦鼎謂「有天」之誤，據本段諸並列句法，有理。

〔一六〕明道本無「又」字。

〔一七〕「可謂兄弟」前，明道本、正統本有「故曰」二字，《考正》從補，可從。

〔一八〕回，明道本、正統本作「迴」，「回」之加旁字。

〔一九〕困窮，各本唯許宗魯本、《正義》、《集解》作「窮困」，疑據正文改，然無版本依據。

叔詹曰：「若不禮焉，則請殺之。諺曰：『黍稷無成，不能爲榮。稷，粱也〔一〕。無成，謂死也。榮，秀也。○穆文熙：其詞懇切，甚於曹衛，至以殺之爲言，無非激之使動心耳（《鈔評》）。○秦鼎：死，枯也。○帆足萬里：無成，謂化爲莠也，下文「所生不疑」是也，言其所生殖宜務專一乃可，若化爲異類害于我，宜除之。○《辨正》：釋「無成」爲「死」於文獻無據，於句義亦有不當。「成」有熟義，如《吕氏春秋·季夏紀·明理》「五穀萎敗不成」高注：「成，熟也。」《離俗覽・貴信》「五種不成」高注同。「黍稷」二句意謂黍與稷假如光開花不結果，那麽那花也是白開。鄭叔詹引此諺語以勸鄭文公早下決心，要麽優遇重耳，要麽及早除之，不要當斷不斷，反受其亂。**黍不爲黍，不能蕃廡。**爲，成也。蕃，滋也。廡，豐也。○《爾雅・釋詁》：蕪，豐也。○《翼解》：《爾雅》作「蕪」，《説文》作「無，豐也。从大、卌，數之積也。林者，木之多也。」「蕪」爲隸體增加字，「廡」則假借字也。**稷不爲稷，不能蕃殖**〔二〕。殖，長也。**所生不疑，唯德之基。』」**所生，謂種黍得黍，種稷得稷，唯在所樹〔三〕，言禍福亦猶是也〔四〕。若不禮重耳，則當除之；不爾，則宜厚之。如此不疑，是爲德基也。○户埼允明：諺曰云云，謂有德受天胙者，其兆見於未成之時也。其始生辨識而不可疑者，是爲德之基。○《補正》：謂視其所生如何而爲之計，而不疑惑也。◎志慧按：關於稷，衆説紛紜，這裏黍稷並提，且在《晉語》，故本人用來自山西陽泉的調查結果與黍一並作解：黍，黃米，顆粒略大，産量略低，具黏性，可釀酒，不用作敬供神靈或祖先。稷，又稱粟，又稱谷子，或異寫作「粢」、「穄」，顆粒較黃米略小，産量略高，無黏性（其實是粘性遠不如黃米），不用來釀酒，作爲敬供神靈祖先之物。**公弗聽。**

【彙校】

〔一〕梁，正統本同，明道本、《正義》作「粢」，作「梁」者係「粱」字之訛，《考異》謂作「粱」亦非，漢晉人冒稷爲粱，或韋昭本作「粱」字。

〔二〕帆足萬里：「『黍不爲黍』以下十六字是古注文攙入，其押韻亦取便於誦讀，猶王逸注《離騷》多諧韻語也。」不可必，其後《標注》從每句押韻之體仍視作正文。

〔三〕唯在所樹，明道本作「唯所在樹」，後者誤倒。

〔四〕禍，遞修本字從「亻」，字訛。正統本「樹」下有「之」字、「言」字，明道本存「之」而無「言」字。猶，明道本作「由」，疑作「由」者誤。

9 楚成王以周禮享重耳

遂如楚〔一〕，楚成王以周禮享之〔二〕，九獻，庭實旅百。成王，楚武王之孫、文王之子熊頵也。九獻，上公之享禮也。庭實，庭中之陳也。百，舉成數也。《周禮》：「上公出入所享〔三〕，饔餼九牢，米百有二十筥，醯醢百有一十甕〔四〕，禾二十車〔五〕，芻薪倍禾。」○《刪補》：牲殺曰饔，生曰餼。四秉曰筥，秉十六斛，四秉，六十四斛。○秦鼎：庭實，本賓所獻，此爲主禮。○《正義》：《周禮·大行人》云：上公九獻，侯伯七獻，子、男五獻。《儀禮》：主人酌以獻賓，賓酢主人。主人又酌以酬賓，乃成一獻之禮。九爲獻酬而禮始畢也。《儀禮·覲禮》：「四享皆束帛加璧，庭實唯國所有。」鄭

注：「四，當爲『三』。初享或用馬，或用虎豹之皮。其次享，三牲魚腊。籩豆之實，龜也，金也，丹漆，絲纊，竹箭也，其餘無常貨。非一國所能有，唯國所有，分爲三享，皆以璧、帛致之。」是爲「庭實旅百」是也。《莊二十三年傳》「庭實旅百，奉之以玉帛」是也。今宏嗣所引五積、九牢之等，乃掌客致饔餼之禮，非享禮也。公子欲辭，不敢當禮〔六〕。子犯曰：「天命也，君其饗之。天命，天使之也。饗，食也。亡人而國薦之，薦，進也。以國君之禮薦進之〔七〕。非敵而君設之，非體敵而設之如人君也〔八〕。非天，誰啓之心！」既饗，楚子問於公子曰：「子若克復晉國，何以報我？」公子再拜，稽首，對曰：「子女玉帛，則君有之。有之，楚自多也。子女，美女也〔九〕。○帆足萬里：子女，未嫁之稱。○《辨正》：「子女」一詞，除今天所使用的「兒子與女兒」這一常用義外，還有男和女之意，如《禮記·樂記》「及優侏儒，獶雜子女，不知父子」鄭玄注：「言舞者如獮猴戲也，亂男女之尊卑。」《説苑·政理》「衣裘之不美，車馬之不飾，子女之不潔，寡人（鄭簡公）之醜也」、《逸周書·小明武》「無食六畜，無聚子女」，其中之「子女」義與此同。又有少女之意，如《漢書·武帝紀》「朕飾子女，以配單于」。雖説美女與「少女」義有交集，但以「子女」爲美女，畢竟外延過窄。故本條「子女」一詞既可釋作男女，亦可釋作少女，但不可釋作「美女」。羽旄齒革，則君地生焉。羽，鳥羽也，翡翠、孔雀之屬。旄，旄牛尾也。齒，象牙也。革，犀兕皮也。皆生於楚。其波及晉國者，君之餘也，又何以報？」波，流也〔一〇〕。○秦鼎：或云：波及，波與「播」通，故韋訓流。王曰：

「雖然，不穀願聞之。」《曲禮》曰〔二一〕：「四夷之大國，於境内自稱不穀。」○崔述《考信録》：春秋時，諸侯皆自稱寡人，天子降名，始稱不穀，諸侯未有敢稱不穀者也，惟楚僭王號，不敢稱余一人，乃自稱爲不穀，成王云「公子若反晉國，則何以報不穀」，共王云「不穀不德，生十年而喪先君」是也。○《補正》：不穀訓不善，諸侯自稱之謙詞，不必四夷。對曰：「若以君之靈，靈，神也。○《標注》：靈，謂寵威也。得復晉國，晉、楚治兵，會于中原，其避君三舍。治兵，謂征伐也。古者師行三十里而舍，三舍爲九十里。《司馬法》曰：「進退不過三舍，禮也。」◎志慧按：《舊音》在「三舍」之後、「還師」之前尚有注文如下：「逡遁，上七旬反，下音巡。」《周禮·夏官·司馬》鄭注「王揖之，皆逡遁」釋文全同。與《舊音》「逡遁」相對應者，似非韋注「進退」莫屬，今本韋注引《司馬法》作「進退不過三舍」，《史記·晉世家》集解引賈逵則云：「《司馬法》『從遯不過三舍』，三舍，九十里也。」「遯」同「遁」。疑《舊音》所見本「進退」作「逡遁」，其後傳抄過程中改易。《群書治要》本《司馬法》本句作「從綏不過三舍」，《四部叢刊》影宋鈔本「從綏」作「縱綏」，《左傳·文公十二年》杜預注引《司馬法》「從綏不及」，並云「古名退軍爲綏」，則「從（縱）綏」爲追擊退兵，與《舊音》所解異。復次，《舊音》「逡遁」前未標「注」字，亦係漏標。若不獲命，不獲楚還師之命〔二二〕。其左執鞭弭，○孔晁：馬鞭及弓分在兩手，欲辟「右帶櫜鞬」之文，故云「左執」（《左傳·僖公二十三年》正義引，汪、黄輯）。○《左傳·僖公二十三年》正義：《（爾雅·）釋器》云：「弓有緣者謂之弓，無緣者謂之弭。」李巡曰：「骨飾兩頭曰弓，不以骨飾兩頭曰弭。」孫炎曰：「緣謂繳束而漆之，弭謂不以繳束骨飾兩頭者也。」二説雖反，俱以弭爲弓末也。　○《補音》：弭，弓末也。**右屬櫜鞬，以與君周旋。**」鞭，所以擊馬。《傳》曰：「雖鞭之長，不及馬腹。」《爾雅》曰：「弓無緣者謂之弭。」櫜，矢房。鞬，弓弢也。言以禮避君，君不旋〔一三〕，乃敢左執弓，右屬手於房以取矢〔一四〕。與君周旋，相馳逐也。　○户埼允明：屬，杜預《左傳注》：「著也。」得之。　○《正義》：《左傳·僖公二十三年》孔疏引《爾雅》李巡注：「骨飾兩頭曰弓，不以骨飾兩頭曰弭。」孫炎注：「緣謂繳束而漆之，弭謂不以繳束，骨飾兩頭者。」二説雖反，俱以弭爲弓末也。《詩》云：「載櫜弓矢。」則弓矢所藏俱名櫜。《昭元年傳》「伍舉請垂櫜而入」，注云：「示無弓。」則櫜亦受弓之物。《方言》云：「弓藏謂之鞬。」此櫜、鞬二物，必一弓一矢，以鞬是受弓，故云櫜以受箭，因對文而分言之耳。　○《翼解》：《説文》：「鞬，所以戢弓矢。」《釋名》曰：「馬上曰鞬，鞬，建也，弓矢並建立其中也。」案：櫜，亦弓矢並受，不專納矢。　○《詳注》：屬，著也。　◎志慧按：「屬」字之義當從杜預等作「著」解。孔晁之説即後世所謂對文，有見。通常情况下，馬匹的右側會垂掛櫜鞬及其他用具，故騎手由左側上馬，左手同時抓住繮繩。馬鞭套在右臂。策馬前進時，騰出來揮鞭子或拍馬屁股的手只能是右手，否則馬會原地轉圈。

【彙校】

〔一〕自此至「楚子厚幣以送公子于秦」，公序本、明道本皆屬上，秦鼎本、上海師大本改爲單列，言主爲楚成王，所述之事與上下文皆不相屬，當從秦鼎本、上海師大本單列。

〔二〕《平議》以爲「周」係「君」字之訛，《集解》從之改，唯「君」、「周」二字並不如曲園所説「古文相似」，故不敢取。周禮者，蓋因南楚自有禮俗，以周禮接待大國公子，示鄭重其事耳。

〔三〕所享，《四庫全書考證》謂所見刊本作「此享」，明道本、正統本、許宗魯本作「五積」，遞修本、靜嘉堂本、南監本殘缺，但《舊音》出「五積」，則「五積」固爲公序本原貌，弘治本臆補作「所享」，金李本襲其訛，《周禮·秋官·司寇》作「五積」，《四庫全書考證》從《周禮》，《考正》據此斷作「所享」者誤，皆是也。

〔四〕一十，明道本、遞修本、正統本、弘治本、許宗魯本、《周禮·秋官·掌客》作「二十」，當從。靜嘉堂本漫漶不可識，南監本較之更嚴重。饔，《掌客》同，遞修本作「饔」，字較正，葉邦榮本統一作「饔」，《舊音》出「饔」，云：「或爲『饔』，泛（汲）器也，一貢反。」明道本作「饔」，義符更旁字也。

〔五〕二十，明道本、正統本作「十」，《考正》、《札記》據《周禮·掌客》謂「當云『卅車』，……二十車者非上公」。

〔六〕明道本無「禮」字，疑脱。

〔七〕明道本無「之」字，疑脱。

〔八〕體，正統本同，明道本作「禮」，疑作「禮」者字之訛。

〔九〕《考異》：「注當先解『子女』，後解『有之』，此疑誤倒。」其説是。

〔一〇〕流，明道本作「滋」，疑後者字之誤。

〔一一〕曰，明道本、正統本作「云」。

〔一二〕獲，明道本、正統本作「得」。

〔一三〕旋，明道本、正統本作「還」，義同。

〔一四〕手，正統本同，明道本作「矢」，作「矢」者疑涉下而誤。

令尹子玉曰：「請殺晉公子。子玉，楚若敖之曾孫、令尹成得臣也。弗殺，而反晉國〔一〕，必懼楚師。」○《方言》：懼，病也。王曰：「不可。楚師之懼，我不脩也〔二〕。我德不脩也。我之不德，殺之何爲？天之胙楚〔三〕，誰能懼之？楚不可胙，冀州之土，其無令君乎？晉在冀州。○户埼允明：冀州，謂中國也。楚在僻遠，故謂楚如不得天胙，則必中國之中有令君而懼我也，是語豈以晉在冀州乎？且晉公子敏而有文〔四〕，敏，達也。文，有文章也〔五〕。約而不諂〔六〕，在約困之中，而辭不諂屈也〔七〕。○《述聞》：約如「以約失之者鮮矣」之「約」，言雖自斂約，而不諂屈於人也……若以約爲在約困之中，斯爲不類矣。◎志慧按：王氏解可備一説，但不便視爲唯一正確，蓋處於約困之中更有可能或必要討好人家，故而韋注亦無誤。三材傅之〔八〕，天胙之矣。謂狐、趙、賈三人也〔九〕。天之所興，誰能禦之〔一〇〕？」子玉曰：「則請止狐偃〔一一〕。」止，謂留爲質也〔一二〕。王曰：「不可。曹詩曰：『彼己之子，不遂其媾。』郵之也。《曹風・蜉蝣》之三章也〔一三〕。媾，厚於其寵也〔一四〕。郵，過也。○賈逵：媾，厚也（釋玄應《一切經音義》卷四引，蔣曰豫將此條置於下文「今將婚媾以從秦」下）。○《補正》：《詩序》以爲刺曹共工遠君子，近小人，惟共工與楚成王同時，不知此詩何以入誦，疑《序》有誤。郵，與「尤」通。言若止狐偃，是厚公子而不終，如曹詩所譏。○《辨正》：《詩》毛傳訓媾爲「厚」，韋昭即襲其説。歐陽修《詩本義》卷五《候人》下云：「毛、鄭訓媾爲『厚』，鄭又以遂爲『久』，今遍考前世訓詁，無厚、久之訓，訓釋既乖，則失之遠矣。媾，婚媾也。馬融謂『重婚爲媾』，不知其何據而云也，鄭於注《易》，又以媾爲會，大抵婚媾古人多連言之，蓋會聚、合好之義也。」以「媾」爲婚媾屬比較雅正之訓，聞一多在其名文《〈詩經〉的性欲觀》及《説魚》中，徑揭其本義，曰「交媾」，雖難謂雅訓，但偏偏得其真義，可從。◎志慧按：彼己，《毛詩》作「彼其」，《禮記・表記》作「彼記」，孔穎達《禮記・表記》正義、朱熹《詩集傳》、陳奂《詩毛氏傳疏》皆以己（記）、其爲語助詞，季旭昇《〈詩經〉「彼其之子」古義新證》以爲己（㫷）乃氏姓名或國名，唯《毛詩》中「彼其之子」散見於《王風》、《鄭風》、《魏風》、《唐風》、《曹風》，以國名釋「其(己)」顯然不能普適，故不取。復次，《候人》一詩，自《毛序》以還多認爲與曹共公(前六五二—前六一八年在位)有關，唯刺曹共工之詩，似不會在前六三七年之前就已廣泛傳播。是《毛序》等對該詩的時間認定有誤，還是《晉語四》本則内容係事後附會，俟考。夫鄭而效之，鄭又甚焉。效鄭，非義也[一五]。」

於是懷公自秦逃歸。懷公，子圉也。爲質於秦[一六]，魯僖二十二年逃歸。秦伯召公子於楚，秦伯，穆公也。楚子厚幣以送公子于秦[一七]。

【彙校】

〔一〕《拜經日記》謂上文「請殺公子」已著「晉」字，並據版式斷「晉國」二字係後人竄入。

〔二〕脩，張一鯤本同，明道本、正統本、《正義》作「修」，《正義》出於張一鯤本，但張一鯤本「脩」字一般徑改作「修」，《正義》循其常例。

〔三〕胙，明道本、正統本作「祚」，於義無殊，下同。

〔四〕《述聞》謂因注而衍「有」字，《集解》從刪，可從。

〔五〕文章，明道本、遞修本、正統本作「文辭」，秦鼎從明道本，不可必，或者韋昭用《詩·淇奧》毛序之義：「有文章，又能聽其規諫，以禮自防。」龜井昱即持此説。

〔六〕謟，明道本、遞修本、弘治本作「諂」，是，作「謟」者形訛，注同。

〔七〕屈，弘治本、許宗魯本同，明道本、遞修本、正統本作「僞」，静嘉堂本、南監本破損，隱約可見「僞」字，作「屈」者義稍長，或弘治本等因版片破損而據義補，但作「僞」者當屬原貌。

〔八〕傅，静嘉堂本、南監本破損不可識，弘治本、許宗魯本、葉邦榮本、張一鯤本、李克家本同，明道本、遞修本、正統本作「侍」，遞修本該葉爲南宋原葉，刻工卓宥，則作「傅」者係版片磨損後臆補，據出於南監本的弘治本與許宗魯本判斷，則南監本已作「傅」。

〔九〕静嘉堂本、南監本、弘治本、許宗魯本同，明道本、遞修本、正統本作「三材，卿材三人」，此係承上文「卿材三人」下韋注「三人，狐偃、趙衰、賈它」而言，故不必重復，疑南監本嫌注義不顯而改。

〔一〇〕禦，明道本、遞修本、正統本作「廢」，《校補》謂「廢」、「興」對舉義長，可從。

〔一一〕遞修本、明道本、正統本句首有「然」字，《考正》、《補韋》斷公序本脱，《四庫薈要》則據補，據義是。

〔一二〕弘治本、許宗魯本同，明道本、遞修本、正統本、静嘉堂本、南監本作「以爲質也」，唯南監本已不可識，疑其後據義臆補，義同。

〔一三〕蜉蝣，弘治本、許宗魯本同，静嘉堂本、南監本破損，明道本、遞修本、正統本作「候人」，疑南監本版片破損後補版，主事者又誤認《詩經》中署於末尾的篇題爲下一首的標題，遂有此誤。

〔一四〕本句弘治本同，明道本、遞修本、正統本、許宗魯本作「媾，厚也。遂，終也」，賈逵注及《詩·曹風·候人》毛傳：「媾，厚。」可據以訂正，《四庫薈要》即據改，檢静嘉堂本、臺藏南監本係原葉，恰好缺損「曹風」至「三章」之間和「媾厚」以下諸字，疑弘治本據義臆補，出於南監本的許宗魯本則疑據别本校正。

〔一五〕義，弘治本、許宗魯本、張一鯤本、李克家本同，明道本、遞修本作「禮」，《諸子瓊林》前集卷十三内修門作「礼」，係當時俗字，静嘉堂本、南監本此處空缺，正統本「非」字漏排，古鈔本則有「非禮也」三字。作「義」者疑在南監本之後臆補，雖於義亦通，究非該書原貌。

〔一六〕明道本無「爲」字，疑脱。

〔一七〕于，弘治本作「干」，形訛。

10 重耳婚媾懷嬴

秦伯歸女五人〔一〕，懷嬴與焉〔二〕。歸，嫁也。懷嬴，故子圉妻，子圉逃歸，立爲懷公，故曰懷嬴。與焉，與爲媵也〔三〕。○《詳注》：懷嬴，穆姬之女，重耳之甥女。公子使奉匜沃盥，既而揮之。婚禮：「嫡入于室〔四〕，媵御奉匜盥。」揮，灑也。○賈逵：揮，灑也（《文選》潘安仁《在懷縣作二首》李善注引，王、汪、黄輯）。○《左傳·僖公二十三年》正義：《説文》：「匜，似羹魁，柄中有道，可以注水。」「盥，澡手也，从臼、水，臨皿。」然則匜者，盛水器也；盥，謂洗手也；沃，謂澆手也。懷嬴奉匜盛水，爲公子澆手，令公子洗手。既而以溼手揮之，使水湔汚其衣。○沈欽韓《春秋左氏傳補注》卷三：《昏禮》無此文，蓋漢禮也。《少牢禮》：「宗人奉槃，東面於庭南。一宗人奉匜水，西面於槃東。一宗人奉簞巾，南面於槃北。乃沃尸，盥於槃上。」《士虞禮》注：「槃以盛棄水，爲淺汙人也。」然後知沃盥之次，匜水錯於槃中，執匜者以匜口沃盥者之手，瀉水受以槃，沃畢，乃授以巾。○《補正》：揮，與「麾」通，麾之使去也，待賤者之禮。◎志慧按：《詳注》從吴説，然公子洗手之後，揮手使乾，如《左傳·僖公二十三年》杜注：「以溼手揮之，使水湔汚其衣。」則韋注本自無誤。又，沈欽韓以韋注所引未見於《昏禮》推測韋氏所引者爲漢禮，稍顯武斷，稍早的董增齡《正義》謂「約《儀禮》文言之」，並引《士昏禮》「媵、御沃盥」鄭注「媵沃壻，盥於南洗；御沃婦，盥於北洗」爲證，是也。**嬴怒曰：「秦、晉匹也，何以卑我？」**匹，敵也。卑，賤也。**公子懼，降服囚命。**懼嬴之訴〔五〕。降服，徹上服。囚命，自囚以聽命也。○《左傳·僖公二十三年》杜注：去上服，自拘囚以謝之。**秦伯見公子曰：「寡人之適，此爲才。**適，適妃子也〔六〕。◎志慧按：《史記·秦本紀》謂「秦妻子圉以宗女」，雖然適女也在宗女之列，但以穆公之隆重推出與重耳集團如此鄭重其事的討論而言，似應以早於《史記》的《國語》爲準。**子圉之辱，備嬪嬙焉，**辱，質於秦時。嬪嬙，婦官也。○《補音》：嬪，毗人反。欲以成婚，而懼離其惡名。非此，則無故。言欲以成婚，懼以爲子圉妻〔七〕，恐離其惡名，非有此，則無它故。◎志慧按：離，通「罹」，遭受。不敢以禮致之，歡之故也。不敢以婚姻正禮致之，而令與於五人，歡愛此女之故。○皆川淇園：言本欲以懷嬴爲正妃以致之者，唯秦晉欲其歡故也。言以有此嫌，故不敢以正禮致之，而使之得與焉者，亦爲秦晉歡好之故。公子有辱，寡人之罪〔八〕。辱，謂降服也。言寡人不備禮，故令公子卑之，此自寡人之罪。唯命是聽。」進退此女，聽公子命。

【彙校】

〔一〕自此至「且逆之」，公序本屬上，明道本單列，秦鼎本改從明道本，言主爲司空季子與子犯、子餘，所述之事與上下文皆不相屬，故從明道本單列。

〔二〕焉，弘治本作「馬」，形訛。

〔三〕明道本無後六字，疑脱。

〔四〕于，明道本、正統本同，弘治本作「子」，形訛。

〔五〕訴，《正義》作「怒」，無據。

〔六〕明道本不重「適」字，疑脱。

〔七〕明道本無「子」字，疑脱。

〔八〕明道本、正統本、《通鑑外紀》卷五及《元龜》卷二四五引句下皆有「也」字。

公子欲辭，嫌於骨肉相取，已欲辭讓，不敢當也〔一〕。　◎志慧按：今人注譯本於「辭」的原因多未措意，以致讀者産生重耳嫌棄懷嬴的錯覺。其實，懷嬴於子圉於重耳都只是工具人，他們個人之間的情感因素幾乎可以忽略。至於懷嬴作爲重耳侄媳婦這一身份，在當時的秦晉，並不影響她轉身嫁給重耳，這從秦穆的安排以及文公把女兒嫁給自己曾經的大連襟趙衰可知。公子「辭」的原因，還是韋昭説得確切：「嫌於骨肉相取。」故引來司空季子論證子圉爲「道路之人」。最後，這些倫理考量都讓位於現實政治的精算，故子犯與趙衰雖然話風文野有別，態度則同。**司空季子曰：「同姓爲兄弟。**季子，晉大夫胥臣臼季也〔二〕，後爲司空。賈侍中云：「兄弟，婚姻之稱也。」昭謂：同姓爲兄弟，謂同父而生〔三〕，得姓同者〔四〕，乃爲兄弟。以言惠公、重耳其禮不同〔五〕，則子圉道路之人，可以取其女〔六〕。　○《補正》：兄弟就本義解，不指婚姻。**黄帝之子二十五人，其同姓者，二人而已，唯青陽與夷鼓皆爲己姓。**其二人相與同德〔七〕，故俱爲己姓。青陽，金天氏帝少昊也〔八〕。　○《續文獻通考·氏族考》：黄帝元妃西陵氏，生子三人，曰昌意，曰玄囂，曰龍苗。次妃方纍氏，生子二人，曰休，曰清。第三妃彤魚氏，生子二人，曰揮，曰夷彭。第四妃嫫母，生子二人，曰蒼林，曰禺陽。凡妃之子九人，庶妾之子十六人，共二十五人。別姓者十二：祈、酉、滕、箴、任、荀、釐、佶、儇、依及青陽、夷彭爲二紀也，其十三人皆姬姓。　○《校文》：此青陽己姓，後青陽姬姓，二子不應同名，必有一誤。○《札記》：上文「皆爲己姓」作「皆爲姬姓」，下文「故皆爲姬姓」乃申説上文。夷鼓與蒼林爲一人，皇甫謐曰：「夷鼓，一名蒼林。」以此。　○《集解》：《路史·疏仡紀》：「黄帝次妃方傫氏曰節，生休及清，封清爲紀姓，是生小昊（即少皞）。」又曰：「小昊青陽氏，名實，是爲摯。其父曰清。」注云：「青陽，少昊之父也。故《帝德考》云：『青陽之子曰摯。』曹植贊少昊云：『青陽之裔。』則少昊爲青陽之子信矣。蓋少昊亦號青陽，《帝王年代紀》以少昊爲帝青陽，故世誤以爲一人。」據此，青陽爲少昊之父，非即少皞也。又各本夷彭譌作「夷鼓」，「紀姓」脱作「己姓」，今並依《路史》訂正。　◎志慧按：己姓，張富祥《中國上古姓族制度研究》謂「是相對於黄帝而言的，當理解爲『姬姓』，非是以『己』爲姓號」，別開生面，復可解釋下文「唯青陽與倉林氏同于黄帝，故皆爲姬姓」。　**青陽，方雷氏之甥也。　夷鼓，彤魚氏之甥也**〔九〕。　方雷，西陵氏之姓也〔一〇〕。彤魚，國名。《帝繫》曰：「黄帝取於西陵氏之子〔一一〕，曰纍祖〔一二〕，實生青陽。」姊妹之子曰甥。聲雷、纍同〔一三〕。　○《詳注》：《漢書·古今人表》則以方雷、絫祖爲二妃，與《帝繫》異。　○《集解》：《路史》云：「黄帝元妃西陵氏曰傫祖，次妃方纍氏曰節。」又曰：「小昊，方纍氏之生也。」《大戴禮》亦犆，傫祖生昌意，方雷生青陽。是青陽爲方雷氏所生，非傫祖生也。方雷又爲次妃節之氏，非傫祖氏也，《帝繫》似未合。　甥，當通爲「生」，韋訓「姊妹之子曰甥」，亦非。雷，亦作「儽」，傫、嫘、纍，同音羸。◎志慧按：儽、傫、嫘、纍，或爲形符更旁字，或爲古時的繁簡字，甥通爲「生」之説則未聞，古史茫昧，相關記載亦每有出入，如夷鼓又曰夷彭，或謂爲彤魚氏之子，或謂爲其甥；夷鼓，《續文獻通考》謂其姓紀，存疑可也，以下不詳解。**其同生而異姓者，四母之子別爲十二姓。**○《備考》：四母者，方雷、彤魚、嫫母、纍祖也。○《集解》：四母，即西陵氏、方雷氏、彤魚氏及嫫母。**凡黃帝之子二十五宗，**唐尚書云[一四]：「繼別爲小宗。」非也，繼別爲大宗，別子之庶孫乃爲小宗耳。◎志慧按：大宗繼承始祖，小宗獨立門户，是爲「繼別爲小宗」；小宗之中亦由嫡長子出任繼承人，是爲「繼別爲大宗」，唐、韋各有所當。**其得姓者十四人，爲十二姓。**得姓，以德居官而賜之姓也[一五]。謂十四人而二人爲姬[一六]，二人爲己，故十二姓。○虞翻：以德爲氏姓。又虞説以凡有二十五人，其二人同姓姬，又十一人爲十一姓，酉、祁、己、滕、葴、任、荀、釐、姞、嬛、依是也。餘十二姓德薄不紀録（《史記·五帝本紀》集解，汪、黃輯）。**姬、酉、祁、己、滕、葴[一七]、任、荀[一八]、僖[一九]、姞、儇、依是也[二〇]。唯青陽與倉林氏同于黃帝[二一]，故皆爲姬姓。**二十五宗唯青陽與倉林德及黃帝，同姓爲姬也。○《補音》：葴，之林反。○《札記》：《五帝本紀》索隱曰：「唯姬姓再稱青陽與蒼林，蓋《國語》文誤，所以致令前儒共疑其姬姓青陽當爲玄囂，是帝嚳祖本與黃帝同姬姓，其《國語》上文青陽，即是少昊金天氏爲己姓者耳。既理在不疑，無煩破四爲三。」○《補正》：上文以青陽爲己姓，此爲姬姓，必有一誤。考

《史記索隱》，此青陽乃玄囂也。◎志慧按：《史記·五帝本紀》：「黄帝二十五子，其得姓者十四人。生二子，其一曰玄囂，是爲青陽。其二曰昌意。」其中將玄囂視爲青陽，疑又雜合了《世本》：「黄帝生玄囂……黄帝生昌意。」《大戴禮·帝繫》「生」作「產」，他同。觀後世之氏姓多能上溯至黄帝，但求諸文獻，於細節處每不能得其實，缺乏共時性文獻可資討論，只能存疑。這是目前所見最早的關於黄帝、炎帝的文獻記載，其次是《魯語上·展禽論祭爰居非政之宜》中展禽之語，時在十一年之後的前六二五年。黄帝傳説不知始自何時，但黄帝姬姓説，當在姬周集團勢力取代殷商集團之後，且姜嫄履大人跡傳説已不足以支持姬周集團的統治權威之時，這與後來田齊宗奉黄帝如出一轍。相應的，炎帝姜姓説之起源，上限當在齊桓公稱霸，下限是田氏代齊。**同德之難也如是。**言德自黄帝同之，難也如是。**昔少典取于有蟜氏**〔二二〕，**生黄帝、炎帝。**賈侍中云：「少典，黄帝、炎帝之先〔二三〕。有蟜，諸侯也。炎帝，神農也。」虞、唐云：「少典，黄帝、炎帝之父。」昭謂：神農，三皇也，在黄帝前。黄帝滅炎帝〔二四〕，滅其子孫耳，明非神農可知也。言生者，謂二帝本所生出也。《内傳》：「高陽、高辛氏各有才子八人〔二五〕。」謂其裔子耳〔二六〕。賈君得之。○《史記·五帝本紀》索隱：少典者，諸侯國號，非人名也。◎志慧按：韋注承賈逵之説，於文獻誠是也。唯正文並無歧義，故虞翻、唐固之注就訓詁而論反而更顯得中規中矩。這裏的問題首先是正文的觀念有誤，視某一個傳説中的人物符號僅僅是一個個人，事實上這個符號同時也指稱長時段或者大範圍中的一個族群、某一職業，後者又往往是世襲的。炎帝、黄帝、共工、祝融、后稷以及較晚近的徐偃王等傳説人物都存在類似現象。此文以黄帝爲姬姓，與齊威王時齊侯因資敦載「高祖黄帝，邇嗣桓文」，視黄帝爲田齊之祖有别，如果采信後者，則黄帝爲嬀姓；《魯語上·展禽論祭爰居非政之宜》中魯大夫展禽、《左傳·昭公八年》晉國史趙皆以大舜爲顓頊之後，而孟子則以爲舜乃東夷之人（見《孟子·離婁下》），亦屬此類，蓋因基於自高身價的認祖運動尚未結束，故呈現出各言其是的面貌，後來者欲爲之調停，故而難免方枘圓鑿的尷尬。**黄帝以姬水成，炎帝以姜水成。** 姬、姜，水名也。成，謂所生長以成功也。○《水經·渭水注》：岐水又東，逕姜氏城南爲姜水，炎帝長於姜水。是其地也。東注雍水。○《增注》：成，唯謂成長。成功，下所謂「以相濟」是也。**成而異德，故黄帝爲姬，炎帝爲姜。二帝用師以相濟也，異德之故也。** 濟，當爲「擠」，擠，滅也。《傳》曰「黄帝戰于阪泉」是也〔二七〕。○陶望齡：炎帝德衰，黄帝代興，正是相濟，下文「以濟大事」取此義也，不必改作「擠」（盧之頤校訂《國語》）。○孔廣栻：《方言》：「芒、濟，滅也。」郭璞注引此文，是「濟」有滅義，不必爲「擠」。○《增注》：相濟，相成其功也。○《補韋》：《周書·嘗麥解》曰：「蚩尤逐赤帝，争於涿鹿之河，赤帝大懾，乃説於黄帝。執蚩尤，殺之於中冀。以甲兵釋怨。」此二帝相濟之實事，韋氏未見《周書》，故讀「濟」爲「擠」，擠，滅也，不亦謬乎？又引《傳》曰「黄帝戰於阪泉」是也，似以阪泉爲赤帝矣。案《周書·史記解》曰：「昔阪泉氏用兵不已，並兼無親，文無所立，智士寒心，徙居至于獨鹿，諸侯畔之，阪泉以亡。」惠定宇曰：

「版泉氏，蓋蚩尤也。」盧學士曰：「獨鹿，即涿鹿，亦名濁鹿。」◎志慧按：《方言》：「濟，滅也。」郭璞注：「《外傳》曰：『二帝用師以相濟也。』」則韋昭所注亦其時共識。**異姓則異德，異德則異類。異類雖近，男女相及，以生民也。**重耳，懷嬴之舅[二八]，故又言此以勸之也。近，謂有屬名也。相及，相嫁取也[二九]。○《補正》：重耳姊爲秦穆公夫人，故於懷嬴爲舅。**同姓則同德，同德則同心，同心則同志。同志雖遠，男女不相及，畏黷敬也**[三〇]。畏褻黷其類也。○賈逵：黷，慢[三一]（《文選》任彦昇《爲齊明帝讓宣城郡公第一表》李善注引，王、汪、蔣輯）。**黷則生怨，怨亂毓災**[三二]，**災毓滅姓**[三三]。毓，生也。**是故取妻避其同姓**[三四]，**畏亂災也。**○秦鼎：《周禮》不得取同姓，彼遂演説其意耳，未必取同姓者皆滅姓也。**故異德合姓，同德合義。**合姓，合二姓爲婚姻也。合義，以德義相親。**義以道利**[三五]，有義，則利隨之。**利以阜姓。**阜，厚也。○《增注》：致族類盛多也。**姓利相更，成而不遷，**更，續也。遷，離散也。○《删補》：「更」、「賡」通，故此注爲續也。○《增注》：更，交也。○秦鼎：利，謂内助。姓，子姓也。**乃能攝固，保其土房。**攝，持也。保，守也。房，居也。○《略説》：土房，猶言國家。○《補正》：房有裒聚之義，與人之屋舍相似。**今子於子圉，道路之人也，**言德姓異也。○《標注》：「道路之人」云云，叔姪争國，故爲寇讎矣，當時父子兄弟尚有之，何論於叔姪哉？然叔姪之名，至死弗没也。臼季以道路人稱之，大失道理。所謂巧言佞人，君子所惡者。◎志慧按：按照司空季子上面的説辭，重耳與子圉同姓同德，韋解適相反對。唯司空季子於此已不再遵循原來的邏輯，直奔「濟大事」的目標，夫復何辭？取其所棄，以濟大事，不亦可乎？」◎志慧按：胥臣之意有二：一、重耳、懷嬴異姓，男女相及，此係《左傳·僖公二十三年》「男婦同姓，其生不蕃」的正面表達；二、重耳、子圉宗同德不同，姓從而異，侄兒子圉於是成了道路之人。前者閃躲了翁媳亂倫，後者迴避了骨肉相殘，孔子惡夫佞者，良有以也。

【彙校】

〔一〕本注明道本作「辭，不取也」，《考正》：「宋本較爲簡明，然《補音》摘注『相取』二字，且公子欲辭之意，注家例應申明，故仍之。」其說嚴謹。

〔二〕曰，金李本、遞修本、靜嘉堂本、南監本、弘治本、穆文熙本同作「曰」，字之訛也，許宗魯本、張一鯤本、李克家本已校正，兹徑據改。

〔三〕明道本無此六字。

〔四〕得，明道本、正統本作「德」，《考正》、秦鼎改從明道本，《考正》、《考異》亦謂作「得」者非，是。

〔五〕明道本、正統本無「以」字，「禮」作「德」；遞修本、靜嘉堂本、南監本、弘治本、許宗魯本「禮」亦作「德」，《考正》斷「禮」字誤，《增注》、秦鼎改從「德」字，皆是也，其誤疑始自金李本，葉邦榮本、張一鯤本、李克家本因之。

〔六〕取其女，葉邦榮本、張一鯤本、李克家本、《增注》同，明道本作「妻其妻」，遞修本、正統本、静嘉堂本、南監本、許宗魯本作「取其妻」，弘治本作「娶其妻」，弘治本祖於南監本，係擅改；《删補》謂「女」字疑「妻」字之誤，據義可從，秦鼎改作「取其妻」。

〔七〕其，葉邦榮本、張一鯤本、李克家本同，明道本、遞修本、正統本、静嘉堂本、南監本、弘治本、許宗魯本、《增注》、秦鼎俱作「此」，作「其」者雖不可謂誤，唯非公序本原貌矣。

〔八〕昊，明道本、正統本作「皞」，古通。

〔九〕彤魚氏，《漢書·古今人表》引《晉語》作「彤魚氏」。

〔一〇〕陵，弘治本作「陸」，蓋因其祖本南監本脱爛，又未與他本相核，許宗魯本不誤，或據别本改。

〔一一〕取，明道本、正統本及《大戴禮記·帝繫》俱作「娶」，用今字也。

〔一二〕纍，《舊音》謂字或從「女」，明道本作「嫘」，下同，《史記·五帝本紀》同，張守節《正義》云「嫘」一作「傫」。

〔一三〕洪亮吉《漢魏音》卷四引此注作「雷、纍聲同」，於義是也，《增注》正作「雷、纍聲同」，或據義改。

〔一四〕云，明道本、正統本作「曰」。

〔一五〕「賜」前，明道本、正統本有「初」字。

〔一六〕「二人」前，明道本、正統本有「内」字，《考正》疑「而」字當作「内」，有理。

〔一七〕葴，明道本、正統本作「箴」，《考正》據《廣韻》平聲侵韻「箴，規也。又姓」之説，謂從竹頭爲正，然古人書寫多隨意爲之，從艸與從竹之字亦每有互通，如「著」與「箸」、「藉」與「籍」、「範」與「范」等，故不必强分正俗與正誤。

〔一八〕荀，《潛夫論·志氏姓》作「拘」，《述聞》據《路史》謂當作「苟」，秦鼎從之，郭萬青《〈廣韻〉引〈國語〉斠證》謂《國語》本文當作「苟」，《考正》則謂羅説無確據，或所據本異，文獻不足徵，存疑可也。

〔一九〕僖，《舊音》：「或爲『釐』。」

〔二〇〕依，《潛夫論》作「衣」，《述聞》據《史記·五帝本紀》集解單行本、索隱並作衣，謂《國語》本作「衣」。

〔二一〕倉，明道本、正統本作「蒼」，古常通作，注同。

〔二二〕取，明道本、正統本作「娶」，用今字也。

〔二三〕明道本無「炎帝」二字，李慈銘斷其脱，是。

〔二四〕明道本無「滅炎帝」三字，亦疑脱。

〔二五〕明道本、正統本無「氏」字，《左傳·文公十八年》「高陽」「高辛」後各有一「氏」字，《正義》

據補，於義是，然未必版本之舊。

〔二六〕裔，遞修本、正統本、弘治本同，明道作「褎」，古同。

〔二七〕明道本、正統本無「是也」二字。于，弘治本似作「十」，形訛。明道本、正統本無「是也」二字。

〔二八〕舅，遞修本、正統本同，明道本作「異」，後者形訛。

〔二九〕相嫁取，明道本、正統本、《儀禮經傳通解》卷二作「嫁娶」二字。

〔三〇〕敬，所見各本同，《刪補》據盧之頤本謂當作「故」，《訂字》、《略説》、《增注》、龜井昱同其説，《考正》、《述聞》更據《左傳·僖公二十三年》正義等詳論當作「故」字之由，《集解》、《校證》從之，檢所見盧之頤本實作「敬」，《考正》、《述聞》等説則是也。

〔三一〕蔣曰豫輯《國語賈景伯注》據《文選》任彦昇此文李善注引賈注，輯作：「黷慢朝經也。」檢李善注正作如此，唯任文該句作「辭一官，不減身累；增一職，已黷朝經」，則所引賈注之「朝經」一詞實因正文而衍，清梁章鉅《文選旁證》卷三十一正云：「『朝經』二字不當有，各本皆衍。」其説是，今據以正蔣曰豫之誤輯。

〔三二〕毓，《文選》張茂先《女史箴》李善注引同，《左傳·僖公二十二年》正義、《昭公元年》正義引並作「育」，古可通用互訓。

〔三三〕姓，《考異》據《左傳·昭公元年》正義引作「性」，謂各本作「姓」者係涉上下文誤耳，其説是，

《集解》徑據改。

〔三四〕取，明道本、正統本作「娶」。

〔三五〕道，明道本、正統本作「導」，出本字也。

公子謂子犯曰：「何如？」對曰：「將奪其國，何有於妻？唯秦所命從也。」言將奪其國，何辭於妻。初〔一〕，奚齊、卓子死，秦伯欲納重耳，子犯難之，以爲不可。今更言此者，子圉無道，害重耳，使狐突召子犯及其兄毛，突不召而殺之〔二〕，故重耳、子犯皆怨之。◎志慧按：今人標點本「命」下皆不斷，若此，則是視爲「唯+O+V」的賓語前置句，與《尚書・大誥》「寧王惟卜用」、《尚書・梓材》「肆王惟德用」句式相類，然與這種句式春秋戰國時期的常規結構「唯秦所命是從」稍有不同，檢各本並無異文，存疑。謂子餘曰：「何如？」子餘，趙衰字。對曰：「《禮志》有之曰：『將有請於人，必先有入焉；必先有以自入也。◎志慧按：韋注「自入」義不顯，句謂若有求於人，前期自己先得有所投入。欲人之愛己也，必先愛人；欲人之從己也，必先從人。無德於人，而求用於人，罪也。』言不先施德於人，而求人爲己用者，是罪也。今將婚媾以從秦，重婚曰媾。從，從其命也。○賈逵：重婚曰媾（釋玄應《一切經音義》卷四引，汪、蔣輯）。○《易・屯》六二「匪寇婚媾」馬融注：重婚曰媾。受好以愛之，受其所好而親愛之。聽從以德之，使之德己。○《辨正》：「愛之」、「德之」的結構應該一律，釋「愛之」爲「親愛之」，則「德之」就不能視爲使動用法，而應該是感恩戴德之意，意爲聽從秦王以示感激之情，下文趙衰代重耳言，云「敢不從德」正是此意。因此，韋昭釋「德之」爲「使之德己」不當。

懼其未可也，又何疑焉？」乃歸女而納幣，且逆之。歸女納幣，更成婚禮。逆，親迎也。○孔晁：歸懷嬴，更以貴妾禮迎之也（《左傳·僖公二十三年》正義引，汪、黄輯）。○《左傳·成公八年》正義：昏有六禮：下達之後，初有納采擇之禮。既行納采，其日即行問名，問女之名，將歸卜其吉凶也。歸，既卜得吉，又使使者往告，謂之納吉。納吉則昏禮定矣。復遣納徵，徵，成也，納幣以成昏禮。士禮納徵有玄纁、束帛、儷皮，其諸侯謂之納幣，以其幣多，故指幣言之。納幣以後，又有請期、親迎，是之謂六禮也。○《正義》：六禮中，納幣、親迎爲重，故《傳》特舉之也。○秦鼎：歸女，謂還嬴氏於秦伯，更以正禮逆之也。孔晁云：「更以貴妾禮迎之也。」是也。或歸訓嫁者，非矣。下文云：「夫人嬴氏至自王城。」《解》：「穆公女文嬴也。」杜云：「文嬴，襄公嫡母也。」孔晁亦同韋、杜。或以辰嬴爲夫人，非三君意。

【彙校】

〔一〕孔氏詩禮堂本無「初」字。

〔二〕「召」前，明道本有「言」字，疑衍。

11 秦伯饗重耳以國君之禮

他日〔一〕，秦伯將饗公子〔二〕，公子使子犯從。子犯曰：「吾不如衰之文也，文，文辭也。○《補音》：衰，初危反。請使衰從。」乃使子餘從〔三〕。○《集解》：子餘，趙衰字也。上句子犯對重耳言，故稱其名。下句左氏紀事之辭，故稱其字以別之。秦伯饗公子如饗國君之禮，子餘相如賓。詔相重耳如賓禮也〔四〕。卒事，秦伯謂其大夫曰：「爲禮而不終，恥也。言此，爲明日將復燕〔五〕。○皆川淇園：秦伯之戒大夫，不獨爲明日燕也，蓋言已歸女之後，當必待之如匹敵也。中不勝貌，恥也。勝，當爲「稱」，中不稱貌，情貌相違也。○《發正》：古「勝」與「稱」通也。○《補正》：《易·繫》貞勝，一作「貞稱」，勝、稱義通，不必改字。華而不實，恥也。有華色而無實事〔六〕。不度而施，恥也。不度己力而施德。施而不濟，恥也。濟，成也。恥門不閉，不可以封。五恥之門不閉塞者，不可以封國爲諸侯也〔七〕。○賈逵：封，國也（《和漢年號字抄》下引《東宮切韻》）。非此，用師則無所矣。非能閉此五恥之門，則用師無所也。二三子敬乎！」敬此五者。

【彙校】

〔一〕自此至「敢不重德」，公序本屬上，明道本單列，秦鼎本改從明道本，言主爲重耳，所述之事與上下文皆不相屬，故從明道本單列。又，公序本系列多作「它」，罕作「他」，《考正》勘正作「它」，有理，但未出所據。

〔二〕饗，明道本、正統本作「享」，下同，「饗」用於人，「享」用於鬼神，但文獻和兩周金文中每通作。

〔三〕明道本無「乃」字，疑脱。

〔四〕詔，所見各本唯《增注》作「謂」，疑係依江目幾、細井謨、鈴木洋校改，後者僅云「疑」。雖於義通，然不如存疑。

〔五〕燕，明道本、正統本作「宴」，古通，但先秦文獻多作「燕」，下同。

〔六〕明道本無「事」字，疑脱，正統本有之。

〔七〕此韋注明道本僅作「封國也」三字，疑脱。

明日燕〔一〕，秦伯賦《采叔》〔二〕，《采叔》三章，屬《小雅》〔三〕，王賜諸侯命服之樂也。其首章曰〔四〕：「君子來朝，何錫予之〔五〕？雖無予之，路車乘馬。」子餘使公子降拜。降，下堂也。秦伯降辭。子餘曰：「君以天子之命服命重耳，重耳敢有安志〔六〕，○《補正》：安，謂有偷安之志，與下「惰心」句同。敢不降拜？」成拜卒登，子餘使公子賦《黍苗》。《黍苗》，亦《小雅》，道邵伯述職勞來諸侯也〔七〕。其詩曰：「芃芃黍苗，陰雨膏之。悠悠南行，邵伯勞之〔八〕。」子餘曰：「重耳之卬君也〔九〕，若黍苗之卬陰雨也。若君實庇蔭膏澤之〔一〇〕，使能成嘉穀，薦在宗廟，君之力也。在宗廟爲祭主。○賈逵：在宗廟爲祭主也（《文選》王仲宣《從軍詩》李善注引，王、汪、黄、蔣輯）。○《略説》：既成嘉穀，以爲粢盛，薦之宗廟。喻重耳賴秦伯之力將有晉國。君若昭先君之榮，東行濟河，整師以復彊周室〔一一〕，重耳之望也。先君謂秦襄公，討西戎有功，賜爵爲伯，有榮耀也〔一二〕。○龜井昱：襄公成平王於東都，始爲諸侯，注引討西戎有功，何其不確！◎志慧按：討西戎有功，亦襄公之榮，但該句重心在「東行濟河，整師以復彊周室」之功，此所以龜井昱斥韋注不確也。重耳若獲集德而歸載，集，成也。載，祀也。○秦鼎：字書「載」有「祭」音，故訓祀也，韋解多此類，如「鉥，導也」，可例焉。○《翼解》：《爾雅》：「商曰祀，唐虞曰載。」載祀同爲年歲之名。○《補正》：成君之德而歸奉晉祀也。使主晉民，成封國，其何實不從？言實從也。君若恣志以用重耳，用使征伐也。四方諸侯其誰不惕惕以從君命〔一三〕？」秦伯嘆曰：「是子將有焉，○《增注》：言整師復周室，公子將有此事。豈專在寡人乎？」○《補正》：是子，指重耳，謂將有彊周室之事，其利豈專在寡人乎？秦伯賦《鳩飛》，《鳩飛》，《小雅·小宛》之首章也，《詩》曰〔一四〕：「宛彼鳴鳩，翰飛戾天。我心憂傷，念昔先人。明發不寐，有懷二人〔一五〕。」言己念晉先君洎穆姬不寐，以思安集晉之君臣也。《詩序》云〔一六〕：「文公遭驪姬之難，未反而秦姬卒。」言己念傷亡人〔一七〕，思成公子也。○《正義》：穆姬爲晉獻之女，未可與晉獻合稱「二人」，且穆公施德于重耳，仗天下之公義，未必因穆姬伉儷之情而始爲此。○秦鼎：《詩序》，《渭陽》序也。○《補正》：「明發」二句當是勉重耳懷其先人，以孝治國之意，故云。二人，注以二人爲指晉獻與穆姬，義未合。**公子賦《河水》**。河，當作「沔」〔一八〕，字相似誤也。其詩曰：「沔彼流水，朝宗于海。」言己反國當朝事秦。○《正義》：杜注：「《河水》，逸詩，義取河水朝宗于海，海喻秦。」杜既以《河水》爲逸詩，則辭亡而義從何見？以朝宗于海屬之河水，經文無證。宏嗣破「河」爲「沔」，遠勝杜說。○《補正》：《内傳》杜注以《河水》爲逸詩，與韋以河水爲沔水不合。○《辨正》：杜預《左傳集解·僖公二十三年》「公子賦《河水》」下注云：「《河水》，逸詩，義取河水朝宗于海，海喻秦。」杜預認定《河水》係逸詩，因其不見於今之《詩經》，但既云逸詩，又何從得知其「義取河水朝宗於海，海喻秦」？可見純屬臆測。韋昭以爲「河」係「沔」字之誤，則是基於《詩經·小雅·沔水》即有「沔彼流水」二句，其義正適用於重耳表示對秦穆的感戴之情。但是，《國語》作「河水」，《左傳》亦作「河水」，《上海博物館藏〈戰國楚竹書·孔子詩論〉》第二九簡依然作「河水」，則不能再以字之誤解釋之，正如《小雅·小宛》有《鳩飛》的異名（並見《晉語四》和《左傳·僖公二十三年》），《鄭風·褰裳》有《涉秦（溱）》（亦見《上海博物館藏〈戰國楚竹書·孔子詩論〉》第二九簡）的異名，《沔水》也容有《河水》的異名。故不得徑指河爲「沔」之誤，謂《河水》係《沔水》的異名可也。**秦伯賦《六月》，**《六月》，《小雅》〔一九〕，道尹吉甫佐宣王征伐，復文、武之業。其詩云：「王于出征，以匡王國。」其二章曰〔二〇〕：「以佐天子」，其三章曰：「共武之服，以定王國」。此言重耳爲君必霸諸侯，以匡佐天子。**子餘使公子降拜。秦伯降辭。子餘曰：「君稱所以佐天子匡王國者以命重耳，重耳敢有惰心，敢不從德？」**稱，舉也。○《略説》：秦伯佐天子匡王國，重耳敢不從其德？○龜井昱：惰者，「六月棲棲，我是用急」之反。

【彙校】

〔一〕燕，明道本、正統本作「宴」，疑從俗改。

〔二〕叔，明道本、正統本作「菽」，次同，「菽」爲後起加旁字，《説文》未收，《考正》謂「仍之爲是」，可從。

〔三〕三章屬《小雅》，明道本、正統本作「《小雅》篇名」，公序本不辭，且《小雅·采叔》共五章，不知「三章」之説何所據而云然。

〔四〕首章，明道本、正統本作「詩」，作「詩」所指不如作「首章」明白，且亦更符合春秋賦詩習慣。

〔五〕錫，《毛詩·小雅·采菽》同，明道本作「賜」，從金與從貝之字偶可互换。

〔六〕《左傳·僖公二十三年》同作，明道本與《通鑒外紀》卷五引不重「重耳」二字，李慈銘斷其脱，是，《集解》從公序本。
〔七〕述，明道本、正統本作「出」，《考異》斷作「述」是，可從。
〔八〕明道本無末八字，春秋賦詩，揭出詩題者例出首章，此疑脱。
〔九〕印，《舊音》：「牛亮反，或爲『仰』。」明道本、正統本作「仰」，次同，「仰」、「昂」、「岇」都爲「印」之加旁字。
〔一〇〕蔭，明道本、正統本作「廕」。
〔一一〕疆，葉邦榮本、張一鯤本、李克家本同，明道本、遞修本、正統本、弘治本、《正義》作「彊」，《略説》則正「疆」爲「彊」，據義，作「疆」者字之誤也。
〔一二〕燿，南監本、許宗魯本同，明道本、遞修本、正統本作「耀」，形符更旁字。
〔一三〕明道本無「君」字，疑脱。
〔一四〕明道本無「詩」字。
〔一五〕二，静嘉堂本、南監本、弘治本作「示」，誤，許宗魯本已據他本回改。
〔一六〕云，《正義》作「曰」。
〔一七〕言己，明道本、正統本作「所以」，據上文和本段語意，當作「言己」。

〔一八〕《舊音》摘「爲汚」二字，並云：「繇善反。」則注中之「作」本作「爲」。

〔一九〕明道本「小雅」二字在下句「其詩」之前，疑後者誤置。

〔二〇〕明道本、正統本無「其」字，並下句「其」字亦無之。

12 重耳親筮得晉國

公子親筮之〔一〕，**曰：「尚有晉國。」**蓍曰筮。尚，上也，命筮之辭也。禮曰：「某子尚享之。」○户埼允明：太宰純曰：「尚，庶幾也。」即乞命辭，是筮儀。○秦鼎：上，亦庶幾也。《詩》曰：「上慎旃哉。」○《翼解》：《説文》：「尚，曾也，庶幾也。」此經當據庶幾爲義。○《補正》：尚，庶幾也。《左傳》「元尚享衛國」與此同，不訓上。◎志慧按：《刪補》、秦鼎等説是也。**得貞《屯》悔《豫》，皆八也**〔二〕。內曰貞，外曰悔。震下坎上，《屯》。《坤》下《震》上，《豫》。得此兩卦，《震》在《屯》爲貞，在《豫》爲悔。八，謂《震》兩陰爻在貞在悔皆不動，故曰皆八，謂爻無爲也。○賈逵：內貞，外卦曰悔（《原本玉篇殘卷·卜部》引）。○《補音》：屯，張倫反。○《增注》：《易》家皆以爲內卦曰貞，外卦曰悔。然今此《傳》文則似遇卦曰貞，之卦曰悔。如本注，則正文不曰「屯貞豫悔」則不可通也，且無一筮以得兩卦之理矣，此必得屯之豫之謂。○《補正》：先儒賈、鄭相傳之説，《周易》以變爲占，占九六之爻，《連山》、《歸藏》不以變爲占。占七八之爻，此當是以《連山》、《歸藏》占之，故有皆八之謂，觀下是不在《周易》云云，其義自見。○《辨正》：基於《左傳》、《國語》中所用的《易》占皆不出《周易》系統，《連山》、《歸藏》皆晚至戰國以後纔出現，因而理解本則材料應放在《周易》的占筮方法中考察，而不是往傳説中的《連山》、《歸藏》上一推了之；「八」既不是本卦不變之爻的營數，也不是本之二卦陰爻的營數，從之卦《豫》卦反觀本卦《屯》卦，「貞《屯》悔《豫》皆八」的意思其實是指本卦《屯》卦宜變之爻與不變之爻各三爻，「皆八」就是皆半。「八」與「半」通作，在後世幾已絶跡，但在先秦文獻和器銘中卻並不鮮見。◎志慧按：韋注「爻無爲」接著「兩陰爻在貞在悔皆不動」而言，似謂不會感通，故不會生生。復次，内外卦既可指下卦與上卦，亦可指本卦與之（變）卦，這在韋注中自明，《增注》對韋注理解有偏。**筮史占之，皆曰：「不吉。**筮史，筮人，掌以三《易》辨九筮之名。一夏《連山》，二殷《歸藏》，三《周易》。以《連山》、《歸藏》占此兩卦，皆言不吉。○《刪補》：九筮，一曰巫更，二曰巫咸，三曰巫式，四曰巫目，五曰巫易，六曰巫比，七曰巫祠，八曰巫參，九曰巫環。巫讀爲筮。**閉而不通，爻無爲也。」**閉，壅[三]也。震爲動，動遇坎[四]，坎爲險阻，閉塞不通，無所爲也。◎志慧按：此正文「閉而不通，爻無爲」似從卦像上説，蓋貞悔二卦皆不能上下感通，故云。**司空季子曰：「吉。是在《易》**[五]，**皆利建侯。**建，立也。以《周易》占之，二卦皆吉也[六]。《屯》初九曰：「利建侯。」《豫》大象曰：「利建侯行師，吉[七]。」不

有晉國，以輔王室，安能建侯？我命筮曰『尚有晉國』，筮告我曰『利建侯』，得國之務也，吉孰大焉！務，猶趨也。　○《增注》：言利建侯者，可務以得國之繇也。　◎志慧按：《淮南子·修務訓》解題許慎云：「務，趨也。」韋解淵源有自。**《震》，車也；**《易》，《坤》爲大車，《震》爲動〔八〕，爲雷。今云車者，車亦動，聲象雷，其爲小車乎〔九〕。　○《補正》：《内傳》畢萬筮仕於晉，遇《屯》之《比》，辛廖曰：「《震》爲土，車從馬。」杜注云：「《震》變爲《坤》。」蓋《坤》之用在《震》，故有車在馬後，行而不止之象。雷亦主發動之義，二者各有取象。注云車動，聲象雷，近强。**《坎》，水也；《坤》，土也。《屯》，厚也；《豫》，樂也。車班外内，順以訓之，**車，雷也〔一〇〕。班，偏也。偏外内者〔一一〕，謂《屯》之内有《震》，《豫》之外亦有《震》。《坤》，順也。《豫》内爲《坤》，《屯》二與四亦爲《坤》。　○龜井昱：班，布也，不必訓偏。　◎志慧按：車班外内，云外内，自以貞悔二卦言之；順以訓之，則以悔卦豫之内卦坤爲言即可（《説卦》：「坤，順也。」），不必以互卦爲説。下文「泉原以資之」，亦只就貞卦屯外卦坎爲説；同樣，「土厚」亦取義於貞卦卦名（屯聚，故得厚義）與悔卦内卦坤，韋昭用東漢時盛行的互卦之説索解，未必切合前七世紀的《易》學實情。**泉原以資之，**資，財也。《屯》三至五，《豫》二至四，皆有《艮》象。《豫》三至五有《坎》象〔一二〕。《艮》山《坎》水。水在山上爲泉源〔一三〕，流而不竭也。　○《删補》：春臺先生曰：「資，只是資給之義。」**土厚而樂其實。不有晉國，何以當之？**《屯》、《豫》皆有《坤》象，重《坤》，故厚。《豫》爲樂。當，應也。　○皆川淇園：土地厚大而饒樂，是有國之象也。《震》，雷也，車也；《坎》，勞也，水也，衆也。《易》以《坤》爲衆，《坎》爲水。水亦衆之類，故云〔一四〕。◎志慧按：其實韋昭已經看出了此中問題所在，曰「《易》以《坤》爲衆」，可仍然强爲之説曰「水亦衆之類」，頗疑「衆也」前脱「《坤》」，如此下文「衆而順」（《説卦》：「坤，順也。」又：「坤爲衆。」）方有來處，龜井昱云韋「注以坤説之，大誤」，其誤不在以坤説之，而在未見其脱文。主雷與車，内爲主也。而尚水與衆。《坎》象皆在上，故尚水與衆〔一五〕。◎志慧按：此亦兼就貞悔卦之坎卦與坤卦言之。車有震，武也〔一六〕。震，威也。車聲軒隆〔一七〕，象有威武。衆而順〔一八〕，文也。《坤》爲衆，爲順，爲文，象有文德，爲衆所歸。文武具，厚之至也，故曰《屯》。屯，厚也。其繇曰：『元，亨，利貞，勿用有攸往，利建侯。』繇，卦辭也。亨，通也。貞，正也。攸，所也。往，之也。小人勿用有所之，君子則利建侯行師。○《補音》：繇，直救反。○《正義》：《昭七年傳》衛孔成子以《周易》筮立靈公，其卦遇《屯》，史朝曰：「其繇曰：『利建侯。』嗣吉，何建？建非嗣也。」申生既卒，重耳以庶子入國，此侯所以言「建」，以彼證此，其義相同也。主震雷，長也，故曰元。内爲主，《震》爲長男，爲雷，雷爲諸侯，故曰元。元〔一九〕，善之長也。衆而順，嘉也，故曰亨。嘉，善也。衆順服善，故曰亨。亨〔二〇〕，嘉之會也。内有《震》雷，故利貞〔二一〕。《屯》内有《震》。賈侍中云：「《震》以動之，利也。侯以正國，貞也。利，義之和也。貞，事之幹也。」車上水下，必伯。車，《震》也。水，《坎》也〔二二〕。車動而上，威也。水動而下，順也。有威而衆從，故必伯也。○《正義》：諸侯之長，把持政令以號召天下者爲伯。**小事不濟，壅也，故曰『勿用有攸往』**，濟，成也。小事，小人之事。壅，《震》動而遇《坎》〔二三〕，《坎》爲險阻。故曰「勿用有所往」。**一夫之行也。**一夫，一人也。《易》曰：「《震》一索而得男。」故曰「一夫」。又曰「《震》作足」〔二四〕，故爲行也。○秦鼎：一夫，猶一長男，言長男出行，衆人順之，甚有武威，故利爲侯行師。**衆順而有武威，故曰『利建侯』。**覆述上事〔二五〕。**《坤》，母也；《震》，長男也。母老子彊，故曰《豫》。**豫，樂也。○《正義》：季子不言《坤》順《震》動，而言母老子强者，是時必狐姬尚在，公子又得秦晉之輔，季子恐公子信筮史「不吉」之言，故以時事傅合言之，以決其入晉之志慮也。**其繇曰：『利建侯行師。』居樂、出威之謂也。**居樂，母在内也。出威，《震》在外也。居樂，故利建侯。出威，故利行師。**是二者，得國之卦也。」**二者〔二六〕，《屯》、《豫》也。

【彙校】

〔一〕自此至「得國之卦也」，公序本屬上，明道本單列，秦鼎本從之，言主爲司空季子，所述之事與前後皆不相屬，故依明道本等單列。

〔二〕八，静嘉堂本、南監本作「入」，形訛，弘治本與許宗魯本皆已從改。

〔三〕壅，《補音》作「雝」。

〔四〕遇，正統本作「過」，後者形訛，古鈔本不誤。

〔五〕易，静嘉堂本、南監本、弘治本、許宗魯本同，明道本、遞修本、正統本、《御覽》方術部九、《通鑒外紀》卷五引皆作「周易」，唯遞修本該字已極難辨認，疑無「周」者因此而脱。

〔六〕二，弘治本作「一」，字殘。

〔七〕明道本、正統本無「吉」字。該句在《豫》卦卦辭，並無「吉」字，《考正》從明道本删，是。

〔八〕明道本無「爲動」二字，但下文「車亦動」各本同，則是明道本此間脱「爲動」二字。

〔九〕乎，明道本作「也」。

〔一〇〕雷，明道本、遞修本、正統本、弘治本、許宗魯本作「震」，於《易傳》俱可，静嘉堂本模糊不可識，檢南監本殘，僅剩上半字「雨」，疑金李本據此臆補。

〔一一〕明道本、正統本無「者」字，疑脱。

〔一二〕明道本無「豫」字，據義脱。

〔一三〕明道本無「上」字，疑脱，道春點本、《正義》作「下」，互體坎象在艮象之上，故作「下」者誤，穆文熙編纂本不誤。源，明道本、正統本、《正義》作「原」，朱駿聲《説文通訓定聲》：「原，俗字作『源』。」

〔一四〕明道本、正統本無「故云」二字。

〔一五〕尚，明道本作「上」。
〔一六〕明道本無「也」字，脱。
〔一七〕明道本無「軒」字。
〔一八〕明道本無「而」字，脱。
〔一九〕「元」下，明道本、正統本有「者」字。
〔二〇〕明道本、正統本「亨」下有「者」字。
〔二一〕故利貞，明道本、正統本作「故曰利貞」，《考正》從補，據上下文句法，無者脱。
〔二二〕水坎也，明道本作「坎，水也」，據義疑明道本誤倒。
〔二三〕遇，明道本作「過」，後者字訛。
〔二四〕震，明道本、正統本作「爲」，後二者字誤。
〔二五〕覆，正統本同，明道本作「復」，古同。
〔二六〕二者，《太平御覽》方術部九引同，明道本、正統本作「謂」。

13 重耳與舅犯河上立盟〔一〕

十月，惠公卒。十二月，秦伯納公子。《内傳》：「魯僖二十三年九月，晉惠公卒。」而此云十月。賈侍中以爲閏餘十八，閏在十二月後，魯失閏，以閏月爲正月〔二〕，晉以九月爲十月而置閏也。秦伯以十二月始納公子，公子以二十四年正月入晉桑泉。〇《述聞》：十月當爲七月，十二月當爲十一月。晉用夏時，故月與周異……賈、韋二君誤以周月爲解，故不能正傳寫之譌，而《内》、《外傳》之紀月遂齟齬而不合矣。〇《增注》：曆數是天子所頒，雖春秋之時，諸侯猶各用時王正朔，豈有魯與晉違月數乎？賈説殆不通也。云九月云十月，唯是《内》、《外傳》書之異矣。◎志慧按：《左傳·僖公二十三年》：「九月，晉惠公卒。」觀《左傳》在敘「惠公卒」後有一系列的事件，時間次序井然，特別是敘次年重耳入晉事出現了一連串的日辰，當爲實録。王引之以爲《國語》之「十月」當爲「七月」，確爲有見地之論，蓋因古文「七」字之形與「十」逼似，故易致誤。但王氏認定「十二月」爲「十一月」之誤，則不敢必其爲是。魯《春秋》王正月，當夏曆前一年十一月，而《國語》記載則爲夏曆十二月，或者《左傳》所載爲重耳集團從秦國出發的時間，《晉語》所載則是入晉時間，故時間有早晚。

【彙校】

〔一〕自此至「沈璧以質」，公序本與上下文皆未分割，明道本、秦鼎本將「十月」以下另起，此間言主爲子犯與重耳，其事復與前後文不相蒙，故當依明道本單列。唯明道本復將本部分與下文「董因迎公於河」合作一處，觀重耳甥舅河上之盟爲一獨立的故事，故單列，並設以標題。

〔二〕失閏以閏月，明道本作「史閏」，疑後者誤。

及河，子犯授公子載璧，載，祀也。授，還也〔一〕。○《增注》：載，猶載書之「載」，盟載也。○《補正》：古者祭祀用璧，故曰「載璧」，夏曰「載」，商曰「祀」，載、祀義同。曰：「臣從君還軫，巡於天下，惡其多矣〔二〕！巡，行也。臣猶知之，而況君乎？不忍其死，請由此亡。」亡，奔也。公子曰：「所不與舅氏同心者，有如河水！」沈璧以質。如，往也。質，信也。言若不與舅氏同心，不濟此河，往而死也。因沈璧以自誓爲信。○《左傳·僖公二十四年》「所不與舅氏同心者，有如白水」杜注：「言與舅氏同心之明，如此白水，猶詩言『謂予不信，有如皦日』。」○《正義》：《韓非子·外儲説》：「文公反國至河，令籩豆捐之，席蓐捐之，手足胼胝、面目黧黑者後之。咎犯聞之而夜哭。公曰：『寡人出亡二十年，乃今得反國，咎犯聞之不喜而哭，意不欲寡人反國邪？』犯對曰：『籩豆，所以食也；席蓐，所以臥也。而君捐之。手足胼胝，面目黧黑，勞有功者也，而君後之。今臣有與在後，中不勝其哀，故哭。且臣爲君行詐僞以反國者，衆矣，臣尚自惡也，而況於君？』再拜而辭。文公止之曰：『築社者，攓擨而置之，端冕而祀之。今子與我取之而不與我治之，與我置之而不與我祀之，焉可？』解左驂而盟于河。案：彼言解驂，此言沈璧者，《襄十八年傳》「沈璧以濟」，《昭二十四年傳》「王子朝以成周之寶圭湛于河」，顔師古曰：「以祭川也。」《定三年傳》「執玉而沈」，是祭川用玉。《夏官·小子職》「凡沈、辜、侯、禳，飭其牲」，鄭司農云：「沈謂祭川。」是祭川有牲，祭川並用牲玉也。解驂、沈璧，文互相補。言盟于河，祀河畢而遂盟也。◎志慧按：此「如」不訓往，「所不……有如」爲古代誓辭慣用程式，意謂假如不……，有……作證，《楚辭·九章·惜誦》「所作忠而言之兮，指蒼天以爲正」亦其例也。《韓非子》所載有似説部，但亦可廣見聞，故備録。又，子犯舅甥抵河之時已届深冬，若依後世氣候狀況，黄河當已結冰，無「沈璧以質」（《左傳·僖公二十四年》作「投其璧於河」）的可能，但其時氣候偏暖，《春秋》書「無冰」者三次：桓十四年、成元年和襄二十八年；《左傳·昭公十七年》載郯子朝魯，郯子提到玄鳥司分，則是較今天的氣候要南移約五個緯度；《詩》載《召南·摽有梅》、《秦風·終南》「終南何有，有條有梅（楠）」、《曹風·鳲鳩》「鳲鳩在桑，其子在梅（楠）」、《衛風·淇奥》「瞻彼淇奥，緑竹猗猗」，其中所述皆亞熱帶植物，可知《詩經》時代的氣候明顯偏暖。《史記·晉世家》載舅犯舅甥這一行狀時，介子推在船中，則確乎如下文所述爲「濟」而非徒步。

【彙校】

〔一〕依正文和注例，「載祀也」三字與「授還也」三字當互乙。

〔二〕惡，明道本作「怨」，據義，當以作「惡」者爲是。

14 秦伯納重耳於晉

董因迎公於河〔一〕，因，晉大夫，周太史辛有之後也。《傳》曰：「辛有之二子董之晉。」故晉有董史〔二〕。**公問焉，曰〔三〕：「吾其濟乎？」對曰：「歲在大梁，將集天行。元年始受，實沈之星也。**歲在大梁〔四〕，謂魯僖二十三年，歲星在大梁之次也。集，成也。行，道也。言公將成天道也。公以辰出，晉祖唐叔所以封也；而以參入〔五〕，晉星也。元年，謂文公即位之年。魯僖二十四年，歲星去大梁〔六〕，在實沈之次。受，受於大梁也。自胃七度至畢十一度爲大梁，自畢十二度至東井十五度曰實沈。○《集解》：項名達曰：「依《三統術》，推得歲星魯僖二十三年冬至尚在降婁、胃四度，小寒日始入大梁之次，清明後四日與日合於畢初，小暑前一日出大梁，入實沈之次，白露後四日留於參六度，至寒露前一日而始逆，二十四年冬至後六日退至畢十二度，小滿後六日與日合於井七度，大暑後三日出實沈之次，已後入鶉首，至年終在井二十四度。統計兩年，歲星在大梁不滿半年，在實沈則一年有餘。蓋大梁皆順行度，故歷日少；入實沈有留逆，故歷日多也。」**實沈之虚**[七]，**晉人是居，所以興也。**虚，次也。是居，居其分次所主祀也[八]。《傳》曰：高辛氏有子，季曰實沈[九]，遷于大夏，主祀參，唐人是因。成王滅唐而封叔虞。南有晉水，子燮改爲晉侯，故參爲晉星。○《正義》：《（漢書·）地理志》太原郡晉陽縣，故《詩》唐國，龍山在西北，晉水所出，東入汾。臣瓚、顔師古並指爲永安，蓋叔虞始封在永安，即瓚所謂堯居之唐。燮父徙晉水之南，即晉陽之唐城。穆侯又遷于翼，即平陽之唐城。自晉陽以後，國雖稱晉，而地仍冠之以唐。◎志慧按：《史記·晉世家》：「唐在河汾之東，方百里。」春秋初期，太原一帶仍是戎翟活動的地方，魯昭公元年，晉平公十七年（前五四一年），「中行穆子敗無終及群狄於大原」，晉乃始有太原，《漢書·地理志》之晉陽説既無文獻依據，亦乏考古材料證明，不可采信。李孟存、李尚師《晉國史》據一九八〇——一九九〇年代晉南考古發掘成果，認爲叔虞始封之唐在今翼城縣南梁鎮故城村一帶，穆侯、成侯皆無遷都之事，自晉武侯至文侯的九代晉君皆都於故絳，即天馬——曲村遺址，可參。**今君當之，無不濟矣。**當歲星在實沈之虚[一〇]，故無不成。**君之行也，歲在大火。大火**[一一]，**閼伯之星也，是謂大辰。**君之行，謂魯僖五年重耳出奔，時歲在大火。大火，大辰也。《傳》曰：高辛氏有子曰閼伯[一二]，遷于商丘，祀大火。○《補音》：閼，於葛反。○《集解》：項名達曰：「依《三統》，推得歲星已於魯僖四年霜降後五日入大火之次，五年冬至在房初，霜降後八日出大火之次，立冬後一日與日合於尾十一度，是時已在析木，至年終抵尾十七度。」**辰**

以成善，后稷是相，唐叔以封。成善，謂辰爲農祥，周先后稷之所經緯，以成善道。相，視也，謂視農祥以戒農事〔一三〕。封者，唐叔封，時歲在大火。《瞽史記》曰：『嗣續其祖，如穀之滋。』必有晉國。《瞽史記》云〔一四〕：唐叔之世，將如商數。今言嗣續其祖〔一五〕，明趣同也。言晉子孫將繼續其先祖〔一六〕，如穀之蕃滋，故必有晉國。◎志慧按：所見各標點本將「必有晉國」四字屬諸《瞽史記》，其實該四字乃董因基於「嗣續其祖，如穀之滋」八字作出的推斷，敘事上復與上文「尚有晉國」並列，故特與析出。臣筮之，得《泰》之八。《乾》下《坤》上，《泰》。遇《泰》無動爻〔一七〕。筮爲侯〔一八〕，《泰》三至五《震》，爲侯。陰爻不動，其數皆八，故得《泰》之八，與貞《屯》悔《豫》皆八義同。○秦鼎：之八，猶言是八也。此「之」字非變動義。艮之八，孔疏云：「《艮》之第二爻不動者，是八也。」是也。據本注「陰爻不動，其數皆八」，則此卦在《周易》爲《泰》變《坤》也。注「遇泰」下脱「陰」字。○《補正》：此仍以《連山》、《歸藏》爲占，故有「《泰》之八」云云。◎志慧按：《左傳·襄公九年》無秦鼎所説的注語，其語亦不通，且秦鼎所言者既不明《晉語》文本，亦不明注文。曰：是謂『天地配，亨〔一九〕，小往大來』。陽下陰升，故曰配亨。小，謂子圉。大，謂文公。陰在外爲小往，陽在内爲大來〔二〇〕。今及之矣，何不濟之有？且以辰出〔二一〕，而以參入，皆晉祥也，辰，大火也〔二二〕。參，伐也。參在實沈之次。○《公羊傳·昭公七年》何休《解詁》：「參伐，主斬艾立義。」又《公羊傳·昭十七年》何休《解詁》：「大火爲大辰，伐爲大辰。伐謂參伐也。大火與伐，天所以示民時早晚，天下所取正，故謂之大辰。辰，時也。」而天之大紀也。所以大紀天時也。《傳》曰：「大火爲大辰，伐亦爲大辰。」辰，時也。　○《刪補》：所引之《傳》見《公羊傳·昭公十七年》，曰：「大火爲大辰，伐爲大辰。」何休注：「伐謂參伐也。」疏云：「大火，蒼龍宿之心，以伐在參，傍與參連體而六星，故言『伐謂參伐』，伐與參爲一。」注中「辰，時也」三字，何休注文也，大火與伐所以示民時早晚，天下所取正，故解云「辰，時也」。濟且秉成，必霸諸侯〔二三〕。秉，執也。　○賈逵：霸，把也，把持諸侯之權也，行方伯之職也（釋慧琳《一切經音義》卷八十五引，汪遠孫輯）。子孫賴之，君無懼矣。」

◎志慧按：以上董因之語是文獻中關於星次分野的較早論述，其後《左傳·昭公元年》載子産之語曰：「昔高辛氏有二子，伯曰閼伯，季曰實沈，居于曠林，不相能也，日尋干戈，以相征討。后帝不臧，遷閼伯于商丘，主辰。商人是因，故辰爲商星。遷實沈于大夏，主參，唐人是因，以服事夏、商。」宋爲商後，晉得以與宋國分庭抗禮，上與參星相應，蓋因「周卑，晉繼之」（《晉語八》范宣子語），其地位有似於宋，唯此種觀念似不可能早於使晉國走向强大的晉獻公之前，前文子犯解釋五鹿野人之塊，其背後也是這一套話語系統。

【彙校】

〔一〕迎，《述聞》據《御覽》方術部九引作「逆」，並據《内》、《外傳》例言「逆公」不言「迎公」謂當作

「逆」，後人以意改也，《集解》從之，但《非國語》已作「迎」，則其改易由來已久，逆、迎義同。

〔二〕《考正》據《左傳・昭公十五年》文謂上「晉」字衍，「董之」絶句，可從，《左傳》中「董之」之「董」爲動詞，董理之意。

〔三〕「公問焉曰」四字，《文選》班孟堅《幽通賦》李善注引作「晉侯問箇子曰」。

〔四〕明道本無「歲」字，疑脱。

〔五〕明道本無「以」字，據上句「以辰出」，則無者脱。

〔六〕明道本無「星」字，疑脱。

〔七〕虚，《舊音》：「或爲『墟』。」明道本、正統本作「墟」，「虚」爲「墟」的初文，下同。

〔八〕分次，明道本作「年次」。

〔九〕子季，明道本作「季子」，《左傳・昭公元年》同公序本。

〔一〇〕明道本無「歲」字，疑脱。

〔一一〕明道本不重「大火」，疑脱。

〔一二〕「有子」下，秦鼎本據《左傳・昭公元年》補「伯」字，是，則是當在「子」下斷句。

〔一三〕視，《訂字》所引本作「祀」，似當作「祀」，作「視」者疑涉上句而誤。戒，明道本、正統本作「成」，元胡一桂《周易本義啟蒙翼傳・晉大夫筮公子重耳歸國》引亦作「成」，但於義似作「戒」

較勝,《考正》即斷「成」字誤。云,明道本、正統本作「曰」。

〔一四〕明道本無「瞀」字,疑脱。

〔一五〕言,明道本作「有」,後者誤。

〔一六〕明道本無「晉」字,疑有者衍,若此處有字,亦當作「唐」,而非「晉」。

〔一七〕遇,明道本作「過」,當作「遇」,作「過」者形訛。

〔一八〕筮,《御覽》卷七二八同,明道本作「無」,字之誤也,當作「筮」。

〔一九〕亨,《舊音》「諸本多誤爲『享』」,《御覽》引作「享」,於《周易·泰卦》彖詞,作「亨」是也。韋注將「配亨」連讀,亦通。

〔二〇〕來,遞修本作「夾」,字殘。

〔二一〕且,《漢書·律曆志》引作「君」。

〔二二〕明道本無「也」字。

〔二三〕霸,《御覽》引作「伯」,古通。

公子濟河,召令狐、臼衰〔一〕、桑泉,皆降。三者皆晉邑〔二〕。召,召其長也。〇《左傳·僖公二十四年》杜注:桑泉,在河東解縣西,解縣東南有臼城。〇《釋地》:《汲冢紀年》云:「公子重耳涉自河曲。」令狐，在蒲州府猗氏縣西十五里。臼衰，在解州西北，後爲臼季食邑。桑泉，在蒲州臨晉縣東北十三里。◎志慧按：重耳集團從陝西大荔、合陽一帶濟河之後，首先抵達之地應是山西臨猗一帶。今臨猗縣嵋陽鎮衛村有令狐自然村，當地以爲即古令狐之地，《釋地》所指的令狐蓋即此。桑泉，在今山西臨猗縣霍村行政村亭東自然村，村中原有桑泉寺，杜注謂「在河東解縣西」，此「解縣」似即永濟市卿頭鎮之南解。臼衰無考，唯令狐、桑泉皆在臨猗境內，則《釋地》指其在解州西北，庶幾近之。**晉人懼，懷公奔高梁。**高梁，晉地。○《詳注》：高梁，晉邑，在今山西臨汾縣東北三十七里。**呂甥、冀芮帥師，甲午，軍于廬柳。**甲午，魯僖二十四年二月六日〔三〕。廬柳，晉地〔四〕。軍，猶屯也。○賈逵：軍，猶屯也（釋慧琳《一切經音義》卷四十五引）。○《正義》：今山西平陽府猗氏西北有廬柳城。**秦伯使公子縶如師，**告曉呂、冀。**師退，次于郇。**郇，晉地〔五〕。退師〔六〕，聽命也。○《左傳·僖公二十四年》杜注：解縣西北有郇城。○《水經·涑水注》：服虔曰：「郇國在解縣東，郇瑕氏之墟也。」○《正義》：懷公遣距重耳之師，由東向西，今聽秦伯納重耳之命，故退而東還，由廬柳越解而東，則郇當在解東，若如杜氏之言郇在解西北，則當言晉師進及郇，不當言退矣。服義優於杜也。○《釋地》：酈道元曰：「解縣東北二十四里有郇城，在猗氏故城西北。」解縣故城在今臨晉縣東南十八里，郇城在臨晉縣東北十五里。○《詳注》：郇，本文王庶子所封，郇國，後並於晉。◎志慧按：猗氏故城在今臨猗縣牛杜鎮南約八公里之鐵匠營村，解縣故城在今臨猗縣臨晉鎮東南十八里城西村、城東村間，《水經・涑水注》：「涑水又西逕猗氏縣古城北……涑水又西逕郇城，今解故城東北二十四里有郇城，在猗氏故城西北，鄉俗名之爲郇城。考服虔之説，又與俗符，賢於杜氏單文孤證矣。涑水又西南逕解縣故城南。涑水又西南逕瑕城。」則是郇城在今臨猗縣鐵匠營村與城東村之間，嵋陽鎮地界。杜注之「西北」疑爲「東北」之誤，或者指位於永濟市卿頭鎮的南解而言。《乾隆蒲州府志》謂「（郇伯）故城在今縣治南十八里」，謝鴻喜《〈水經注〉山西資料輯釋》又謂「故治即今關原頭村」，雖不中，亦不遠矣。復次，《左傳・僖公二十四年》：「秦伯納之（重耳集團）……濟河，圍令狐，入桑泉，取臼衰。二月甲午，晉師軍于廬柳。秦伯使公子縶如晉師。師退，軍于郇。辛丑，狐偃及秦、晉之大夫盟于郇。」知廬柳又在城東村、令狐村、郇三地之三角地帶。**辛丑，狐偃及秦、晉大夫盟于郇。壬寅，公入于晉師**[七]。**甲辰，秦伯還。**秦伯送公子于河上[八]，公入而還。**丙午，入于曲沃。丁未，入于絳**[九]，**即位于武宮。**○《左傳・僖公二十四年》杜注：武宮，文公之祖武公廟。**戊申，刺懷公于高梁**[一〇]。刺，殺也。

【彙校】

[一]臼衰，静嘉堂本、南監本、弘治本、金李本原作「曰衰」，道春點本及子系統同，皆川淇園云：「曰，當作『臼』，字之誤也。」是，遞修本不誤，許宗魯本、張一鯤本、李克家本已經改作「臼」，今

徑從改。檢道春點本祖本劉懷恕本及之前的穆文熙本皆作「臼」，疑道春點本作「曰」並非襲自静嘉堂本、南監本等，而是因「曰」、「臼」二字形近致混。

〔二〕明道本無「者」字，脱。

〔三〕魯僖，明道本、正統本作「魯僖公」。二月六日，《左傳》作「二月甲午」，《述聞》據此謂當作「十二月甲午」，周之二月，夏之十二月也。其説可從。《札記》則據《三統術》、秦鼎據《釋例》皆謂當作「正月四日」，饒尚寬《春秋戰國秦漢朔閏表》推得是年亥正，是日爲二月三日，然古曆茫昧，失之毫釐，謬以千里，姑存其説可也。

〔四〕《史記·晉世家》集解引「地」下有「名」字。

〔五〕晉，明道本作「鄭」，誤，郇在今山西臨猗境内，當時其地屬晉，《四庫薈要》據明道本改，失考。

〔六〕明道本無「師」字，脱。

〔七〕公，各本同，唯其時重耳尚不得稱公，疑「公」下脱「子」字，《左傳·僖公二十四年》正作「公子」。

〔八〕明道本無「上」字。

〔九〕明道本、正統本無「于」字，依各本上文例，當有。

〔一〇〕剌，明道本、正統本、遞修本、静嘉堂本、南監本、弘治本、葉邦榮本、張一鯤本、李克家本同，當作

「刺」，二字古時常相混淆，許宗魯本作「刺」。

15 寺人勃鞮說文公〔一〕

初，獻公使寺人勃鞮伐公於蒲城，勃鞮，寺人披也。伐蒲城在魯僖五年。**文公踰垣，勃鞮斬其袪。**袪，袂也。○《正義》：斬其袪，斬其袖之末也。◎志慧按：《文選》張平子《思玄賦》李善注引韋昭注云：「寺人，掌内人。袪，袂也。勃鞮，字伯楚。」《考異》據此謂今本脱，其説有理。**及入，勃鞮求見，公辭焉，曰：「驪姬之讒〔二〕，爾射予于屏内〔三〕，**樹謂之屏。禮：「諸侯内屏。」**困余于蒲城，斬余衣袪。又爲惠公從余于渭濱，**濱，涯也。重耳在翟，從翟君獵於渭濱〔四〕，勃鞮爲惠公就殺之〔五〕。○《删補》：從，如字，猶就也。○《標注》：袪者，袂末袖口也。**命曰三日，若宿而至。**命使三日，一宿而至。若，汝也〔六〕。**若干二命，以求殺余。**干，犯也。二命，獻、惠之命。○《述聞》：奉二君之命以殺文公，不得謂之「犯命」。干，猶「與」也。與，今作「預」。言汝與於二君之命以求殺余也。干，古通作「閒」。下文「邢侯非其官也而干之」，干，亦與也。殺有罪者，司寇之事，邢侯非其官而與之，故曰「干」。○《增注》：《内傳》曰：「蒲城之役，君命一宿，女即至。其後余從狄君以田渭濱，女爲惠公來求殺余，命女三宿，女中宿至。雖有君命，何其速也！」以此觀之，今此外傳似脱獻公命一宿之文，否則所謂于二命者文不相承也。　○《平議》：二命，當作「上命」，專指渭濱一事而言；蓋惠公命三日至，而勃鞮一宿即至，是所謂干上命以求殺予也，二，乃古文「上」字。　○《校證》：《小爾雅·廣言》曰：「干，得也。」此云「若得二命」，猶《左傳》「雖有君命」。　◎志慧按：釋「干」爲犯，其誤誠如王引之之説；以「二」爲「上」，雖於上古字形有據，然捨獻公不論，總是偏廢；至於釋「干」爲得，於勃鞮反而有辭可借，故王説更勝。復次，《增注》對比《左》、《國》立説，較《平議》有據，可見在這一段文字中，《國語》比《左傳》對原始材料做了更多的裁删。　余於伯楚屢困，何舊怨也？伯楚，勃鞮字也。屢，數也。數見困，有何舊怨也。　退而思之，異日見我。」　○《集解》：此公命謁者將命之辭。　對曰：「吾以君爲已知之矣，故入；知爲君爲臣之道也。入，反國也〔七〕。　○《增注》：言以爲君已知我求殺君之由也。　○《標注》：知之，謂知道理也。其意惟泛指知識開發已，不當泥解。　猶未之知〔八〕，又將出矣。猶未知之，將復失國出走也。　事君不貳是謂臣，好惡不易是謂君。易，反也。　○户埼允明：好善人，惡不善人，不以己愛憎易之。　○《標注》：易，相易之謂也，「反」字未足以當之。　君君臣臣，是謂明訓。訓，教也。　明訓能終，民之主也。　○《略説》：終，猶成也。猶言能成明訓也。　二君之世，蒲人、翟人，余何有焉？當獻、惠之世，君爲蒲人、翟人耳。二君之所惡也，於我有何義而不殺君乎？除君之所惡〔九〕，唯力所及，何貳之有？今君即位，其無蒲、翟乎？獨無有所畏惡如蒲、翟者乎？○龜井昱：「其無蒲、狄乎」一語，刺文公之心，且以齊桓比方之，披是説客之雄也。伊尹放太甲，而卒以爲明王〔一〇〕。太甲，湯孫，太丁子也，不明，而伊尹放之桐宮。三年，太甲改過，伊尹復之，卒爲明王。管仲賊桓公，而卒以爲侯伯。賊，謂爲子糾射桓公也。乾時之役，申孫之矢集于桓鉤，乾時之戰〔一一〕，在魯莊九年。申孫，矢名〔一二〕。鉤，帶鉤也。○賈逵：鉤，帶鉤也（《文選》枚乘《七發》李善注引，蔣曰豫將此條置於下文「鉤近於祛」下）。○《補音》：乾，居寒反。○《補正》：乾時，在山東青州府博興縣。○《集解》：乾時，即時水，在今山東臨淄縣西南二十五里，水淺易乾，故名乾時。乾音干。鉤近於祛，而無怨言，近，害近也。鉤在腹，祛在手。佐相以終，□成令名〔一三〕。今君之德宇，何不寬裕也？宇，覆也。○《增注》：宇，猶屋宇之宇也。惡其所好，其能久矣〔一四〕？言己忠臣，君所當好，而反惡之，能久爲君乎。君實不能明訓，而棄民主。棄爲民主之道。余，辠戾之人也，又何患焉〔一五〕？勃鞮，閹士，故曰辠戾之人。◎志慧按：閹士，即後世之太監。正文只云寺人，而未及閹士，寺人是受過宮刑者，但受過宮刑者未必都做了閹士，觀勃鞮所爲亦似非掌内人者也，韋解不可必。且不見我，君其無悔乎！」

【彙校】

〔一一〕穆文熙《鈔評》與下章合一，題作「勃鞮頭須説文公」，葉明元《抄評》僅選此節，題作「寺人勃鞮見晉文公」，傅庚生選本單列，題作「寺人勃鞮求見文公」，上海師大本承之，此章與下章言主不同，自當單列，「見」不如「説」確切，故施題如上。

〔二〕驪，各本同，《舊音》摘「麗」，云：「或爲『驪』。」

〔三〕予，明道本、正統本作「余」，下文五「余」字二本同，以四個「余」字一以貫之看，則似當從明道本。

〔四〕明道本無「君」字，疑脱。正文「濵」，注文「濱」，二字不一致，弘治本正相反對，許宗魯本俱作「濱」，明道本、遞修本、静嘉堂本、南監本、葉邦榮本、張一鯤本、李克家本俱作「濵」，弘治本、許宗魯本自南監本出，自當作「濵」。

〔五〕明道本、正統本「就」前有「來」字，《考正》從補。

〔六〕汝，明道本作「女」。

〔七〕反，明道本、正統本作「返」。

〔八〕未之知，明道本、正統本作「未知之」，據注文「未知之」，則是公序本誤倒。又，明道本、正統本句下有「也」字。

〔九〕明道本無「所」字。

〔一〇〕明道本無「以」字，下文有「卒以爲侯伯」，則此亦當有。

〔一一〕明道本、正統本無「之」字，脱。

〔一二〕矢，秦鼎謂「人」字之誤，然無據。

〔一三〕「成令名」前之空格，弘治本無之，静嘉堂本、南監本、葉邦榮本、《鈔評》、《增注》俱如金李本，明道本、遞修本、正統本、許宗魯本、李克家本皆作「克」字，《考正》從補，當從。孔氏詩禮堂本則作「而」，未知是否臆補。疑静嘉堂本、南監本、弘治本、金李本、葉邦榮本、孔氏詩禮堂本所據以刊刻的底本該字殘泐或空缺，《鈔評》、《增注》又承南監本、金李本、葉邦榮本中之一種。

〔一四〕《考正》："「矣，疑『乎』字之誤。」"有理。

〔一五〕患，弘治本作「累」，後者誤。

於是吕甥、冀芮畏偪，悔納公〔一〕**，謀作亂，**此二子本惠公黨，畏見逼害〔二〕，故謀作亂。**將以己丑焚公宫，**己丑，魯僖二十四年三月朔，時以爲二月晦〔三〕。　◎志慧按：《左傳·僖公二十四年》將此事繫於二十四年三月己丑晦，楊伯峻《春秋左傳注·僖公二十四年》據王韜推算，已發現七個干支日並差一月，魯曆四月三十日己丑晦，晉人用夏曆，恰爲二月晦，韋昭又誤推一天，故云三月朔，此「時」或係指韋昭所處時代之曆法，或指其時學者的見解。**公出救火而遂殺之**〔四〕。**伯楚知之，故求見公。公懼，遽見之**〔五〕，遽，疾也。　○賈逵：遽，疾也（釋慧琳《一切經音義》卷十一引）。

曰：「**豈不如女言，然是吾惡心也，**惡心，心惡〔六〕，謂不恕也。 ○《辨正》：先秦時自有「惡心」一詞，並非心惡。僅以《國語》所見爲例：《魯語上・公父文伯之母論勞逸》：「逸則淫，淫則忘善，忘善則惡心生。」《晉語一・史蘇再論驪姬必亂晉》：「子思報父之恥而信其欲，雖好色，必惡心，不可謂好。好其色，必授之情。彼得其情以厚其欲，從其惡心，必敗國，且深亂。」上引第一則中，「惡」與「善」對文，第二則中，「惡」與「好（美）」對文，皆不讀如厭惡的「惡」，故當如宋庠《補音》所云：「惡，如字。」即讀如善惡、美惡的「惡」，故此中的「惡心」，當釋作壞心眼，這是文公自責之辭。**吾請去之。**」 ○户埼允明：太宰純曰：「言去其惡心也。」**伯楚以吕、郤之謀告公**〔七〕。**公懼，乘馹自下，脱會秦伯于王城，**馹〔八〕，傳也。自，從也。下，下道也。脱會，遁行潛逃之言也〔九〕。王城，秦河上邑。 ○《左傳・襄公十八年》杜注：脱，不張旗幟。 ○《補音》：馹，人質反。 ○《訂字》：下道，或曰：「猶間道。」 ○《補韋》：脱會，《左傳》作「潛會」，《晉世家》乃爲「微行」，意同乘馹者。《日知録》謂事急不暇駕車，或是單乘驛馬耳。戴侗曰：「以車曰傳，以騎曰馹。」 ○《説文・馬部》「馹」段注：馹爲尊者之傳，用車。遽爲卑者之傳，用騎。 ○《正義》：古無單騎，則馹自兼車馬也。○秦鼎：遁行潛逃，獨解「脱」字耳。又按：脱會之「會」，或者字之誤。 ○《補正》：脱，輕也，輕出，不具騶從也。 ○《標注》：上下，以地勢而言也，隨時俗之言，非有理解。 ○《詳注》：王城，晉河上邑，在今山西臨晉縣南，後爲秦邑，亦稱王官城。 ◎志慧按：疑韋注衍「會」字。《正義》之説可糾顧亭林、段玉裁之偏。告之亂故。及己丑，公宫火，二子求公不獲，遂如河上，秦伯誘而殺之。

【彙校】

〔一〕公，明道本、正統本作「文公」，衍。

〔二〕逼，明道本、正統本作「偪」，《考正》以「偪」爲正，是。

〔三〕二月，明道本作「三月」，疑據《左傳》擅改，秦鼎謂：「三月朔者，晉曆也；三月晦者，魯曆也。」秦鼎實未細究。

〔四〕殺，明道本、正統本作「弑」。

〔五〕《述聞》據《文選・思玄賦》注、《獄中上梁王書》注引此並作「公遽見之」及《考正》之説，謂「懼」字涉下文「公懼」而衍；「見之」前，明道本、正統本有「出」字，皆是也，《集解》據改。

〔六〕次「惡」字，明道本作「怨」，《考異》謂當作「惡」，據義是。

〔七〕吕、郤，各本同，唯前文兩云「吕甥、冀芮」，不相呼應，不知何故。

〔八〕駟，明道本作「驷」，後者誤。

〔九〕本句明道本作「遁行潛走逃之言去」，後者似誤。

16 豎頭須説文公〔一〕

文公之出也，豎頭須，守藏者也，不從。豎，文公内豎里鳧須也。公出不從，竊藏以逃，盡用以求納公。　○《左傳·昭公四年》「遂使爲豎」杜注：豎，小臣也。○《正義》：《韓詩外傳》：「晉文公亡，過曹，里鳧須從。因盜重耳資而亡，重耳無糧，餒不能行。介之推割股以食重耳，然後能行。」案：《内傳》須言「何必罪居者」，則須自在晉，無同出過曹之事，《韓詩》之説非也。◎志慧按：據豎頭須下文「居者爲社稷之守，何必辠居者」等辯護詞，《韓詩外傳》所言當爲附會，圍繞重耳流亡的傳説故事甚夥，即《左傳》《國語》所載者亦不能全以史實視之，以廣異聞可也。公入，乃求見，公辭焉以沐。謂謁者曰：「沐則心覆，謁，告也。覆，反也。沐低頭，故言心反也〔二〕。○《補正》：謁者，閽人，通姓名者。心覆則圖反，宜吾不得見也。從者爲羈紲之僕，馬曰羈，犬曰紲。言二者臣僕之役也〔三〕。居者爲社稷之守，何必辠居者！國君而讎匹夫，懼者衆矣。」謁者以告，公遽見之。◎志慧按：龜井昱云：「是章蓋後人因勃鞮附記者誤入本文也。本文會於王城、至自王城相聯承必矣。」其於敘述脈絡確有洞見，然斷爲後人誤入則不可必，亦未見其有據，蓋以類相從也。

【彙校】

〔一〕傅庚生選本題作「文公遽見豎頭須」，上海師大本承之，今改題以見與上章並列。

〔二〕《左傳·僖公二十四年》正義引韋注作「沐則低頭，故心反覆也」。

〔三〕言，明道本、正統本作「言此」，《考正》從補，可從。

17 文公脩内政

元年春，公及夫人嬴氏至自王城。文公元年，魯僖二十四年。賈侍中云：「是月失閏〔一〕，以三月爲四月，故曰春而不言其月，明四月爲春分之月也。嬴氏，秦穆公女文嬴也。」或云：「夫人，辰嬴也。」《傳》曰：「辰嬴賤，班在九人。」非夫人也，賈得之。○錢綺（一七九八—一八五八）《左傳札記》卷三：晉用夏正，故較《内傳》先兩月，而魯僖公二十四年三月即爲晉文公之元年正月，與踰年稱元之例亦合。秦伯之納，《傳》云正月，《晉語》作十二月，蓋《傳》記其自秦啟行之月，《晉語》記其至晉之月也。○《集解》：項名達曰：「賈説欠明。公宮火既在二月晦，至自王城自應在三月。軍於廬柳既以閏正月爲二月，或其後仍未置閏，而以三月爲四月，容亦有然，但四月之説，《内》、《外傳》並無明文，未知賈何所據，且閏法無連年並閏之理，賈氏既以二十三年魯閏正月，晉閏十月矣，業經置閏，次年便不應再閏，何復疑其應閏不閏，而以三月爲四月耶？」◎志慧按：錢説貌似有理，唯《左傳》下文緊接著有「不告入」之文，則謂《左傳》「記其自秦啟行之月」難稱周延，仍以賈逵失閏説爲當，疑賈逵別有所據。穆文熙、冢田虎皆以夫人即辰嬴，然據《左傳·文公六年》趙孟語：「辰嬴賤，班在九人……爲二君嬖……杜祁以君故，讓偪姞而上之；以狄故，讓季隗而己次之，故班在四。」知辰嬴即懷嬴；又據《儀禮·士昏禮》「媵御沃盥」，知其時辰嬴（懷嬴）係媵而非夫人。綜合上述資料，晉文公的九位后妃依次是夫人文嬴，其次是偪姞（世子之母），第三季隗，第四杜祁，第九辰嬴（懷嬴），另外還有齊姜以及魯僖公二十三年秦穆公「納女五人」中的三人（五人中的另外二人是前述的文嬴與辰嬴）。復次，《史記·晉世家》作「班在九人下」，比《左傳》多一「下」字，疑太史公本欲强調辰嬴在九人中最爲卑微，遂生歧義。《左傳》去古未遠，當以《左傳》爲準。**秦伯納衛三千人，實紀綱之僕。**所以設國紀綱也〔二〕，爲之備衛。僕，使〔三〕。○《補正》：謂僕之有力，能經紀庶事者。**公屬百官：賦職任功，**屬，會也。賦，授也〔四〕。授職事，任有功也。○《補音》：屬，之玉反。○《增注》：賦，分布也。**棄責薄斂，施舍分寡。**棄責，除宿責也。施，施德也。舍，舍禁也。分寡，分少財也。○户埼允明：施舍未穩，杜注「舍」爲勞役，似窮矣。韋注亦憒憒，以前後句法推之，「舍」疑「貧」誤，「寡」非寡少也。姑備後考。○《發正》：《周禮·小司徒》「凡征役之施舍」注：「施，當爲『弛』。」《鄉師》「辨其可任者，與其施舍者」注：「施舍，謂應復免，不給繇役。」疏謂即上云「廢疾老幼者」是也，如韋氏之解，不但分爲二事，與上下文義不協，且「棄責」以下皆施德之事，「輕關」、「通商」皆舍禁之事，此句不已贅乎？王氏引之以「施舍」爲賜予，似不可從。　◎志慧按：韋解「施舍」確實未穩。指「舍」爲「貧」誤並無依據；視「施」爲「弛」之訛於義密合，而鄭玄破「施」爲「弛」，係指向一種語用慣例，還是偶然之訛誤，尚需深究。《左傳·昭公十五年》以下文字或可不勞輾轉求通假、破訛誤而自得其解：「施舍不倦，求善不厭，是以有國。」杜預注：「施舍，猶言布恩德。」徐朝暉謂施舍同義連文，是。**救乏振滯，匡困資無。** 救乏，救乏絶也。振，拯也，拯淹滯之士〔五〕。匡，正也，正窮困之人。資無，予無財者。　○《爾雅·釋言》：匡，正也。　○《存校》：匡亦救之義，與「正」義不同。　○龜井昱：振滯，散菀財也，振廩之「振」，滯積之「滯」，字皆出《内傳》，襄九年亦有是政。　◎志慧按：龜井昱之説有據，韋昭離開宗法世襲制立説，不免隔膜。匡有正義，亦有救義、助義，如《逸周書·大聚》「以匡窮困」，孔晁注：「匡，資。」《左傳·成公十八年》「匡乏困。救災患」杜注：「匡，亦救也。」本條與此二例逼似，韋解爲「正」不密。**輕關易道，通商寬農**〔六〕。輕關，輕其税也。易道，除盜賊也。通商，利商旅也。寬農，寬其政，不奪其時。　○《存校》：易道，謂便益道路，即輕關通商之義，注謂除盜賊，未然。　○《補正》：易，治也。即《孟子》「易其田疇」之「易」。　◎志慧按：吴説是，《左傳·襄公三十一年》「平易道路」杜注、《吕氏春秋·辨土》「農夫知其田之易也」高注皆曰：「易，治也。」**茂穡勸分**〔七〕，**省用足財。** 茂，勉，勉稼穡也。勸分〔八〕，勸有分無也。省，減，減國用也〔九〕。足財，備凶年也。○户埼允明：勸，蓋勸各守其分也。**利器明德，以厚民性。**利器，利器用也。明德，明德教也。厚民性，厚其情性。○《發正》：性，讀爲「生」。◎志慧按：此即正德、利用、厚生之義也，汪説是。**舉善援能**〔一〇〕，**官方定物，**方，常也。物，事也。立其常官〔一一〕，以定百事。○《略説》：方，如漢賢良方正。言官以方正之人，以定百事。◎志慧按：《左傳·閔公二年》有「授方任能」，與此「舉善援能，官方定物」義近，「方」與「能」皆當指人；《淮南子·説山訓》許慎注云：「喻爲政官方定物，能文者居文官，能武者居武官」，其中所理解的「方」亦指人，准此，則「官方」一詞似以《略説》爲長，《增注》亦持此説。**正名育類。**正名，正上下服位之名。育，長也。類，善也。○《爾雅·釋詁》：類，善也。○《增注》：育類，凡長育物類也。**昭舊族，**昭，明也。舊族，舊臣有功者之族。**愛親戚，明賢良，**明，顯也。**尊貴寵，**國之貴臣尊寵之〔一二〕。**賞功勞，事耈老，禮賓旅，**旅，客也。○賈逵：旅，客也（《文選》顔延年《直東宫荅鄭尚書》李善注引，王、黄將此條置於《魯語上》「今齊社而往觀旅」下，汪遠孫輯，蔣曰豫將此條置於《晉語五》「舍於逆旅甯嬴氏」下）。**友故舊。**故舊，爲公子時也〔一三〕。**胥、籍**〔一四〕、**狐、箕、欒、郤、柏**〔一五〕、**先、羊舌、董、韓，寔掌近官。**十一族，晉之舊姓。近官，朝廷者〔一六〕。○《補韋》：十一族掌近官，胥即司空季子也。籍即籍父之先也，狐即舅犯兄弟。箕即箕鄭也。欒、郤、先、韓即後之四卿也。羊舌則職也。董即因也。而柏無所考，蓋柏與「伯」通，伯宗之先也。◎志慧按：所見諸本中，唯盧之頤本「栢」書作「柏」，黄模所據之本或即盧本。黄氏之意先已見於全祖望《經史問答》卷四：「栢，與『伯』通，蓋伯宗之先也。」**諸姬之良，掌其中官。**諸姬，同姓也。中官，内官也。**異姓之能，掌其遠官。**遠官，縣鄙也。**公食貢，大夫食邑，士食田，**受公田也。**庶人食力，**各由其力。**工商食官，**工，百工。商，官賈也。周禮：府藏皆有賈人，以知物賈〔一七〕。食官，官稟之〔一八〕。○《舊音》：稟，力錦反。○《補音》：官稟之，即稟是賦禄之名，非倉廩也。《周禮》「稍食」注「禄稟」是也，音彼錦反。《舊音》失之，字亦誤，今本作「稟」。○《訂字》：或曰：「稟，給，古者給人以食，取之倉稟，故云。」○《正義》：古者以田制禄，官廩之者，即受田於官，非如後世之以錢粟制俸也。**皁隸食職，**士臣皁，皁臣輿，輿臣隸。食職，各以其職大小食禄也。**官宰食加。**官宰，家臣也。加，大夫之家田也〔一九〕。《論語》曰：「原憲爲家邑宰〔二〇〕。」○《周禮・司勳》「惟加田，無國正」鄭注：加田，既賞之，又加賜以田，所以厚恩也。○《九經古義》：「問大夫之富曰有宰食力」，「力」當爲「加」壞字也。《周禮・司勳》「加田無國征」，劉敞以爲「無國征」者，不征於國。○《札記》：《周禮》所謂加田也，《禮記》有「宰食力」，力，爲「加」壞字，作「家田」，謬之甚者。○《正義》：《周禮・司勳》：「加田無國征。」賈疏：「加田是加恩厚，又不税入天子。」説者多引加田以釋此《傳》「食加」。案《司勳》疏言大夫士賜地有四種，大夫以上有采，又有賞田及加田，《載師》又有仕田。則加田必於賞田之外更爲加增，非有破格之功不能得此。豈陪臣得引爲常例？況官宰列于庶人、皁隸之後，必非小宰之尊，當爲家臣之賤。齊鮑國爲魯施氏宰，有百室之邑，故知大夫有家田也。○《補正》：加田，在賞田之上，大夫不能人人有之。「食加」之「加」當作「家」，謂家田也，於理爲近。◎志慧按：惠、黄二氏之説於古制有徵，可從。**政平民皁，財用不匱。**皁，安也。

【彙校】

〔一〕循賈逵之意，僖公二十三年爲閏年，十二月之後並未置閏，明道本無「失」字脱，正統本有之。

〔二〕明道本無「也」字，《考正》從刪，是。

〔三〕「使」下，明道本有「也」字，《考正》從補，是。

〔四〕授，《御覽》治道部六引同，明道本作「役」，但據下句「授職」，則作「授」是。

〔五〕此八字明道本作「振滯，振淹滯之士」，似後者義完。

〔六〕商，《左傳·僖公二十七年》正義引作「賈」，行商坐賈，渾言之則同。

〔七〕茂，《御覽》治道部六引同，明道本、正統本作「懋」，注同，《御覽》用字多同於明道本，此係個例。

〔八〕明道本不出「勸分」二字，疑脱，正統本有。

〔九〕明道本不重「減」字，疑脱，正統本重。

〔一〇〕援，《通鑒外紀》卷五引同，《刪補》謂疑「授」字之誤，《增注》徑作「授」，《通鑒前編》卷十一、

《御覽》卷六二五六引作「授」，雖二者必有一譌，但於義俱通。

〔一一〕官，正統本同，明道本作「宫」，與正文異，當爲「官」字之形譌。

〔一二〕寵，静嘉堂本、南監本、弘治本同，明道本、遞修本、許宗魯本作「禮」，後者該處頗見殘損，疑許宗魯本據别本校正。

〔一三〕公子，静嘉堂本、南監本作「父子」，後者形譌，弘治本、許宗魯本襲其譌。

〔一四〕籍，詩禮堂本、明道本同，遞修本作「藉」，《補音》出「藉」，自南監本作「籍」，弘治本、許宗魯本、金李本等承之，從竹之字亦或從艸。

〔一五〕栢，許宗魯本、李克家本作「桓」，二者形譌。

〔一六〕廷者，各本同，秦鼎謂「疑當作『之臣』」，可從。

〔一七〕賈，明道本、正統本作「價」，古今字。

〔一八〕《御覽》治道部六引同，明道本不重「官」字，脱。

〔一九〕家田，明道本、正統本、《御覽》作「加田」，《札記》、秦鼎從之，是。加田制見《周禮·夏官·司勛》。

〔二〇〕《論語·雍也》作「原思爲之宰。」包氏注曰：「孔子爲魯司寇，以原憲爲家邑宰。」疑韋昭誤以注文爲經文。

18 文公納襄王〔一〕

冬，襄王避昭叔之難，居于鄭地氾。文公元年冬也。襄王，周惠王之子〔二〕。昭叔，襄王弟大叔帶也〔三〕，是爲甘昭公，故曰昭叔。惠王生襄王，以爲大子；又娶于陳，曰惠后，生昭叔，惠后將立之，未及而卒。昭叔奔齊，襄王復之，又通於襄王之后翟懽〔四〕。王廢隗氏，翟人伐周，故襄王避之于氾。氾〔五〕，地名。○《舊音》：氾，音凡，或音似。○《補音》：周襄王所出南氾也，在襄城，音扶嚴反。音似者，成皋汜水，非襄城也，或音誤。○《補正》：氾有二：一爲東氾，在滎陽中牟縣。一爲南氾，在襄城縣南，是襄王所居，蓋南氾也。◎志慧按：各本於「氾」與「汜」多區別不嚴，汜音似，氾音凡，襄王所居者當作「氾」，即今河南襄城。**使來告難，亦使告于秦。**王使簡師父告晉，亦使左鄢父告秦〔六〕。**子犯曰：「民親而未知義也**〔七〕，親，親君也。未知義，故未和也。**君盍納王以教之義。**使知尊上之義。◎志慧按：納王，護送周襄王回洛陽。**若不納，秦將納之，則失周矣，**失所以事周也。**何以求諸侯？**無以爲諸侯盟主。**不能脩身，而又不能宗人，人將焉依？**宗，尊也。○皆川淇園：宗人者，宗於人也。納王以首義，而爲諸侯所宗也。○秦鼎：宗人，即勤王也。**繼文之業，定武之功，**文，晉文侯仇也〔八〕。平王東遷，文侯輔之，受圭瓚〔九〕、秬鬯。武，重耳之祖武公稱也〔一〇〕，始并晉國。啓土安疆，於此乎在矣，君其務之。」在此納王也。公説，乃行賂于草中之戎與麗土之翟〔一一〕，以求東道〔一二〕。二邑，戎、翟，間在晉東。○《正義》：《吕氏春秋·貴因篇》「文公與草中之戎、麗土之翟定天子於成周」，蓋二邑以兵從晉也。《漢書·匈奴傳》「晉北有林胡、樓煩之戎」，又云：「其得漢繒絮以馳艸棘中，衣袴皆裂弊，以視不如旃裘堅善也。」艸中指俗言，非地名也。○《釋地》：時山西垣曲、陽城、沁水等縣及河南濟源縣西界猶爲戎狄之地，自晉適南陽所必經之道。◎志慧按：草中之戎與麗土之翟，韋注指爲二邑，不知何所據而云然，至於「間在晉東」，謂二戎介於晉與成周之間，或是也。婁煩，古國名，春秋時期在今内蒙古呼和浩特至雁北朔州一帶活動，山西省婁煩縣現存婁煩國遺址，唯年代已入戰國，文公時期晉國勢力未必能遠達晉北，故董氏引《漢書》爲證恐不確。酈爲「麗」之加旁字，顧頡剛《史林雜識初編》指此酈在晉都之東析城、王屋一帶；草（中），董增齡謂「指俗言，非地名也」，或俱是也。

【彙校】

〔一〕自此至「以啟東道」，公序本、明道本、《集解》皆單列，上海師大本屬上，其中言主爲子犯，所述之事與前後亦不相蒙，故單列，並各依内容施題。

〔二〕明道本無「周」字。

〔三〕襄王弟，明道本、正統本作「襄王之弟」。

〔四〕懼，静嘉堂本、南監本、弘治本、許宗魯本同，明道本、遞修本、正統本作「隗」，《周語上》末段韋注亦作「隗」，《訂字》云：「宜作隗。」是，當依改，《增注》徑作「隗」。

〔五〕明道本、正統本無「于」字，不重「汜」字，疑脱。

〔六〕鄢，《舊注》摘「僞」，云：「或作『鄢』。」

〔七〕未，遞修本似作「示」，字殘。

〔八〕此注明道本作「文者，文侯仇也」，疑「者」係「晉」字之訛。

〔九〕圭，明道本、正統本作「珪」，形符加旁字也。

〔一〇〕明道本無「之」字。

〔一一〕于，張一鯤本同，静嘉堂本、南監本似「千」字，弘治本作「千」，形訛。閔本、《正義》作「於」，疑據後世用字習慣擅改。《舊音》：「麗，唐、賈與韋同，孔晁爲『酈』。」

〔一二〕求，南監本同，明道本、正統本、《御覽》卷七九九與《通鑑外紀》卷五引作「啟」，據義當依改，許宗魯本從改。

19 文公出陽人

二年春[一]**，公以二軍下，次于陽樊。**二軍，左、右軍也。東行曰下。陽樊，周邑。○服虔：陽樊，周地，陽，邑名也，樊仲山之所居，故曰陽樊（《史記·晉世家》集解引）。○《詳注》：陽樊，周邑，今河南濟源縣西南十五里有曲陽城，亦曰陽城，古陽樊也。**右師取昭叔于温，殺之于隰城。**温、隰城，皆周地也。昭叔通翟后，與俱處温，故取殺之。○《補正》：温縣，在河陽。隰城在今河南懷慶府武陟縣西南十五里。○《詳注》：隰城，周地，今河南沁陽縣西三十里有期城，即古隰城也。◎志慧按：古隰城遺址在今河南省武陟縣北郭鄉。**左師迎王于鄭。王入于成周，遂定之于郟。**成周，周東都。郟，王城也。○《詳注》：郟，山名，在今河南洛陽縣西南，迤邐至城北二里，曰邙山，周武王定鼎郟鄏即此。**王饗醴，命公胙侑**[二]**。**饗，設饗禮也。《傳》曰：「戰克而王饗。」饗醴，飲醴酒也。命，加命服也。胙，賜祭肉也。侑，侑幣。謂既食，以束帛侑公。○《略説》：既行享禮，而設醴酒。○《增注》：《内傳》曰：「戊午，晉侯朝王，王享醴，命之宥。」依此，則命，命胙侑也。侑、宥同，助也。加之幣帛以助歡也。○《正義》：饗者，烹太牢以飲賓，是禮之大者，故曰大飲賓，曰饗獻如命數，殽牲俎豆，盛于食燕。《宣十六年傳》「王饗有體薦」是也。《僖二十八年傳》「王饗醴，命晉侯侑」，以彼例此，是命公以束帛，非加公以命服也。胙即酢，非祭肉也，蓋命服必遣使至國賜之。《周語》「王命太宰及内史叔興父賜晉侯命服，晉侯郊勞」，則在其國也，不得乘饗時賜之。即《覲禮》言諸公奉篋服，亦就館賜之，非乘饗時賜之。至祭肉，亦必遣使至其國賜之，宰孔賜齊侯胙可據，安得以饗時賜之？況王甫入王城，安得有祭？ ○《發正》：胙，讀爲酢，主答客曰酬，客報主曰酢，酳與酬酢同義。蓋天子至尊，臣下不敢與爲酬酢，王加禮晉侯，特命之胙侑如賓酬主人之禮以勸侑，王所以親之也。「侑」、「宥」古通，「命」字專屬「胙侑」甚明，不得沾出「服」字。時當饗禮，安有雜出祭肉之賜？侑幣用於食禮，非饗禮所用。 ◎志慧按：命公胙侑，文意自明，韋昭增字解經，於句法亦有不合，冢田、董、汪諸氏之辨是也，且可互補，《標注》更據《左傳》文疑「酢」字衍，亦有理。

公請隧，弗許。三君云〔三〕：「隧，王之葬禮。」昭謂：隧，六隧之地，事見《周語》〔四〕。**曰：「王章也，**章，表也，所以表明天子與諸侯異物〔五〕。**不可以二王，**國無二王。**無若政何。」**無以爲政於下。**賜公南陽陽樊、温、原、州、陘、絺、鉏、欑茅之田**〔六〕。八邑，周之南陽地。 ○《補音》：陘，奚經反。絺，敕之反。鉏，仕魚反。 ○《釋地》：馬季長曰：晉地，自朝歌以北至中山爲東陽。朝歌以西至軹爲南陽。原，懷慶府濟源縣西北十五里，有原城，今名原鄉。州，懷慶府河内縣東五十里，有州城。陘，即太行陘，在河内縣西北三十里，一名丹陘。絺，在河内縣西南三十里。鉏，疑修武縣濁鹿城，或謂衛輝府滑縣東有鉏城，非也。欑茅，衛輝府獲嘉縣東北二十里，有茅亭。 ○《集解》：陽，邑。因樊仲山之所居故曰陽樊。 ◎志慧按：八邑，因其在黄河之北、太行之南，故稱南陽。《左傳·隱公十一年》載周桓王與鄭人蘇忿生之田，其中就有除鉏以外的七邑。《左傳·僖公二十五年》：「與之陽樊、温、原、欑茅之田。晉於是始啟南陽。」未及州、陘、絺、鉏四邑，《周語中·襄王拒晉文公請隧》只云「勞之以地」，韋昭用《左傳》上文作注，是周天子最初僅賜四邑，其餘四邑爲晉文嗣後乘勢自取——即陽與原亦賴武力而底定，《晉語》爲之粉飾；還是最初即受八邑，《左傳》失載，皆在不可知之數。陽樊、温、原、欑茅所在見《周語中》，楊伯峻《春秋左傳注·隱公十一年》：「絺音痴，今河南省沁陽縣西稍南有故絺城。」陽人不服，不肯屬晉。公圍之，將殘其民。○《周禮·大司馬》「放弒其君則殘之」鄭注：「殘，殺也。」倉葛呼曰：倉葛，陽樊人。「君補王闕，以順禮也。補王失位之闕，以順爲臣之禮。○龜井昱：補闕者，所以順禮也，是語主禮而言之，注不了。陽人未狎君德，狎，習也。而未敢承命〔七〕。君將殘之，無乃非禮乎！陽有夏、商之嗣典〔八〕，有周室之師旅，典，法也。旅，衆也。言有夏、商之後嗣及其遺法，與周室之師衆。樊仲之官守焉，樊仲，宣王臣仲山甫也，食采於樊。○《述聞》：周室之師旅，即官守也。蓋樊仲之官守，所守者，嗣典也，其官則師旅也。三句一貫，故下文但曰「其非官守」也。其非官守，則皆王之父兄、甥舅也。君定王室而殘其姻族，民將焉放？放，依也。敢私布之於吏〔九〕，布，陳也。吏，軍吏也。○賈逵：布，陳也（日本智光《浄名玄論略述》卷一末）。唯君圖之！」公曰：「君子也〔一〇〕。」乃出陽人〔一一〕。出，降也。○《存校》：《周語》注：「出，放令出也。」此云「降也」，當從《周語》注。○《略説》：謂不害陽人，釋而出之，獨取其地。　○户埼允明：太宰純曰：「出，謂解圍而出之也。」　◎志慧按：《周語中》韋注作「放令去也」，《存校》誤引，但釋義則是也，渡邊操、關修齡、冢田虎等日本學者持説皆與《存校》同，皆可從。此蓋文公徙其民而取其地。

【彙校】

〔一〕自此至「出陽人」，公序本屬上，明道本、《集解》單列，《考正》從提行另起，言主爲天子和倉葛，其所記之事有顯著的獨立性，兹依明道本單列。復次，《周語中》載同一材料，《周語》敘述重點在禮儀制度，《晉語》則著力塑造國主形象，二者分别體現出所在篇卷的問題意識。請隧篇言主爲周襄王，《陽人不服晉侯》的言主爲倉葛，故分爲各自獨立的兩篇，本篇請隧及之前的政治、外交、軍事行動以及之後周襄王的簡單辭令只是背景與緣起，故只能算作一篇。

〔二〕秦鼎：「『公』字，據注則當在『侑』下。」秦鼎説非，上引各家之説可明，《經義述聞》「命之宥、命晉侯宥」條亦有説。

〔三〕三君，遞修本、正統本、静嘉堂本、南監本同，明道本作「二君」，依韋注二君必出姓氏例，當作「三」。云，静嘉堂本、南監本漫漶而似「去」，弘治本作「去」，形訛。

〔四〕「昭謂」下，明道本作「六隧之事見《周語》」。

〔五〕明道本無「所」和「物」字，疑脱。

〔六〕鉏，明道本作「組」。欑，明道本、正統本作「攢」，《補音》：「欑字從木。」

〔七〕而，秦鼎謂「當從《周語》作『故』」，是。

〔八〕「有」前，明道本有「人」字，《水經·濟水注》引無「人」字，《考異》據此疑有者係涉上文「陽人」而衍，可從。

〔九〕明道本無「之」字，正統本有，疑明道本脱。

〔一〇〕君子也，明道本、正統本作「是君子之言也」，《補音》：「本或于『君子』下有『之言』二字，義無所闕。」秦鼎據《周語》同一事件的記載謂當從明道本，《考正》、《考異》則俱謂此係源於公序同年緘之本，不必强與《周語》同，於義則兩通。

〔一一〕乃，明道本、正統本作「迺」，古通。

20　文公伐原

又，公伐原〔一〕，原不服，故伐之。　◎志慧按：清華簡《晉文公入於晉》載：「元年克原。」今河南省濟源市廟街村有原城遺址，一説在該市城區北面之克井鎮原昌村。令以三日之糧。三日而原不降，公令疏軍而去之。疏，徹也。○《略説》：疏，分散也，疏行首之類。言公出令去之，《傳》曰「命去之」。○《集解》：徹，俗作「撤」。諜出曰：「原不過一二日矣〔二〕！」諜，間候也。軍吏以告，公曰：「得原而失信，何以使人？○《增注》：違三日之令不信。夫信，民之所庇也，不可失也〔三〕。」庇，蔭也。乃去之。及盟門〔四〕，而原請降。盟門，原地也。請降，退一舍而請降〔五〕。○龜井昱：注「退一舍」，《傳》文也，然盟門爲原地恐涉臆説。○《正義》：《吕氏春秋·爲欲篇》：「晉文公伐原，與士期七日，七日而原不下，命去之。謀（士言曰：原）將下矣，師吏請待之，公曰：『信，國之寶也。得原失寶，吾不爲也。』遂去。明年復伐之，與士期，必得原然後反。原人聞之，乃下。」案：《内傳》明言「退一舍而原降」，安有明年之事？如《吕氏》言，則原非服于退兵之信，而服于再伐之威矣，其言殊未足信。○《補正》：盟門，在今濟源縣西北。○《集解》：《内傳》謂退一舍，蓋三十里也。古者軍退，日三十里，是晉師去原至孟門止一日程耳。乃請降，猶是不過三日。◎志慧按：董氏所考誠是，周秦漢子書中多有不合於史實之詮釋與發揮，本書於此類材料一般不予采信。盟門，道光《武陟縣志·古蹟志》謂在該縣東。復次，文公伐原以示信，又載於《左傳·僖公二十七年》《韓非子·外儲説左上》《吕氏春秋·爲欲篇》等，足見先秦思想文化界之重視，倒是後來《左傳》《國語》的評點家們未引起足夠關注，或僅在文法上加以肯定。放在晉國長時段的歷史上考察，鑒於自桓叔以來晉國公室宗親相斫的傳統，特别是惠公執政時期屢次失信於晉國内外，重塑形象顯然是重耳集團執政之後的當務之急,《左傳·僖公二十五年》狐偃謂「勤王,諸侯信之……信宣於諸侯」,本篇文公伐原示信、下文踐履避君三舍的承諾、箕鄭謂救饑以信以及文公最終没有違反與舅犯河上之盟,皆需要放在這個維度上觀察。

【彙校】

〔一〕又,静嘉堂本、南監本、弘治本、許宗魯本、《增注》同,明道本、遞修本、正統本作「文」,《考正》謂作「又」誤,本條與上條屬同類相聚,作「又」者未必誤。自此至「而原請降」,公序本、《集解》屬上,明道本單列,秦鼎本改從明道本,《考正》亦謂提行另起是,言主爲文公,其事與前後皆不相蒙,故單列。

〔二〕二日,明道本、公序本、秦鼎本、上海師大本同,《淮南子·道應訓》、《資治通鑒外紀》卷五亦作「二日」。《補正》與《集解》作「三日」,《韓非子·外儲説左上》、《新序·雜事》亦作「三日」。《集解》校記云:「舊説多作『三日』者,但『二日』義亦可通,未必即爲僞誤,不宜遥作改字,以致泯没古本原貌。」其實,舊説亦並非多作「三日」,依義該句係言其敗之速,當以「二日」爲優。疑後者或因豎行,將「十二」二字誤合成「三」,或因前二個「三」字而誤,故仍當依舊本。

〔三〕明道本無「也」字。

〔四〕盟，明道本、正統本作「孟」，注同，二字在簡帛文字中多有通作者。

〔五〕首「請降」，弘治本同，明道本、遞修本、正統本、許宗魯本作「《傳》曰」；次「請降」，後四種作「原降」，静嘉堂本、南監本該部分大部墨釘，僅剩「退一……降」，弘治本、金李本疑據《左傳・僖公二十五年》「退一舍而原降」之文補。

21 文公救宋敗楚於城濮

文公立四年，楚成王伐宋，四年，魯僖二十七年冬也。宋背楚事晉，故楚伐之。公率齊、秦伐曹、衛以救宋。魯僖二十八年春，晉侯侵曹伐衛。《傳》曰：「楚始得曹。」而又伐宋〔一〕。宋人使門尹班告急於晉，門尹班，宋大夫。○《集解》：門，姓；尹班，名。◎志慧按：門尹班，《左傳・僖公二十八年》作「門尹般」，班、般古通，故公輸班，文獻又多作公輸般。《莊子・則陽》：「湯得其司御門尹登恒爲之傅之。」郭象引向秀注云：「門尹，官名。登恒，人名。」《周語中》載單襄公述周之《秩官》「敵國賓至，門尹除門」，《左傳・哀公二十六年》有門尹得，凡此，似當以門尹爲官名，如《周禮・地官》司門之類，徐説非也。公告大夫曰：「宋人告急，舍之則宋絶，舍不救宋，則宋降楚，與我絶也〔二〕。告楚則不許我。告，謂請宋於楚〔三〕，楚不許我。我欲擊楚，齊、秦不欲，其若之何？」先軫曰：「不若使齊、秦主楚怨。」先軫，晉中軍原軫也。主楚怨，爲怨主也〔四〕，謂激齊、秦使之惡楚〔五〕。公曰：「可乎？」先軫曰：「使宋舍我而賂齊、秦，使宋置晉，獨賂齊、秦。藉之告楚。藉與齊、秦之勢〔六〕，使請宋於楚。○《補音》：舍，捨。藉，借也。我分曹、衛之地以賜宋人。楚愛曹、衛，必不許齊、秦。齊、秦本與晉俱伐曹、衛，今晉分其地，楚必不許齊、秦之請。○《左傳·僖公二十七年》狐偃曰：「楚始得曹而新婚於衛。」齊、秦不得其請，必屬怨焉，屬，結也。○《補音》：屬，之玉反。然後用之，蔑不欲矣。」用，用齊、秦也。蔑，無也。公說，是故以曹田、衛田賜宋人。衛侯欲與楚〔七〕，國人不欲，故出其君以説于晉，衛侯出居襄牛。晉侯執曹伯〔八〕，分曹、衛之田以畀宋人。○《正義》：《僖二十八年傳》杜注：「襄牛，衛地。」秦置襄邑縣，明初省縣併入睢州，今屬河南歸德府。

【彙校】

〔一〕而又伐宋，靜嘉堂本、南監本、弘治本同，明道本、正統本作「而新婚於衛也」，遞修本、許宗魯本作「新婚於衛」，《左傳·僖公二十七年》作「（楚始得曹）而新昏於衛」，秦鼎從之。疑南監本等係版片損壞後據義補。

〔二〕也，明道本、正統本作「矣」，於義作「矣」稍勝。

〔三〕告謂請宋於楚，《御覽》兵部三十六引作「告，請，請宋於楚」，《考異》據此認爲各本皆當依改，可從。

〔四〕秦鼎據閔本於句首補「使」字。

〔五〕南監本、弘治本同，明道本無「之」字，正統本有，無者疑脱。惡，明道本、遞修本、正統本作「怨」。静嘉堂本缺「宋人告急」至「在楚乎？偃也」一段文字，而以重複「成而儁才」至「庭實旅百」一段補版，不夠厚道。

〔六〕藉，明道本、正統本作「借」，疑後者從俗改。「與」字，《增注》作「於」，不知何所據，秦鼎據陳臥子本删。疑此間文字有誤。

〔七〕明道本、正統本句前尚有「二十八年春」五字。

〔八〕晉侯，明道本、正統本作「公」，《考異》謂公序依《左傳·僖公二十八年》文改，然亦不可必。

令尹子玉使宛春來告宛春，楚大夫。曰：「請復衛侯而封曹，臣亦釋宋之圍。」釋，解也。○《左傳·僖公二十八年》杜注：衛侯未出竟，曹伯見執在宋，已失位，故言復衛封曹。舅犯愠曰：「子玉無禮哉！臣取二，君取一〔一〕，必擊之。」愠，怒也。臣，子玉也。君，文公也。二，謂復曹、衛。一，謂釋宋圍。○《左傳·僖公二十八年》杜注：君取一，以釋宋圍，惠晉侯。臣取二，復曹、衛，爲己功。先軫曰：「子與之。與，許也〔二〕。我不許曹、衛之請，是不許釋宋也。宋衆無乃彊乎〔三〕！不許釋宋，宋降於楚，其衆益彊。○《述聞》：彊，當讀爲「僵」，僵，斃也。言宋國之衆將爲楚所斃也。◎志慧按：宋降於楚，是楚强，但正文主語是「宋衆」，則不是韋注不倫，就是正文的「宋衆」之「宋」係涉上句之「宋」而誤，且韋昭所見本不作「宋衆」，而作「楚衆」，故有「其衆益彊」之説。觀此句緊接「是不許釋宋也」之後，則王説亦有理。唯不知哪一種理解更近真。是楚一言而有三施，子一言而有三怨。三，曹、衛、宋也。怨已多矣，難以擊人。不若私許復曹、衛以攜之，攜，離也。○《增注》：離曹、衛於楚也。執宛春以怒楚，怒楚，令必戰〔四〕。既戰而後圖之〔五〕。」圖，圖復曹、衛。公説，是故拘宛春於衛。

【彙校】

〔一〕臣取二君取一，正統本同，明道本作「君取一，臣取二」，《左傳·僖公二十八年》同明道本，《史記·晉世家》集解於正文「子玉無禮矣，君取一，臣取二」。勿許」下引韋注云：「君，文公也。臣，子玉也。一，謂釋宋圍。二，謂復曹、衛。」經注皆君前臣後，《考異》據此謂當依《史記集解》訂正。頗疑公序本先臣後君的非常規順序恰恰是《國語》的原貌，明道本依《左傳》調整正文順序，於注文則未措意焉，《史記集解》則依《左傳》調整韋注順序。

〔二〕也，明道本作「之」，涉正文而誤。

〔三〕《增注》與秦鼎皆謂「宋衆」當作「楚衆」。

〔四〕必，明道本作「大」，上海師大本從公序本改，是。

〔五〕戰，金李本原作「單」，疑係寫工或刻工之誤，今從明道本、遞修本、南監本、弘治本徑改。

子玉釋宋圍，從晉師。楚師陳〔一〕，晉師退舍，軍吏請曰：「以君避臣，辱也。時楚王避文公之德〔二〕，入於申〔三〕，使子玉去宋，子玉不肯，固請戰，故云「避臣」。○《備考》：君，文公也。臣，子玉也。○《補正》：君，指文公。臣，指子玉。退舍，故云「避」。語本明晰，注殊委曲。且楚師老矣，必敗。何故退？」老，久也〔四〕。圍宋久，興師罷病〔五〕。子犯曰：「二三子忘在楚乎？言在楚時，許退三舍〔六〕。偃也聞之：戰鬭，直爲壯，曲爲老。若韓之戰，秦師少而鬭士衆，晉曲秦直，故能敗晉。未報楚惠而抗宋，我曲楚直，抗，救也。○賈逵：抗，救也（釋慧琳《一切經音義》卷十八引）。◎志慧按：《左傳・僖公二十八年》作「亢」，杜注：「亢，猶當也。」與賈、韋取義異，《説文・手部》：「抗，扞也。」可證成賈、韋之注。其衆莫不生氣，不可謂老。○《略説》：《傳》曰：「其衆素飽。」此謂勇鋭之氣。若我以君避臣，而不去，彼亦曲矣。」退三舍避楚。楚衆欲止，子玉不肯，至于城濮，果戰，楚衆大敗。城濮，衛地。○《正義》：《韓非子・難一》：「晉文公將與楚人戰，咎犯曰：『繁禮君子，不厭忠信；戰陳之事，不厭詐僞。君其詐之而已矣。』雍季曰：『焚林而田，偷取多獸，後必無獸；以詐遇民，偷取一時，後必無從。』文公曰：『善。』辭雍季，以咎犯之謀與楚人戰以敗之。」案：《吕氏春秋·義賞篇》語與此同，而《内傳》及此傳載先軫語而無雍季語，蓋傳聞異辭也。　○《釋地》：城濮，衛地，近濮水，在衛輝府封丘縣。　○《詳注》：城濮，衛地，今山東濮縣南七十里有臨濮古城，即古城濮也。　◎志慧按：臨濮鎮今隸山東鄄城，因地臨古濮水而得名，春秋時屬衛，民國前期屬濮縣。　君子曰：「善以德勸。」善先軫、子犯也。

【彙校】

〔一〕師，葉邦榮本、張一鯤本、李克家本同，明道本、正統本、《補音》、南監本、弘治本、許宗魯本、閔齊伋本、《正義》作「既」，當以作「既」爲長。

〔二〕文公，金李本原作「元公」，當係刻工之誤，明道本、遞修本、弘治本、許宗魯本均作「文公」，今徑從改。《存校》並謂「德」當作「彊」，但無據，疑此「德」所指爲「退避三舍」。

〔三〕入於，南監本、弘治本同，明道本、正統本作「還居」，遞修本、許宗魯本作「入居」，《左傳·僖公二十八年》作「入居於」，郭萬青《國語考校》以爲此時申爲楚國屬地，故字當以作「居」爲當，其説有理。

〔四〕久，南監本、弘治本同，《補音》、明道本、遞修本、正統本、許宗魯本皆作「罷」，秦鼎從明道本，遞修本「罷」字模糊難辨，疑作「久」者據下句而補，《正義》改從「罷」。

〔五〕興，南監本、弘治本、許宗魯本同，明道本、正統本作「其」，遞修本模糊難辨。詩禮堂本、張一鯤本作「興師」，《增注》從之，或是也，秦鼎則從明道本作「其」。

〔六〕許退三舍，閔本作「有退三舍之語」，疑擅改。

22 鄭叔詹智諫以免難〔一〕

文公誅觀狀以伐鄭〔二〕，反其陴〔三〕。賈侍中云：「鄭復效曹觀公駢脅之狀〔四〕，故伐之〔五〕。」唐尚書云：「誅曹觀狀之辠，還而伐鄭。」昭省《内》、《外傳》，鄭無觀狀之事，而叔詹云「天禍鄭國，使淫觀狀」，謂淫放於曹，不禮公子，與觀狀之辠同耳。反，撥也。陴，城上女垣。僖三十年秋，秦伯、晉侯圍鄭〔六〕。　○王鐸《手批》：《非國語》謂「鄭」字譌，宜作「曹」。　○秦鼎：淫放，淫過放縱也。

○《補正》：注以觀其裸爲觀狀，義殊曲。觀狀，即《内傳》之「獻狀」，謂令其自陳所應得之罪狀也。

○《集解》：僖三十年《左傳》：「晉侯、秦伯圍鄭，以其無禮於晉，且貳於楚也。」是文公伐鄭，因前過鄭時無禮，故於伐曹後伐鄭，似唐説是也。　◎志慧按：於史實則唐説是也，唯下文叔詹云「天降鄭禍，使淫觀狀」，則《國語》原文以爲鄭伯亦有觀文公駢脅之舉，難怪《非國語》斥其「觀晉侯之狀者曹也，今於鄭胡言之，則是多爲誣者」，以曹爲鄭，在《國語》原始材料中已有此誤，不能因文獻材料原有之誤而徑改原文，或曲爲之解，要不以爲史實可也。同理，「淫」字也不必强爲之釋曰「放」，淫有「過」、「邪」、「亂」、「惑」、「放」等義，當釋作「放」時，取其「放蕩」、「放恣」之義，並無「效仿」的内涵，韋注誤。又《吕氏春秋·簡選》「反鄭之埤」高注：反，覆。覆鄭城埤而取之，使衛耕者皆東畝。」與「東衛之畝」類似，覆鄭城埤，未必取之，而是削弱其防禦能力，以利於晉之進攻也。鄭人以名寶行成，名寶，重寶。○《正義》：成，平也。平，和也。公弗許，曰：「予我詹而師還〔七〕。」詹，鄭卿叔詹伯也〔八〕。文公過鄭時〔九〕，詹請禮之，鄭伯不聽，因請殺之。○舊注：詹，鄭大夫叔詹伯也（《御覽》人事部五十八引，汪遠孫輯）。詹請往，鄭伯弗許，鄭伯，鄭文公也。詹固請，曰：「一臣可以赦百姓而定社稷，君何愛於臣也？」鄭人以詹予晉人〔一〇〕，晉人將亨之〔一一〕。亨，煮也。詹曰：「臣願獲盡辭而死，固所願也〔一二〕。」公聽其辭。詹曰：「天降鄭禍，使淫觀狀，棄禮違親。淫，放也，放曹國不禮於君。○《補韋》：淫，過也，言其罪過于觀狀。○秦鼎：謂其放縱甚於曹之不禮也。○《補正》：此觀狀，亦言所獻之狀，均不合於禮，故曰「淫」，與上同。◎志慧按：「淫，放也」多見於古訓，如《左傳·昭公六年》「嚴斷刑罰，以威其淫」杜注、《孟子·滕文公下》「放淫辭」趙岐注，秦鼎釋爲放縱正其義也，唯韋注「放曹國不禮於君」之「放」當讀作仿效之「仿」。臣曰：『不可。夫晉公子賢明，其左右皆卿才，若復其國，而得志於諸侯，禍無赦矣。』今禍及矣。尊明勝患，知也〔一三〕；明，謂公子。勝，猶遏也〔一四〕。○《增注》：勝患，謂使鄭國不作患難也。殺身贖國，忠也。」乃就亨，據鼎耳而疾號，曰：「自今以往，知、忠以事君者，與詹同。」乃命弗殺，厚爲之禮而歸之。禮，禮餼也。○《删補》：春臺先生曰：「禮，禮待也，何唯禮餼？」鄭人以詹伯爲將軍〔一五〕。○《史記志疑》卷二十一：鄭以詹爲將軍，則詹未嘗自殺，晉亦無欲得鄭君語也，此（《晉世家》）及《鄭世家》並妄。○《正義》：《昭二十八年傳》：「閻没、女寬曰：『豈將軍食之而有不足？』」將軍之名始見于《内傳》，然《楚世家》成王三十九年伐宋，宋告急于晉，晉救宋，成王罷歸，將軍子玉請戰，子玉與詹伯同時，蓋自魯僖之末年，列國已有此官，不待襄、昭也。《吴語》「十旌一將軍」，韋《解》：「將軍，命卿。」則此將軍亦當爲命卿矣。◎志慧按：雖然楚子玉與鄭叔詹同時，但稱子玉爲將軍見於《史記·楚世家》，並未見更早的文獻依據，故仍當以《晉語》此處爲最早。

【彙校】

〔一一〕《諸子瓊林·道德門》題作「鄭叔詹赴死而生還」，穆文熙《鈔評》題作「文公伐鄭詹伯行説」，傅庚生選本題作「鄭叔詹據鼎耳而疾號」，上海師大本承之，後者生動有餘，概括力則有所不足，故改題如上。

〔二〕伐，遞修本作「代」，後者形訛。

〔三〕反，《左傳·僖公二十九年》正義引作「及」。埤，《補音》：「《内傳》及諸本多作『陴』。」明道本、正統本作「陴」，「埤」、「陴」形符更旁字也，從土之字或亦從𨸏，注同。

〔四〕駢，明道本、正統本作「骿」，古通。

〔五〕伐之，《御覽》人事部五十八引作「見伐也」。

〔六〕《清華大學藏戰國竹簡（柒）·晉文公入於晉》：「圍許，反奠（鄭）之𡐦（陴）」，《韓非子·外儲説右上》：「伐曹。南圍鄭，反之陴。罷宋圍，還與荆人戰城濮。」則圍鄭反陴事在魯僖公二十八年。《春秋》及《左傳·僖公二十八年》未載反鄭之陴事，《史記·晉世家》將圍鄭及叔詹事繫於晉文公七年（魯僖公三十年），《左傳·僖公二十九年》孔疏同，有可能是誤合彼時秦晉伐鄭爲一事，韋昭很有可能也認爲反鄭之陴事在魯僖公三十年，明道本無此數語，有可能是脱文；但也不排除韋注並無此十一字，而爲公序本所增。

〔七〕予，《御覽》人事部五十八、《元龜》卷七三九引作「與」，《曲禮下》「曰予一人」鄭玄注以爲「予」、「與」古今字。遞修本、静嘉堂本、南監本作「子」，後者形訛，弘治本、許宗魯本已校正，下文「鄭人以詹予晉人」之「予」同。

〔八〕伯，《札記》據《左傳》和《晉世家》謂「伯」字衍，但《非國語》和《御覽》人事部五十八引已有之，疑係韋昭舊注，且下文正文亦作「叔詹伯」，則是因隨正文之誤而非衍。

〔九〕明道本、正統本、《諸子瓊林》前集卷十道德門無「時」字，疑脱。

〔一〇〕首「晉人」，《御覽》人事部五十八、《元龜》卷七三九引同，明道本與《非國語》無「人」字。

〔一一〕亨，明道本、正統本作「亯」，「亨」初文，「亯」後起字，本章下同。

〔一二〕秦鼎引或説云：「上『願』字衍。」《淵鑒類函》卷二百六十九人部引無上「願」字，唯於句義，首句有「願」字似更完整，如《元龜》卷七三九引作「臣欲盡辭而死」，若云「臣願獲盡辭，盡辭而死，固所願也」於句法更嚴密，惜無省略重文號的直接證據。

〔一三〕知，明道本、正統本作「智」。

〔一四〕遏，明道本、《諸子瓊林》作「過」，蓋字之誤也，上海師大本從公序本徑改。

〔一五〕詹伯，《非國語》、《諸子瓊林》引同，《左傳·僖公二十三年》作「叔詹」，《韓非子·十過》、《喻老》、《史記·晉世家》作「叔瞻」，「瞻」、「詹」音同通假。《札記》、《考異》謂此「伯」字衍，《考異》並謂上文「詹」凡七見。文中既云「叔」，似不得再言「伯」，《札記》、《考異》之説有理，疑係誤而非衍。

23 箕鄭對文公問救饑〔一〕

晉國饑〔二〕，公問於箕鄭箕鄭，晉大夫。曰：「救饑何以？」對曰：「信。」公曰：「安信？」對曰：「信於君心，不以愛憎誣人以善惡，是爲信於心。信於名，名，百官尊卑之號。信於令，信於事。」謂使民事，各得其時〔三〕。公曰：「然則若何？」對曰：「信於君心，則美惡不踰；不相踰越也。信於名，則上下不干；干，犯也。信於令，則時無廢功；不奪其時，則有成功。信於事，則民從事有業。業，猶次也〔四〕。○賈逵：業，次也，取也（釋慧琳《一切經音義》卷十引）。○皆川淇園：言民各有所業而不遷也。○《增注》：業，有功業也。○《補正》：謂各有常業，不訓次也。◎志慧按：韋從賈注，皆川氏以下所釋亦通。於是乎民知君心，貧而不懼，藏出如入〔五〕，何匱之有？」出其帑藏，以相振救，如入於家〔六〕，故不乏也。公使爲箕。爲箕大夫。○《正義》：《僖三十三年傳》杜注：「太原陽邑縣南有箕城。」今在太谷縣東南三十五里。○《釋地》：今隰州蒲縣東北有箕城，晉之箕邑當在此，非太谷縣之箕城也。◎志慧按：杜預所説的陽邑即今太谷，箕城則是其鄰縣榆社的别稱，太谷縣城有一條箕城街，疑係舊時域名的殘留。箕，當地方言讀如氣。此箕在今山西省蒲縣東北，其時晉的實際控制地區尚未及今太谷、榆社縣境。及清原之蒐，使佐新上軍。清原之蒐，在魯僖三十一年秋〔七〕。○《左傳·僖公三十一年》「秋，晉蒐於清原，作五軍以禦狄」杜注：「二十八年，晉作三軍，今罷之，更爲上、下、新軍。河東聞喜縣北有清原。」○《釋地》：清原，在今絳州稷山縣西北二十里。○《集解》：晉常以蒐禮改政令，文公四年，蒐於被廬，作三軍。蒐，治兵也。六年，蒐於夷，舍二軍，復成國之制。八年，蒐於清原，作五軍。◎志慧按：山西省聞喜縣東北約 17.5 公里處北原上大馬村、官張村和栗村附近有大馬東周古城遺址，《水經·汾水注》云：「汾水又逕清原城北，故清陽亭也。城北有清原，晉侯搜清原，作三〈五〉軍處也。」其中所指方位與考古發掘吻合。

【彙校】

〔一〕穆文熙《鈔評》題作「箕鄭論救饑以信」，葉明元《抄評》題作「文公問救饑」，上海師大本題作「箕鄭對文公問」，兹合之以見其詳。

〔二〕明道本、正統本無「國」字，《考正》從删，此疑衍。

〔三〕時，弘治本作「職」，後者臆改，未見所據。

〔四〕明道本、正統本此注作「猶業次也」，後者疑誤倒。

〔五〕《校證》：「藏出如入，義不可通。當作『出藏』。」若視「藏」爲名詞，如云「藏之出也如入」，則亦無不通。

〔六〕明道本、正統本無「於」字，疑脱。

〔七〕明道本、正統本無「秋」字。

24 文公任賢趙衰舉賢〔一〕

公問元帥於趙衰〔二〕，元帥，上卿。○《左傳·僖公二十七年》杜注：「元帥，中軍帥。」對曰：「郤縠可，行年五十矣，郤縠，晉大夫。行，歷也。○《補音》：縠，胡木反。本或作「穀」，音同。○《標注》：行，猶將也。行年五十，是未滿五十之年也。守學彌惇〔三〕。彌，益也。惇，厚也。夫先王之法志，德義之府也〔四〕。志，記也。○秦鼎：府者，物之所聚。《内傳》：「《詩》、《書》，義之府也；禮、樂，德之則也。」夫德義，生民之本也。能惇篤者，不忘百姓也。請使郤縠。」公從之。

【彙校】

〔一〕穆文熙《鈔評》題作「晉諸臣讓德」，上海師大本題作「文公任賢與趙衰舉賢」。

〔二〕公，明道本、正統本作「文公」。

〔三〕彌，《舊音》從犭，並云「或作『彌』」，《補音》據諸本無作「獮」者，斷其爲誤，是。

〔四〕《補正》、上海師大本於「志」下句，《鈔評》、《增注》於「法」下句，於義兩通，唯於「志」字一作名詞，一作動詞，今從前者。

公使趙衰爲卿，○《左傳·僖公二十七年》「命趙衰爲卿」林注：「將下軍。」**辭曰：「欒枝貞慎，**枝，晉大夫欒共子之子貞子也。**先軫有謀，胥臣多聞，皆可以爲輔**〔一〕**，臣弗若也。」**

◎志慧按：胥臣之多聞，可從《晉語四》勸重耳納懷嬴時對上古傳説的熟諗、重耳親筮時對《易》占的分析、答文公問傅太子時對教育與歷史的瞭解以及文公向他學讀書等中看出端倪。**乃使欒枝將下軍，先軫佐之。**此述初耳，在城濮戰前也。○《集解》：此述蒐於被廬，作三軍時事。**取五鹿，先軫之謀也。**五鹿，衛地。**郤縠卒，使先軫代之，**從下軍之佐超將中軍〔二〕。《傳》曰：「尚德也。」**胥臣佐下軍。**代先軫也。

【彙校】

〔一〕輔，《御覽》兵部三、學部六及《元龜》卷八一四引同，明道本、正統本作「輔佐」二字。

〔二〕中軍，《御覽》卷二七二引同，《正義》作「上軍」，《左傳·僖公二十七年》載郤縠所將者爲

「中軍」。

公使原季爲卿[一]，原季，趙衰也。文公二年，爲原大夫。卿，次卿也。○《集解》：此卿當謂上軍帥也，觀下文讓於狐偃，偃又讓毛爲上軍可知。**辭曰：「夫三德者，偃之出也。**偃，狐偃也。賈、唐云：「三德，欒枝、先軫、胥臣也，皆狐偃所舉。」虞云：「三德，爲勸文公納襄王以示臣義[二]，伐原以示信[三]，大蒐以示民禮。故以三德紀民[四]。」昭謂：欒枝等皆趙衰所進，非狐偃也。三德紀民之語在下，虞得之。◎志慧按：虞翻、韋昭説「三德」即義、信、禮是也，唯相關内容只見於下文，故於此先表出「三德」似顯突兀，疑係《國語》編纂中的問題。**以德紀民，其章大矣，不可廢也。」**章，著也[五]。**使狐偃爲卿，辭曰：「毛之知賢於臣**[六]**，其齒又長。**毛，偃之兄也[七]。○《舊音》：齒，年（《御覽》卷六三二引）。**毛也不在位，不敢聞命。」乃使狐毛將上軍，狐偃佐之。**尚助也[八]。上軍，或言新上軍，非也，時未有新軍，《傳》曰「使狐偃將上軍，讓于狐毛而佐之」是也[九]。○《集解》：此時文公四年，至七年始爲上、下、新軍。◎志慧按：《左傳·僖公三十一年》：「秋，晉蒐于清原，作五軍以禦狄。」時在晉文公八年，非七年，下句「使趙衰代之」《集解》謂在文公七年，亦同誤。**狐毛卒，使趙衰代之，**虞、唐云：「代將新軍。」昭謂：代將上軍。○《集解》：趙衰爲新軍卿，在文公七年。◎志慧按：狐毛所將者上軍，韋解是。**辭曰：「城濮之役，**

先且居之佐軍也善，先且居，先軫之子蒲城伯也；後受霍〔一〇〕，爲霍伯。○舊注：先且居，晉大夫先軫子也（《御覽》卷四二三引）。軍伐有賞，伐，功也。○《舊音》：且，子余反。善君有賞，能其官有賞。以道事其君，賴其功，當有賞。能領治其官職，使不謬誤〔一一〕，君得以尊，民得以寧，當有賞也〔一二〕。且居有三賞，不可廢也。言且居有是三德，得此三賞，不可廢而不用〔一三〕。且臣之倫，箕鄭、胥嬰、先都在。」倫，伍也〔一四〕。三子，晉大夫。○舊注：倫，輩也。三子，皆晉大夫（《御覽》人事部六十四引，汪遠孫輯）。乃使先且居將上軍。代狐毛。公曰：「趙衰三讓。三使爲卿，三讓之，進欒枝等八人。其所讓，皆社稷之衛也。廢讓，是廢德也。」以趙衰之故，蒐于清原，○舊注：清原之蒐，在魯僖三十年也（《御覽》人事部六十四引，汪遠孫輯）。作五軍。清原，晉地。晉本有上軍，有中軍，有下軍〔一五〕。今有五軍〔一六〕，新上下也。○《略説》：以欲賞趙衰讓德之故，作五軍。○《正義》：《僖三十一年傳》杜注：「二十八年，晉作三行，今罷之，更爲上、下、新軍。」案：文公欲昭臣節，避天子之六軍，故猶未置新中軍也。使趙衰將新上軍，箕鄭佐之；胥嬰將新下軍，先都佐之。子犯卒，蒲城伯請佐，或云：「蒲城伯，狐毛也。」賈侍中云：「蒲城伯，先且居也。」昭謂：上章狐毛已卒，使先且居代之。賈得之矣。公曰：「趙衰三讓不失義〔一七〕。義，宜也。讓，推賢也。義，廣德也。德廣賢至，有何患矣〔一八〕。請令衰也從子。」從，從先且居。乃使趙衰佐新上軍。此有「新」字誤也。趙衰佐新上軍之將進佐上軍〔一九〕，爲升一等〔二〇〕。新上軍之將，位在上軍之佐下，此二章或在狐毛卒上〔二一〕，非也，當在下。

【彙校】

〔一〕自此至「乃使趙衰佐新上軍」，公序本單列，明道本屬上，秦鼎本改從明道本，前後所問者同爲晉文公，所答之事皆體現出文公臣僚之長厚謙讓，故此從明道本合作一處。

〔二〕爲，明道本、正統本作「謂」，《御覽》兵部三及《元龜》卷八一四亦作「謂」，當依改，《删補》、户埼允明已注意及此。

〔三〕臣義，《御覽》兵部三、《元龜》引俱作「民義」。信，《御覽》引作「民信」，《考異》謂《國語》各本有誤奪，據下句「民禮」，似是。

〔四〕民，《御覽》引同，明道本、正統本作「人」，《考異》謂當作「民」，可從。

〔五〕著，遞修本作「箸」，《補音》摘作「箸」，義符更旁字也。

〔六〕知，明道本、正統本及《元龜》引作「智」。

〔七〕明道本及《御覽》無「也」字。

〔八〕助，張一鯤本、穆文熙編纂本同，明道本、正統本、遞修本、李克家本、《正義》及《御覽》卷二七二引作「齒」，當從後者，疑李克家本理校而與明道本暗合。《訂字》則謂「尚，宜作『佐』」，則是釋詞而非釋句，《增注》徑從之。户埼允明、千葉玄之疑三字衍文，未出所據。

〔九〕于，明道本、正統本及《左傳・僖公二十七年》皆作「於」。

〔一〇〕後，明道本與《御覽》引作「復」。

〔一一〕謬，南監本漫漶不清，遞修本、静嘉堂本、弘治本、許宗魯本作「繆」，古「謬」或通作「繆」。

〔一二〕明道本無此三十三字韋注，疑脱。

〔一三〕是三德，正統本作「此三德」，據並列之「此三賞」似是。明道本無此十七字韋注，疑脱。

〔一四〕伍，弘治本同，明道本、遞修本、正統本、静嘉堂本、許宗魯本作「匹」，南監本模糊，似「匹」，疑弘治本、金李本據義補。

〔一五〕「晉本」至「下軍」，明道本、正統本作「晉本三軍，有中軍，上下」，遞修本則作「晉本有三軍，有中軍，上下」，《考異》謂明道本「上下」之後當脱「軍」字。

〔一六〕軍，明道本、遞修本、正統本、《御覽》引作「益」，是，則斷句當作「今有五，益新上下也」。

〔一七〕明道本、正統本句首有「夫」字，《御覽》兵部三引亦有，《考正》從補。

〔一八〕有，《御覽》兵部三引同，明道本、正統本作「又」，文獻中「有」常書作「又」。

〔一九〕佐，明道本、遞修本、正統本、《御覽》引作「從」，《訂字》謂「宜作『從』」，是，《增注》徑從之。

〔二〇〕明道本、正統本無「爲」字。一等，秦鼎謂「當作『三等』，字之誤也」。

〔三二〕靜嘉堂本、南監本、弘治本、許宗魯本同，明道本、遞修本、正統本無「二」字，《考異》謂衍，是，蓋「此」字指代「子犯卒」以下一段文字。

25 文公學讀書於臼季

文公學讀書於臼季，三日，臼季，胥臣也〔一〕。◎志慧按：因功封於臼，故又稱臼季；又因曾位至司空，故亦稱司空季子。胥臣多聞，故文公從之學。**曰：「吾不能行也，咫**，咫，咫尺間也。**聞則多矣**〔二〕。**」**○《增注》：三日，疑當爲「三月」，雖文公也，讀書僅三日而不可謂「聞則多矣」。○《正義》：《僖九年傳》孔疏引《魯語》賈逵注：「八寸曰咫。」《說文》：「周制尺、寸、咫、尋皆以人之體爲法。」「中婦人手長八寸謂之咫，周尺也。」○秦鼎：《說文》：「中婦人之手八寸，謂之咫。」韋解疑有誤。**對曰：「然而多聞以待能者，不猶愈乎**〔三〕？**」**使能者行之，不猶愈於不學乎〔四〕？

【彙校】

〔一〕此條韋注《諸子瓊林》前集卷七日新置於正文「臼季」下，可從。

〔二〕斷句從《補韋》説：「咫是近意，當以『吾不能行也』句，『咫聞則多矣』句。言近來所聞則多矣。」王引之《經傳釋詞》卷九：「今本『不能行』下有『也』字，後人妄加之也。『行』下有『也』字，則『咫』字當下屬爲句，韋解『咫』字亦當在句末矣。今注在『咫』字下，故知『咫』字上屬爲句，而『行』下本無『也』字。」説雖有理，但指「不能行」下之「也」字爲後人妄加，無據，故不取。

〔三〕乎，《御覽》學部七引同，明道本作「也」，既是疑問句，自以疑問詞「乎」收尾爲勝。

〔四〕明道本、正統本與《御覽》學部七引無「不」、「乎」二字，於義俱通。

26 郭偃對文公問治國之難易〔一〕

文公問於郭偃郭偃，卜偃也〔二〕。曰：「始也，吾以國爲易〔三〕，易，易治也。今也難。」對曰：「君以爲易，其難也將至矣。以爲易而輕忽之，故其難將至。君以爲難，其易也將至矣〔四〕。」以爲難而勤脩之，故其易將至。◎志慧按：驪姬入獻公宫時，郭偃通過解釋龜兆精准預言了其後三十多年晉國的政局；獻公伐虢前，郭偃借童謠精准預測到虢國滅亡的時間；惠公入國，郭偃借輿人之誦與國人之誦預言「公子重耳其入」、「若入，必伯諸侯以見天子」；惠公悔殺里克，郭偃又斷言惠公無後，以上是《國語》。《左傳》載郭偃七處，其中預言滅虢時間與《國語》重，每一次出現，也都是神乎其神，甚至晚至文公出殯時，借「柩有聲如牛」，郭偃推動了一次針對文公前金主秦國的戰爭。所見同期文獻中，這是神權干預世俗權力最頻繁的案例。文公問於郭偃，是一個政治新貴對一個老牌的政治精算師的探視，或者就是尋求一個身爲輿論操盤手的國老的加持，郭偃所謂的「難」、「易」意味深長。

【彙校】

〔一〕葉明元《抄評》題作「文公問國難易」，傅庚生選本題作「郭偃對文公問難易」，上海師大本題作「郭偃論治國之難易」，今合之以見其詳。

〔二〕明道本此韋注置於「爲易」之下，後者似誤置。王鑅云：「《治要》引此文與刻本正同，與所校之明道本多異，據此，則宋公序所據必唐人善本，自錢、段、黄、顧諸家盛推明道本，世人從之如風，見有與明道本不合者，輒目爲宋公序妄改，殊不知以《治要》校之，公序本實多與唐人合，看原本之明道本反多違異，是公序本未必不爲隋唐舊本，而明道本未必不爲後人妄改也。」此係王氏校勘所得，故不辭文繁而備録之。

〔三〕國，《群書治要》卷八、《元龜》卷七四〇引同，明道本、正統本作「治國」，《考異》謂「玩韋注，不當有『治』字」，其説是。

〔四〕矣，《群書治要》引同，明道本、正統本作「焉」。

27 胥臣論教誨之力

文公問於胥臣曰：「吾欲使陽處父傅讙也而教誨之〔一〕，其能善之乎？」陽處父，晉大夫陽子也。讙，文公子襄公名。對曰：「是在讙也。籧篨不可使俛〔二〕，籧篨，偃人，不可使俛〔三〕。 ○《舊音》：籧篨，上音渠，下音除。 ○《補音》：籧篨，（上）强魚反，下直居反。字皆从竹。 ○户埼允明：蓋謂胸出之人也。此與僂人對，字書：「籧，口柔者。」必仰面觀人之顔色而爲辭，似不能俯之人，因名口柔者爲籧篨。 ○《正義》：籧篨，本物名，借以喻人醜惡之疾，故《爾雅·釋訓》「籧篨，口柔也。」《説文》：「籧篨，粗竹席也。」《淮南·精神訓》注：「蘧廬、籧篨，覆也。」《淮南·本經訓》「若簟、籧篨」注：「籧篨，葦席，取其邪文。」《淮南·修務訓》注：「籧篨，偃也。」皆釋不能俛之義。 戚施不可使仰，戚施，僂人，不可使仰〔四〕。 ○賈逵：戚施，僂也（《爾雅·釋訓》釋文引，王、汪、黄、蔣輯）。 ○《正義》：戚施，亦以物名喻醜疾，《詩·邶風》「得此戚施」，《説文》及《韓詩》並作「得此䵶鼀」，許君云：「䵶鼀，詹諸也。」《太平御覽》引薛君《韓詩章句》：「戚施，蟾蠩，喻醜惡。」《詩毛傳》「戚施不能仰者」鄭箋：「戚施，面柔，下人以色，故不能仰。」此用《爾雅》義也。齡案：蟾蠩之背擁瘇，人之僂者似之，若面柔而下人以色，則其人之自取，又轉以病狀喻其醜狀也。**僬僥不可使舉，**僬僥，長三尺，不可使舉重〔五〕。**侏儒不可使援，**侏儒，短者，不能使抗援〔六〕。○《辨正》：援，當釋作「攀援」，蓋侏儒身短，不便攀援。《吕氏春秋·下賢》「桃李之垂於行者莫之援也」高注：「援，攀也。」《魯語上·臧文仲如齊告糴》「爲四鄰之援」韋注亦曰：「援，所攀援以爲助也。」**矇瞍不可使視，**有眸子〔七〕而無見曰矇，無眸子曰瞍〔八〕。○賈逵：矇瞍，目無眸子（釋慧琳《一切經音義》卷八十六引）。**嚚瘖不可使言，**口不道忠信之言爲嚚。瘖，不能言者。○《補音》：嚚，五巾反。瘖，於今反。○《補注》：嚚，疑止是語言不分明也，與瘖皆是生有是病，注非。古人詆面柔者爲籧篨，詆體柔者爲戚施，不道忠信者爲嚚，固皆比之於有疾耳。**聾聵不可使聽，**耳不別五聲之和曰聾〔九〕，生而聾曰聵〔一〇〕。○賈逵：生聾曰聵，一云：聾無識曰聵（釋玄應《一切經音義》卷一引，汪、蔣輯）。◎志慧按：《述聞》：「不能言謂之嚚，不能聽謂之聾。」此其本義，韋注之説則其借義。姚、王二説區別本義與引申義，皆是也。**僮昏不可使謀**〔一一〕。僮，無知〔一二〕。昏，闇亂也。**質將善而賢良贊之，則濟可竢也**〔一三〕。言質性將自善，而賢良之傅贊導之，則其成就可立竢也〔一四〕。○秦鼎：將，訓倘。○《補正》：濟，成也。◎志慧按：《説文·立部》「竢，待也。从立，矣聲。」《漢書·賈誼傳》「恭承嘉惠兮，竢罪長沙。」顏注：「竢，古俟字。」《説文·人部》：「俟，大也。」段注：「此『俟』之本義也。自經傳假爲『竢』字而『俟』之本義廢矣。廢『竢』而用『俟』，則『竢』『俟』爲古今字矣。」於此亦可見《國語》多存古字。若有違質，違，邪也。教將不入，不入其心。其何善之爲！言不能使善。○《述聞》卷三十一「爲」：爲，有也。臣聞昔者大任娠文王不變，娠，有身也。不變，不變動也。○《史記・周本紀》集解：「大任，摯任氏中女。」《正義》：「太任之性，端壹誠莊，維德之行。及其有身，目不視惡色，耳不聽淫聲，口不出傲言，能以胎教子，而生文王，此皆有賢行也。」少溲于豕牢而得文王，不加病焉〔一五〕。少，小也。溲，便也。豕牢，厠也〔一六〕。言大任之生文王時，如小溲於厠，而得文王。不加病痛，言其易也〔一七〕。○賈逵：豕牢，厠也（《原本玉篇殘卷・水部》引）。○《補注》：溲，同「漱」，蓋古字通，謂浣濯也。浣于豕牢之側而生文王。○《標注》：少溲之時而忽得出焉，易之甚也，注如字，失解。◎志慧按：「少溲于豕牢」乃寫實，非作比方，龜井昱已斥韋解之妄。洛陽博物館藏一漢代陶房，呈豬圈與厠所合一之狀；山東高密、浙江山區在十幾年前仍有將豕牢與厠所置於一處者，《補注》「浣於豕牢」費解，韋注無誤。文王在母不憂，在母子時〔一八〕，體不變，故不憂也。在傅弗勤，處師弗煩，○《集解》：勤，勞也。謂不勞煩師傅，敏而好學。事王不怒，奉事父王季，使不加怒〔一九〕。○《略説》：王謂商紂，如王季，無直稱王者。敬友二虢〔二〇〕，善兄弟爲友。二虢，文王弟虢仲、虢叔也。○賈逵：虢仲封東虢，制是也。虢叔封西虢，虢公是也（《左傳・僖公五年》正義引）。○《正義》：《僖五年傳》杜注：「二虢，文王同母弟。」《漢書·地理志》右扶風虢縣，此西虢也。河南郡滎陽縣，應劭注：「故虢國，今虢亭。」此東虢也。《隱元年》鄭莊公言「制，虢叔死焉」，此虢叔是虢仲之後世子孫，爲鄭桓公所滅者，故云「死焉」，非《君奭篇》之虢叔也，《君奭篇》之虢叔自是封西虢，其後爲晉獻公所滅者也。◎志慧按：董氏於東西二虢歷史言之甚是，唯晉獻公所滅之虢，並非今陝西寶鷄的西虢，而是今河南三門峽的虢，傳統上稱之爲北虢，彼由西虢東遷而來，因而有必要將董氏的「其後」界定成西虢的後裔。又因爲北虢下陽、上陽的不同地望，此北虢復有南北二虢之别。至於由西虢到北虢的時間，《國語·鄭語》謂在鄭桓公時期，三門峽上村嶺虢國墓地出土的青銅器，最早的可上溯到西周末年厲王時代，二者在時間上正相符合。**而惠慈二蔡，**惠，愛也。三君云：「二蔡〔二〕，文王子。管叔，初亦爲蔡。」○《述聞》：蔡，讀爲祭公謀父之「祭」，「祭」與「蔡」古字通。○《詳注》：二人食邑於祭者，《列女傳》稱《周南·芣苢》詩爲蔡人之妻作是也。**刑于大姒，**刑，法也。大姒，文王妃。○《集解》：大姒，有莘氏之女。**比于諸弟。**比，親也。諸弟，同宗之弟。**《詩》云：『刑于寡妻，至于兄弟，以御于家邦。』**《詩·大雅·思齊》之二章。寡妻，寡德之妻〔三〕，謂大姒。御，治也。○《增注》：寡妻，猶「寡人」、「寡君」之稱，凡孤、寡、不穀，皆王侯之謙稱耳。○《正義》：鄭讀「御」爲馭，以御者，制治之名。齡案：此詩毛傳：「寡妻，適妻也。御，迎也。」《孟子》趙岐注：「寡，少也。」言文王正己適妻，則八妾從，是用毛義。《詩疏》又引王肅云：「以迎治天下之國家。」如毛傳之訓，則無以見太姒之德。如王之言，則横益「治」字，故宏嗣從鄭箋之説也。◎志慧按：毛説得春秋親迎禮之意，鄭説似拘囿於漢人男尊女卑思想，王肅彌縫毛鄭，其情可嘉，然未必合詩人原意，當從毛説。**於是乎用四方之賢良。**以自輔也。**及其即位也，詢于『八虞』**詢，謀也。賈、唐云〔二三〕：「八虞，周八士，皆在虞官，伯達、伯适、仲突、仲忽、叔夜、叔夏、季隨、季騧〔二四〕。」○賈逵、唐固：八虞，周八士，皆在虞官。（《詩·大雅·思齊》正義引）。○《詩·大雅·思齊》正義：《論語》有八士，鄭意以爲周公相成王時所生，則不得爲文王所詢。如鄭意，則別有八士賢人在虞官矣。◎志慧按：《論語》八士，劉向、馬融皆以爲宣王時人，《逸周書·克殷解》：「乃命南宫忽振鹿臺之財，散巨橋之粟。乃命南宫百達、史佚遷九鼎、三巫。」《集解》以爲其中之忽即仲忽，百達即伯達。八士與八虞，《國語》、《逸周書》指明了具體的時間，但無具體的人名，《論語·微子篇》有具體的人名但無具體的時間。《論語》八士，皇侃以爲「一母生輒雙，二子四生，共八子也」，但現代醫學認爲，同卵男雙胞胎的概率是 1/1250 到 1/1500，一母所生四對普通同卵雙胞胎的概率爲 1/390.625 億，四對同卵男雙胞胎的概率，其分母還要乘以 625，如此，皇侃之解只能視爲傳説。在《國語》，賈、唐先指其「在虞官」，疑探古人「詢於芻蕘」之意，繼又以《論語》八士落實之，在《論語》，古來傳注亦未有視爲虞官，故似不宜過度解讀。**而咨于『二虢』**〔二五〕，咨，謀也。**度於閎夭而謀於南宫，**皆周賢臣。度，亦謀也。南宫，南宫适。**諏於蔡、原而訪於辛、尹，**諏、訪，皆謀也。蔡，蔡公；原，原公；辛，辛甲；

尹，尹佚：皆周大史。　○《爾雅・釋詁》：度、咨、諏、訪，謀也。　○賈逵、唐固：辛甲、尹佚、蔡公、原公也（《詩・大雅・思齊》正義引，王、汪、黄輯）。　○《舊音》：諏，子須反。　○《補正》：尹佚，即史佚，又作「逸」，《尚書》稱「逸祝册」是也。**重之以周、召、畢、榮**〔二六〕，周，周文公。召，召康公。畢，畢公。榮，榮公。　○舊注：榮，周同姓（《尚書・序》「王俾榮伯作賄肅慎之命」正義引，汪遠孫輯）。**億寧百神，**億，安也。**而柔和萬民。**柔，安也。**故《詩》曰**〔二七〕**：『惠于宗公，神罔時恫。』**亦《思齊》之二章也。惠，順也。宗公，大臣也。恫，痛也。言文王爲政，咨於大臣，順而行之，故鬼神無怨痛之者。　○《詩》毛傳：宗公，宗神也。鄭箋：宗公，大臣也。　○《補音》：恫，它紅反。　○《詩毛氏傳疏》：《（毛詩）正義》謂宗公爲宗廟先公，但經、傳中未有稱祖宗爲宗公者，亦未有稱祖宗爲宗神者，孔説疏矣。引王肅云「文王之德，上順祖宗，安寧百神，無失其道，無所怨痛」，王意以宗爲祖宗，公爲百神，不知此章宗公泛言神，下章宮廟纔説到宗廟，王釋宗公平列，述毛亦誤，箋易毛以宗公爲大臣，然順於大臣，未能即當於神明，與下文兩言神義不相接。　○《補正》：韋以宗公爲大臣，用鄭箋義。惟嫌與下句不相應。毛傳訓宗神爲宗廟之神，於義較允。**是則文王非專教誨之力也**〔二八〕。」言因體也。

【彙校】

〔一〕讙，《春秋·文公六年》作「驩」，古通。

〔二〕籧篨，明道本作「蘧蒢」，正統本「蘧篨」，但正統本韋注仍作「籧篨」，宜前後一致，從⺮之字每又從艸，下同。俛，明道本、正統本作「俯」，下同。

〔三〕偃人不可使俛，明道本作「直者，謂疾」，正統本則作「直者疾」，《元龜》卷七四〇引同明道本。

〔四〕僂人不可使仰，明道本作「瘁者」，正統本作「曲者疾」，《札記》謂「瘁」當是「瘻」字之譌，瘻、僂字一耳，可從。又，綜合賈逵注及明道本、正統本，疑「不可使仰」係涉正文而衍。

〔五〕不可使舉重，明道本、正統本作「不能舉動」，疑作「動」者字之誤也，《正義》「舉重」作「重舉」，誤倒。

〔六〕明道本、正統本無「使」字。

〔七〕明道本、正統本無「子」字。

〔八〕本句明道本、正統本作「無眸子而不見曰瞍」，《考異》謂韋注本《詩·大雅·靈臺》毛傳，其文字與公序本同，故當依公序本，可從。

〔九〕聲，明道本、遞修本、正統本、《鈔評》同，釋慧琳《一切經音義》卷二十二引、《增注》、《正義》作「音」。

〔一〇〕聲。《正義》作「音」，《一切經音義》卷二十二引此注作：「耳不別五音之和謂之聾，從生即聾謂之聵(聵)。」

〔一一〕僮，明道本、正統本作「童」，「僮」爲「童」之加旁字，下同。

〔一二〕知，明道本、正統本作「智」。

〔一三〕明道本、正統本無「也」字。

〔一四〕本條韋注明道本、正統本只作「贊，導也」三字，《元龜》卷七四〇引同明道本。　竢，弘治本、許宗魯本同，遞修本、静嘉堂本、南監本作「俟」，義符更旁字也。

〔一五〕病，《元龜》引同，明道本、正統本與《詩·大雅·生民》正義引則作「疾」。

〔一六〕明道本、正統本該十字置於正文「豕牢」之下，似當從。而「溲，便也」三字則置於「廁也」之後，據注序，則又似明道本等倒。

〔一七〕本條韋注明道本、正統本只作「言易也」三字。

〔一八〕静嘉堂本、南監本、弘治本同，明道本、正統本無「在母子時」四字，疑作「子」者字殘，遞修本、許宗魯本正作「孕」，疑許宗魯本據别本校改；《增注》、秦鼎本亦作「孕」，與其祖本張一鯤本異，疑據義改。

〔一九〕本條韋注明道本、正統本只作「王謂王季」四字。

〔二〇〕敬，《左傳·隱公元年》正義、《僖公五年》正義、《元龜》卷七三二、七四〇、《玉海》卷一二八官制引並同，明道本、正統本作「孝」，《述聞·通説》從訓詁角度指後者爲是，唯文獻依據不足。

〔二一〕明道本、正統本無「二」字，脱。

〔二二〕德，明道本、正統本、遞修本、静嘉堂本、南監本、弘治本作「有」，鄭箋作「有」，《考異》謂鄭箋爲韋注所本，《考正》更斷「作『寡德』，疑後人因朱晦庵《孟子注》而改」，韋注多用鄭義，下文訓「御」爲「治」亦然，汪、陳二氏説可從，許宗魯本改「有」作「德」，不從南監本而從朱注，疑非。

〔二三〕云，明道本、正統本作「曰」。

〔二四〕适，明道本、正統本作「括」，但下文韋注「南宫适」各本同，《論語·微子》亦作「适」，疑明道本系列從俗改，雖説古人書寫隨意，但今人仍宜整齊，以免徒增紛擾，可從衆作「适」。

〔二五〕咨，明道本、正統本作「諮」，注同，下同。

〔二六〕召，正統本同，明道本作「邵」，注同。

〔二七〕曰，明道本、正統本作「云」。

〔二八〕「是」前，明道本、正統本、《元龜》卷七三二引有「若」字，疑公序本脱，《四庫薈要》據補。

公曰：「然則教無益乎？」對曰：「胡爲？文益其質。言有美質，加以文采乃善。○《增注》：胡爲，言何爲無益邪。○《集解》：「爲」與「謂」古字通用。◎志慧按：今人標點本如上海師大本、薛安勤、王連生譯注本、鄔國義、胡果文、李曉路譯注本、陳桐生譯本皆於「文」下斷句，與「非學不入」義相反對，今從韋注。**故人生而學，非學不入。」**不入，不入於道。**公曰：「奈夫八疾何？」**八疾，籧篨至僮昏〔一〕。**對曰：「官師之所材也，**師，長也。材，古「裁」字。○《備考》：材，用也。○秦鼎：材，材成也，與「苦匏不材於人」同。○龜井昱：言器而用之，秦亦不了。○《集解》：材，謂裁成，下所言是。**戚施直鎛，**直，主擊鎛〔二〕。鎛，鍾也。○舊注：使擊鍾（《禮記・王制》正義引，汪遠孫輯）。○《補音》：鎛，伯各反。○《增注》：直，與「值」通，當也。○秦鼎：直，當其事而主之也。**籧篨蒙璆，**蒙，戴也。璆，玉磬也。不能俛，故使之戴磬〔三〕。○舊注：璆是玉磬，使擊之（《禮記・王制》正義引，汪遠孫輯）。○《補音》：璆，巨牛反，又巨幽反，《尚書》、《説文》但作「求」，通作「球」，諸韻乃有虬音。**侏儒扶盧**〔四〕，扶，緣也。盧，矛戟之柲，緣之以爲戲。○舊注：扶，持也。盧，戟柄也（《禮記・王制》正義引，汪遠孫輯）。○《正義》：試盧必扶持而後能樹立，而樹立必植地，其扶處甚下，故使侏儒司此職以得食也。○秦鼎：凡圓者謂之盧，瓠曰瓠盧，頭曰頭顱是也。戈戟柄圓，故名之。◎志慧按：扶盧，古代一種以矛戟之柄爲工具的雜耍。**矇瞍脩聲**〔五〕，無目，於音聲審，故使脩之。　○舊注：歌詠琴瑟（《禮記・王制》正義引，汪遠孫輯）。**聾聵司火。**耳無聞，於視則審，故使主火〔六〕。　○舊注：使主然火（《禮記・王制》正義引，汪遠孫輯）。**僮昏**〔七〕**、嚚瘖、僬僥，官師所不材也**〔八〕，所不能材用也。　○秦鼎：材用，謂裁成而用之也。**以實裔土。**裔，荒裔也。**夫教者，因體能質而利之者也。**能，才也。因其身體有質可成濟者就而通利之〔九〕。**若川然有原，以卬浦而後大**〔一〇〕。」卬，迎也。言川有原，因開利迎之以浦，然後大也。　○《舊音》：卬，牛嫁反。孔本作「仰」，牛亮反。言川仰浦而大，人仰教而成。　○《補音》：注「卬，迎也」，則迓音歟。　○《略説》：卬，仰也。若「仰給縣官」之「仰」，資也。大水别通曰浦。蓋謂川有泉源，更仰浦而後其流大矣，以喻人有善質，更得賢良贊道而後成其德器也。

◎志慧按：仰、昂、岇皆從卬得聲，《尚書・大誥》「越予沖人不卬自恤」，釋文：「卬，五剛反。」《略説》「參考衆説，依陸氏（《經典釋文》）訂其音，舊注之謬，就加是正」（《略説》新井熙序），在同期日本《國語》研究著作中尤可注意，此是一例。

【彙校】

〔一〕僮，明道本、遞修本、正統本、張一鯤本、《增注》作「童」，但次「僮」字遞修本、張一鯤本與《增注》仍同金李本作「僮」。

〔二〕主，正統本同，明道本作「直」，疑涉正文而誤，上海師大本從公序本徑改。

〔三〕明道本無「之」字。

〔四〕盧，《説文解字繫傳·竹部》「籚」下引《國語》同，《説文·竹部》「籚」下引《國語》作「籚」，云：「積竹矛、戟、矜也，从竹盧聲。」疑爲義符加旁字也。

〔五〕脩，《述聞》爲當爲「循」之誤，《禮記·王制》正義引作「循」，《集解》從改。「循」、「脩」二字形本相類，義亦相通，文獻中每多互用。《禮記·王制》正義引句下有「歌詠琴瑟」四字注文。

〔六〕主，明道本、正統本作「司」。

〔七〕「僮（童）昏」前，《禮記·王制》正義引有「其」字。

〔八〕明道本、正統本「所」前有「之」字，《考正》從補。

〔九〕此注明道本作「能質，性能」，《元龜》卷七四〇引同明道本，《考正》謂「仍欠詳贍，不必從之」。

〔一〇〕卬，《札記》引段玉裁説云：「卬，當爲『御』字之誤，韋解亦當爲『御，迎也』。《舊音》『牛嫁反』可證。孔晁本作『卬』，牛亮反。各隨字出音也。今韋本作『卬』，由淺人以孔本改韋本。」其説可從，唯孔晁本作「仰」，黄氏誤引；《備考》亦以爲「卬」當作「御」，《集解》從改。

文公稱霸

文公即位二年，更言此者，終述善文公之事〔一〕。欲用其民，用，用征伐也。子犯曰：「民未知義，未知尊上之義。盍納天子以示之義？」天子避子帶之難〔二〕，在鄭地汜。乃納襄王于周。公曰：「可矣乎？」對曰：「民未知信，盍伐原以示之信？」乃伐原。信，謂上令以三日之糧，糧盡不降，命去之。○賈逵：知，覺也（《法華經釋文》上引）。曰：「可矣乎？」對曰：「民未知禮，盍大蒐，備師尚禮以示之。」蒐，所以明尊卑、順少長、習威儀也。乃大蒐于被廬，被廬，晉地名〔三〕。作三軍。唐尚書云：「立新軍之上、下也〔四〕。」昭謂：此章言文公之初未有新軍〔五〕。○《史記會注考證·晉世家》：獻公置二軍，及文公啟南陽，疆域新廣，所以增一軍。◎志慧按：《左傳·僖公二十七年》：「（晉）搜于被廬，作三軍。」作五軍在魯僖公三十一年。使郤縠將中軍，以爲大政，大政，謂掌國政也〔六〕。○《述聞》：政，讀爲「正」，《爾雅》曰：「正，長也。」郤縠將中軍，爲卿之長，故曰大正。以爲大正，猶曰以爲正卿耳。○《國語箋》：「子産對韓宣子曰：『子爲大政。』」韋注云：「大美之政。」同一「大政」而兩解之，非也。《内》、《外傳》以爲大政之言目正卿者，唯晉有之。《國語》有此兩文，《内傳》凡五見，皆就晉執政之上卿言，他國無之。竊疑大政是晉上卿官名，以上卿總持國之大政，遂以大政名官。晉上卿一名元帥，元帥之名，春秋時亦唯晉有之，蓋上卿在國謂之大政，行軍謂之元帥，皆别爲立名。○《史記會注考證·晉世家》：中軍將，即元帥。**郤溱佐之。**郤溱，晉大夫郤至之先。或云：「溱即至〔七〕。」非也。**子犯曰：「可矣。」**即可用也〔八〕。**遂伐曹、衛，在魯僖二十八年。出穀戍，釋宋圍，敗楚師於城濮〔九〕，於是乎遂伯。**穀，齊地也。魯僖二十六年，楚伐齊，取穀，使申公叔侯戍之。二十七年，楚圍宋，晉伐曹、衛以救之。二十八年，楚使申叔去穀〔一〇〕，子玉去宋，避晉，畏其彊也〔一一〕。○《補音》：伯，霸。○《釋地》：穀，齊西鄙邑，今泰安府東阿縣治是也，本管仲采邑。《内傳》所謂齊桓公城穀而寘管仲者也。

【彙校】

〔一〕「終述」句，明道本僅作「述初也」三字。

〔二〕明道本、正統本、《御覽》卷三〇三引句首有「時」字，《考正》從補，可從。

〔三〕明道本、正統本無「名」字。

〔四〕立，明道本、正統本作「去」，似明道本等字之誤也。

〔五〕言，静嘉堂本漫漶不可識，南監本破損，弘治本、許宗魯本同，明道本、遞修本、正統本作「述」，作「言」者疑南監本版片破損後據義補，於義則兩可。

〔六〕謂，静嘉堂本漫漶不可識，南監本破損，弘治本、許宗魯本同，明道本、遞修本、正統本與《御覽》

引作「大」，作「謂」者疑南監本版片破損後據義補。

〔七〕明道本、正統本無「溱即」二字，疑脱。

〔八〕明道本、遞修本、正統本無「即」字，但遞修本重「可」字，《考異》謂明道本脱，而金李本之「即」字則係「可」字之誤，其説有理。静嘉堂本漫漶不可識，南監本破損，弘治本、許宗魯本、葉邦榮本同金李本，張一鯤本、李克家本無此韋注，脱，《增注》、秦鼎本、《正義》承之。

〔九〕於，明道本、正統本作「于」。

〔一〇〕楚，明道本、正統本作「楚子」，《考正》從補。

〔一一〕明道本、正統本無「畏其彊也」四字，疑脱。

晉語四卷第十